Gerhard Meier
Werner Morlang

Das dunkle Fest des Lebens

Amrainer Gespräche

Bruckner & Thünker Verlag

Gerhard Meier und Werner Morlang im Gespräch

Inhalt

- Grasland — 9
- Horizonte tragen Kathedralen — 55
- Tauben am grünenden Himmel — 109
- Geisterschiff — 155
- Haschen nach Wind — 211
- Das Mädchen, die Puppe, das Blatt — 269
- Strandlilien — 325
- Eiche im Schnee — 381
- Martinisommer — 433

Nachwort von Werner Morlang — 493

Zeittafel — 505

Bibliographie — 510

Nachweis der Bilder — 511

Grasland

Werner Morlang: Dein Werk ist von Erinnerungen gesättigt. Doch nicht nur für dein Schreiben, auch für dein Leben scheinen Erinnerungen wichtig zu sein, denn in der »Ballade vom Schneien« heißt eine oft zitierte Stelle: »Und ich fragte mich, ob man am Ende lebe, um sich erinnern zu können.« Nun kommen in der Tetralogie »Baur und Bindschädler« zwar Figuren und gelegentlich sogar einzelne Episoden aus deiner Kindheit vor, die Kindheit selber aber wird nicht näher behandelt. Hat das einen besonderen Grund?

Gerhard Meier: Ich bin ganz froh, daß die Kindheit nicht vordergründig hineinkam, wie auch meine Erlebnisse in der sogenannten Arbeitswelt nie von mir vermarktet wurden im üblichen Sinn. Die Prägungen, welche die Kindheit einem mitgibt – obwohl man wahrscheinlich schon geprägt auf die Welt kommt, mit einem gewissen Notvorrat, Notproviant versehen –, diese Prägungen sind vielleicht dann in meine Schreibe eingegangen, in der Spiegelung quasi als Gerüche, als Töne, aber nicht frontal, weil ich das Frontale nicht liebe, weil ich finde, daß hinter dem Frontalen die Welt erst sich ausbreitet.

Doch wenn wir uns jetzt einmal auf die Kindheit konzentrieren und dabei gerade die sinnlichen Aspekte, die du angedeutet hast, berücksichtigen: Was fällt dir da aufs erste Besinnen hin und ohne Mithilfe eines Proustschen Madeleine-Biskuits an Gesehenem, Gehörtem, Gerochenem ein?

Wenn ich an die Kindheit zurückdenke, ist sie für mich ein Raum, ein Raum, der einigermaßen erleuchtet, aber auch ein sehr akustischer Raum ist, in dem ich mir schon früh als ein bißchen verloren, als ein bißchen geworfen, als ein bißchen ausgeliefert vorkam. Da gab es den Obstgarten mit dem Federvieh drin. Oft saß ich in den Kirschbäumen, wenn sich die Sonne breitmachte, der Wind in die Maßliebchen griff, in die Schwänze der Hühner, die Kämme der Hähne. Der Luftraum darüber gehörte dann ausschließlich den Schwalben. Zuweilen brach natürlich auch Regen ins Gehege, gar Schnee. Und es konnte passieren, daß Rauhreif das Drahtgeflecht in ein Geschmeide verwandelte, welches den Fleck Erde umschloß, unter einem Himmel, der blau war und besetzt von Krähen.

Und welche Rolle spielen die Portalfiguren unser aller Kindheit, Vater und Mutter, in diesem Raum? Von der elterlichen Vorgabe her wird gewissermaßen eine spätere literarische Eigenheit vorweggenommen. Dein Vater stammt aus Niederbipp, deine Mutter wiederum aus Rügen, und so begegnen sich die provinzielle Enge und die entlegene Weite, die deine Bücher auszeichnen, bereits in deinen Eltern.

Ja, und diese zwei Sachen, die Enge und die Weite, sind mir dann auch geblieben, sie haben mich begleitet. Die zentrale Figur meiner Kindheit ist wie üblicherweise die Mutter, eine Frau, die aus dem Gespür heraus lebte.

Sie hat die Haare hochgekämmt gehabt, ein wenig meliert, und war von gedrungener Gestalt. Ihr Vater war Oberschäfer auf einem Rittergut in Güstin (Insel Rügen). Er hat auf Stelzen die Schafe gehütet, um den Überblick über die Ebene, über die Herde zu haben, und er hat dazu auch noch gestrickt auf den Stelzen, um die Zeit möglichst zu nutzen. Drei meiner Geschwister wurden in Preußen geboren, und die Johanna im Buch, die Irmgard in Wirklichkeit, kam in Böhmen zur Welt.

Ich stelle mir vor, daß diese deutschen Wanderjahre in deiner Kindheit sehr präsent waren, daß sich deine Mutter, deine Geschwister öfter auf sie bezogen haben?

So sehr auch wieder nicht. Ich bin einundzwanzig Jahre jünger als meine älteste Schwester, und vier Geschwister waren längst ausgeflogen, als ich noch klein war. Meine Mutter hat gelegentlich von ihrem Schwager erzählt, von ihren Eltern und ihren Dienstjahren, und ich glaube, sie ist sogar eine Zeitlang beim Fürsten Putbus in Stellung gewesen. Sie hat mir von diesem Fürstenhaus Putbus erzählt, von Stralsund, aber im Grunde genommen sehr vage, sehr aquarelliert, nicht mit deutlichen Konturen. Das ist mehr als Klang, als Licht und als Geruch herübergekommen. Auch das Meer. Sie hat mir erzählt von den Kaisermanövern, den Schiffsmanövern, die dort auf dem Meer stattgefunden haben, mit Kanonendonner natürlich, der über die ganze Insel hinübergerollt ist. Und sie hat mir von den Kreidefelsen erzählt. Sie hat vermutlich ihre Schulreise oder Schulreisen auf diesen Kreidefelsen erleben dürfen. Ich habe mir dann im Laufe der Zeit ein deutliches Bild gemacht von den Wäldern, von den Buchenwäldern auf der Insel Rügen ...

Aus den mütterlichen Erzählungen?

Jawohl, und aus dem Gespür heraus. Als ich dann mit achtundsechzig Jahren auf die Insel Rügen kam, war ich allerdings sehr überrascht, daß meine inneren Bilder und die sogenannte Wirklichkeit weitgehend übereinstimmten. Die Buchen hatten ungefähr den Durchmesser, den ich mir vorgestellt hatte, und die Abstände zwischen den einzelnen Buchen haben ungefähr gestimmt. Es war im Frühling, und ich stellte mir immer vor, auf Rügen müßte der Waldboden mit Waldanemonen bestreut sein, und so war es dann wirklich. Das war für mich unglaublich bewegend. Vom Herthasee in der Nähe der Kreidefelsen hat unser Sohn mir einmal einen Stich geschenkt. Diesen Stich habe ich etwa in die Hände genommen und angeschaut und mir gedacht, ja, das wäre schön, vielleicht war deine Mutter auch einmal dort, aber dorthin kommst du nie. Da hat uns ein Bekannter ohne uns vorzuwarnen einfach an diesen See geführt, und wir standen dann unvermittelt dort, und die Buche, die im Vordergrund auf diesem Stich steht, lag gerade am Boden. Der Sturm hatte sie wahrscheinlich entwurzelt. Und alles war eigentlich genau, wie's auf dem Stich war. Das war eine ganz verrückte Begegnung mit einer Welt, die quasi in mir drin existierte und mit der Wirklichkeit übereinstimmte.

Wie sah das nun bei deinem Vater aus? Er ist wohl aus materiellen Gründen von Niederbipp nach Rügen ausgewandert, weil er in der Schweiz keine Arbeit fand?

Damals wanderten einige Bauernsöhne nach Deutschland auf diese Rittergüter aus. Solche Melker nannte man

Stich vom Herthasee

Geburtshaus der Mutter auf der Insel Rügen

»Schweizer« und wenn sie die Verantwortung über einen großen Viehbestand zu übernehmen hatten, nannte man sie »Oberschweizer«. Mein Vater hat es tatsächlich zum »Oberschweizer« gebracht, ich bin ganz stolz darauf. Wir haben auf unserer Reise solche Güter angetroffen, es gibt sie vereinzelt noch, vor allem im Westen. Im Osten sind sie zum Teil geschleift worden, samt den Schlössern und samt den Herrensitzen. Übrigens, auf der Insel Rügen, in diesem Weiler Güstin, wo meine Mutter geboren wurde auf einem Rittergut, da standen, als wir dorthin gelangten, keine intakten Gebäude mehr. Nur das Gesindehaus war noch da, wo meine Mutter höchstwahrscheinlich geboren wurde, und wir haben dann Gelegenheit gehabt, in dieses Gesindehaus hineinzugelangen. Ich bin über einen gestampften Lehmboden hinein in die Stube geraten, zusammen mit Dorli natürlich, und dort haben wir uns niedergesetzt und in den Garten hinausgeschaut und in die Bäume und in eine Schar Hühner. Schafe haben wir keine mehr angetroffen. Das war schon eindrücklich. Ich hatte mir heimlich einen Plastiksack in die Tasche gestoßen, bevor wir abreisten, und ich hab dann gefragt, ob ich mir eine Handvoll Erde aus dem Garten nehmen dürfe, was mir erlaubt wurde. So habe ich etwas Erde aus Güstin nach Hause getragen, eine sentimentale Geste gleichsam, aber ich konnte es mir nicht verklemmen, dies zu tun. In diese Erde hat vermutlich meine Mutter als Mädchen, als kleines Kind auch ihre Hände gesteckt und dort ihre Vergißmeinnicht vielleicht angepflanzt, ihre Märzenglöckchen.

Doch zurück zu deinem Vater, der nach Rügen ausgewandert ist, dort deine Mutter kennengelernt und eine Familie gegründet hat.

In Bergen haben sie geheiratet, in der reformierten Kirche zu Bergen, und in dieser Kirche sind wir auch gewesen. Das war sehr bewegend, dort zu stehen, wo meine Eltern vor beinahe hundert Jahren Hochzeit gehalten hatten. Ungefähr um 1906, jedenfalls im ersten Jahrzehnt des neuen Jahrhunderts, sind sie in die Schweiz zurückgekehrt, und wir sind dann bei Fahrten nach Berlin mindestens zwei Mal, etwa als wir den Fontane-Preis abholen durften, extra per Bahn gereist, um möglicherweise die gleiche Strecke zu befahren, die meine Eltern mit ihren Kindern zurückgelegt haben mußten, als sie in die Schweiz zurückkehrten. Als unsere Eltern nach Niederbipp kamen, war das nicht so einfach. Sie waren irgendwie fremd, und meine Mutter war sowieso eine Deutsche. Mein Vater fand schließlich eine Stelle im Burghölzli in Zürich, in der Irrenanstalt. Vorher war er eine Zeitlang im Eisenwerk Klus beschäftigt, aber das hat ihm gar nicht zugesagt. Es hätte auch mir nie zugesagt, ich habe vor dem Eisenwerk immer einen riesigen Respekt gehabt. Gott sei Dank bin ich verschont worden, dort arbeiten zu müssen. Mein Vater war also dann in Zürich, und so bin ich eigentlich vaterlos aufgewachsen. Wenn der Vater heimkam, hatten wir einerseits Freude, andererseits hatten wir auch ein bißchen Angst.

War er ein strenger Mann?

Es war doch etwas väterliche Disziplin plötzlich wieder gefragt. Daher bin ich immer froh gewesen, wenn er wieder wegging, wenn er sein Rasierbecken nahm, in welchem er die Rasierseife anrührte. Da war an der Wand ein Spiegel, und davor hat er seinen Bart heruntergekratzt. Übrigens steht dieses Gefäß noch heute auf dem Brun-

Das Rasierbecken des Vaters auf dem Brunnentrog

Karoline Auguste Johanna Meier, geborene Kasten (gezeichnet von Gottfried Meier, einem Neffen von Gerhard Meier)

nenrand draußen, und vor Jahren, als meine älteste Schwester das Geschirr sah, sagte sie, mit diesem Emailschälchen habe sie als Kind gespielt. So hat man über die Dinge immer auch Kontakt mit dem Dahingegangenen.

Hat denn dein Vater nicht darunter gelitten, während – wie du mir einmal gesagt hast – Monaten von zu Hause weg zu sein? Hat er nie versucht, etwas an seiner Arbeitssituation zu verändern?

Es ist ihm wohl ergangen wie mir. Er wird das als ein Provisorium empfunden haben, als etwas, das nicht lange anhalten würde – und es sind dreiunddreißig Jahre daraus geworden. Ich bin ja auch in die Fabrik eingetreten, glaubte, es sei vorübergehend, und bin dann dreiunddreißig Jahre hängengeblieben. Vom Vater hab ich also wenig mitbekommen. Mein Bruder Willy – er war drei Jahre älter als ich – spielte noch eine gewisse Rolle, aber wenn ich mich dem Klang und den Gerüchen aussetze, finden sich in meinem Kindheitsraum vor allem die Mutter und ein paar Hühner, ein paar Truthühner, ein paar Enten, Gänse und viele, viele Maßliebchen, Zwetschgen-, Apfel- und Kirschbäume. Das war mein Personal in der Vorschulzeit, und ich habe mich fallen lassen in diese Federviehwelt. Meine Mutter war eine stille, stille Frau. Ich hab sie zum Beispiel nie klagen gehört über ihre Vertreibung aus der Heimat, oder sagen wir, sie hat nie gejammert, daß sie nicht mehr auf Rügen sein konnte. Sie hat sich dafür aber all diese tierischen Geschöpfe gehalten, die sie von Rügen her gewohnt war. Sie hat sich sogar einen kleinen Weiher anlegen lassen oder selber gemacht, ich weiß es nicht mehr, wo die Gänse baden konnten. Sie hatte ja in der Nähe eines wunderschönen kleinen Sees

Gerhard Meier (links) mit seinem Bruder Willy um 1922

oder Teichs gewohnt. Wir sind auch dort gestanden, am Teich oder am kleinen See von Güstin. Hier, in Niederbipp, waren auch nur wenige Häuser, und so hat sie von der Landschaft her, zumindest dem Süden zu, wo die Ebene ist, einiges Vertrautes um sich herum gehabt. Der Berg ist vielleicht etwas ungewohnt gewesen, denn die Kreidefelsen sind von Güstin aus weiter weg und man sieht sie nicht.

Dann hat sie sich in diese Welt verpuppt und fast eine Art Klein-Rügen hier vorgefunden?

Das hat sie gemacht, sie hat auch wenig Kontakt zum Dorf gehabt. Ein paar Frauen waren da, die sie besuchten und die sie ihrerseits aufsuchte, und so kannte ich zum Beispiel eine Frau, Lina Hügi hat sie geheißen, sie war älter als meine Mutter. Da konnten wir hingehen am Abend, unangemeldet, und sie saß dann etwa auf der Bank, an der Südfassade des Hauses, und an der Straße stand ein riesiger Kirschbaum. Wenn ich daran denke, blüht er gerade, der Kirschbaum, und es riecht nach frischgeschnittenem Gras. So hab ich das in Erinnerung behalten. Da saßen wir drei auf der Bank, ich konnte zuhören, ich war wahrscheinlich ein sehr anständiges, sehr bescheidenes, sehr stilles Kind, das hat sich später etwas geändert. Die weitesten Ausflüge, die ich mit meiner Mutter zusammen tätigen durfte, führten bis nach Attiswil. Die älteste Schwester war dort verheiratet mit einem Zellulosefabrikarbeiter und Kleinbauer. Solche Ausflüge waren ein Ereignis. Das Geräusch der Räder der Lokalbahn ist mir derart eingegangen, daß ich es nie mehr verloren habe. Es gibt die Lokalbahn noch, sie hat heute modernere Wagen, aber die Strecke ist genau dieselbe. Auch die

Bahnhofgebäude sind noch dieselben, ein wenig aufgemotzt, aber doch Überbleibsel aus einer versunkenen Welt. Die Vorschulzeit war für mich ein ungeheuer stiller, weiter Raum, hatte etwas von einem Dom an sich, und es war fast immer Sommer drin. Ich war sehr in mich gekehrt. Ich habe Stunden oder fast Tage auf Bäumen zugebracht. In der Kirschenzeit, da war es wunderbar, auch in der Blütezeit. Und dann vor allem auch in den Zwetschgenbäumen. Die Zwetschge war für mich eine fast mystische Frucht, sie hatte für mich eben quasi den Himmelstaub an sich, diese ganz verrückte Bestäubung. Ich habe mit den Früchten gern gelebt, ich mag sie heute noch gern, ich esse auch heute noch viele Früchte.

Waren diese beschaulichen Erfahrungen auf den Bäumen nicht von hochfliegenden Knabenträumen begleitet? Hast du dich nicht etwa als Indianer in den Baumkronen imaginiert?

Nein, nein, die Indianer sind später gekommen. Wir hatten ja kein Buch im Haus, buchstäblich kein Buch, einzig eine gebundene Zeitschrift, und die war in der Gerümpelkammer oben, im Küchenstübchen. Es war dunkel drin, das Gerümpel lag oder hing herum. Dort habe ich mich einmal hineingeschlichen und habe das »Buch« durchgeblättert, in der Dämmerung, und bin dann eben auf das Bild gestoßen, ein großes Bild einer Frau mit nackter Brust, die dastand, und ein Mann mit gezücktem Dolch stand vor ihr. Ich habe den Band zugeklappt, bin sofort aus der Gerümpelkammer hinausgestürmt und habe gedacht, das sind nun also die Bücher.

Dein erster Kontakt mit Büchern war demnach eher erschreckend?

Erschreckend, ja, und ich habe nie als Mangel empfunden, daß es keine Bücher gab bei uns. Meine Mutter hatte eine Zeitschrift oder zwei sogar, »Das blaue Heft«, später dann »In freien Stunden«. Wir hatten nicht einmal eine Bibel, und meine Mutter, weil sie eben aus Rügen stammte, sprach eine grausliche Sprache. Für mich war sie natürlich nicht schlecht, ich fand mich darin zu Hause, aber grammatikalisch war sie fürchterlich. Sie probierte auch Schweizerdeutsch zu reden und schaffte es in vierzig Jahren nicht. So hatte sie eine eigene Sprache mit grammatikalischen Kuriositäten. Ich bin also ohne Buch aufgewachsen und ohne normale Sprache.

Dafür in einer mütterlich geprägten poetischen Sprachverwirrung.

Ganz genau. Vermutlich war das eine mütterliche Sprachverwirrung, es war etwas, das mich sehr, sehr Heimat spüren ließ. Und dann kamen beizeiten meine kleineren Ausflüge den Hang hoch zum Jura hin, in den Jura hinauf. Ich habe meine kleine Welt ziemlich gut gekannt: die Leute aus meiner Region, die Gehöfte, die Hunde, die Pferde, die Kühe, die Kinder, die Steine. Das Dorf war damals für mich als Kind unglaublich statisch. Ich dachte immer, da verändert sich nichts. Die Wehrsteine sind am gleichen Ort, die Häuser sind immer dieselben, die Hunde, die Pferde, alles, das war so unglaublich ewig, nicht wahr, unveränderbar. Das hat sich natürlich dann schon geändert.

Hast du diese allmählichen Eroberungszüge stets allein ausgeführt?

Immer allein, ohne Kameraden. In der vorschulischen Zeit bin ich ganz, ganz auf mich gestellt gewesen. Es gab meinen Bruder Willy, aber der war um drei Jahre älter, und drei Jahre spielen im Kindesalter eine gewaltige Rolle. Er war bereits in einer anderen Welt als ich, und ich fühle mich schon in der Rückschau zugehörig zu meiner Mutter, zu den Gänsen und Maßliebchen.

Aber hast du die Kindheit durchweg glücklich erlebt? Hast du dich nicht nach Kameraden gesehnt? Wie du das schilderst, klingt es so, als hättet ihr euch in einem außenseiterischen Bezirk eingerichtet und abgeschottet. In einem Dorf besteht sicher ein starker Integrationsdruck. Wenn einer nur ein bißchen abweicht, kriegt er es sogleich zu spüren.

Ja, ich habe ja bereits davon geredet. Ich habe das schon früh gespürt, dieses quasi Ausgestoßensein einerseits, andererseits das in dieser Ausgestoßenheit sich heimisch Fühlen, weißt du. Das hat sich natürlich geändert, als ich in die Schule gehen mußte.

Und dieser Zustand wurde von deiner Mutter durchaus umhegt, beschützt?

Genau, sie ließ mich wirklich so leben. Ich habe nie das Gefühl gehabt, sie würde mich irgendwie formen, lenken oder ablenken wollen. Ich konnte buchstäblich machen, was ich wollte, war auch nicht verpflichtet, größere Arbeiten zu übernehmen. Vielleicht hatte ich zu wenig Pflichten als Kind. Man sollte als Kind schon seine Pflichtchen haben, um sich einüben zu können beizeiten. Man kommt später ohne diese Sachen nicht aus.

Aber gewisse Pflichten hattest du doch, soviel ich weiß, im Zusammenhang mit eurer Federviehwirtschaft?

Jawohl, Hühner füttern, und später Eier austragen. Aber da bin ich schon zur Schule gegangen.

Gut, dann sollten wir uns vielleicht dieser Zeit zuwenden. Nach allem, was du bisher erzählt hast, muß es für dich etwas Ungeheures bedeutet haben, in die Schule zu gehen und dort plötzlich sozialisiert, mit Schulkameraden verwickelt zu werden?

Ich hatte Glück. Zur Lehrerin – Fräulein Bärli hat sie geheißen – hatte ich eine sehr nahe Beziehung, von mir aus gesehen. Ich liebte sie. Das gibt es ja, daß Kinder ihre Lehrerinnen lieben. Sie hatte wunderschöne indianische Schuhe, doch das merkte ich erst im nachhinein, als ich mit der indianischen Welt in Berührung kam. Auch diese Frau ließ mich gelten. Ich fiel also nicht aus meiner Lebensgestimmtheit hinaus, sie ließ mich schön drin. Und dann war das Erstaunliche, daß ich bei meinen Mitschülerinnen vor allem und Mitschülern gut ankam. Vielleicht hat da meine angeborene Menschenliebe – ich sage gelegentlich, ich sei ein verhinderter Menschenfreund –, meine Liebe zum Menschen, es tönt jetzt etwas hochgestochen, hat da vielleicht schon zu spielen begonnen. Das andere Geschlecht, eben die Mädchen, hat auch schon ganz leise angeklungen. Ich kam sehr gut an bei den Mädchen.

Hat das damit zu tun gehabt, daß du nicht prononciert knabenhaft aufgetreten bist, etwa als Raufbold?

Vermutlich, ja, das hat mir wahrscheinlich die Sympathie der Mädchen eingebracht. Die Schule hat mir Freude gemacht, und ich war sogar ein guter Schüler. Vor allem im Deutschen war ich gern mit dabei und habe dann in der zweiten Klasse, als es bereits schriftliche Aufgaben gab, sogar kleine Aufsätzchen, gelegentlich dafür eine Eins mit Ausrufezeichen erhalten. Damals war die Eins noch die beste Note. So wurde ich eigentlich fast etwas sträflich verwöhnt, in der ersten und zweiten Klasse, und in der dritten noch sträflicher. Ich begann dann Gedichte zu schreiben und durfte während der Schulstunde meine Gedichte dem Lehrer in ein Extraheft eintragen, vorne an seinem Pult, die anderen mußten arbeiten. Das war im Grunde genommen falsch, das war fatal.

Jetzt sind wir schon bei deinen lyrischen Versuchen, vielleicht sollten wir hier kurz zurückblenden. Zunächst einmal wurde dir die sprachliche Faszination auf eigentümliche Weise von deiner Mutter vermittelt?

Ja, vermutlich wurde ich gerade durch die abstruse Sprache meiner Mutter sehr wach für die Ausdrucksmöglichkeiten, weißt du. Das hat mich eher gefördert als gehemmt. Ich habe also zu Hause Gedichte gemacht. Ich habe in der Schule eine Phase gehabt, da konnte ich nur noch gereimt schreiben – ich habe mich sehr über mich geärgert.

Aber zuerst mußtest du ja konfrontiert werden mit Gedichten.

Ich habe natürlich früh Gedichte, die etwa in der Sonntagsbeilage der Zeitungen anzutreffen waren, gelesen.

Also über die Zeitung, nicht über Schulbücher hast du Gedichte kennengelernt?

Nein, nein, das kommt später. Die Schulbücher, die haben mich dann schon fasziniert, weil ich vorher ja keine Bücher kannte. Auch die Illustrationen haben mich geprägt, der Geruch des Buches. Ich war überhaupt von einer – Sensibilität ist ein etwas idiotisches Wort – ich war offen, besser vielleicht, ich war ausgeliefert der Welt, den optischen, den akustischen Erscheinungen, den Gerüchen ... Auch die Geschlechter, weißt du, hab ich dermaßen extrem mitbekommen, auch die Häuser, unheimlich. Das war einerseits wunderbar, vor allem in der Kinderzeit, aber dann wurde es mir auch zu einer Belastung, diese wahnsinnige Offenheit der Umwelt gegenüber, und dieses Sich-Verlieren.

Hat das damit zu tun, daß dein Vater eine eher geringe Rolle bei deiner Erziehung gespielt hat? Hätte er nicht vielleicht diese Ausgeliefertheiten mildern können?

Wahrscheinlich schon, durch sogenannte Disziplin und elterliche Härte, und durch Einübung in die Realität, sofern es sie gibt.

Wie hast du damals auf diese gewaltig einwirkenden Sinneseindrücke reagiert?

Ich habe das mit – Gelassenheit darf ich nicht sagen – mit Gleichmut und mit einem Gespür vielleicht für die Notwendigkeit aufgenommen. Wahrscheinlich hat mir der Instinkt gemeldet, daß das nicht nur eine Belastung ist, sondern daß das in meinem Fall eben auch ein Segen ist, so der Welt ausgeliefert sein zu dürfen und zu müssen – ich möchte es nicht anders haben. Darum bin ich immer ein heimlicher Bewunderer der Leute gewesen, ich habe immer alle Leute bewundert, weil ich spürte, die haben mehr Kraft, die sind gegenwärtiger, die sind tüchtiger, die sind stärker, und das hat mich davor bewahrt, ein Menschenverächter zu werden. Das bin ich nie gewesen, das hab ich nie begriffen, daß man sich lustig machen kann über eine Kaste oder über Einzelindividuen, daß man sich überheben kann. Ich habe mich immer als schwach gefühlt und habe mich mit der Zeit wohl gefühlt in diesem Zustand und habe gespürt, daß, besonders auch aus christlicher Sicht, in der Schwäche eben Stärke liegen kann, daß in der Schwäche die eigentliche Stärke liegt.

Ist etwas davon in deine lyrischen Erstlinge eingegangen? Was hat man sich denn unter diesen frühen Gedichten vorzustellen?

Es waren epigonale Sachen. Ich habe vielleicht Gedichte gelesen und dann Ähnliches selber gemacht. Die Lehrerschaft hat jedenfalls darauf angesprochen.

Der Anlaß waren somit eher fremde Gedichte, die du gelesen hast, als eigene Erfahrungen?

Es war ein Gemisch. Es könnte sein, daß eigene Erfahrungen drin steckten, das kann ich nicht mehr überprüfen. Alles, was bis zwanzig passierte, habe ich verbrannt.

Hat damals bereits die Vorstellung mitgespielt, solche Texte einmal zu publizieren?

Nein, eigentlich nicht, nein, das war eine vegetative, eine natürliche Sache. Ich habe gelebt buchstäblich wie die Maßliebchen und habe gelebt wie die Schwalben und wie die Katzen und wie die Hühner, und alle meine Äußerungen waren weitgehend zweckfrei, scheinbar. Da kam noch dazu, daß ich einen unterentwickelten Geltungsdrang hatte. Das ist mir geblieben, aber, um Gottes Willen, ich bin auch Mensch und eitel, wie andere Leute auch.

Bist du nie stolz auf dein Dichten gewesen?

Nein, da hab ich beizeiten gespürt, daß das gar keine harmlose Geschichte ist. Das hat sich dann sogar ins Gegenteil entwickelt. Ich war noch nicht zur Schule raus, als ich allen Ernstes versuchte, allen Ernstes, aus mir einen Hansli oder Fritzli, aus dem Gerhard einen Hansli oder Fritzli zu machen, und zwar mit all meiner Kraft, die ich hatte, über Jahrzehnte, wenigstens zwei Jahrzehnte versuchte ich das, weil ich meine Mitleute bewunderte in einem Maß, daß für mich nichts anderes übrig blieb, als ihnen nachzustreben. Wobei ich so naiv auch wieder nicht war, mir über mich selber nicht auch meine Gedanken zu machen. Was noch die Schule betrifft, war ich also in den ersten Jahren etwas wie ein Musterschüler. Die Lehrer sprachen von mir gut, ich wurde verwöhnt, verhätschelt, doch dann schlug das um. Da ich nichts zu lernen brauchte, wurde ich ein wenig nachlässig. Später sollte man doch etwas lernen, mit Begabung allein schaffte man das nicht mehr, und so geriet ich nach und nach ins Hintertreffen. Dann kam die Pubertät, und die war für mich ziemlich extrem. Heute ist es für mich fast ein Wunder, daß ich diese Zeit überstand. Da bin ich häufig an den Rändern herumgegangen. Wenn ich Dorli nicht beizeiten

In der Sekundarschule. Gerhard Meier in der mittleren Reihe, zweite Bank, links. In der ersten Bank, rechts: Armin (»Hans«), der Chopin-Spieler. In der Reihe linksaußen, zweitletzte Bank, rechts: Lilly (»Linda«), Gerhard Meiers Schulfreundin.

kennengelernt hätte, ich glaube, da hätte ich nicht überlebt. Ich bin auch so zerrissen worden. Da kam ja dann, als ich aus der Schule war, die Architektur. Sie ist heute noch jene Kunstrichtung, die mir am nächsten steht. Es kann mich nichts so bewegen, so beeindrucken wie ein Bau, der mir zusagt. Das kann mich stärker treffen als Musik, und stärker als ein Text, und stärker als ein Bild. Ich bin ja dann auch ans Technikum gegangen.

Was mich im Zusammenhang deiner Pubertätsnöte interessieren würde: heißt das, daß nun die große Kollision stattgefunden hat zwischen dem Anpassungsdruck, der von der Schule, auch der weiteren Gesellschaft ausgegangen ist, und deiner innerlichen, poetischen Welt, und das hätte dich dann sozusagen zur Architektur hingeleitet?

Ich weiß es nicht, wahrscheinlich ist die Neigung zur Architektur schon in mir angelegt gewesen, aber es ist wunderbar, wie du das jetzt formuliert hast. In den späteren Schuljahren ist die Konfrontation immer stärker geworden zwischen meiner vegetativen Welt, wie ich sie eben gewohnt war von den Maßliebchen, Schwalben und vom Federvieh schlechthin her, von meinen Bäumen, von meiner Mutter, und dieser Welt, die dann doch schon auf das Erwachsenwerden hinlief oder hindeutete. Es kamen die brutalen Zwänge von außen, man mußte hinaustreten, man hätte einen Beruf lernen sollen. Vor allem ist mir aufgegangen, daß die Welt von mir konkret etwas will und daß ich mich einzufügen habe. Solche Zwänge hatten für mich schlichtweg totalitäre, absolutistische Züge, und ich war und bin heute noch sehr empfindlich gegenüber dem Totalitären. Auf dieses Befehle Entgegennehmen war ich gar nicht eingeübt. Das Federvieh gab mir keine Befehle, und die Mutter hat mir nur wenig Befehle erteilt. Ich hab mich dann für das Technikum entschieden, bin auch hineingekommen ...

Also für das Hochbaustudium. Gab es denn auch schon frühere Wunschträume in beruflicher Hinsicht?

Nein, das war mein entschiedener Wunsch. Das heißt, als Kind wollte ich Artist werden, da ich im Turnen begabt war. Später hab ich dann Muskel- und Gelenkrheumatismus bekommen, und da fiel das dahin. Ich wurde auch etwas groß, schwer und schwerfällig, und das hat mich betrübt, das hat mich über Jahre hin sehr, sehr bewegt und verstört. Ich hatte eine ausgesprochene Begabung zum Turnen, zum Kunstturnen, etwas ganz Seltsames, das gehörte irgendwie in die Welt des Federviehs. Ich bin schon als Kind, als kleiner Knabe immer dagewesen, wenn die Turner am Sonntagmorgen – damals gab es noch keine Turnhalle – an den Geräten übten. Mit der Zeit hab ich mitgeturnt, später im Saal, auf der Bühne des Hotels »Löwen«, dort haben die Turner ihre Übungen jeweils abgehalten. Ich habe mitgemacht als kleiner Knirps, und ich wurde angenommen, auch dort wieder, ganz seltsam, ganz einfach. Das war mein erster Wunsch, darauf hab ich hingearbeitet als Kind, und das fiel weg. Dann kam die Architektur. Als ich am Technikum war ...

Zunächst erfolgt nun wohl ein großer Schritt. Du wurdest aus deiner angestammten Welt hinausgehoben und nach Burgdorf versetzt, das bereits einen städtischen Charakter aufwies.

Das war für mich schon verrückt und faszinierend zugleich. Übrigens sind daraus die intensivsten Monate meines Lebens geworden. Da hab ich meine Bude ausgekleidet gehabt, wenigstens über die Ecken hin, mit Dichterporträts. Doch dann kam die Zerreißprobe, das Gezank zwischen Architektur und Literatur. Das hat mich dann so gelähmt, da spielte fast etwas Krankhaftes hinein.

Wie hat sich denn nun, nach den frühen lyrischen Anfängen, dein Interesse für Literatur weiterentwickelt? Was waren da wichtige Anstöße, an was für Literatur bist du geraten, an welche Dichter, welche Gattungen?

Ja, das kam wahrscheinlich über das Schulbuch. Die Gedichte in den Schulbüchern haben mich sehr bewegt. Meine erste Begegnung mit Literatur – ich glaube, ich hab es auch irgendwo vermarktet in meiner Schreibe – fand in der siebten oder achten Klasse der Sekundarschule statt. Da las uns der Deutschlehrer »Wieviel Erde braucht der Mensch?« von Tolstoi vor. Das hat mich unglaublich getroffen, und ich habe spontan gespürt, daß das nun Literatur sein mußte.

Gespürt als etwas, das deine Welt ist, und als etwas, mit dem man leben mußte oder möchte?

Als etwas, mit dem ich immer gelebt hatte, aber dort wurde es mir bewußt, weißt du.

Nur erst passiv oder sogleich auch in dem Sinn, daß du mit etwas Eigenem aufwarten wolltest?

Nein, nein, ich habe nie auf Machen gemacht. Ich habe diesen Drang zur Nützlichkeit, diesen Hang zur Nützlichkeit nie gehabt.

Ich meine jetzt auch nicht Nützlichkeit, sondern ein sich selber in dieser zweckfreien Welt Einrichten, indem man daran schreibend teilnimmt.

Mit der Zeit hab ich dann kleine Essays geschrieben, zu Todestagen von Kleist oder Lenau.

Wurde deine Vorliebe für diese Autoren auch von ihrer Biographie genährt?

Vermutlich ja, das ist mir bis auf den heutigen Tag geblieben, daß mich bei gewissen Schreibern oder Musikern oder Malern das Leben stets mitfasziniert. Und das sind nicht einmal die Größten, sondern das sind gewöhnlich diese schillernden Figuren, diese Grenzfiguren, die von einer Intensität besessen sind. Für mich ist die Intensität fast das oberste Kriterium.

Interessanterweise stehen dir die damaligen Lieblingsautoren heute nicht mehr sonderlich nahe, mit Ausnahme von Tolstoi, den du aber meines Wissens erst nach der Burgdorfer Zeit umfassend gelesen hast?

Wobei Tolstoi natürlich immer in mir geklungen hat. Jeden Herbst, wenn die Blätter fielen, bevor der erste Schnee kam, hab ich intensiv an »Krieg und Frieden« gedacht und mich danach gesehnt und mich davor gefürchtet. Vierzig Jahre später habe ich hier im Hause »Krieg und Frieden« begonnen, hab's gelesen, und dieses Leseerlebnis ist in »Borodino« eingegangen. Das Werk hat mich ungeheuer, ungeheuer beeindruckt. Sonst kenne ich von Tolstoi praktisch nichts, ähnlich wie bei Keller. Ich kenne von Keller den »Grünen Heinrich«, und dieser »Grüne

Heinrich« ist für mich persönlich eines der wenigen großen Bücher der Weltliteratur.

Aber welches waren in der Technikumszeit die entscheidenden literarischen Begegnungen?

Das waren schon Kleist und Lenau und Nietzsche, auch noch andere Philosophen. Ich habe ja dann hinübergeschwenkt zu den Philosophen, Psychologen – Jung gehörte ein wenig dazu, und Kretschmer, glaube ich, der auf die Physiologie setzte, aber, um Gottes Willen, das war so populärwissenschaftlich. Ich habe beizeiten gespürt, daß ich da auf Zäune stoße, und im Grunde genommen bin ich ja die Savanne gewohnt gewesen, die Savanne, weißt du, das Grasland ohne Zäune, und das ist für mich die Kunst natürlich, diese Grenzenlosigkeit. Darum bin ich beizeiten wieder weggekommen. Mich hat die Naturwissenschaft immer auch fasziniert, nur hatte ich die Grundlagen nicht dazu, die bildungsmäßigen Grundlagen, aber überall hab ich extrem diese Zäune gespürt und bin dann froh gewesen, daß ich wieder in meine Savanne heimkehren durfte, in dieses riesige Grasland. Doch dann steigerte sich dieser Zwiespalt zwischen der Literatur, dem sich der Geworfenheit Überlassen, und den Ansprüchen des Technikums und der Liebe zur Architektur.

Und dem Schulbetrieb?

Vor allem dem Schulbetrieb, der war noch viel totalitärer als in der Sekundarschule. In den sogenannten Berufsschulen sind ja die Anforderungen, die Erwartungen viel, viel höher als an Gymnasien oder Universitäten, und diesem Druck, diesem Hin- und Hergerissensein hielt ich nicht mehr stand. Das ging so weit – ich rede darüber eigentlich ganz ungern, das weiß vielleicht kaum recht meine Frau, aber ich bin manchmal vor dem Reißbrett gesessen und konnte den Bleistift nicht mehr hochheben. Es gab also buchstäbliche Blockierungen. Das nahm dann Formen an – ich bin nie in Behandlung gegangen, ich hab das irgendwie verschwiegen und versucht, damit zu leben. Dann hab ich auch Dorli kennengelernt, und wir haben mit zwanzig geheiratet.

Darauf kommen wir selbstverständlich noch zu sprechen. Du hast die Gedenkartikel über Kleist und Lenau aus deiner Technikumszeit erwähnt. Hast du damals auch Primärliterarisches geschrieben? Oder hast du vielleicht daran gedacht, vermehrt literaturkritisch tätig zu werden?

Nein, ja, ich habe daran gedacht, aber weißt du, ich bin der Literatur nie nachgerannt, dem Künstlertum überhaupt nie. Nach meiner Krise wollte ich erst recht aus Gerhard einen Hansli machen. Und das hab ich zwei Jahrzehnte getan, indem ich nichts mehr las und nichts mehr schrieb. Ich mußte schauen, daß wir zu essen hatten und daß das anrückende Kind ein Heim hatte.

Aber hast du die literarische Welt mit niemandem geteilt? Hattest du keine Kollegen, die sich für Literatur interessierten?

Nein, gar nicht. In der Rekrutenschule, dort hatte ich einen Freund, der selber auch schrieb. Mit ihm konnte ich gelegentlich über Literatur reden. Er war der einzige.

Nun kommt deine Zeit am Technikum zu einem abrupten Ende, nach zwei Semestern, die du dort verbracht hast. Du hast mittlerweile Dorli kennengelernt und dich entschieden, nach Niederbipp zurückzugehen. Ihr habt geheiratet, eine Familie gegründet, und du hast dich ebenfalls entschieden, in die Lampenfabrik einzutreten. Das ist jetzt alles ein bißchen viel auf einmal. Vielleicht zuerst zu Dorli. Habt ihr euch Ende der Technikumszeit kennengelernt?

Nein, schon vorher. Das war ungefähr 1935, also mit 18 Jahren haben wir uns auf einem Ausflug kennengelernt, zu dem ich eingeladen wurde von Mädchen, die mich gerne gesehen und dabeigehabt haben: auf einer Wanderung auf den Weissenstein, und zwar in Begleitung eines Vaters und auch noch von Brüdern dieser Mädchen. Wir waren also unterwegs bei Nacht, um den Sonnenaufgang auf dem Weissenstein mitzubekommen. Schon in der Eisenbahn, als Dorli mit ihren zwei Brüdern in Wangen zustieg, ist sie mir auf Anhieb aufgefallen. Wir sind dann zum Teil miteinander marschiert, den Weissenstein hoch, und am Morgen bei Sonnenaufgang war es eigentlich schon passiert, da spürte ich, daß das die Frau des Lebens war, und Dorli muß das ähnlich ergangen sein. Über längere Zeit haben wir uns nicht gesehen, dann wieder, und die Beziehung wurde immer intensiver. So kamen wir frühzeitig zusammen, und ich trat dann in die Lampenfabrik ein.

Hätte es keine Möglichkeit gegeben, am Technikum zu bleiben?

Die Finanzen erlaubten das nicht. In diesen grausigen Krisenjahren hatte ja niemand Geld. Man mußte buch-

Dora Vogel – Gerhard Meier zu Gefallen – bei einer Birke stehend

Das junge Paar mit Tochter Ruth

stäblich auf das Brot und die Kartoffeln aus sein. Alles war auf das Animalische ausgerichtet. Man mußte froh sein, wenn man Arbeit, wenn man einigermassen ein Auskommen hatte. Ich mußte, durfte in die Fabrik, und ich glaubte, es sei nur vorübergehend. Weil ich vom Technikum herkam, konnte ich doch zeichnen und allmählich dann Lampen entwerfen. Die Geometrie, das Rechnen, die Algebra kamen mir sehr zustatten, so daß ich von außen gesehen günstige Voraussetzungen hatte. Inwendig natürlich war das für mich keine Kleinigkeit. Zum Fabrikler war ich nicht geboren.

Wie hat sich die Arbeit dort angelassen? Was hast du konkret zu tun gehabt?

Ich habe ganz unten angefangen. Ich habe gespritzt mit der Spritzpistole, ich habe geschweißt, ich habe geformt. Was anfiel an Arbeit in diesem Lampengewerbe, alle Sparten habe ich durchgespielt. Mein Gespür für Formen und meine Möglichkeit, das umzusetzen in Zeichnungen und in Modelle, hat mir schließlich dazu verholfen, daß mir die Kreationen unterstellt wurden, mit der Zeit sogar das Technische schlechthin. So hatte ich im Grunde genommen einen anspruchsvollen Posten, der mich voll brauchte, ausfüllte. Andererseits spürte ich mein innerliches Ungenügen zu diesem Beruf, zu dieser Art Leben und war jeweils froh, Stunde um Stunde, wenn ich es wieder geschafft hatte, oder von Zahltag zu Zahltag, wenn ich es wieder überstanden hatte, und mit der Zeit gab es daraus dreiunddreißig Jahre.

Wie hast du dich mit deinen Arbeitskollegen verstanden?

Lampenfabrik AKA

Da bin ich eigentlich gut weggekommen. Sie haben mich in meiner doch etwas zurückhaltenden Art gemocht, und als ich ihnen vorstand, haben sie mich akzeptiert. Vor allem auch die Gastarbeiter waren mir lieb, zum Leidwesen einiger Mitarbeiter und meines Chefs. Soviel in meinen Händen lag, habe ich versucht beizutragen, daß ein erträgliches Klima herrschte. Ich habe ja meine Mitleute immer mehr oder weniger bewundert. Das haben sie gespürt, und meine Vorzüge haben sie vielleicht auch wieder gespürt. So ging das ganz ordentlich.

Was jetzt unbedingt gesagt werden muß: du hast dir während dieser Zeit eine zwanzigjährige totale literarische Abstinenz auferlegt. Das gibt es ja hin und wieder in der Literaturgeschichte, daß jemand spät debütiert. Fontane etwa hat als Romancier auch spät angefangen, aber er hat doch zeit seines schreibfähigen Lebens geschrieben, journalistische oder lyrische Texte verfaßt. Ich kenne indessen keinen anderen Fall eines Autors, der während zwanzig Jahren kaum ein Buch gelesen hätte. Wie hast du das überhaupt ausgehalten, und was ist dabei in dir vorgegangen?

Wir hatten es sehr gut, wir haben es ja heute noch gut. Wir haben das Glück, wirklich Liebe erfahren und Liebe praktizieren zu dürfen, und eine Familie zu haben und durchzuziehen. Das war natürlich schon ein Gegengewicht. Dafür war ich unglaublich dankbar. Ich war auch durch Dorli und die Familie etwas eingebettet und getragen. Dann kam noch dazu: Dorli stammt aus einem christlichen Haus; ich aber habe – der Sache zwar, um Gottes Willen, war ich nie fern – es eigentlich nie praktiziert, wie Dorli es getan hat, das Christliche, weißt du. Ich bin dann mitgegangen, und das hat mir auch wieder eine Polsterung gegeben, eine Abfederung. Und ich wußte, jetzt gibt es nichts anderes als wie beim Säufer: entweder säuft er oder er säuft nicht. So hielt ich es mit der Literatur. Ich schrieb keinen literarischen Satz mehr, las praktisch kein Buch mehr, und das über zwanzig Jahre hin ganz streng. Ich muß aufpassen, wenn ich mir etwas vornehme, denn verrückterweise muß ich es dann halten. Da muß ich sorgsam mit mir umgehen. Doch wenn ich das nicht so streng eingehalten hätte, wäre wahrscheinlich unser Leben verwirkt gewesen. Die Familie bedeutete mir viel, und ich finde schon, daß auch ein sogenannter »Künstler« die Menschen vorrangig behandeln muß. Der Mitmensch ist mehr wert als die Kunst, im konkreten Fall, das muß man doch eingestehen.

Könnte man sagen, die Energien und Emotionen, die vorher der Literatur galten, sind nunmehr in deine Familie und deine Christlichkeit eingegangen.

Und in die Arbeit, in die Fabrikarbeit. Ich spüre es gerade auch heute, wie stark sie mich in Beschlag genommen hat. Ein Betrieb ist eine Gemeinschaft, ist quasi ein Körper, nicht gerade ein Klangkörper, aber doch ein Arbeitskörper. Diese Gemeinschaft zu praktizieren, einen Betrieb über Jahrzehnte hin aufrechterhalten zu können, das ist keine Kleinigkeit. Es werden immer wieder neue Produkte hergestellt, man muß mit der Zeit gehen, muß sich ständig anpassen, die Leute sollten immer dasein, und zuletzt sollte finanziell immer ein wenig mehr hereinkommen als hinausgeht, das sind alles keine Kleinigkeiten. Dieses Praktikum hat meine Hirnwindungen maßgeblich geformt, und ich glaube, daß ohne das Erlebnis dieser dreiunddreißig Jahre Industrietätigkeit meine Sätze anders aussehen würden, und meine Art zu sehen, zu hören, zu riechen, und das umzusetzen in Sprache, in einen Text.

Deine Sprache enthält ja auch bei allem poetischem Überbau, wenn wir dem so sagen wollen, auffällig viele spröde, nüchterne Wendungen, die sich wohl aus der Arbeitswelt herleiten.

Das ist ganz klar, und darüber bin ich froh. Das ergibt den besonderen Ton meiner Sätze, glaube ich, obschon ich meine Arbeitswelt nie vermarktet habe.

Eben, sie ist nie unmittelbar in deine Bücher eingeflossen. Warum eigentlich?

Sie hat mich so existentiell getroffen, daß sie mir buchstäblich die Sprache verschlug, weißt du, wie ich ja auch nie frontal über Liebe schreiben konnte, Liebe zwischen Mann und Frau. Alles, was mir zu nahe ging, konnte ich nicht umsetzen. Es ist schon da, die Arbeitswelt ist zwischen meinen Zeilen drin, vor allem in der Art, wie sie eben gesetzt sind, und die Liebe bestimmt auch.

Vielleicht auch in der Schreibdisziplin, könnte ich mir vorstellen.

Ganz genau. Ich muß einmal irgendwo gesagt haben, die Fabrik, die »Bude« sei meine Universität gewesen.

Im Grunde genommen ist es ähnlich wie bei Robert Walser. Der pflegte sich prinzipiell stellenlos zu machen, bevor er wieder ans Schreiben ging. Bei dir waren es halt dreiunddreißig Jahre ...

... an einem Stück, ja, und dann war meine Bürgerlichkeit quasi abgestottert. Im übrigen herrschte die Krisenzeit, wo es hart zuging. Man war einfach arm. Das Auskommen, das die Fabrik bot, genügte nicht, um meine Familie zu ernähren. Wir mußten nebenbei Gemüse pflanzen und noch Angorakaninchen halten, um Wolle zu produzieren.

Du hast das Stichwort gegeben: der Krieg. Die Aktivdienstzeit scheint für dich außerordentlich wichtig gewesen zu sein. Nicht umsonst sind Baur und Bindschädler Dienstkameraden. Steht für dich die Erfahrung des zweiten Weltkriegs stark im Zeichen männlicher Kameradschaft?

Ungefähr 1938 bin ich in die Fabrik eingetreten, und 1939 ging schon der Teufel los. Das war für mich eine noch verrücktere Welt, dort war das Totalitäre total, nicht wahr, obschon ich die Schule als totalitärer empfand, weil sie mich geistig knuten wollte. Im Militär konnten sie mich nur äußerlich knuten. Dann kam also dieser Krieg, und ich dachte mir gelegentlich: Wie ist es, wenn ich plötzlich die Nase weggeschossen bekomme, oder das Ohr oder einen Arm oder einen Fuß? Wie geht es dann weiter, mit der Familie und so? Zuerst dachten wir alle, nach zwei, drei Monaten ist dieser Spuk vorbei. Und dann haben wir viel getrunken, ganze Kompanien, ganze Bataillone. Jeden Tag kamen die Bierlastwagen gefahren, mit Anhängern, und wir soffen das alles weg, feierten alle Abende den künftigen Frieden. Dann bröckelte diese Hoffnung ab, und es wurden sechs Jahre daraus. Zusammengezählt habe ich drei Jahre Dienst getan. Drei volle Jahre war ich Soldat und habe einige Male daran gedacht, dieser Geschichte ein Ende zu machen. Einige meiner Kollegen haben es tatsächlich getan. Das war also gar keine harmlose Zeit, obschon wir selber nicht im Krieg drin steckten: diese zermürbende Geschichte mit dem ständig Bereitsein und ständig Wegsein von der Familie, ständig Wegsein von der Arbeit, ständig in dieser skurrilen Welt sich aufhalten zu müssen. Dabei kam man sich menschlich doch etwas näher. Diese Kameradschaft gibt es tatsächlich, und zwar nicht die belächelte. Ohne sie hätte man vielleicht die Strapazen, vor allem die seelischen Strapazen, gar nicht überstanden. Das ist ganz verrückt, wie man sich da etwas bedeutete. Nicht jeder konnte jedem etwas bedeuten, aber es gab unter diesen vielen Leuten doch ein paar wenige, die einem wirklich über die Runden halfen, ohne daß sie's wußten. Vielleicht hab ich das auch so machen dürfen, ohne daß ich es wußte, anderen gegenüber. Daher begreife ich den Claude Simon, der ist ja auch von seinen Kriegserlebnissen geprägt worden, und er ist diese Erlebnisse, diese Prägungen nicht mehr losgeworden, fast in jedem Buch kommen sie vor. Dabei ist der Krieg nicht nur grausam, irrsinnig und blödsinnig und ein Verbrechen. Der Krieg hat auch ästhetische Seiten, er hat menschliche Seiten, er hat künstlerische Seiten – das tönt jetzt zynisch vielleicht, aber es ist einfach so. Wenn ich an unsere Nachtmärsche denke, da man todmüde, schwerbeladen als Infanterist bis zu siebzig Kilometern pro Nacht mit Sack und Pack marschieren mußte, manchmal durch Wälder, wo man hinaufschauen mußte, die Straßenschneise einem am Himmel ein wenig die Richtung wies, und wie da die Sternschnuppen fielen und wie man sich etwas wünschte. Aber da waren die Sternschnuppen längst vorbei, man hätte sich etwas wünschen sollen, solange sie noch am Himmel waren, und wie dann vielleicht einer

Porträt zur Zeit des Aktivdienstes, gezeichnet von Gottfried Meier

mit einem Bonbonpapierchen knisterte und man die hohle Hand nach hinten streckte, und man bekam wortlos ein Bonbon hineingelegt, und man nahm's auch ohne Dank entgegen. Da stecken unglaubliche menschliche Prägungen, menschliche Erlebnisse drin, und es ist schon seltsam, das alles miteinander bestanden zu haben. Darum bin ich dann auch zwei, drei Mal an Soldatentreffen gegangen, und das erste Mal, als ich ging, fiel mir grausam auf, wie diese Erdknechte, Fabrikarbeiter gealtert waren, und wie diese Offiziere wie aus dem Vitriolbad immer noch frisch und ewiggleich dasaßen. Ich hatte beim ersten Mal eine leichte Grippe, ging aber trotzdem hin. Dann bin ich viele Jahre nicht mehr hingegangen, und später noch einmal, bewußt eigentlich, um dieses Treffen vermarkten zu können, in »Borodino« nämlich. Das waren für mich ungeheuerliche, aufwühlende Tagungen. Das mag nicht ohne Heimattümelei, Kriegskameraderie und dergleichen abgegangen sein, aber in meinem Fall hat es nie etwas damit zu tun gehabt. Im nachhinein möchte ich diese drei vollen Jahre des Soldatenlebens nicht missen. Sie haben mich unsäglich geprägt, obschon ich vordergründig ganz wenig davon vermarktet habe.

Und all das, die Teilhabe an diesen Erlebnissen und deren Reaktivierung über die Soldatentreffen, ist ins Fundament der Freundschaft zwischen Baur und Bindschädler eingegangen?

Das ist eingegangen, das gehört unheimlich dazu. Ja, das sind die Voraussetzungen dieser Freundschaft, wobei sie noch tiefer in die Kindheit zurückgehen, auf die Beschäftigung mit den Indianern.

Aber es bleibt diffus, es ist nicht so, daß sich eine besondere Freundschaft zwischen dir und einem bestimmten Dienstkameraden ergeben hätte?

Nein, da hat eher dieser Mann, der mir in der Rekrutenschule begegnete, das Vorbild für Bindschädler abgegeben.

In der Zeit, die wir behandelt haben, hat sicher Dorli als entscheidende Familienstütze gewirkt. Vielleicht könnten wir ein bißchen über euer Familienleben sprechen, das ja, wie du bereits erwähnt hast, eine ungemein wichtige Rolle gespielt hat, auch als Gegenwelt zum Arbeitsbereich. Wie hat sich das bei euch angelassen, im Haushalt, in der Kindererziehung?

Der Tag war bei uns sehr ausgefüllt. Ich hatte über Jahre hin mindestens zehn Stunden pro Tag zu arbeiten in der Fabrik, das war früher so. Auch am Samstag Vormittag wurde gearbeitet, und Ferien gab's zuerst einen Tag, dann zwei, später drei Tage, bis zu drei Wochen lang zuletzt. Dann hatten wir eben diese Angorakaninchenzucht, die mit viel Arbeit verbunden war. Am Morgen übernahm Dorli die Fütterung, und am Abend übernahm ich sie wieder. Man mußte Gras mähen, Heu machen, die Ställe reinigen, die Jungtiere nachziehen – und so weiter. Das war sehr arbeitsintensiv. Und während fünf Jahren, als wir in Scharnageln wohnten, hatten wir neben den Kaninchen eine riesige Pflanzung, weit weg, mit fünf Beeten an hundertsiebzig Metern Länge. Wir ließen diesen Acker pflügen und eggen, alles andere machten wir von Hand. Ich schaufelte also fünf mal hundertsiebzig Meter lange Gartenwege, und die Erde wurde dann von Hand durchgearbeitet und bepflanzt.

Was habt ihr denn dort kultiviert?

Wir pflanzten Gemüse, also Bohnen, Zwiebeln, Karotten, etwas Kartoffeln und Mohn, den wir zu Öl pressen ließen. In der Kriegszeit waren die Nahrungsmittel rationiert, und so haben wir uns etwas nachgeholfen, vor allem finanziell. Auch die Kinder mußten nach der Schule jeweils in der Pflanzung und bei den Kaninchen mithelfen. Am Samstag Nachmittag wurde ebenfalls gearbeitet. Aber der Sonntag blieb uns, da machten wir im Sommer Jurawanderungen, Velotouren, und wir hatten es eigentlich sehr gut miteinander.

Und wer hat die erzieherischen Aufgaben bei den Kindern übernommen?

Dorli war natürlich vor allem bei den Kindern. Sie hat ein besonderes Geschick oder eine Liebe für die Kinder immer gehabt, hat ihnen Geschichten erzählt, mit ihnen gearbeitet. In den Ferien kamen jeweils auch noch Kinder von befreundeten Leuten zu Besuch. Die kommen zum Teil heute noch, vor allem im Herbst, und sagen, sie hätten wieder einmal Heimweh nach Niederbipp gehabt.

Habt ihr eure Kinder liberal erzogen?

Ich glaube schon. Dorli ist eine gute, eine vernünftige Mutter gewesen und bis heute geblieben. Zu den Groß- und Urgroßkindern hat sie ein nahes Verhältnis. Übrigens hat Dorli ungefähr zwanzig Jahre lang Sonntagsschule gegeben, ist in der Schulbehörde, im Kirchgemeinderat gewesen, war lange Zeit Obmännin des Vereins für das Alter in Niederbipp, und sie hat alle diese Arbeiten gratis ausgeführt. Wir haben sogar die Telefon- und Postspesen selber getragen.

Bei euren Kindern, den beiden Töchtern und dem Sohn, fällt auf, daß alle drei musisch begabt sind. Dein Sohn ist Maler, die eine Tochter kreiert Puppen, die andere schreibt Kinderbücher, Kinderverse unter anderem. Geht das auf Anregungen zurück, die von euch, von dir insbesondere ausgegangen sind?

Nein, wir haben nie bewußt so etwas angestrebt, im Gegenteil: Ich rate jedem ab, in solche Berufe hineinzugehen. Wie schön sind doch diese anständigen, alten Berufe, Bauer, Schreiner, Dachdecker oder Sekretär, die den Menschen und die Familien ernähren und, in Anführungszeichen, ein »geruhsames Leben« fast garantieren. Alles andere hat mit Schaustellerei zu tun, mit Landstörzerei. Aber es muß ja alles geben, es muß auch die Artisten geben und die paar Verrückten, die glauben, schreiben zu müssen. Ich habe nur einmal in meinem Leben einem Menschen zugestimmt, er solle die Schauspielerei unter die Füße nehmen: unserer Enkelin Christina Stöcklin. Sie ist tatsächlich Schauspielerin geworden, aber lebt jetzt auch das Hungerleben dieses Berufs.

Aber Dorli und deine Kinder waren doch allesamt empfänglich für deine Texte, haben sie stets gern gelesen?

Ich weiß nicht. Ja, Dorli war immer die erste, die ein neues Manuskript in die Hände bekam. Wie meine Kinder mit meinen Texten umgehen oder umzugehen belieben, kann ich nicht beantworten. Wir haben natürlich gute Gespräche gehabt miteinander, aber wir haben das

Gerhard und Dora Meier mit ihren Kindern Peter, Susanne und Ruth (rechts) im Herbst 1994

literarische, das Kulturgespräch nie herbeigezerrt. Man war sogar etwas spröd, zurückhaltend in dieser Beziehung, und trotzdem: Wir haben einander verstanden, und sie haben dann auch meinen Schwenk in die Literatur mitgetragen.

18. Dezember 1992

»Sippenbild« der Familie Meier im Herbst 1994

Horizonte tragen Kathedralen

Lungensanatorium Heiligenschwendi

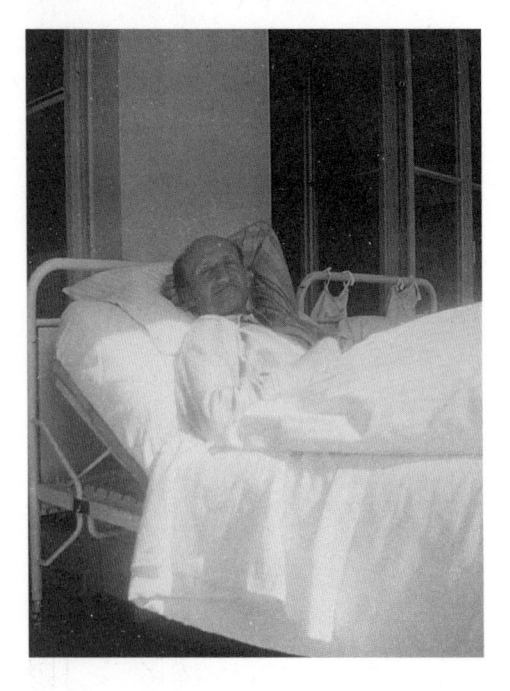

Auf der Liege

Werner Morlang: Zwanzig Jahre lang, vom 20. bis zum 40. Lebensjahr, hast du dir eine radikale literarische Enthaltsamkeit auferlegt. Erst Ende der fünfziger Jahre wurde diese Abstinenz von dir aufgehoben. Wie ist es dazu gekommen?

Gerhard Meier: Ich wurde lungenkrank, und zwar in einem Maß, daß ich ein Sanatorium aufsuchte, Heiligenschwendi oberhalb des Thunersees, und dort hatte ich ein halbes Jahr eine Kur durchzustehen. Ich mußte liegen, viel liegen, gesund essen, mit der Zeit durfte ich etwas spazieren, und ich hatte dann das Gefühl: ja, jetzt hättest du eigentlich Zeit, wieder einzusteigen, heimzukehren in die Literatur.

Lesenderweise oder gleich zu Beginn schreibenderweise?

Nein, schon lesenderweise. Wir mußten jeweils nach dem Mittagessen bis um drei Uhr auf die Liege, wenn das Wetter gut war, auf dem Balkon. Dort hatte man das Alpenpanorama vor sich, zumindest einen Himmel, manchmal mit Wolken, und da griff ich erstmals wieder zu einem Gedichtband. Es waren, soweit ich mich erinnere, Silja Walters Gedichte, ihre frühen Gedichte, wo es großartige Sachen darunter hatte. Und dann erlaubte ich mir sogar, wieder selber etwas zu schreiben, merkte aber, daß die Sprache mehr oder weniger weg war. In der Fabrik mußte ich natürlich viele schriftliche Arbeiten ausführen, doch mit literarischen Texten hatte das nichts zu tun oder höchstens nur am Rande. So machte ich Sprachübungen, zum Teil mit Unterstützung eines Sekundarlehrers und einer Sekundarlehrerin, aber die hatten bald genug von dieser Nebenbeschäftigung. Ich hatte so ein kleines Grammatik-, so ein kleines Deutschbüchlein, herausgegeben von einem Mittelschullehrer namens Hans Rhyn. Das hab ich durchgearbeitet, und zwar sehr stur. Die Grammatik kam dran, die Rechtschreibung, die Zeichensetzung. Tag für Tag hab ich Sprachübungen gemacht und, wie gesagt, auch wieder Gedichte gelesen. Zuvor hatte ich – das war ein wesentlicher Anstoß – am Radio eine Lyriksendung eben über Silja Walter mitbekommen, auf der Liege draussen, mit dem Kopfhörer, angesichts des Himmels und der Berge, und das hat mich aufgewühlt. Natürlich hab ich mich auch schon heimlich damit befaßt gehabt, jetzt in dieser Ruhezeit, mich wieder der Literatur zuzuwenden. Die Kinder waren unterdessen flügge geworden, und die Erwartung von außen, der Erwartungsdruck hatte doch etwas nachgelassen. Ich hab also wieder versucht, Gedichte zu schreiben. Das waren natürlich ziemlich linkische Sachen.

Nebenher, neben deinen Bemühungen, dir ein sprachliches Instrumentarium zu erwerben?

Ja ja, sofort hab ich versucht, in die Praxis einzusteigen. Jetzt hatte ich die Gelegenheit, wegzutauchen in die li-

Kurzer Abriss
der deutschen Grammatik

Zusammengestellt von

Dr. Hans Rhyn

Gymnasiallehrer, Bern

Von der kantonalen Lehrmittelkommission
für Sekundarschulen auf das Verzeichnis der für Mittelschulen
gestatteten Lehrmittel gesetzt

Achtzehnte Auflage

Francke Verlag Bern

Gerhard Meiers »Vorschule« der Poesie

terarische Welt hinein, in die Welt schlechthin, was ich vorher aus existentiellen Gründen nicht durfte. Ich durfte mich ja nicht davonstehlen, ich durfte mich nicht gefährden, indem ich die sogenannte Arbeitswelt verließ.

Ist von diesen frühen lyrischen Versuchen etwas erhalten geblieben?

Nein, das heißt, ich habe kürzlich irgendwo im Schrank ein Heft angetroffen, da ist noch etwas drin, aber vieles, vieles habe ich verbrannt – und zurecht, denn das waren Fingerübungen.

Weisen sie bereits in die gleiche Richtung wie deine späteren Texte?

Unbedingt, das ist ganz klar. Sie sind schon geprägt von meinem Herkommen, von meinem Lebensgefühl, das sich herausgebildet hatte aus meiner Art, die Tage verbringen zu dürfen, zu müssen: also dem Hang zum Unpathetischen, zum Lakonischen. Ich weiß nicht mehr genau, wie das gelaufen ist, auf jeden Fall hab ich mit der Zeit Gedichte an Max Rychner geschickt, und der hat auf Anhieb zugegriffen und in seiner Zeitung, im Feuilleton der »Tat«, fast alle Gedichte gebracht, die in meinem ersten Gedichtband »Das Gras grünt« enthalten sind. Max Rychner war damals ein bedeutender Literat im germanischen Raum, vielleicht sogar der bedeutendste, für mich zumindest, und das hat mich natürlich bestärkt und gefreut.

Da kommt mir in zweifacher Hinsicht Robert Walser in den Sinn. Zum einen war Rychner auch ein wichtiger För-

derer und Vermittler von Walser. Zum anderen denke ich an Walsers dichterische Anfänge. Er hat ja lange nicht gewußt, wohin es ihn beruflich verschlagen würde. Nachdem sein Traum einer Schauspielerkarriere nicht in Erfüllung ging, versuchte er es zunächst mit sozialistischer Gesinnungslyrik, bis dann plötzlich in einer winterlichen Mansarde der Durchbruch gelang: jene vierzig Gedichte, die er im Frühjahr 1898 Joseph Viktor Widmann einschickte. Im nachhinein hat er diese Zeit als euphorischen Rausch geschildert. Ich könnte mir vorstellen, daß du das ähnlich erlebt hast, als nach diesem unendlich langen Unterbruch und im Gefolge der Schreibübungen, die du erwähntest, zum ersten Mal Texte gelangen, die du auch veröffentlichen wolltest. Das muß für dich ein ungeheures Glücksgefühl gewesen sein.

Das ist so. Ich hab die Gedichte kürzlich wieder gelesen: Man spürt etwas von dieser Gestimmtheit. Es war eine intensive und auch ein wenig gefährdete Zeit, weil sich nun endlich im Gedicht die Welt quasi herausstellen konnte. Meine Welt, die Gerüche, meine Tage waren dann sozusagen verfügbar im Gedicht drin, und das Licht meiner Tage, und die Klänge meiner Tage. Als ich mich jetzt durch die zwei Gedichtsammlungen durchlas, ist es mir vorgekommen, ich würde durch ein Gewürz- und Kräutergärtlein marschieren, so voller Düfte schienen diese Produkte zu sein, wobei es natürlich kurios ist, in eigener Sache so zu reden. Aber ich glaube schon, daß dieses Verrückte, diese verrückte Erscheinung, diese verrückte Begebenheit zu spüren ist, die darin besteht, in wenigen Zeilen, in wenigen Worten oder Wörtern Welt aufleuchten zu lassen oder duften zu lassen oder klingen zu lassen. Das erzeugte in mir wirkliche Glücksmomente, das ist klar. Nach meiner einjährigen Lungenkrankheit habe ich mit Gedichteschreiben weitergemacht. Jeweils am Abend, wenn ich von der Fabrik heimkam, hab ich mich nüchtern hingesetzt, nachdem ich mich geputzt und Dorli mir eine Kanne Kaffee bereitgestellt hatte.

Das ging also nicht ganz ohne Feierlichkeit zu?

Nein, ich habe mich rein gemacht, und Kaffee stand bereit, und dann hab ich mich im Sommer ins Gartenhaus, im Winter in die Stube für eine Stunde hingesetzt, nüchtern. Dorli hat mir diesen Rhythmus glücklicherweise zugestanden, es war für sie nicht gerade angenehm, erst später zu Nacht zu essen mit der Familie. Das hab ich stur durchgehalten, und im Laufe der Zeit sind eben diese zwei Gedichtsammlungen entstanden. Die erste ist 1964 im Benteli Verlag erschienen, und das kam so ... Man muß der Vollständigkeit halber erwähnen, daß sich zwischen Peter Bichsel und mir eine Freundschaft entwickelte, indem er und seine Frau häufig am Freitag Abend zu uns zu Besuch kamen, über einige Jahre hin, und da haben wir uns gegenseitig unsere Texte vorgelesen. Ich hatte Bichsel an einer Lesung in der Töpfer-Gesellschaft Solothurn kennengelernt, wo ein paar zeitgenössische Autoren und Autorinnen auftraten. Später hatten wir zusammen eine Lesung in Bern, und da war auch der Lektor vom Benteli Verlag, Willy Jost, dabei. Der ist nach der Lesung zu mir gekommen und hat mich gefragt, ob er meine Gedichte im Benteli Verlag herausbringen dürfe. Ich mußte also überhaupt nicht auf Verlagssuche gehen. Meine ersten Gedichte erschienen dann unter dem Titel »Das Gras grünt«, und innert weniger Wochen war die Auflage, fünfhundert Exemplare, ausverkauft. Klugerweise wurde sie nicht nachgedruckt, so daß diese Gedichte schnell wieder vom Markt weg waren.

Am Arbeitsplatz in der Fabrik, 1964 (»Blick«-Foto)

Am häuslichen Arbeitsplatz

Da wir eben von deinen ersten gelungenen Texten sprachen, welche aus dem Gedichtband stammen denn aus dieser frühsten Zeit?

Das Titelgedicht »Das Gras grünt« ist eines der ersten, und ich weiß noch heute, wie intensiv dieser Moment war, als es geriet. Es geschah fast in vollendeter Form auf Anhieb. Andere Gedichte mußten immer wieder überarbeitet werden, aber dazwischen gab's einzelne Texte, die quasi kamen und saßen.

Das Gras grünt

Betont feierlich verläßt
der Güterzug das
Dorf

Nach den Windeln zu schließen
weht mäßiger
Westwind

Das Gras grünt

Das Land hat seine
Eigentümer vergessen
und hat es satt
nur Umgebung
zu sein

In der ursprünglichen Version endet das Gedicht mit den Zeilen:

Das Gras grünt

Betrunken feierlich verlässt
der Entezug das
Dorf

Nach den Windeln zu schliessen
weht männiger
Westwind

Das Gras grünt

Das Land hat seine
Eigentümer vergessen
und hat es satt
nur Umgebung
zu sein

Umgebung
vieler Versuche
tapfer zu sein

Manuskript des Gedichts »Das Gras grünt«

Umgebung
vieler Versuche
tapfer zu sein

Diesen Abschluß hast du in der Fassung der Werkausgabe getilgt.

Ich fand, das sei ein Kommentar und müsse weg. So schmerzlich es vielleicht scheinen mag, ich glaube, es ist doch besser. Ich weiß noch gut, es war an einem Samstag oder Sonntag Vormittag, da saß ich oben am Fenster und schaute tatsächlich einem Güterzug zu, wie er das Dorf verließ. Es war im Vorfrühling, die Windeln wehten im Westwind, die Matten grünten, und mir schien, das Land habe es wirklich satt, nur unser Eigentum zu sein und nur Umgebung zu sein – ein Erlebnis, das ich auf Anhieb in Sprache umsetzen konnte. Das war beglückend.

Noch immer habe ich Mühe, den Wegfall der letzten drei Zeilen zu akzeptieren. Ich fand sehr hübsch, wie sozusagen das Pathos der Natur, das in der mittleren Zeile »Das Gras grünt« zum Ausdruck kommt, kontrastiert oder zusammengebracht wird mit den menschlichen Versuchen, tapfer zu sein.

Das war mir etwas zu tapfer, weißt du. Es tat mir auch weh, diese drei kurzen Zeilen wegzustreichen, aber sie schwingen wahrscheinlich ohnehin mit. Das ist eben dieses Bedürfnis, möglichst lakonisch zu sein und möglichst unfeierlich, obschon: das Feierliche kommt auch immer wieder hinein. Die Welt ist ja nicht nur grotesk, sie ist auch etwas Feierliches.

Mir hat es vielleicht gerade dieses »tapfer« angetan, weil es eine alltägliche Tapferkeit meint, keine kriegerische.

Natürlich, ja, um Gottes Willen, die Tapferkeit, den Tag zu bestehen. Es ist diese Tapferkeit gemeint, nicht die, mit Hellebarden um sich zu schlagen.

Besonders gern hab ich auch die Zeile, die dem Gedicht und dem Band den Titel gegeben hat und die ich ungemein bezeichnend für dich finde. Einerseits enthält sie eine geradezu banale, selbstverständliche Aussage, denn was bleibt dem Gras anderes übrig, als eben grün zu werden. Andererseits wirkt solches Pathos des Unscheinbaren, des Gewöhnlichen sehr ausdrucksvoll in diesem Zusammenhang. Überhaupt steckt in dem Gedicht manches, was auch deine übrigen Gedichte auszeichnet, so etwa ein inventarisierender Zug. Du hast selber später ein Gedicht »Inventar« betitelt, und ich habe oft den Eindruck, daß deine Lyrik zunächst einmal festhält, was der Fall ist – beinahe in einem Wittgensteinischen Sinn: »Die Welt ist alles, was der Fall ist.«

Mich haben weniger die sogenannten Geschichten, die Geschehnisse interessiert – und das ist so geblieben bis auf den heutigen Tag – als das Vorhandene, die Schöpfung und ihr Inventar. Das steckt hier schon drin und steckt eigentlich in allen Texten. Es geht auch durch die Prosabücher hindurch.

Wobei mir charakteristisch scheint, daß die großen Kräfte, Elemente, die in der Natur herrschen, hier zum Beispiel die Macht des Windes, an etwas so Banalem wie den Windeln aufgewiesen wird. Oder umgekehrt, daß du dafür dem all-

täglichen Güterzug eine Feierlichkeit zugestehst. Solche Umkehrungen, Brüche finden bei dir öfter statt.

Ich finde die Dramatik eben im Undramatischen, und andere finden das Undramatische dermaßen undramatisch, daß sie in die Dramatik ausweichen. Die stillen Abläufe, wie wir sie beobachten an den Gestirnen und in den Jahreszeiten und im Blutkreislauf – diese lautlos stattfindenden Abläufe finde ich bewegend und dramatisch, während mich die einzelnen, die sogenannt dramatischen Momente weniger berühren. Die sind mir im Grunde genommen zu punktuell, zu außerordentlich, zu extravagant, obschon sie auch dazugehören. Aber ich entdecke die Größe im Unspektakulären, im sogenannt Alltäglichen, und darum sind vielleicht meine Texte etwas langweilig für gewisse Leute. Da treffe ich mich, wenn ich es so sagen darf, mit Stifter, obschon mir Stifter kein Abgott ist. Es gibt Autoren, die mir näher stehen, und ich kenne fast nur den »Nachsommer«. Aber ich habe gestern in seine Erzählungen hineingeschaut und bin dort auf Dinge gestossen, die mir sehr vertraut sind. Ich habe die Größe des Unscheinbaren, das Pathos des Gewöhnlichen immer geschätzt.

Aber bei dir wird es nie prunkvoll hergerichtet, im Unterschied zu Stifter, der in deinem Sinn wohl zu explizit daherkommt.

Da hast du Recht, wahrscheinlich ist es das, was mich ein wenig bei ihm stört. Er steht zu stark zu diesem Lebensgefühl und beutet es aus, offensichtlich.

In aber- und abermaligen Ausführungen wird es beteuert und zelebriert.

Ja, das möchte ich nicht. Dadurch, daß ich Gott sei Dank dreiunddreißig Jahre durch die Arbeitswelt geschleust wurde, hab ich vielleicht ein gesundes Verhältnis bekommen zu den Dingen und zu den Abläufen, ein ganz gewöhnliches Verhältnis, weißt du, ohne Schnickschnack, ohne Pathos, ohne Murks, ohne Forciertheiten. Darüber bin ich glücklich, denn die Sterne machen auch kein Aufhebens von ihrem Kreisen, und die Maßliebchen wachsen, ohne daß es Geschrei gibt dabei. Und der Wildkirschenbaum blüht mitten im Wald, auch wenn ihn niemand sieht und niemand rühmt. Dieses Tun, ohne auf Lob und Anerkennung zu schielen, das sich abspielt in der Schöpfung, das gefällt mir. Dieses selbstverständliche Wachsen, Kommen und Gehen, Wachsen und Blühen, Früchtetragen und Verwehen.

Wobei in deinen Texten die Größe der Natur selten rein wahrgenommen, sondern häufig an etwas festgemacht wird, das ihr entgegenzustehen scheint, das manchmal sogar einen verächtlichen Zug hat, wie bei den Windeln.

Die Größe muß eben etwas angekratzt werden, um glaubwürdig auftreten oder erscheinen zu können. Sie darf sich nicht rein zeigen, sie darf nicht sagen: Schaut, meine Größe! Sondern im Gegenteil, sie soll durch Unterkühlung um so größer werden. Man darf das Unterkühlen nicht allzu bewußt handhaben, aber es ist wichtig. Man könnte auch von Abstandnehmen sprechen. Ich glaube, man darf den Dingen, dem Leben schlechthin, nicht einfach verfallen. Man sollte immer etwas beiseite treten, sich selber über die Schultern zuschauen können. Man muß also Abstand nehmen können, und Abstand hat mit Anstand zu tun, und Anstand heißt auch, Abstand nehmen können. Das hat wiederum mit Stil zu tun, und ich glaube, die Größe muß mit Anstand dargestellt werden.

Mir scheint, es geht dir auch ganz wesentlich um Kontrast. Ich denke dabei an ein Gedicht aus dem ersten Band, das wir beide besonders mögen, nämlich:

Das Land hat seine Bäume

Horizonte
tragen Kathedralen
und Kommoden alter Mädchen
Souvenirs

Die Berge sind heilig
heute
und das Land hat seine Bäume
und seine Eisenbahn

Tennisplätze
deckt noch der Schnee

Alte tragen ihr Weltbild
durch die Städte
Stilblüten der Jahrhundertwende
stehn im Wind

Und Lucien Wolffs Affiche meldet
daß er mit Vieh
und Pferden handelt
Kommoden
alter Mädchen tragen Souvenirs
und Horizonte
Kathedralen

Nicht wahr, ich habe die Welt damals, als ich Gedichte schrieb, und eigentlich mein ganzes Leben hindurch, extrem mitbekommen. Das war mein Vorrecht und mein Unglück. Dadurch wurde ich ungebührlich beansprucht. Und um überleben zu können, besonders in der Arbeitswelt, mußte ich mir diese Eindrücke möglichst vom Leibe halten. Ich hatte ja anderes zu tun, als mich mit den Dingen und mit den Menschen und mit den Lüften und mit dem Licht abzugeben. Ich mußte ja Lampen helfen zu fabrizieren, und das Geschäft sollte doch rentabel sein. Dabei hat mich die Welt nicht in Ruhe gelassen, sie hat mich jede Minute, stündlich, täglich angefallen und gesagt: Schau doch, hör doch, schmeck doch, riech doch, wie gut und wie scheußlich und wie herb und wie herrlich das ist! Dieses Hin- und Hergerissensein hat mich geformt und hat dann meinen Stil gezeugt, und hat mich gelehrt, die Welt umzusetzen, hat mich gelehrt, was zu erwähnen ist und was nicht zu erwähnen ist. Es ist nämlich fast wichtiger zu wissen, was man nicht sagen darf, als was man sagen darf. Auch gestern, beim Lesen der Gedichte, habe ich mit großem Glücksgefühl diese Intensität des Erlebens wieder gespürt.

Würde das auch für dieses Gedicht gelten? Ist es unmittelbar aus dem Erleben geschöpft? Es spricht doch eine große Gelassenheit daraus, insbesondere aus den Eingangsversen.

Das ist der Abstand, den ich mir zu erreichen auferlegte, genügend Abstand zu meinem Ausgesetztsein. Aber ohne das geht's nicht, die Welt muß uns anrennen, muß uns anfallen, nicht wir sie, sondern sie uns, damit wir sie mitbekommen. Und dann muß noch ein guter Geist hinzutreten, der uns ermöglicht umzusetzen, was uns da angefallen hat, in Sprache oder in Klänge oder in Farben.

Weißt du noch, wie es bei diesem Gedicht geschehen ist?

Ja, die Horizonte hatten es mir immer angetan. Die Horizonte sind für mich quasi die Kommoden der Welt. Doch wenn an Horizonten also Kathedralen stehen, können es auch Baumreihen sein in Pommern oder in Mecklenburg, in der Mark Brandenburg.

Dann wäre dieses Gedicht aus den ersten Zeilen entstanden, könnte man das sagen?

Ich glaube, ein zentrales Bild ist die Affiche des Vieh- und Pferdehändlers Lucien Wolff in Solothurn. Das war für mich eine ungeheure Sache, dieser Affiche zu begegnen, so läppisch und banal und menschlich und fast tierisch in dem großen Geschehen drin, im Zusammenhang mit den Horizonten und mit den Bäumen, Tennisplätzen und mit den Alten, die ihr Weltbild durch die Städte tragen – diesem Bild vom Vieh- und Pferdehändler: einer riesigen Tafel, drei Meter lang und etwa ein Meter hoch, die in Solothurn an einer Mauer befestigt war. Das hat mich sehr, sehr beeindruckt, ebenso die Kommoden alter Mädchen, dieser ledigen alten Mädchen.

Eben, da kommt ein Kontrast rein, und den hätte ich mir aus einer gewissen Gelassenheit erklärt, die mitunter geradezu verschmitzt oder ironisch wirkt. Das sieht man öfter bei dir, solche hintergründig konstrastierenden Aufzählungen, die um die Achse eines möglichst harmlosen Verbs oder Hilfsverbs schwingen.

Erstens ist dieser Kontrast, pathetisch und lächerlich, großartig und kleinlich, einfach da, ist vorhanden, steckt in der ganzen Schöpfung. Und dann gibt es bei mir oder dem Menschen schlechthin etwas wie einen Mechanismus des Selbstschutzes. Man muß sich zwischendurch ein Augenzwinkern gönnen, damit man die anderen Sachen, die ohne Zwinkern passieren, ertragen kann. Dieses Gemisch hilft uns durchatmen. Nur-Augenzwinkern endet in der Witzelei, Nicht-Augenzwinkern endet im Pathos, und beides ist peinlich. Aber in der Wirklichkeit ist das Gemisch ständig da, wenn man bedenkt, wie groß der Mensch ist einerseits als organisches und geistiges Gebilde, und wie animalisch, hinfällig, geworfen und lächerlich er andererseits wieder ist. Diese Spannung, diese Gegensätze gehören mit hinein, und das gibt dann vermutlich dem Text seine Redlichkeit und Glaubwürdigkeit. Das tut man aber nicht bewußt, das kommt aus dem Lebensgefühl heraus. Man sagt sich nicht: Jetzt mußt du aufpassen, daß du das Gemisch hinbringst! Ich glaube, das hat mit Stil zu tun, und den machen wir nicht selber. Er ist der Ausdruck unseres Lebensgefühles oder unserer Gestimmtheit.

Eine weitere Eigenheit, die das Gedicht enthält und die für manch andere Texte von dir zutrifft, ist die nur leicht abgewandelte Wiederholung der ersten Strophe. Du verwendest oft solche kreisläufigen Formen.

Ich habe diese Kreisbewegungen, diese Spiralbewegungen unglaublich gern, wobei ich sie nicht bewußt verwende, sondern vermutlich bin ich von den Kreisen und Spiralen, die uns umstellen und die die Welt ausmachen, dermaßen durchdrungen, daß sie ganz automatisch in meine Gedichte hineinkamen und später auch in die Prosa. Diese Kreisbewegungen, diese Wiederholungen, die machen ja die Schöpfung und das Leben aus, ich meine: Es wird Morgen-Mittag-Abend-Nacht, Morgen-Mittag-Abend-Nacht, es wird Frühling-Sommer-Herbst-Winter, und so fort. Der Wind kommt und geht, die Wasser laufen ins Meer, und das Meer wird nicht voller, die Sonne geht unter, und die Erde kreist um die Sonne, und die Sonne dreht sich mit der Erde wieder um weitere Bahnen. So sind wir von Spiralen und Kreisen und Anklängen umgeben, erfüllt, und wir spüren in der Musik, im Lied, in einem Tonstück immer wieder mit Freude die Anklänge auf. Jedesmal, wenn ein Refrain kommt, ein Anklang, eine Wiederholung, möglichst nicht haargenau gleich, sind wir glücklich. Das ist ganz seltsam – auch etwas Tröstliches, der Kreis: Es schließt sich dann, zerflattert nicht, geht nicht verloren. Die Kreisbewegung hat wahrscheinlich etwas Tröstliches an sich, wobei man das nicht einfach pflegen darf. Die Welt heißt nicht nur Trost, sie heißt auch das Gegenteil. Grausamkeit ist ebensoviel da, und Unvermögen, diese Sache überhaupt zu beschreiben.

Wenn man von den natürlichen und kosmischen Zyklen einmal absieht, welche diese Formen determinieren, könnte man sagen, daß sich in den kreisläufigen Formen vor allem das musikalische Element ausdrückt, daß es dort auszumachen wäre?

Die alte griechische Einsicht, daß die Welt aus Klang oder ein Klang sei, trifft wohl zu. Ich war davon überzeugt, lange bevor ich es von den Griechen erfahren habe: Die Welt ist letztlich ein Klang. Vielleicht bin ich ein verhinderter Musiker, obschon ich theoretisch von Musik nichts verstehe, aber ich habe ein Leben lang mit der Musik gelebt. Die Musik ist strukturiert wie die Welt, hat also mit Wiederholung und Anklängen zu tun. Und das Musikalische, das in unserem Lebenslauf, in den sogenannten Schicksalen anklingt, ist etwas sehr Bewegendes, auch wenn wir es nicht bewußt als musikalisches Phänomen erleben. Darum sind wir im Grunde genommen alle auf Musik eingestimmt, der eine auf das Jodellied, der andere auf eine Mazurka, wieder ein anderer auf Gustav Mahlers Neunte. Die Musik spielt eine ungeheure Rolle, weil in der Musik, in den Tonfolgen drin so viel Unsagbares dann doch irgendwie offenbar wird. In keiner anderen Kunstgattung ist so viel drin, aus keiner Kunstgattung ist so viel zu erfahren wie aus der Musik. Musik ist gewissermaßen jenes Unsagbare, das uns zusteht sagbar zu machen über die Töne. Wir können es dann nicht in die Verbalität umsetzen, das ist unmöglich, aber wir haben doch das Gefühl: So, jetzt haben wir es wieder einmal gehört, wieder einmal erlebt, jetzt wissen wir etwas mehr, obschon wir substantiell nicht mehr wissen. Aber es gibt doch das Gefühl, etwas verstanden zu haben, das uns sonst nirgendwo hätte verständlich gemacht werden können. Einzig die Musik schafft es. Natürlich auch die Lyrik, ein gutes Gedicht kann Unsagbares plötzlich aufscheinen lassen, und ein Prosatext, ein Roman oder ein Bild ebenfalls. Aber auch ein Kinderspruch kann das, ein Windstoß kann das, ein Lichteinfall kann das, die Schwärze der Nacht kann das, eine Liebkosung kann das, weißt du. Wir haben ja nicht einerseits Kunst und andererseits Leben, einerseits Sonntag und andererseits Montag. Alles, alle Bestandteile sind in der gleichen Suppe drin. Und da gibt es immer wieder Idioten, die dann finden, die Suppe habe die falschen Blasen erzeugt, nicht wahr, die Blasen müßten größer sein oder gemischter sein, groß und klein, und so weiter. Da schlagen sie sich die Köpfe ein über die Blasen der Suppe, weißt du. Es geht wahrscheinlich nicht um das, wobei wir letztlich nicht wissen, um was es geht. Hie und da kann einem ein Mozart oder ein William Carlos Williams oder ein J. M. W. Turner etwas beibringen, das einen für Momente glücklich macht.

Wenn du dich in solcher Weise der Musik annäherst, heißt das auch, daß deine Texte gelegentlich von musikalischen oder rhythmischen Erlebnissen angeregt wurden?

Das glaub ich sehr, ich weiß, daß ich von Wörtern, vom Klang der Wörter direkt euphorisiert werden kann, etwa von »Borodino« oder »Arakanga«. Es kann auch bei einem Satz passieren. Ich lebe ja von den Sätzen, wenn ich lese.

Ist es damals vorgekommen, daß du von einer einzigen Zeile ausgegangen bist und daß sich um diese Zeile herum oder aus dieser Zeile heraus ein Gedicht gebildet hat?

Ja, ganz genau. In der Prosa ist mir sogar passiert, daß ich den Schluß, die paar letzten Sätze hatte, oder überhaupt nur den letzten Satz, und dann ergab sich daraus das ganze Buch, wie einem auch ein bestimmtes Erlebnis, ein ganz, ganz heftiges, punktuelles, sekundenlanges Erlebnis einen Roman aufzwingen kann. Auch die Musikalität in meinen Sachen, die fällt mir jetzt erst so richtig auf, wenn unsere Enkelin Christina Stöcklin Texte von mir vorliest. Dann denke ich: Um Gottes Willen, das ist unheimlich musikalisch. Und es passiert manchmal, daß es mir fast zu musikalisch ist, wenn ich mir selber zuhören muß. Aber Musikalität hat mit Ästhetik zu tun, und beides hat wiederum sehr, sehr viel mit Leben, mit Welt, mit Schöpfung zu tun. Es war ein gräßlicher Irrtum verschiedener Denkrichtungen, die der Ästhetik zu Leibe rücken und sie abschaffen wollten wie den lieben Gott auch. Das hat sich ungeheuerlich und grotesk gerächt, wobei man das Ästhetische, das Musikalische, das Rhythmische, das Strukturierte, das sogenannt Schöne nicht erklären kann. Ich kann nicht sagen, warum ich jetzt gerade eine Schwalbe als schön empfinde, aber das geht durch die ganze Welt durch. Wir sind ja so von Linien abhängig, von Körperlinien und Linien, die in einer Blume drin stecken, in einem Blatt oder in einem Horizont. Etwas, das über die Linie, die Form, den Raum, die Farbe, den Ton, den Geruch uns anspricht, wie glücklich kann uns das machen! Wir sind dem Ästhetischen ausgeliefert, und wir sollten auch dazu stehen und damit leben und es ernst nehmen. Natürlich ist es mit dem alleine nicht gemacht. Kartoffeln setzen und Kartoffeln pflegen und Kartoffeln ernten und Kartoffeln auf den Markt bringen, das hat nicht unbedingt mit Ästhetik zu tun. Ein wenig zwar schon; man kann die Maschinen putzen, das Feld in Ordnung halten und die Kartoffeln in sauberem Zustande abliefern, das hat mit Ästhetik zu tun. Man darf das Ästhetische nicht ignorieren. Man bedenke, wie wir ganz anders gestimmt sind an einem schönen Tag, bei gutem Wetter, wenn die Sonne scheint und Licht da ist, gegenüber Tagen, die von Nebel und Unfreundlichkeit triefen.

Du bist also nicht gewillt, dem Ästhetischen einen besonderen Bereich einzuräumen. Gilt das insbesondere für deine Gedichte? Sind das für dich immer auch Lebenszeugnisse?

Unbedingt, Kunst und Leben gehören zusammen. Ich bin immer für das Ganzheitliche gewesen, von Kindesbeinen an: erstens für die Freiheit und zweitens für das Ganzheitliche. Für mich ist die Welt immer ungeheuer vielfältig gewesen, ich hab dabei aber nie an Chaos gedacht. Leuten, die diese Vielfalt nicht akzeptieren, mag die Welt chaotisch vorkommen. Andererseits bin ich glücklich, daß es heute eine Chaosforschung gibt. Das zeigt doch an, daß sich die Leute wieder mit der Vielfalt der Welt und der Schöpfung abzugeben belieben, und das ist schon einiges. Nein, da bin ich hart. Wenn ich das Ästhetische losgelöst vorfinde, dann ekelt es mich, weißt du. Die Sache ist verfilzt, und sie soll auch verfilzt umgesetzt, offeriert und weitergegeben werden.

Heißt das auch, wenn einer deine Gedichte liest, dann soll er nichts anderes mitkriegen als das, was ihm etwa auf einem Spaziergang widerfährt?

Genau, er soll das Leben riechen. Davon handelt eine Stelle im Gedicht »Einem Kind«, auf die ich eigentlich stolz bin:

Einem Kind

Wirst dir einige Figuren zulegen
Hans im Glück
zum Beispiel
Mann im Mond
St. Nikolaus
zum Beispiel
und lernen

daß die Stunde sechzig Minuten hat
kurze und lange
daß zwei mal zwei vier ist
und vier viel oder wenig
daß schön häßlich
und häßlich
schön ist
und
daß historisches Gelände
etwas an sich hat

Zuweilen
sommers oder so
begegnet dir in einem Duft von Blumen
einiges dessen
das man Leben nennt
Und du stellst fest
daß
was du feststellst
etwas an sich hat

Genau davon bin ich überzeugt: »Begegnet dir in einem Duft von Blumen / einiges dessen / das man Leben nennt«. Da drin steckt vielleicht der Sinn des Blumenduftes, der Sinn der Literatur und der Kunst schlechthin. Über den Duft sollen wir etwas mitbekommen von dem, das man Leben heißt, ob nun unser Leben oder das des Maßliebchens oder der Schwalbe oder des Steins oder des Wassers oder des Lindenbaums. Darum hab ich auch diese gute Beziehung, wenn ich so sagen darf, zu den Indianern gehabt, vor allem zu den nordamerikanischen Prärie-Indianern. Die haben ihr Leben praktiziert, wie ich es mir nicht idealer vorstellen kann: diese ungeheure Ganzheitlichkeit, dieses Aufgehen in der Prärie, in den Dingen, in den Tieren, in den Pflanzen, in den Lüften, in den Wolken, in den Mitmenschen. Nicht das Herauslösen, nicht die Vereinzelung und nicht die Parteilichkeit, sondern alles ist da, wir gehören dazu und sind ein Bestandteil davon.

Zu deinem Verständnis des Lebens gehört auch seine Ungreifbarkeit. Es gibt dazu ein Gedicht, das mich immer sehr berührt hat und das du zu meinem Leidwesen nicht in die Werkausgabe aufgenommen hast, nämlich »Darüber hin«:

Darüber hin

gehn Liebende und
Leidende
und sie wahrt
Jahrhunderte ihr Gesicht
Mongoloide
bekommen das Lächeln mit
Die Schafe bekommen den
Schlächter mit
Samen
die Blüten
die Blüten den
Duft

Du hast Recht, das hätte unbedingt hineingehört. Da ist viel drin von dem, worüber wir gesprochen haben.

Unter jener ungenannten Größe, die nur mit dem weiblichen Pronomen bezeichnet wird, hat man sich wohl die Erde vorzustellen?

Ja, das ist die Erde, das ist die Erde.

Mir gefällt, wie die Aufzählung der Lebewesen und ihrer jeweiligen Lebenshypotheken in die Ungreifbarkeit eines Duftes mündet.

Für mich geht die Kunst über den Menschen hinaus. Nun gibt es ein Literaturverständnis, das den Menschen in die Mitte setzt – und der Mensch ist wichtig, er soll ja die Krone der Schöpfung sein, aber das hat dazu geführt, daß es nur noch Geschichten um den Menschen geben muß, daß der Mensch die Geschichte quasi selber ist, daß er sie sogar selber macht, in Händen hält und darüber verfügt. Das ist mir etwas ungeheuerlich. So wichtig möchte ich den Menschen nicht genommen haben. Für mich ist der Mensch groß im Zusammenhang mit der Welt und die Welt groß im Zusammenhang mit dem Menschen. Eine Welt ohne Mensch wäre für mich nur eine halbe Welt, aber ein Mensch ohne Welt wäre für mich weiß Gott halt auch nur ein halber Mensch. Daran merkt man bei einem Künstler, was er taugt. Wenn er seine Region einzufärben vermochte, ist er bestimmt ein guter Künstler gewesen, und wenn diese Einfärbung nicht stattfand, diese Eintönung, ist er eben kein großer Kerl gewesen. Und da fällt dieses idiotische Bedürfnis nach Geschichten, nach chronologischen und nach übersichtlichen Geschichten, einfach weg, denn im Alltag, wo alles zusammengehört, herrscht eine Verfilzung, die eine Chronologie unmöglich macht. Einer meiner großen Autoren,

Claude Simon, hat genau das erfaßt und in seinen Büchern je länger je mehr umsetzen können. Und da kommen so Leute, die ein einfaches Lebens- und Kunstverständnis haben, und schelten ihn dann seiner Vielfalt und seiner Langeweile wegen.

Du spielst auf den berüchtigten Marcel Reich-Ranicki an?

Ja, aber ich hätte den Namen nicht erwähnt.

Bleiben wir bei dem, was mich selber stets fasziniert hat an deinen Texten, bei der Zusammenführung von Schöpfung, Naturwerk und Menschenwerk. Das erhält bei dir verschiedene Nuancen, wird ganz verschieden instrumentiert. Wenden wir uns einmal dem kurzen Gedicht »Eisblumen« zu:

Eisblumen

An den Fenstern die Eisblumen
Am Himmel der Wind
Überm Dorf das Gespinst des Lebendigen
Im Panzerschrank des Zivilstandsbeamten
blühen die
Stammbäume

Du beginnst mit einem konventionellen Versatzstück, den Eisblumen, deren poetischer Gebrauchswert jedem einleuchtet. Die nächsten beiden Zeilen halten den traulichen Kurs ein, bis dann am Ende, verblüffend, etwas wie dichterische Ironie aufscheint.

Ja, das ist natürlich so. Es ist in allem Elend, in aller Größe immer auch wieder das Lächeln drin, weißt du, das Augenzwinkern, und das muß man hinüberbringen.

Spielt dabei auch Religiosität mit, das Gefühl für die Hinfälligkeit aller menschlichen Bestrebungen?

Ich glaube schon, daß Gott nicht nur der größte der Poeten ist, der alles gemacht hat, sondern daß er auch über einen entsprechenden Humor verfügt. Humor ist etwas, das aus der Liebe kommt. Ein Hasser hat keinen Humor, der hat Witz und Witzelei. Humor besitzt einen goldenen Glanz. Doch jetzt noch etwas über das Zusammentreffen der Schöpfung und dem von Menschenhand Gestalteten. Ich bin von Parks begeistert, von Gärten jeder Art, von klassischen bis zu Bauerngärten, wo die Gestaltung offensichtlich ist, aber die Natur mit drin. Das finde ich wunderbar, wenn sich Gott und Mensch zusammentun und zusammen etwas machen, das Produkt kann möglicherweise grandios sein. So hab ich immer wieder Heimweh nach dem Garten, nach dem Park von Schönbrunn oder dem Park von Versailles. Darum haben wir ein Leben lang statt Kohl Rosen gepflanzt und haben trotzdem überlebt. Ich glaube, mit den Blumen zu leben ist ebenso wichtig wie Kohl zu verspeisen und Rüben, obschon wir Kohl und Rüben verspeisen müssen, aber es sollten dabei Blumen herumstehen, wenn wir das tun, zumindest in der Erinnerung.

Ein Zusammenwirken von Göttlichem und Menschlichem scheint mir auch aus der Beschaffenheit deiner Lyrik hervorzugehen. Mich besticht daran das ganz und gar Ungezwungene, Einfache, Elementare, das zum Zuge kommt.

Gerhard Meiers Haus am Lehnweg 17

Hintere Ansicht des Hauses: rechts das Gartenhäuschen, in welchem Gerhard Meier an Sommerabenden an seinen Gedichten schrieb

Daneben ist es aber auch eine hergestellte, im guten Sinn hergestellte Lyrik.

Ja, es ist eine Parklandschaft im Grunde genommen. Darum interessieren mich wahrscheinlich Parklandschaften so leidenschaftlich, wie auch die Architektur. Dort trifft das ja auch zusammen, denn sie wird aus Stein und Glas und Eisen und Holz und Ton gemacht, und zwar von einem Menschen, der Gespür hat für diese Materialien. Und dann sollte das Haus erst noch bewohnbar sein, der Mensch, für den es geschaffen wurde, sollte sich wohl fühlen darin. Unser Lebensgefühl wird unglaublich beeinflußt von den Räumen, von den Häusern, die wir bewohnen. Daher sollte ein Hallauderi nicht Architekt werden, auch wenn er das Zeug dazu hat, die Intelligenz, das Rechen- und Zeichenvermögen. Das sind schon etwas oberlehrerhafte Bemerkungen, aber sie gehören vielleicht trotzdem dazu. Und da du vorhin auf die Religiosität angespielt hast: Sie merken jetzt in der Chaosforschung, was natürlich schon früher die großen Physiker und Chemiker gemerkt haben, daß nämlich nicht einfach eine sture, dumme, anorganische Substanz diese wunderbaren Sachen geschaffen hat, sondern daß etwas Großartiges dahinter stecken muß. Ich glaube, das Religiöse ist ungeheuer wichtig, das Spirituelle schlechthin, und ich spüre das auch beim Schreiben. Die besten Sachen stammen eigentlich nicht von mir, die hab ich wirklich geschenkt bekommen, aber unter Mühe und Schweiß, ich meine, unter Blut und Tränen. Umsonst gibt es die Sache nicht. Wir müssen suchen, wir müssen graben, aber manchmal haben wir das Glück, etwas zu finden. Ich habe mich beim Schreiben eher – das tönt etwas pathetisch – als Medium empfunden. Ich hab also nie geschrieben, weil es leere Blätter gibt, weiße Blätter, sondern ich habe immer erst geschrieben, wenn es nicht mehr anders ging, wenn ich spürte, jetzt mußt du es tun, sonst kommt es mit dir nicht gut heraus oder sonst ist das einfach weg. Aber meistens ist es so gewesen, daß ich spürte: Jetzt wird es gefährlich, wenn du nicht tust, was du zu tun hast. Es wird dann schon – existentiell. Der Mensch ist ein spirituelles Wesen, ob er es haben will oder nicht. Wir wissen nicht, wo wir herkommen, und wir wissen nicht, wo wir hingehen, aber wir spüren, wir kommen aus dem Paradies und vermutlich kehren wir wieder ins Paradies zurück. Ich glaube, Mozart hat uns etwas erfahren lassen von diesem Weg, und vielleicht auch Williams und Machado und Claude Simon. Die Kunst ist nicht umsonst da, sie hat ihre besondere Funktion. Einerseits dürfen wir nicht vom Baum der Erkenntnis essen, und wir dürfen nicht sein wie Gott. Dafür hat uns Gott das Lied mitgegeben und den Vers und den Text und das Bild. Über diese dürfen wir hineinhorchen oder hinter den Vorhang schauen. Das ist das Großartige an der Kunst.

Aber ist das nicht nur die eine Seite, das mediale oder inspirative Moment? Gibt es da nicht auch das andere, handwerklich bezogene, das ich in deinen Texten immer wieder wahrzunehmen glaube?

Unbedingt. Ich hab es schon angetönt, es steckt eine riesige Arbeit dahinter. Das Wesentliche wird uns buchstäblich geschenkt, also den Steinklotz, den bekommen wir zur Verfügung. Heraushacken müssen wir die Figur schon selber, unter Blasen an den Händen und Schweiß.

Da du das Bild des Steinklotzes brauchst: Besteht in deinem Fall die langwierige Arbeit hauptsächlich in einem Eliminieren und nicht so sehr in einem Anreichern?

Jawohl, das war meistens so. Ich habe zu meinen Prosatexten nie Pläne gemacht, nie Konzepte gemacht, graphische Aufzeichnungen, ich weiß nicht was – und zuletzt wäre ein dickes, verständliches, übersichtliches, chronologisch folgerichtiges, mit dem Kopf für die Literaturkritiker geschriebenes Buch entstanden. Nein, ich habe mir das immer geben lassen. Die große Arbeit war dann, es ins reine zu schreiben, Passagen, die schlecht formuliert waren, die noch nicht ausdrückten, was gesagt werden sollte, in die richtige Form zu bringen. Die Arbeitszeit dauerte manchmal bis gegen drei Jahre für einen längeren Prosatext, einen Roman – und dabei fiel einiges weg. Der Sudel war meistens um etliches länger als das fertige Produkt, und darum kann man vielleicht das Bild vom Klotz und vom Weghauen anwenden.

Gilt dies auch für die Lyrik?

Vermutlich schon, ich kann mich nicht mehr so recht daran erinnern. Ich weiß nur, es hat Gedichte gegeben, die ich buchstäblich zu Tode korrigiert habe, vor allem wenn ich glaubte, in kurzer Zeit etwas hinzubringen. Andererseits ist man in der Lyrik noch viel mehr auf die Gnade angewiesen als in der Prosa. Daß in ein paar Wörtern oder Worten – aus den Wörtern werden ja dann Worte – die Welt aufduftet oder aufleuchtet oder aufklingt, das kann man nicht machen, auch wenn man sich zu zwölft um einen großen runden Tisch setzt. Das schafft kein Kollektiv, das geschieht über den einzelnen und über die Gnade. Das tönt jetzt etwas sektiererisch, aber ich kann es nicht anders sagen. Ich glaube an die Gnade, also an etwas, das uns etwas zuschiebt, das uns nicht unbedingt gehört. Wir haben kein Recht auf Gnade, kein Recht auf Glück, auf Selbstverwirklichung, wir haben überhaupt kein Recht. Wir sind voll der Gnade ausgeliefert, was nicht heißt, ich würde einem daumendreherischen Leben die Lanze brechen. Aber ich wäre dafür, daß man sich um das Wissen um unsere Grenzen wieder bemüht. Wir sind so eingebildet, so prahlerisch geworden. Wir sind über die Wissenschaft, über die Technik so verwöhnt worden, wir haben so viel gemacht, wir können jetzt sogar die Welt in die Luft sprengen. Wir sind imstande heute, mit geschickter Plazierung von Atomsprengkörpern den Mond aus seiner Bahn zu werfen. Wir haben es wirklich weit gebracht, und noch brisantere Bomben, noch bessere Autos und Kühlschränke haben wohl keinen Sinn. Dieser Machbarkeitswahn ist idiotisch. Und wenn wir uns wegbegeben vom Bemühen, uns im Ganzen drin zu fühlen, das Ganze zu erkennen, dann werden wir buchstäblich weltfremd, und unsere Bestrebungen laufen falsch. Dann bauen wir wirklich wunderbar brisante Bomben und ganz herrliche Autos, immer mehr und immer mehr, bis wir daran kaputt gehen. Darum ist ja Kultur – ich meine nicht nur die einzelnen Werke, sondern Kultur schlechthin – so wichtig, weil wir, wenn wir uns zu sehr von ihr entfernen, einfach in die falschen Richtungen ausschwärmen. Darum ist es so wichtig, daß wir miteinander reden, daß wir den Duft der Rose wahrnehmen und die Liebkosungen des Windes, so weich das tönen mag. Und daß wir noch merken, wenn es regnet, und daß wir, wenn wir einen Apfel essen, uns fragen: Welche Sorte ist das jetzt, aha, das ist ein Gravensteiner. Dann schauen wir vielleicht über den Apfel hin und spüren dem Geschmack nach, weißt du, im Mund. Das hat mit Leben zu tun.

Ich möchte noch einmal auf das Eisblumen-Gedicht zurückkommen und dabei zwei Dinge berühren. Zunächst dein Bemühen, Eigenheiten eines großen Phänomens in einem kleinen wiederzufinden, etwa im bürgerlichen Alltag, wie eben hier diese eigentümlich blühenden Stammbäume des Zivilstandsbeamten. Man denkt unwillkürlich an Stifters sanftes Gesetz. Auch Stifter hat Ähnlichkeiten gewittert etwa bei kochender Milch und irgendwelchen spektakulären Naturerscheinungen, doch bei ihm sind sie stets feierlich aufgemacht und religiös besetzt. Wie ist es bei dir? Was motiviert deine Neugier im Aufspüren solcher Korrespondenzen im gewöhnlichen Alltag?

Ich habe die Welt nie gesucht, bin ihr nie nachgerannt und bin auch den Texten nie nachgerannt, sondern ich bin von ihnen überrannt worden. Das stimmt zwar auch nicht ganz, wahrscheinlich ist es ein Gemisch. Natürlich bin ich hellwach dabei, ich arbeite gern mit dem Kopf. Ich bin sehr dafür, daß wir unsere Maschinerie brauchen, ganzheitlich, wenn möglich, aber ich glaube schon, daß die Welt mich anfällt. Ich meine, das würde allen Menschen passieren, und es passiert auch allen Menschen, es geht nur um den Grad der Intensität vermutlich. Bei mir geschieht es extrem, bis auf den heutigen Tag, und im nachhinein empfinde ich es doch als ein Vorrecht, der Welt nicht gleichgültig gewesen zu sein. Sie hat mich also immer wieder extrem angefallen, und zwar die Gewöhnlichkeit der Welt, das Unspektakuläre der Welt. Das Andere, das große Unglück oder das große Glück, hab ich immer als punktuell empfunden. Unser Leben läuft wie die Aare dahin. Manchmal kommt halt ein Ungewitter, und dann gelangt Treibholz hinein. Dann kommt wieder ein kleiner Wasserfall, dann gibt es Geräusch, und so fort. Oder es springt ein Fisch und dann klatscht es, nicht wahr, oder der Strom gefriert und bricht wieder auf, und das krost und kracht dann. Manchmal bricht sogar einer im Eis ein. Es gibt auch Turbulenzen, aber im großen Ganzen ist doch die Grundbewegung ein Fließen, und akustisch geht es eigentlich sehr gedämpft zu. Genau so spielt sich die Welt und das Leben zur Hauptsache ab. Und warum sollen wir uns nicht um diese Hauptsache, warum sollen wir uns da immer nur um die Knalleffekte bemühen? Die gehören natürlich auch dazu, die sollen auch hinein, aber doch in dem Maß, wie es sich gehört. Das Glück und das Unglück darf man nicht einfach stilisieren und herausstellen. Indem man es herausstellt, stellt man es ja auch bloß, weißt du. Dieses Gemisch muß hinüberkommen in den Roman, in das Gedicht, in das Lied, in das Bild. Das ist mein Kunst- und mein Lebensverständnis.

Aber die Reaktion darauf kann verschieden ausfallen. Du zeigst nicht nur staunende Betroffenheit, sondern manchmal schwingt so etwas wie ein stiller Humor mit, vielleicht sogar eine gewisse Belustigung über die Reichhaltigkeit der Erfahrungen oder über die Gleichförmigkeit des Lebens im Großen wie im Kleinen.

Ja, das haben wir schon gesagt, der Humor ist drin. Der liebe Gott ist nicht nur ein großer, strenger, gewaltiger Schöpfer, sondern er besitzt auch Liebe und Humor. Darum ist das Allzutraurige, Allzupathetische, Allzugestelzte einfach lächerlich. Eine Zeitlang war ich so weltfremd – es ist ja jeder irgendwie weltfremd, und darum müssen wir die Welt auch wieder verlassen beizeiten –, in meiner Weltfremdheit also habe ich geglaubt, alle Menschen würden von der Welt gleich angefallen wie ich, und das stimmt nicht ganz. Oder ich habe Leute, die von der Welt nicht angefallen werden, als besonders stark empfunden, weil ich glaubte, die würden dieses Angefallenwerden beherrschen und meistern. Ich habe das mit Kraft verwechselt, dabei ist es eine Stumpfheit oder ein Nichtbeachtetwerden von der Welt. Die Welt fällt uns nur an, wenn sie uns gut gesinnt ist. Dann zeigt sich die Welt einem wie eine Katze, die einen gelegentlich mit dem Kopf müpft, anstößt, damit man sie wahrnimmt, weißt du – so, so fällt einen die Welt an.

Da wir gerade von den blühenden Stammbäumen im Panzerschrank des Zivilstandsbeamten gesprochen haben, fällt mir eine Bemerkung aus einer Rezension von Hans-Rudolf Hilty ein, der damals geschrieben hat, du würdest eine »eigene, eindringlich profilierte Form surrealistischer Poesie« pflegen. Fühlst du dich in irgendeiner Weise dem Surrealismus verpflichtet?

Nein, ich habe mich nie zu einer Richtung hingezogen gefühlt. Natürlich hat die Welt surrealistische Züge, und die gefallen mir eigentlich ganz gut. Aber das heißt doch nicht, daß ich surrealistisch gearbeitet habe oder arbeiten möchte. Das auf keinen Fall, weil das Surreale durch den Surrealismus zu stark herausgestellt und dadurch auch wieder bloßgestellt wird, und das ist fatal. Jede Ideologie, jede Theorie, jede Richtung verabsolutiert und läuft wider die Vielfalt. Wider die Vielfalt aufzutreten, bedeutet Dummheit und ist gar nicht ungefährlich. Die Vielfalt ist ein unumstößliches Prinzip. Mit ihr muß man sich einrichten, sonst zeitigt es Folgen.

Die zweite Besonderheit, die ich im Zusammenhang des Eisblumen-Gedichtes und vieler anderer Gedichte von dir ansprechen möchte, betrifft die Abwesenheit des sogenannten »lyrischen Ichs«. Ein Ich, diese Instanz kommt eher selten bei dir vor. Dabei gilt doch konventionellerweise Lyrik als eine intime Form, in der sich innigste Individualität des Menschen zum Ausdruck bringt. Wie verhält es sich damit?

Das hat vermutlich mit meiner Scheu vor dem Herausstellen zu tun, insbesondere mit der Scheu, herauszutreten. Diese Scheu ist bei mir beinahe krankhaft entwickelt. Darum hatte ich später in der Prosa diese verrückte Schwierigkeit, mich vom Konjunktiv zu lösen, von der indirekten Rede. Ich konnte nicht direkt heraustreten. Das ist eine Gegebenheit, keine Masche. Ich merke das auch, wenn ich andere Autoren lese, solche, die ich sehr schätze, beispielsweise Fernando Pessoa. Ich brauchte lange, bis ich mich gewöhnt hatte an seine Fähigkeit, herauszutreten als Mensch. Er sagt für mich zuviel, er sagt Dinge, die ich nie, nie in den Mund nehmen würde.

Macht er nach deinem Gefühl zuviel Wesens von seiner Individualität?

Ja, obschon ich ihn sehr schätze. Er ist ein grandioser, ein schrecklich großer Autor. Aber bei Fernando Pessoa ist mir wieder aufgefallen, wie wichtig es für mich und im allgemeinen ist, gewisse Dinge nicht zu sagen, sie nur mitschwingen zu lassen. Das gibt dann dem Gedicht, und später auch der Prosa, etwas Schwerfälliges, vielleicht sogar Einfältiges, aber ich glaube, ein großes Gedicht hat eine gewisse Schwerfälligkeit an sich. Das kann man gut bei Brecht oder bei Williams sehen. Große Gedichte haben etwas Kindliches, und das Kindliche hat etwas Schwerfälliges an sich. Das ist für mich schon ein Qualitätsmerkmal. Also nicht Brillanz, nicht das Schillern macht es aus, sondern diese redliche Schwerfälligkeit.

Manchmal weichst du an Stellen, wo man die erste Person Singular erwartet, in andere Personen aus, zumal in eine »Er«-Instanz, hinter der man ohne weiteres den Autor vermutet. Oder du sprichst in Befehls-, in Aufforderungsformen, um dir, dem Leser oder wem auch immer, eine Verhaltensweise nahezulegen. Auch dafür gibt es mehrere Beispiele. Könntest du dazu etwas sagen?

Das sind vielleicht Tarnungen, Möglichkeiten, herauszutreten, ohne es selber zu tun. Wobei ich mein Nichtanwesendsein nie bewußt stilisierte. Aber ich habe auch eine unglaubliche Sprachscheu, und darum schreibe ich vielleicht auch so wenig, verhältnismäßig. Schreiben dürfen, das ist für mich fast eine Staatsaktion. Ich muß dazu quasi den Frack anziehen, mich rasieren und baden und ich weiß nicht was alles. Das ist ein Zeremoniell, weißt du.

Da wir, wenigstens metaphorisch, bei Äußerlichkeiten angelangt sind, würde ich dir gern ein paar Fragen zu auffälligen äußeren Merkmalen deiner Gedichte stellen. Zunächst einmal, warum hast du grundsätzlich keine Interpunktionszeichen verwendet?

Ich habe die Zeichensetzung im Gedicht als störend empfunden, vor allem im ästhetischen Sinn. Sie ist auch nicht nötig, wenn man schaut, wie meine Zeilen gebaut sind. Man kann ja schon durch die Zeilen quasi Zeichen setzen. In den kurzen Prosatexten, in den Skizzen, war es dann anders.

Eine andere Eigenart: Du verwendest gelegentlich Klammerbemerkungen.

Die hab ich ganz gern, weil ich dort Sachen hinein bringen konnte, die im Grunde genommen fast nicht dazugehören und vielleicht in einem Gegensatz stehen.

Hin und wieder kommen auch Reime vor.

Ja, das ist herrlich. Im großen Ganzen könnte ich ja offensichtlich keine gereimten Gedichte machen. Aber es gab doch gelegentlich Fälle, wo es nicht ohne Reim ging. Und dann hab ich mich nicht vermurkst und den Reim verbannt aus Prinzip. Wenn er unbedingt hereinkommen wollte, ließ ich es geschehen, aber gesucht hab ich ihn nie.

Auch dabei kommt bisweilen Humor ins Spiel. Ich denke insbesondere an das Gedicht »Mein Herz«: »Ich muß ein Herz / aus Eisen haben / ich spür es / oxydiert«. Das führt mich gleich zur nächsten Frage. Man stößt in deinen Gedichten wiederholt auf spröd klingende Fremdwörter wie eben »oxydiert« oder »analog«, »placieren«, »Tea-room«, und so weiter. Wie bist du damit umgegangen? Oder anders gefragt: Welchen Stellenwert haben solche Fremdwörter in deinen lyrischen Texten?

Im Prinzip bin ich gegen Fremdwörter und habe mich in meinem Leben automatisch gegen Fremdwörter gewehrt. Ich muß also, wenn ich gewisse Texte lese, in denen häufig Fremdwörter vorkommen, den Fremdwörter-Duden zu Hilfe nehmen. So ist das in mir eingefleischt gewesen, ein Leben lang. Andererseits habe ich gerne Fremdwörter ins Gedicht oder in die Prosa aufgenommen, wenn sie geläufig sind. ›Tea-room‹ ist geläufig, ›Auto‹ ist geläufig.

Es gibt bei dir aber auch entlegene Fremdwörter, sogar neologistische Bildungen. Einmal heißt es: »Subtiliere die Konversation«.

Das kann sein. Das hat dann mit etwas Spielerischem zu tun, auch mit Ironie oder Humor, vor allem aber mit dem Klang. Solche Wörter passen mir vom Klang her gut hinein. Zum Beispiel »Route« im Gedicht »Bei Wynau«.

Oder das Wort »Strip-tease« im Gedicht »Strip«.

Ja, das hab ich ganz gern. Daran haben gewisse Leute Anstoß genommen, aber das hat mich nie bekümmert. Ich brauche auch Helvetismen in der gleichen Weise, schau aber vorher im Duden nach, und wenn sie im Duden drin sind, diese Helvetismen, dann verwende ich sie ohne Bedenken. Ich finde, das ist eine Bereicherung, es lockert auf, und ich meine: Warum sollen wir nicht zu unserer Sprache stehen? Die Deutschen können doch nicht verlangen, daß wir immer nur ihre Sprache reden. Sie sollen auch unsere Sprache akzeptieren, unsere Varianten und Details.

Im Zusammenhang der Mündlichkeit könnte man erwähnen, daß du hin und wieder apostrophierst. Du schreibst etwa: »'s wird Blumen draus geben« oder: »'s ist Sonntag«.

Das ist wahrscheinlich wiederum des Tones wegen.

Ist es nicht auch ein Versuch von dir, dich der Mündlichkeit, der Alltagssprache anzunähern?

Nein, es geht mehr über das Gehör, ich arbeite sehr mit dem Gehör. Wenn ich einen Text schreibe oder kontrolliere, lese ich ihn laut und leise vor mich hin. Häufig kann ich erst richtig formulieren, wenn ich es dazu höre. Man spricht nicht vergebens vom Sprachfluß. Das ist eine Gegebenheit. Wenn man die Texte nicht laut hört beim Herstellen, kann möglicherweise der Sprachfluß nicht richtig vonstatten gehen. Der Sprachfluß ist ungeheuer wichtig, der ist fast so wichtig wie der Rhythmus, die Strukturierung. Ein Strom muß fließen können. Es dürfen schon Mäander entstehen und Hindernisse und Wasserfälle, aber er muß doch natürlich fließen können. Die Sprache auch: Sie darf nicht kanalisiert, eingeengt, gebändigt werden, sondern sie muß natürlich fließen, und das tut sie nur über das gesprochene, das laut gesprochene Wort. Darum muß man es beim Schreiben auch hören manchmal, buchstäblich hören, nicht nur im Geist – aber das ist meine Sache, um Gottes Willen, das läuft bei jedem wieder anders.

Eine weitere Frage dieser Art: Wie steht es mit den Titeln? Wie sind sie entstanden? Welche Funktion erfüllen sie bei einem Gedicht?

Schon eine wichtige. Ich habe titellose Gedichte nie gemocht. Titel gehören unbedingt dazu, sowohl bei einem Gedicht wie bei einem Roman. Der Titel ist so wichtig wie die paar letzten Worte eines Textes. Spezifisch kann ich mich jetzt nicht erinnern, aber ich weiß, daß ich den

Titel immer sehr ernst genommen habe, weil im Titel doch bereits der Grundton anklingt, weil er dort bereits vorbereitet wird. Er ist das Eingangstor, weißt du: ein schmiedeeisernes Tor, das zum Eintreten einlädt, oder eine schiefe Brettertüre, die vielleicht weniger einladend ist.

In deinen Gedichten werden nicht nur Dinge, Befindlichkeiten, Tätigkeiten, Umstände aufgereiht und miteinander konfrontiert, sondern auch verschiedene Tempi. Es gibt in deinen Gedichten verschiedene Zeiten, Zeitebenen, Zeitformen. Konkret gesagt: Es gibt die Zeit der Lebenden, die Zeit der Toten, die Zeit der Natur, die Zeit der Tiere. Mir scheint, das ist etwas, das dich sehr stark beschäftigt und das du öfter in deine Texte eingebracht hast.

Das geschah aber nicht sehr bewußt, nicht im Sinn von Machen. Ich sage es nicht gern, aber bei mir läuft manches vegetativ. Das tönt natürlich etwas mystifizierend, aber es ist schon so. Ich stelle das in der Musik auch immer wieder fest. Es gibt unzählige Musikstücke, die eine gewisse Qualität haben, aber nur wenige Tonfolgen erreichen und bewegen uns, und das sind vermutlich genau jene Tonfolgen, die vegetativ entstanden sind. Bei den Texten ist es ähnlich, es gibt so viele gescheite Predigten, Kolumnen und Aufsätze, die einen nicht berühren. Irgendwie fehlt das Vegetative drin, wo man spürt: Aha, das ist dem einfach gekommen, das kann man nicht machen. Und das ist meistens ... wie wenn durch eine Luke das Licht einfällt. Gelegentlich sollte so eine Luke in einem Text oder in einem Bild oder in einem Musikstück anzutreffen sein.

Wir haben bisher nicht weiter differenziert zwischen den Gedichten des ersten und denen des zweiten Bandes. Immer-

hin liegen die Bände drei Jahre auseinander. Wie steht es denn damit, sind die Texte der zweiten Sammlung auch entsprechend später entstanden? Und würdest du, von dir her gesehen, eine literarische Entwicklung feststellen vom ersten zum zweiten Band?

Die Texte des zweiten Bandes sind später entstanden, und ich hatte das Gefühl, daß die Routine zugenommen habe. Das war mir ungemütlich, und darum hab ich mit den Gedichten aufgehört. Das Gedicht darf nicht bloß aus dem Können heraus geschehen. Es muß ein Ereignis sein, ein eruptives Ereignis, auch wenn später noch viel daran gearbeitet werden mag. Es darf nicht so gelenkt und gekonnt entstehen. Darum wollte ich nicht weiterfahren. Und dann kam dazu, daß es mir zu eng wurde in den Ausmaßen, daß ich Lust bekam, aus diesem Garten oder Gärtchen herauszutreten – beinahe Heimweh hatte ich. Ich hatte beinahe Heimweh nach der Savanne, nach der Prärie, nach dem Grasland schlechthin. Das war eine Entwicklung, die ich nicht in Händen hatte, das lief einfach so. Ich liebte zuerst den Garten, auch den Bauerngarten, aber dann mußte ich hinaus.

Heißt das, daß du den ersten Band »Das Gras grünt« vorziehst, daß du das Gefühl hast, die Gedichte wären hier authentischer geraten, und daß sich später fast eine Art Wiederholungseffekt und Ermüdung eingestellt hätten? Das könnte ich von meiner Lektüre her nicht bestätigen.

Es gibt im zweiten Band Gedichte, die ich – ich bin dann immer wieder glücklich überrascht dabei – sehr, sehr gern habe. Aber insgesamt scheint mir die erste Folge doch näher zu stehen. Nichts gegen den zweiten Band, aber es kommt bei ihm doch vielleicht das Können hinein, das Wissen um die Sache, und das hat mir nicht gefallen. Ich bin so eingeschworen auf das Natürliche, auf das Gewachsene, daß ich dann die Hände davon ... Wobei das andere wohl die entscheidende Rolle gespielt hat: Das Grasland hat mich gerufen, die Ebene. Es ist mir in der Musik gleich ergangen, ich bin vom Klavierstück weg in die großflächige Musik, in die Sinfonie hineingekommen. Das sind Entwicklungen, über die man nicht verfügen kann, die man einfach hinnehmen muß.

Das Können ist den Gedichten aber auch als Qualität zugewachsen. Ich finde zwar die beiden Sammlungen verwandt. Dennoch glaube ich bei einzelnen Gedichten eine Entwicklung in der Radikalität zu sehen, einen Zuwachs an Mut, bestimmte Wesenszüge noch stärker auszuprägen, beispielsweise die Lakonie. Ein Gebilde wie »Luft« hättest du dir möglicherweise zur Zeit des ersten Bandes nicht erlaubt.

Und das war mir nicht geheuer, weißt du, unbewußt. Auf der anderen Seite bin ich glücklich, daß diese Sachen geschehen durften, aber mich dünkt, es ist schon ein Übergang zu spüren, eine leise Distanznahme, und vielleicht ist es dadurch möglich geworden, solche Texte zu schreiben.

Luft

    und Fahnen in der Luft
    und Bäume
    Hahnenfuß
    Häuser und
    Leute und Luft

Was sich mit diesem Band ebenfalls zugetragen hat: Du bist zu einem anderen Verlag gekommen. Wie hat sich das ergeben? Hast du dich lange umschauen müssen?

Nein, das ist so gewesen: Beim Benteli Verlag ist der Lektor Willy Jost – er war mir ein lieber Mann – entlassen worden. Das hat mich geärgert, und ich wollte mit dem Verlag nichts mehr zu tun haben. Und wie ich gerade mit dem Manuskript »Im Schatten der Sonnenblumen« fertig geworden war, kam Egon Ammann zu Besuch. Wir kannten einander über unseren Sohn, der mit Egon Ammann zusammen die Buchhändlerschule absolviert hatte. Er erzählte uns, daß er einen Verlag gründen wolle, und fragte mich, ob ich ein Manuskript für ihn hätte. Ich bot ihm »Im Schatten der Sonnenblumen« an, und damit hat er dann seinen Kandelaber Verlag eröffnet. So ist es gelaufen, ich mußte auch diesmal keinen Verlag suchen.

Nach dem Abbruch deiner literarischen Abstinenz seinerzeit im Lungensanatorium Heiligenschwendi bist du nicht nur zu einem Autor, sondern auch zu einem leidenschaftlichen Leser von Lyrik geworden. Du hast mir einmal auf einem Spaziergang erzählt, du hättest damals so ziemlich alles, was an internationaler Lyrik der Gegenwart auf deutsch erhältlich war, gekannt. Als ich später deine Bücherregale durchmustern durfte, habe ich tatsächlich gestaunt über die Fülle des Vorhandenen. Hat dich das Lesen fremder Lyrik nicht gestört beim Verfassen deiner eigenen?

Überhaupt nicht. Ich habe mich nie gefürchtet davor, Produkte meiner Konkurrenz mir anzuschauen. Das hat mich nie gefährdet. Ich habe sie aber auch nie gelesen, um sie nachahmen zu können oder von ihnen zu lernen, sondern das war mir ein natürliches Bedürfnis. Wenn schon Lyrik, dann möglichst weltweit. Und so hab ich mir gekauft, was ich an bedeutender Lyrik, Weltlyrik, auftreiben konnte in Übersetzungen – ich spreche keine Fremdsprachen. Daher bin ich eigentlich ausgezeichnet orientiert gewesen über den Stand der Lyrik damals vor dreissig Jahren. Ich finde das überhaupt wichtig, ich ärgere mich immer wieder, wenn junge Autoren Manuskripte vorlegen oder über Literatur reden, und dann merkt man, daß sie einfach nichts aus der zeitgenössischen Literatur kennen, daß sie nicht vertraut sind mit den verschiedenen Literaturen, mit den verschiedenen Produkten. Ich glaube schon, daß man sich orientieren muß – ich meine, der Handwerker weiß auch um die Produkte seiner Kollegen, er ist im Bild, er kennt die Neuheiten, die auf den Markt kommen, und er verwendet sie sofort. Ich bin mir das schon gewohnt gewesen von meiner Tätigkeit in der Fabrik. Man muß auf dem laufenden sein, und das hab ich energisch gepflegt. Das heißt: Ich mußte mich nicht zwingen dazu, ich war einfach gwundrig, ich wollte wissen, was in Sachen Lyrik passierte, und die Lyrik hat mir ja damals sehr, sehr viel bedeutet. Sie bedeutet mir heute noch viel, obschon ich sie weniger pflege, aber die Achtung vor der Lyrik ist heute noch da, unverändert.

Hast du dich denn bei diesen fremden Lyrikern heimisch gefühlt im Sinne einer kollegialen Gemeinschaft?

Ja, sehr. Da ist vor allem der Amerikaner William Carlos Williams zu nennen. Er war zeitlebens Arzt, sogar Armenarzt, und hat also nur in der Freizeit Gedichte geschrieben, auch Prosastücke, Romane, die inzwischen übersetzt worden sind, aber ich habe sie nicht mehr gekauft. Vor dreißig Jahren hätte ich viel darum gegeben, einen übersetzten Roman von Williams lesen zu dürfen. Jetzt habe ich hineingeschaut und bin da gar nicht gleicher Meinung mit ihm gewesen wie bei seinen Gedichten. Für mich ist er ein ganz großer Lyriker. Seine Lakonie, seine Bescheidenheit und dieses Vegetative, das er an sich hat, kamen mir entgegen, ich hab ihn sehr, sehr geliebt.

Du hast dich also ohne weiteres getraut, Gedichte zu lesen, die deinen eigenen in manchen Zügen entsprechen. Hast du dich nicht lieber an Dichter gehalten, die ganz andere Dinge als du realisiert haben?

Nein, das hat mich in der Lyrik nie gestört. Ich habe dann in der Prosa vor Autoren Angst gehabt – aber nicht Angst, ich könnte ein Epigone von ihnen werden, sondern eine existentielle Angst. Es gibt also Autoren, die meinen Seelenhaushalt wirklich durcheinanderbringen, die meinen Glasladen quasi als Elefanten durchwandern könnten. Einer davon ist Robert Walser. Als ich den »Jakob von Gunten« las, stand ich buchstäblich am Rande meiner psychischen Existenz. Das war beinahe gefährlich. In dieser Hinsicht fürchtete ich mich schon vor Autoren, etwa bei Pessoa ist es mir ein wenig ähnlich ergangen, nur, da helfen mir dann die Sätze, die er zuviel sagt. Durch diese für mich zuviel gesagten Worte schafft er auch Distanz zu mir, oder ich zu ihm, und darum erwischt er mich existentiell weniger. Bei Robert Walser ist es anders, der trifft mich wirklich auf den Nerv, nicht mit allen Texten, aber mit ein paar Texten, die mir besonders nahe sind. Nein, sonst hab ich nie die geringste Furcht gehabt, weil ich ja vor dem Epigonentum durch meine hysterische Liebe zur Freiheit gefeit bin. Das ist für mich im Leben wohl entscheidend gewesen, das tönt jetzt etwas gestochen, aber ich bin hysterisch an der Freiheit interessiert, und das Nachmachen wäre für mich eine Freiheitsbeschränkung gewesen. Ich war immer erfreut, wenn ich auf Produkte stieß, die mir zusagten.

Bei welchen anderen Dichtern hast du denn eine Wesensverwandtschaft empfunden?

Bei Antonio Machado. Er ist ein Sprachmusiker ohnegleichen, und das hat wahrscheinlich mit seiner spanischen Herkunft zu tun. Er war in Soria, im Herzen Spaniens zu Hause. Als zweiunddreißigjähriger Mann hat er ein sechzehnjähriges Mädchen geheiratet, hat sie sehr lieb gehabt, und nach drei Jahren ist sie ihm weggestorben. Das hat ihn geprägt. Und dieser Ton des Heimwehs und der Trauer, einer fast goldenen Trauer, einer iberischen Trauer, ist in seinen Gedichten drin, aber umgesetzt, distanziert – etwa in einer dürren Ulme – und jenseits jeglicher Wehleidigkeit. Auch bei Eugenio Montale, dem Italiener, mit seinem vollen, biblischen, lutherischen Klang, der nichts Belehrendes an sich hat. Ein weiterer Spanier, Dámaso Alonso, gehört dazu: ein wunderbarer Kerl. Den hab ich schon früh entdeckt und gelegentlich Leuten, die zu Besuch kamen, mit seinen Gedichten die Abende bereichert. Ein paar Gedichte des Amerikaners Robert Frost müssen hier erwähnt werden: unglaublich starke, quasi bäurische, schwerfällige Texte. Über lange Zeit trug ich Bertolt Brechts »Bukower Elegien« mit mir herum, wenn ich auf meine Stadttage ging. Da hab ich immer wieder drin gelesen, und er ist mir lieb, dieser Mann, in seinen »Bukower Elegien« und vor allem in seinen Balladen, etwa in der Ballade von der Marie M. Für mich hat Brecht die schönsten Balladen der Weltliteratur geschrieben.

Werner Weber hat ja dann deine Skizzen ausdrücklich in die Nachbarschaft der »Bukower Elegien« gerückt.

Das stimmt, und ich war natürlich stolz darauf. Lange, lange – du siehst es dem Bändchen an – habe ich Gottfried Benns »Statische Gedichte« mit mir herumgetragen.

Das würde man nicht ohne weiteres vermuten, daß dir Gottfried Benn nahesteht.

Doch, Gottfried Benn gehört zu den paar wenigen schillernden Figuren, die mich ein Leben lang begleitet haben, neben Rainer Maria Rilke, Richard Wagner und Nietzsche – vollblütige Figuren, die Glacéhandschuhe getragen haben, schöne Berets oder Gox-Öfelis, diese runden Hüte –, die aber doch einzelne grandiose Sachen hingelegt haben. Benn gehört für mich zu diesen Leuten. Ich mag ihn schon, weil er doch auch als Arzt, als Hautarzt insbesondere gearbeitet hat, und ich mag seine aufgelockerte oder seine gebändigte Melancholie, weißt du. Und vor allem mag ich seine Intelligenz, die in seinen Essays, in seinen Prosastücken zum Ausdruck kommt. Er hat eine schneidende Intelligenz und ist eine geworfene, eine geschobene, eine gequälte Figur, und das hab ich immer an ihm gemocht. Ich weiß, daß man ihn nicht mag, daß er auch gewissen Leuten für kurze Zeit aufgesessen ist.

Haben dich seine manchmal etwas saloppen oder zynischen Posen nie gestört?

Das gehört quasi zu ihm, zu seinem Gesicht, zu seinen Augen. Wenn ich spüre, daß es keine Mache ist, kein Programm, wenn ich spüre, das ist gewachsen, das gehört dazu, dann kümmert mich das gar nicht. Er kann ein Säufer oder ein Hurer sein, er darf nur kein Menschenfresser, kein Menschenverächter sein. Auch gefallene Figuren können Menschenfreunde sein. Und dann hat Benn ein Gespür für Melodie, für das Musikalische in der Literatur gehabt. Er gehört zwar für mich nicht in den engeren Kreis, aber er hat mich nie verlassen, und er hat im Grunde genommen wunderbar durchgehalten. Gedichte wie beispielsweise »Chopin« haben diese abendliche Melancholie an sich, keine wehleidige Melancholie, sondern eine glänzende, abendrote Melancholie. Das tönt jetzt etwas kitschig, aber es ist einfach so. Und er hat auch die entsprechenden Augen gehabt, große, runde, hervorstehende Augen, und dicke Backen, fleischige Backen. – Eine große Rolle hat in meiner lyrischen Phase Enzensbergers »Museum der modernen Poesie« gespielt. Da bin ich glücklich gewesen, einen Überblick über die Weltlyrik des 20. Jahrhunderts vor mir zu haben, und ich habe viel Gebrauch davon gemacht. So hab ich etwa darin den Pierre Reverdy entdeckt.

Interessanterweise hast du bisher die bekannten deutschen Lyriker aus der Nachkriegszeit nicht erwähnt: Celan, Günter Eich, Ingeborg Bachmann?

Jawohl, die hab ich natürlich auch ein wenig mitbekommen. Mit Celan hab ich eher Mühe, der läuft mir etwas zuwider. Ich liebe ja das Bäurische, das Schwerfällige, das scheinbar Vordergründige.

Und Celan ist dir zu verrätselt, zu hermetisch?

Ja, der ist mir zu hermetisch, obschon ich aus seinen Gedichten die Klanglichkeit, die Tiefe, die Weite, die

Dunkelheiten und auch das Licht herausspüre. Aber ich schätze in der Kunst Produkte, die sich natürlich geben können. Ich habe nicht gerne gekünstelte Kunst. Nichts gegen Celan, aber nur um zu zeigen, wo es bei mir hinausläuft. Es gibt so viele gute Lyrikerinnen und Lyriker, auch in der Schweiz: Die tänzerische Silja Walter zum Beispiel; den Herbstpoeten Albin Zollinger; den Naturburschen Rainer Brambach; den unschlagbaren Mundartdichter Ernst Burren. Ich habe jetzt nur jene heimischen Autoren aufgezählt, die am deutlichsten auf mich gewirkt haben, die am deutlichsten in meinen Gesichtskreis getreten sind.

Du hast dich nun auf Erfahrungen im Umgang mit fremder Lyrik bezogen, die aus einer Zeit stammen, als du selber Gedichte schriebst. Liest du überhaupt heute noch Gedichte?

Eher selten. Manchmal lese ich einzelne, präzis ausgesuchte Gedichte und staune dann immer wieder darüber, was Lyrik zu bewirken vermag. Aber heute habe ich die Poesie fast noch lieber, wenn sie in der Prosa auftritt. Poesie ist ja eine der Grundkräfte, die die Welt zusammenhalten, die dafür sorgen, daß die Sterne ihren Gang nehmen.

Könntest du dir vorstellen, zu dieser literarischen Form zurückzukehren?

Eigentlich nicht. Das Gedicht ist wunderschön, und ich empfinde das Leben, die Welt, die Poesie des Lebens, die Poesie der Welt sehr stark. Aber ich habe die Unschuld verloren, und darum darf ich's nicht mehr tun. Ich könnte Gedichte machen, aber die hätten nicht mehr die Kindlichkeit, weißt du, die hätten zuviel Bewußtheit.

Vielleicht würde etwas ganz Neues entstehen, das mit dem Früheren keine Ähnlichkeit hätte?

Ich will mich da offen halten. Das überlasse ich dem lieben Gott, und ich will nicht sagen, daß ich es nie mehr tue. Im Moment kann ich es mir nicht vorstellen, obschon es mir eigentlich nahe liegen würde und in einem gewissen Sinn bequem wäre. Doch wie gesagt, ich setze auf die Unschuld, auf die Kindlichkeit, und wenn ich spüre, daß diese schwinden oder nicht mehr da sind, dann lasse ich lieber die Finger davon. Aber ich will mich nicht festlegen.

29. Januar 1993

Tauben am grünenden Himmel

Werner Morlang: Wir bewegen uns allmählich in Richtung »Savanne«, wie du die Verlockung durch die Prosa in unserem letzten Gespräch umschrieben hast. Wie hat sich nun dieser Übergang vollzogen? Eher zaghaft, oder war die neue Form auf einmal da?

Gerhard Meier: Schon eher zaghaft. Ich glaube sogar, die ersten Stücke entstanden noch in Gedichtform und wurden darauf in die Skizzenform gebracht. Mit der Zeit spielte sich das ein, und die Texte wurden ja dann eben länger. Ich empfand die Form als etwas Neues, als etwas, das mich auf eine neue Art an die Sache heranbrachte. Ich spürte, daß da vermutlich schon die richtige Richtung eingeschlagen worden war.

Auch in dem Sinn, daß dir plötzlich neue Themen aufgegangen wären, für die sich die neue Form besonders eignen würde?

Ich hatte das Gefühl, ich sei etwas freier geworden durch die erweiterte Umgebung, und die Intensität sei wieder da, die Frische. Beim gestrigen Durchlesen der

»Kübelpalmen«-Texte schien mir, das seien lauter Stilleben, untermalt von Melodien aus der Spieldose. Für mich hat das Stillleben immer eine große Bedeutung gehabt. Ich mag es in der Bildnerei, und ich empfinde die Schöpfung zeitweilig als Stilleben, als klingende Stille.

Es freut mich, daß du hier den Begriff des Stillebens einführst, da ich ihn mir bei der Vorbereitung unseres Gesprächs ebenfalls notiert habe. Dennoch möchte ich zunächst auf die von dir gewählte Gattungsbezeichnung »Skizze« näher eingehen. Du hast die Intensität hervorgehoben, die du im Zusammenhang der neuen Form erfahren hast. Das würde man von der Bezeichnung her nicht unbedingt erwarten. Unter einer Skizze versteht man doch gemeinhin etwas Vorläufiges, etwas Hingehuschtes, Hingetuschtes ...

Aber doch aus dem Moment heraus, aus dem intensiven Moment heraus geboren, und ich schätze das Skizzenhafte, weil es diese Offenheit an sich hat, dieses Untotalitäre, dieses Freie. Vor allem diese Raschheit des Festhaltens eines starken Eindrucks steckt in der Skizze drin, und das kann fast wieder erstarren zu einem Stilleben, wenn die Skizze einmal da ist, kann sich wandeln in ein Stilleben, in einen klanglosen Raum, der aber so klanglos nicht ist, weißt du. Das war für mich das große Leseerlebnis gestern, wie gesagt. Diese Eindringlichkeit, die in den Texten, in den Skizzen drin steckt. Darüber war ich ganz glücklich.

Hattest du das Gefühl, es sei dir in den Skizzen etwas gelungen, das einzigartig und an diese Form gebunden wäre, etwas, das die späteren Prosabücher nicht mehr in derselben Weise zugelassen hätten?

Doch, ich glaube, die Intensität hat sich fortgepflanzt, sie ist auch in den längeren Prosatexten enthalten, aber nicht mehr so ersichtlich. Die Texte sind flächiger, das Bild wird größer, während es sich beim Stilleben auf eine Gruppe von Gegenständen beschränkt. Es ist viel konzentrierter, die Intensität ist konzentrierter, wobei natürlich Intensität an sich schon Konzentration bedeutet.

Hast du schon während des Verfassens dieser Texte geahnt, sie würden eine Übergangsphase bilden? Hat es dich schon damals zu noch umfangreicheren Formen hingezogen?

So bewußt habe ich nie gelebt. Als ich Gedichte schrieb, konnte ich nichts anderes tun. Ich habe nur Gedichte gelesen und nur Gedichte gemacht. Dann spürte ich, daß mir das nicht mehr genügte – es tönt etwas salopp – und ich versuchte auszubrechen. Aber nicht, weil ich das einfach wollte, aus dem Verstand heraus, sondern weil ich spürte, daß eine Entwicklung im Gang war, und weil ich eben die Eindringlichkeit, die Freude, die Frische in den Produkten zu vermissen begann. Das war für mich ein Signal, daß da etwas nicht stimmte, daß die Richtung geändert werden mußte. Für mich muß das sogenannte Kunstwerk voller Leben, voller Frische, voller Intensität sein, wobei man das nicht einmal ganz erklären kann. Und dann das Überraschende: Ich bin erstaunt gewesen über die Bildfolgen, die sich da abspielen. Es kommen unerwartete Zusammenstellungen oder Gegenüberstellungen vor, die mich beim Lesen sehr überraschten.

1969 ist in Egon Ammanns Kandelaber Verlag unter dem Titel »Kübelpalmen träumen von Oasen« eine erste

Sammlung solcher Skizzen erschienen. Schlägt man das Buch auf, bemerkt man sogleich, daß du die sechzig darin enthaltenen Texte nach den Jahreszeiten angeordnet hast. Über die Bedeutung der Jahreszeiten in deinem Werk haben wir bereits ansatzweise gesprochen, aber jetzt ganz direkt auf dein Leben bezogen: Was hast du für ein Verhältnis zu den jeweiligen Jahreszeiten? In welcher Weise berühren sie dich?

Ich bin froh, in eine Region hinein geboren worden zu sein, wo's deutliche Jahreszeiten gibt, den Frühling zum Beispiel, der verschämt das Wiesenschaumkraut vorschiebt, welches auf den Matten Lachen bildet, lilafarbene, die sich jeweils kräuseln, wenn der Wind aufheult in den Scheunen. Der Frühling ist für mich immer strapaziös gewesen. Jetzt hat es sich ein wenig abgeschliffen, aber früher machte ich ihn hautnah mit. Daher begreife ich, daß sich die Japaner am häufigsten zur Kirschblütenzeit umbringen. Dann kommt der Sommer …

Verweilen wir doch noch kurz beim Frühling. Du hast ja auch ein Gedicht geschrieben, »Unruhiger Frühling«, das davon handelt, wie verschiedene Versuche unternommen werden, diese aufgeregte und verstörende Jahreszeit zu beschwichtigen. Es endet mit der geballten Zeile: »Indessen bersten die Knospen.«

Im Wort »bersten« klingt ja auch etwas fast Animalisch-Schmerzliches an.

Diese Ambivalenz spürt man aus deinen Texten heraus, aber es ist wohl nicht zufällig, daß zwei deiner Bücher mit Frühlingsstücken beginnen und dein Erstling die mittlere

Zeile eines Frühlingsgedichtes als Titel trägt. Offenbar steht der Frühling auch im Zeichen der Kreativität.

Ja, aber einer bedrohten Kreativität. Das macht ihn wahrscheinlich so zwiespältig liebenswert.

Und wie erlebst du den Sommer?

Im Sommer sage ich mir: So muß es sein im Paradies! Nur daß dort die Heckenrosen für immer blühen, die Kohlweißlinge der Natascha unterstellt sind, dem Fürsten Andrej, welche gelegentlich die Melodie vom Kaiserwalzer vor sich hin summen, was die Heckenrosen ins Wiegen bringt, auch jene auf Erden (*lacht*).

Deinen Texten nach zu schließen, ist der Sommerwind für dich besonders wichtig.

Wenn ich morgens oder mittags die Wohnung lüfte und wenn dann merklich der Wind geht, ist das für mich immer wieder eine aufregende Begegnung. Ich werde froh, auf eine unbegreifliche Art, wenn ich den Wind rieche und wenn ich ihn spüre im Gesicht, in den Haaren, den seitlichen. Das alte Gespür trifft vermutlich schon zu, daß Wind Odem und Odem Leben, aber auch Geist ist, und als Lebewesen sind wir ja alle auf diesen Wind, auf diesen Odem angewiesen. Der Wind birgt nicht nur jene Zärtlichkeiten der Berührung in sich, er bringt uns auch noch die Gerüche, die Düfte der Welt daher, die Düfte der Blumen, die Düfte der Frauen, wenn man so will, und die Gerüche des Dungs. Im Frühling, wenn die Bauern ihren Mist auf die Felder führen, bringt die Bise gelegentlich einen Schwall Dunggeruch daher, und das ergibt ein wunderbares Gemisch, weil darin doch etwas wie ein Sich-Anbahnen des Lebens steckt. Auch wie der Wind die Wolken bewegt, wie er die Schneeflocken bewegt, die Regentropfen, wie er die Bäume bewegt, so daß es scheint, sie würden das Lied von der Erde dirigieren: Das ist für mich schon grandios. Und es tut einem weh, daß dieser Wind, Odem, dieser Duft dermaßen schlecht behandelt wird von uns.

Aber er ist für dich nicht an eine bestimmte Jahreszeit gebunden?

Nein, eigentlich nicht, aber der Sommerwind ist für mich natürlich *der* Wind. Mir kommt gerade Villon in den Sinn, der in der Ballade von der armen Louise gedichtet hat: »Und wollte lieber sein ein Baum im Sommerwind«.

Wollen wir zur nächsten Jahreszeit übergehen, zum Herbst?

Der Herbst ist für mich in einem umgekehrten Sinn intensiv: nicht in Richtung Werden, sondern in Richtung Verwehen. Er hat dieses grandiose Goldlicht (oder kann es zumindest haben), dieses verrückte Licht, das sich bereits im Juli ankündigen kann für Momente, und wird eingeläutet von der Herbstzeitlose, dieser lilafarbenen, leicht giftigen Blume, deren Kelch eine Handbreit über den Boden reicht. Die Herbstzeitlose hat mich seit Kindesbeinen sehr berührt. Für mich ist es immer wieder ein Ereignis, der ersten Herbstzeitlose begegnen zu dürfen, und einmal hatte ich sogar das Glück, eine Herbstzeitlose mit Zitronenfalter anzutreffen. In den Text »Auf einen

Sonntagsmaler« hab ich das hineingebracht. Der Herbst ist meine liebste Jahreszeit. Das Verwehen, das Lassen-Müßen, das hat schon etwas in sich, auf diesem Hintergrund erhalten der Frühling und der Sommer, oder was im Frühling und Sommer passiert, ein anderes Gewicht. Daher ist der Herbst jenseits der Klischees, die ihm anhaften, einzigartig.

Womit wir beim Winter angelangt wären. Mir ist aufgefallen, daß in deinen frühen Texten der Schnee fast nur als schmelzender erscheint. Dafür ist öfter von kahlen Bäumen die Rede.

Ich habe irgendwo in einer Skizze geschrieben, daß die Bäume erst nach Allerseelen richtige Bäume seien. Ich staune immer wieder, vor allem auf Bahnfahrten, wie schön die Bäume sind zur Winterszeit. Das sind ungeheuer imposante Gestalten! Ihr Wesen kommt noch besser zum Ausdruck, wenn sie nackt dastehen, als wenn sie grün oder rot bekleidet sind oder in Blüte stehen. Und dann diese Treue, die sie uns gegenüber beweisen. Gerade gestern hab ich von der Laube auf unsere Zwetschgenbäume hinabgeschaut, die Zwetschgenbäume, die sich seit meiner Kinderzeit auf demselben Fleck befinden, ganz treu, und mein Leben quasi als Wächter begleiten. Ich hab's im Militärdienst erlebt: Oberhalb der Baumgrenze wurde ich bergkrank, bekam ich Fieber, und je höher wir gelangten, um so mehr Fieber. Ich wurde erst wieder ein normaler Mensch, wenn ich unter den Bäumen zu Hause war.

Da wir so eingehend über die Jahreszeiten gesprochen haben, sollten wir mindestens eine davon, den Frühling, mit einer Skizze vorstellen. Ich schlage vor, daß wir gleich den ersten Text des Bandes »Kübelpalmen träumen von Oasen« wählen:

Welch Pathos

I
An Bushaltestellen die Mädchen. Über Gehöften und Hügeln die Krähen. Die Bauern: Cäsaren auf Milchkarren.

II
Die Erde, schlagt sie kaputt ihr Staatsmänner, Generale, ihr Physiker (welch Pathos). Mein Nachbar jedoch, mit Karbolineum streicht er den Gartenzaun. Der Bauer, mit der Ackerwalze bricht er das Schweigen noch. Im Winde schaukelt die Schaukel.

III
Aus erhobenen Händen lassen sie Sand rinnen, die Kinder, im Sandkasten. In den Tulpen am Fluß kreisen die Säfte. Die Antennen rundum fangen Welt ein. Kopflos harren die Torsos.

Du hast jetzt, was ich mich selber nicht getraut hätte, die Ziffern mitgelesen und dadurch die Dreiteilung des Textes hervorgehoben. Das ist ja nicht nur hier ein wichtiges Strukturprinzip, daß du die Skizzen in Zweier- oder Dreiergruppen unterteilst.

Das Gruppieren der drei kurzen Texte entspricht wahrscheinlich dem Stillebenhaften. Das sind gewissermaßen diese drei Töpfe oder diese drei Flaschen.

Just an diesem Text ist mir übrigens der Begriff des Stillebens aufgegangen. Hier werden lauter stille Dinge, Zustände, unscheinbare Tätigkeiten beschrieben, aber wenn man sie näher beschaut, entdeckt man, daß doch einiges passiert, daß die Stille fortwährend in Tätigkeit überführt wird. In den Tulpen »kreisen« die Säfte, die Antennen »fangen« Welt ein, und sogar die Torsos sind nicht einfach da, sondern sie »harren«. Ich habe den Eindruck, die Stille wird hier mit allerlei Geschehen belebt.

Ja, aber vordergründig herrscht eine Stille wie im Stilleben auch, und darum habe ich vorhin von der klangerfüllten Stille meiner Stilleben geredet. Sie gibt ihm vielleicht diese Absonderlichkeit. Einerseits ist eine Statik, eine Starre, eine Stille da, und andererseits ist Bewegung da und Klang, nicht wahr. Das ist ja das für mich selber Seltsame an diesen Gebilden.

Ungemein charakteristisch für dich finde ich den Titel, der etwas Pathetisches hat und es zugleich benennt. Doch im Text verbirgt sich das Pathos zwischen zwei Klammern und wird dort keineswegs beschworen, sondern widerrufen. Du rufst dich gewissermaßen zur Ordnung.

Man schmunzelt ein wenig über das Pathos, aber ich empfinde den Frühling als eine sehr pathetische Jahreszeit. Der Sommer ist dann schon etwas reifer, etwas zurückgenommener, und der Herbst ist schon beinahe reif (*lacht*).

Auch bei den Jahreszeiten ist dir offenkundig daran gelegen, sie an Figuren, Tätigkeiten, Erscheinungen festzumachen, die man nicht ohne weiteres mit der betreffenden Jahreszeit in Verbindung bringen würde. Hier etwa sind es die Mädchen an den Bushaltestellen, oder im nächsten Band, »Es regnet in meinem Dorf«, kündigt sich der Frühling in den Radrennfahrern an. Geht es dir dabei auch um eine Art Gegenpathos?

Es ist möglich, ja, und so kommt es zu Bildern, die mehr enthalten als Abklatsch. »An Bushaltestellen die Mädchen«: Darin ist die frühlingshafte Erwartung schon enthalten. »Über Gehöften und Hügeln die Krähen«: Die Krähen sind nicht gerade Paradiesvögel, so hoffnungsfroh darf der Frühling nicht sein, er braucht seine Krähen. Und die Bauern fühlen sich wieder als Cäsaren.

Eben, da kommt auf einer zweiten Ebene eine Gegenläufigkeit, ein Gegenpathos herein, das ich anrührend finde. Gerade dort, wo du dich zur Ordnung rufst, indem du auf die Staatsmänner, Generale und Physiker schimpfst, wird durch den Nachbarn, der mit Karbolineum den Gartenzaun streicht, sehr hübsch und eindringlich ein dörfliches Pathos ins Spiel gebracht. Diese Tätigkeit hebt sich ab von dem, was die großen Leute verrichten und kaputtmachen. Ganz dem entsprechend werden die Bauern als Cäsaren aufgeführt. In einem anderen Text heißt es einmal: »Feldherren – sind wir alle.«

Ja, weil wir einst wirklich in das Feld hineingebettet werden, über das wir dann zwei, drei Jahrzehnte *gebieten*. Das sind offensichtlich Bilder und Empfindungen, die man nicht konstruieren kann. Wir müssen die Welt immer wieder neu erfahren, ich glaube, da steckt im Grunde genommen Kindlichkeit drin. Das hat mich sehr glücklich gemacht beim Wiederlesen.

Wenn es nur darum ginge, den Gemeinplatz zu vermeiden, gäbe es freilich auch die andere Möglichkeit, nämlich in die Erlesenheit, in die elitäre Sprache zu fliehen. Du aber wendest dich geradezu inbrünstig der Gewöhnlichkeit, dem gewöhnlichen Wort zu.

Weil die Gewöhnlichkeit eine Größe und ein Pathos hat, die mich zeitlebens erschüttert haben. Darum bin ich ein Fan des Gewöhnlichen, und ich glaube, die Phantastik des Gewöhnlichen übersteigt unsere Phantasie um ein Vielfaches. Es zeichnet ja auch Sprachwerke, Bildwerke, Musikwerke aus, wenn sie ganz gewöhnlich daherkommen, gar nicht kapriolenhaft, gar nicht avantgardistisch, sondern eben gewöhnlich und doch neu und frisch und jenseits des Klischees. Kindlichkeit, Unbescholtenheit, ich möchte fast sagen Redlichkeit: sie machen ein stimmiges Zeugnis aus. Das kann man aber nicht produzieren, das muß in einem angelegt sein. Unsere Gestimmtheit, unser Lebensgeruch setzt sich da um, zeigt sich da. Und darum kann man gewisse Dinge nicht lernen.

Nun wird zum einen diese Gewöhnlichkeit in wünschenswerter Vielfalt und Nuanciertheit zur Sprache gebracht, zum anderen verwendest du – auch dies eine Gegenläufigkeit – trotz dieser immensen Vielfalt die allergewöhnlichsten Wörter.

Das hat mit meiner Vita zu tun. Ich habe mein Leben als kleiner Mann unter kleinen Leuten zugebracht und habe das schätzen und lieben gelernt. Dieses Klima ist in meine Schreibe, in mein Denken, in meine Entschlüsse eingegangen. Darum habe ich auch Vorbehalte gegen Brillanz und gegen großes Können. Die Sache läuft ja viel stiller, aber auch viel unerbittlicher und viel eigentlicher. Mit Mogeleien ist da nicht viel zu machen, zwar scheinbar schon, aber in Wirklichkeit dann doch nicht. Daher liebe ich den Ton des Gewöhnlichen, und im Dorf durfte ich ihn von Kindesbeinen mitbekommen. Dort ist alles so schlicht gelaufen, weißt du. Da gab es keine Könige und keine Paraden und keine Heerscharen und keine Paläste, nicht einmal Parks. Da gab es die gewöhnlichen Hunde und die gewöhnlichen Linden und die gewöhnlichen Bauern und die gewöhnlichen Spengler, Schmiede, Zimmerleute und Ladenbesitzer, und die Schullehrer mit dickeren oder schmäleren Bäuchen, mit wuchtigem Haarschopf oder mit Glatze. So hab ich die Gewöhnlichkeit mitbekommen von Kindesbeinen an. Natürlich bekommen wir sie alle mit, um Gottes Willen, die Gewöhnlichkeit umstellt uns ja. Aber es ist eben nicht die Gewöhnlichkeit, als die sie hingestellt wird, sondern es ist diese phantastische Gewöhnlichkeit, die – noch einmal muß ich es sagen – unsere Phantasie bei weitem übersteigt.

Und diese Gewöhnlichkeit findet im ersten Skizzenbuch markant im Zeichen des Dorflebens statt. Ich habe das Buch wie eine Liebeserklärung an das Dorf gelesen.

Das ist es wahrscheinlich auch.

Eine bestimmte Skizze darin scheint mir dieser Vorstellung am meisten zu entsprechen. Es handelt sich wieder einmal um jenen Text, der dem Band den Titel gegeben hat:

Kübelpalmen träumen von Oasen

I
Samstags kurz vor Winter und die Häuser
wundäugig. Die Kübelpalmen träumen von
Oasen. Am Himmel wehn die Taubenbänder,
und aufgehoben im Gedenken seiner fernen
Söhne räkelt sich das Dorf.

II
Die sich an die Tage machen und es Existieren nennen, und die sich an die Leiber machen und es Liebe nennen, und die sich an
die Schattierungen des Himmels machen und
darob Heimweh kriegen, möchten ihr Dorf
wiedersehn, jetzt, vorm Einwintern, ihr Dorf
wiedersehn mit den Tauben am grünenden
Himmel (wirklich, wenn's einwintert, grünen
die Himmel).

Bei »Kübelpalmen träumen von Oasen« hatte ich vor
allem jene Kübelpalmen vor Augen, die in der St. Ursen-
Kathedrale zu Solothurn im Raum drin stehen, aufgereiht
den Rändern entlang und gelegentlich auch mit prächti-
gem Unkraut zu ihren Füßen. Diese Kübelpalmen empfand ich häufig in einer Gestimmtheit, als würden sie sich
eben nach Oasen sehnen, und das ist für mich dann zum
Bild geworden. An Wochenenden vor dem Einwintern
können die Häuser buchstäblich wundäugig in die Welt
hinausschauen. Dann fliegen im Dorf auch noch die Tauben herum, als Bänder am Himmel, und das Dorf scheint
sich beinahe im Heimweh seiner fernen Söhne zu räkeln.

Kübelpalmen in der Solothurner St. Ursenkathedrale

Zuletzt verdichtet sich das Heimweh im Bild der Tauben am grünenden Himmel?

Eigentlich ein wunderschönes Heimwehbild. Ich hatte einen älteren Bruder, er war Kunstturner und hat doch auch so ein spezifisch geschundenes Leben gehabt wie wir alle, wir sind ja alle aus demselben Stoff. Bei diesem Bruder merkte ich jeweils, wenn er heimkam – er wohnte im Zürcher Land –, wie er unter Heimweh litt, besonders im Herbst. Und das hat mich so stark getroffen, daß ich es dann in die paar Worte hineinbrachte.

Daß der Spätherbst das Heimweh auslöst, geht das nur auf deinen Bruder zurück, oder empfindest auch du diese Zeit besonders eindringlich?

Das bezieht sich auf die Jahreszeit. Dazu kommt: Mein Bruder war damals bereits in seinem Lebensherbst, wenn ich so sagen darf. Und dann war er eben auch einer von denen, wie wir alle, die sich an die Tage machen und es existieren nennen, und die sich an die Leiber machen und es Liebe nennen, und die sich an die Schattierungen des Himmels machen und darob Heimweh kriegen. Die Klammerbemerkung übrigens ist keine Floskel, sondern beim Einwintern, vor allem am Abend, gibt es tatsächlich diese grünen Himmel. Wie es heutzutage ist, weiß ich nicht, ich habe letztes Jahr nicht mehr so hingeschaut wie früher. Möglicherweise hat sich durch die atmosphärischen Veränderungen etwas geändert, aber während Jahrzehnten meines Lebens hab ich beobachtet, daß zu Winterbeginn die Abende grüne Himmel aufwiesen, bei wolkenlosem Himmel natürlich. So ist hier doch diese Verbundenheit zum Dorf und dieses Einwintern und dieses Grünen am Himmel eingefangen, glaube ich.

Die Zuwendung zum Dorf, die Anmut des Dorfes mit all seinen Reizen wird im Heimweh erfahren. Könnte man nicht den Text als eine Metapher für das lesen, was Heimweh bedeutet?

Gekoppelt mit Fernweh, nicht wahr, denn die Kübelpalmen träumen ja von Oasen. Natürlich empfinden die Kübelpalmen auch Heimweh, aber für unsere Region sind sie exotische Pflanzen, die in die Ferne träumen. So kommt die Fremde als Gegengewicht wieder hinein. Im Heimweh klingt das Fernweh an.

Wir werden sicher in unseren Gesprächen noch einige Male auf dörfliche Aspekte und Einzelheiten zu sprechen kommen. Da für mich aber das »Kübelpalmen«-Buch geradezu eine Feier des dörflichen Daseins darstellt, möchte ich dich fragen, wie du deine eigene dörfliche Existenz erlebt hast. Hat sie sich im Verlauf der Zeit verändert?

Sie ist ziemlich gleich geblieben. Ich fühle mich heute noch so fremd im Dorf, wie ich mich als Kind fremd gefühlt habe. Ich habe mich immer als nicht-ebenbürtig und unberechtigt gefühlt, in dieser Gemeinschaft sein zu dürfen. Ich habe immer gefunden, daß die Dörfler alle stärker, besser, treuer seien als ich, und daß sie zum Leben geboren seien, nicht so wie ich, aber das Mich-fremd-Fühlen in der geschlossenen Gemeinschaft von Bäumen, Hunden, Leuten, Kühen, Pferden hat wahrscheinlich diese seltsame Intensität, möchte ich wieder sagen, ermöglicht, und auch den Abstand. Ich ersoff also nicht im

Dorf drin, sondern meine Fremdheit hat mich beiseite stehen lassen, und dadurch konnte ich leichter beobachten. Das war ein Vorrecht, und das hat sich kaum geändert. Beim Älterwerden nehmen diese Empfindungen an Stärke etwas ab, sie werden irgendwie milder. Sie sind zwar da, aber nicht mehr so pubertär, so offenkundig, wenn ich heute auf meinen abendlichen Spaziergängen durchs Dorf gehe und meine alten Ladenbesitzer, Schlosser, Zimmerleute, Bauern, Schlächter, Viehhändler und Schmiede mich wieder begleiten oder umstellen. Das Gefühl, fremd zu sein, ausgeschlossen zu sein, nicht teilhaben zu dürfen, nur als Beobachter da zu sein, hat mich ein Leben lang begleitet und fasziniert, hat mich ein wenig geschmerzt natürlich und zugleich fasziniert.

Aber es ist doch eine Fremdheit aus großer Zuneigung, kein Beobachten ohne Anteilnahme?

Nein, kein Voyeurentum, um Gottes Willen, und kein snobistisches Sich-Heraushalten. Sie ist etwas ganz Selbstverständliches, ganz Eigentliches, ganz Vegetatives, diese Fremdheit, die ich immer empfunden habe: ein Gefühl, das einfach zu meinem Leben gehört, und ich glaube, es ist mehr oder weniger in jedem Menschen drin, das braucht nicht nur ein Schreiber sich zuzugestehen. Wir fühlen uns doch alle als Fremdlinge, schöner gesagt, als Pilgrime auf der Erde.

War dieser Zustand nie begleitet von einem Wunsch nach mehr Zugehörigkeit?

Vielleicht kurzfristig, aber ich habe die Anbiederei nie gepflegt, ich hab das Anbiedern nie gemocht, so gerne ich

Alte Postkarte von Niederbipp

Neue Ansicht von Niederbipp

mich auch angebiedert hätte. Über Jahrzehnte hin habe ich, wie bereits früher gesagt, aus dem Gerhard einen Hansli machen wollen. Sehr angestrengt war ich daran, aber es war keine Anbiederei, sondern ich wollte einfach probieren, zu sein wie Hans und Fritz.

Wie haben die Dorfbewohner auf deine Fremdheit reagiert?

Sie haben sie schon gespürt. Einerseits genoß ich bei einzelnen Leuten eine gewisse Sympathie, aber im allgemeinen – es ging bis zu den Hunden hinunter – spürten sie, daß da nicht einer der ihren unterwegs war, und ihr Verhalten war auch dementsprechend. Ich hatte immer das Gefühl, sie durchschauten meine Schwächen, mein Nicht-Integriertsein im Leben. Sie verbalisierten es wahrscheinlich nicht, aber sie spürten es, und das ergab manchmal in den Mundwinkeln so ein Lächeln mir gegenüber, das fast etwas Überhebliches hatte. Aber das hab ich spielend ertragen, das hat mich wenig geschmerzt. Im Grunde genommen war es für mich ein gesunder Zustand, ein Zustand, der mir bekömmlich war. Das Gegenteil hätte ja geheißen, verhätschelt zu werden oder zu große Erwartungen entgegennehmen zu müssen. So aber gewährte man mir diesen Freiraum, diesen Spielraum und Abstand, und darüber war ich glücklich.

Hat es auch Zeiten gegeben, wo du das Dorf am liebsten verlassen hättest und dir eine städtische Existenz vorschwebte?

Nein. Als junger Mensch hatte ich gewissermaßen im Blut drin den Wunsch, nach Amerika auszuwandern, aber das war natürlich ein reiner Spleen. Ich hätte weder die Sprache noch die Überlebenskraft dazu gehabt. Im besten Fall hätte ich es zum Clochard in New York oder einer anderen amerikanischen Stadt gebracht – die Überlebenskräfte hätten vermutlich nicht einmal dafür genügt. Das war ein Hirngespinst.

Und woraus ist es entstanden? Aus der Literatur?

Vermutlich. In meiner Jugend habe ich den »Lederstrumpf« von Cooper gelesen, und das hat mich quasi zum Indianer gemacht. Ich hätte gerne die Prärieerde unter meinen Füßen gehabt. Bekannte von uns gehen demnächst nach Amerika, und ich habe sie gebeten, mir zwei Eßlöffel voll Erde aus der Prärie, aus dem Wilden Westen heimzubringen. Damit soll es aber mit der Erde-Einsammelei genug sein ... Nein, sonst hab ich das Dorf immer sehr geliebt, und ich habe die irrwitzigen Bemühungen, uns die Heimat wegzuradieren oder auszureden, als abstrus empfunden. Ich bin ein Wesen, das beizeiten um die Wichtigkeit des Zuhauseseindürfens gewußt hat, und ich bin überzeugt, daß Beheimatetseindürfen fast gleichzusetzen ist mit Lebendürfen, Überlebendürfen. Zwar kenne ich im Dorf die Leute nur punktuell, in meiner nächsten Umgebung, aber ich habe stets das Gefühl gehabt, ich hätte den Überblick, ich könne die Sache durchschauen oder durchfühlen oder durchschmecken. Das war für mich ein wunderbares Gefühl, ich hatte den Eindruck: Was im Dorf geschieht, geschieht in der Welt, und was in der Welt geschieht, geschieht im Dorf. Im Prinzip. Einzig das Ausmaß ist nicht ganz dasselbe. Darum bin ich ein überzeugter Provinzler, und ich glaube, daß man nur Weltbürger wird über den Provinzler. Man muß den Dienstweg einhalten: erst Provinzler, dann Weltbürger.

Auch darauf werden wir in einem späteren Gespräch zurückkommen. Da ich es heute offenbar mit den Gegenläufigkeiten habe, möchte ich nun besonders erwähnen, daß du schon früh an Wochenenden mit Vorliebe Städte aufgesucht hast, insbesondere Bern, aber auch Zürich, Basel, Solothurn und Olten. Welche Bedeutung haben diese Stadtexkursionen für dich gehabt?

Im Grunde genommen bin ich ein wenig zerrissen. Ganz ohne Stadt könnte ich nicht leben und nur in der Stadt wahrscheinlich auch nicht. So habe ich meine Stadttage benützt, erstens, um viele Gesichter um mich herum zu haben, viele, viele Leute, und zweitens, viel, viel Stein, viel Glas, Fassaden, Architektur. Ich bin ja ein verhinderter Architekt. Und dann natürlich Kinos, Museen, Cafés und Buchläden. So habe ich pro Woche einen Tag als – wie soll ich sagen – Bohemien gelebt.

Vielleicht als Flaneur?

Als Flaneur, ja, wunderbar! Ich hab mich fallenlassen in die Cafés, in die Buchhandlungen, in die Kinos, in die Straßen, in die Menge, richtig fallenlassen und daraus sogar ein Ritual gemacht. In der letzten Zeit bin ich fast immer nach Bern gefahren, auf der Bahnstrecke Langental-Burgdorf, die für mich landschaftlich eine der schönsten Bahnstrecken schlechthin ist, vor allem die Nordseite, die Juraseite. Da setze ich mich nach Möglichkeit ans Fenster in Fahrtrichtung, lese ein wenig, schaue hinaus und fahre am Gehöft vorbei, das wir »Björndal« nennen, einem prächtigen alten, in eine riesige Waldbucht eingebetteten Bauerngehöft. Dann komme ich in Bern an und blicke jeweils über die Brücken hin zum Theater hinunter und zum Münster, und so beginnt mein Berner Stadttag fast rituell. Ich lasse mich im Bahnhof vom Gewühl treiben, begebe mich in das Café, trinke dort eine Tasse Kaffee und lese in einer Zeitung, die ich an Ort und Stelle vorfinde oder bereits mit mir führe. Dann geht's die Gasse hinunter auf den Gemüse- und Blumenmarkt. Unter der Turmpassage begutachte ich die Kinoplakate und suche mir einen Film aus, wenn ich nicht schon in der Bahnhofunterführung einen Film ausgewählt habe. Manchmal habe ich Glück. Darauf esse ich zu Mittag, lese erneut und trinke Kaffee und mache große Wanderungen, häufig auf den Spuren Robert Walsers. Meistens geh ich am »Fédéral« vorbei in Richtung Thunstraße, Kirchenfeld. An der Luisenstraße 14 bleibe ich sogar manchmal stehen, wenn nicht gerade zu viele Passanten herum sind, schaue die Fassade hoch und sage zu mir oder zu ihm: Da hast du zuletzt gewohnt.

Triffst du dich gelegentlich auch mit Leuten?

Nein, da bin ich immer allein. Manchmal begleitet mich Dorli auf den Stadttag, aber dann trennen wir uns und finden erst wieder zum Mittagessen oder zum Kinobesuch zusammen. Die Wanderungen durch die Städte mache ich allein. Da muß ich ganz ungestört, ganz unabgelenkt, ganz offen sein können für die Geräusche, die Gerüche, die Farben, die Gesichter, die Fassaden, die Bäume. Dann entwickeln sich auch Texte, und ich glaube, meine besten Texte wurden in die Stadtwinde hinausgedacht oder –geschrieben, in die Winde, die Lüfte geschrieben. Das ist für mich ein richtiges Vollbad, da bin ich ganz Literat, weißt du, durch und durch Literat.

Auch in dem Sinn, daß du deine Eingebungen auf der Stelle notierst?

Nein, das habe ich früher etwa gemacht, aber seitdem ich längere Texte schreibe, mache ich mir keine Notizen mehr. Das heißt, wenn ich an einem Text bin und mit einzelnen Stellen nicht zurechtkomme, kann es passieren, daß beim Gehen eine Formulierung plötzlich da ist, ohne daß ich's will. Dann muß ich sie aufschreiben, sonst ist sie weg. Oder ich sage mir die betreffende Passage immer wieder vor, so daß ich alles andere um mich herum mißachte, und das dünkt mich schade. Dann nehme ich ein Stück Papier, wenn ich eins habe, und schreibe mir den Satz auf – es handelt sich gewöhnlich nur um einen oder zwei Sätze. Aber Notizen, Eindrücke oder so, das lasse ich bleiben. Ich versuche aufzunehmen mit meinen Instrumenten und hoffe dann, mit Gottes Hilfe das Aufgenommene wieder freizukriegen, auch wenn es weit hinabgesunken ist, je tiefer, desto besser vielleicht. Manchmal ist es anstrengend, es heraufzuholen, aber es ist dann irgendwie doch geläutert, weißt du, wie beim Wein oder beim Most. Diese Gärung hab ich ganz gern, und wenn ich etwas sofort notiere, fehlt dieser Gärungsprozeß. Es ist ein Absinken und ein mit Gottes Hilfe wieder Heraufholen, das heißt: Es wählt sich selber. Ich kann jahrelang sein ohne zu schreiben, buchstäblich, obschon ich mich immer als Literat fühle, und dann gibt es Momente, wo dieses von unten Kommende mich in einem Masse bedrängt, daß ich es festhalten muß, wenn ich nicht riskieren will, durcheinanderzugeraten.

In Werner Webers Nachwort zum »Kübelpalmen«-Buch steht der Satz: »Gerhard Meier scheint zu schreiben, wie ein peintre naif malt.« Dieter Fringeli ist später noch weiter gegangen und hat dich schlichtweg zum »poète naif« erklärt. Bist du damit einverstanden? Siehst du dich als einen naiven Dichter?

Ich habe zu den Naiven eine gute Beziehung gehabt und habe sie heute noch, eine fast noch bessere freilich zur Kunst der Irren, der Verrückten. Wenn wir die Naivität verloren haben, dann müssen wir aufhören zu schaffen als Schreiber oder als Maler oder als Musiker. Die Naivität ist eine Voraussetzung, um überhaupt künstlerisch tätig sein zu können, zu dürfen. Die Sachen kommen aus einem Winkel heraus, den wir nicht unbedingt ausgeleuchtet haben, wir wissen nicht ganz, was drin ist. Sobald wir ihn ausleuchten und wissen, was drin ist, dann ist die Naivität weg. Kunst hat mit Unbewußtem, mit Kindlichem, mit Naivem unglaublich viel zu tun. Übrigens relativiert Werner Weber seine Aussage, indem er beifügt: »Doch seine Naivität ist verkappte Gewitztheit«. Nun müßte ich wieder sagen, ›Humor‹ wäre mir lieber als ›Gewitztheit‹, aber ich meine, man kann das so formulieren, im großen ganzen hat er mich gut erwischt.

Ja, dem würde ich auch zustimmen. Aber jetzt sollten wir zum nächsten Buch übergehen, »Es regnet in meinem Dorf«, das zwei Jahre später, 1971, wieder in einem neuen Verlag erschienen ist. Wie bist du zum Walter Verlag gekommen?

Das weiß ich nicht mehr genau. Den Kandelaber Verlag von Egon Amman gab's damals nicht mehr, und so hab ich eben versucht, den Text dort anzubringen.

Ohne jede Empfehlung?

Ohne Empfehlung, und der damalige Lektor hat sich dann mit mir in Verbindung gesetzt und mich erstaunlicherweise begriffen. Das Buch kam gerade in jenem Frühling heraus, als ich mich von der Fabrik freigemacht hatte. Mein freies Schriftstellerdasein hat also mit dem Erscheinen dieses Buches begonnen.

Wenn ich gleich vorweg etwas dazu sagen darf: Ich halte dieses Buch für dein experimentellstes Werk. Es gibt darin Texte von einer formalen Verwegenheit und Ausgelassenheit, die man in deinen späteren Büchern nicht mehr antrifft. Daher möchte ich dich auf diese Eigenschaft hin ansprechen, zunächst in einem allgemeinen Sinn. Findest du, authentische Literatur kommt manchmal nicht umhin zu experimentieren, oder hast du Mühe mit dem Begriff des Experiments?

Wenn wir Frisches, sozusagen Neues schaffen wollen, hat das immer auch mit Wagnis, mit Experiment zu tun. Es darf aber nicht zu absichtlich geschehen, sonst werden wir Dadaisten. Auch diese Entwicklungen braucht's gelegentlich, aber sie sollten nicht zum Dauerzustand werden, und nicht zum Kriterium für andere Sachen, um sogenannt konventionelle Sachen daran zu messen. Für mich ist das Ideal immer gewesen, mit einer konventionellen Geige neue Musik zu machen, mit dem bestehenden konventionellen Instrumentarium etwas Neues zu produzieren. Es ging mir nie darum, die Instrumente zu zerschlagen und dann mit neugebastelten Instrumenten etwas Neues zu machen. Das ist zwar möglich, aber es führt in die Irre, es führt in die Sackgasse, weil man die Welt, die Schöpfung nicht umkrempeln kann. Wir müssen uns mit den Gegebenheiten abfinden, und diese Gegebenheiten setzen uns gewisse Grenzen. Ich bin sehr dafür, wenn wir uns nicht mit der Klischeekiste abfinden wollen, mit den Produkten aus der Klischeekiste. Dann müssen wir nämlich immer wieder neu dahintergehen, wobei wir aus diesem Neu-Dahintergehen kein Programm machen dürfen. Das Neue kommt ungezwungen aus uns heraus, denn es heißt frisch, naiv, kindlich, neu wieder zu sehen, zu hören, zu riechen, zu reden und zu denken, vor allem zu denken. Darüber verfügen wir nicht unbedingt, wir können nicht sagen: So, jetzt denkst du neu, sondern da beginnt für mich die Gnade, da kommt das Religiöse hinein. Eine solche Äußerung behagt nicht jedem Ohr, aber für mich gilt sie einfach. Die Produkte, die so entstehen, kommen freilich nicht als Geschenke daher, sondern da können viel Schweiß und Tränen beteiligt sein, aber natürlich auch viel Lust und Rausch. Arbeiten hat mit beidem – Mühsal und Rausch – zu tun. So bin ich häufig gewissermaßen hart am Experimentieren dran, aber nie im Sinne eines doktrinären, absoluten Bemühens oder Unterfangens, sondern immer, immer im Wissen darum, daß das Neue eben das Frische, das Gegenteil des Klischierten ist. Das ergibt eine gewisse Nähe zum Experiment. Und hier in diesen Texten – da hast du recht – hat es mich manchmal fast rauschhaft ins beinahe vordergründige Experimentieren hineingesogen. Das hat hier stattgefunden, und ich habe große Lust dabei gespürt und war erstaunt, was alles entstehen konnte. Doch wie gesagt, das Experiment darf nicht aus dem Intellekt allein herauskommen, sonst ist es einfach Bastelei, Mache. Es muß auch aus tieferen Schichten, aus dem Untergrund stammen, dann kann das Produkt eine gewisse Redlichkeit an sich haben, aber vordergründig, als Programm, nie. Avantgarde als Programm, nie, nie! Kindlichkeit als Haltung, immer! Naivität als Geschenk, dankbar nehme ich es entgegen.

Was zunächst in die Augen springt: Die sprachliche Beschaffenheit der einzelnen Texte ist viel ungebundener, lockerer als in den früheren Skizzen. Für mich hat sich erst hier der endgültige Bruch mit der Lyrik ereignet, und ich selber empfinde den Abstand zum »Kübelpalmen«-Buch weit größer als derjenige der »Kübelpalmen«-Texte zu den Gedichten.

Der Abstand ist enorm, das hab ich auch so empfunden.

Vielleicht hast du – das ist schon beinahe eine psychologische Deutung – das Bedürfnis gehabt, dich vehement von den Gedichten abzusetzen, um endlich einmal in Sachen Prosa loszulegen. Jedenfalls glaube ich eine unbändige Lust an neuen Ausdrucksmitteln in diesen Skizzen zu entdecken.

Obwohl das Stillebenhafte auch weitergeht, und ich habe ja über den Weg nicht verfügt, der vom Gedicht über die Skizze zum längeren Prosastück und schließlich zum Roman führt. Ich habe diese Entwicklung nicht in Händen gehabt. Sie hat sich einfach ergeben, wobei ich um sie wußte und sie vielleicht in diesem Fall auch etwas forcierte, das spürst du richtig. Da war die Lust oder das Verlangen oder fast der Trotz, ein wenig einzugreifen, in die Speichen zu greifen.

Am besten, ich versuche dieses Novum näher zu charakterisieren und zu benennen. Ein Bauprinzip, das du hier sozu-

sagen für dich entdeckt hast, scheint mir die Collage oder Montage zu sein. Du hast also in die Texte hinein vorgegebene sprachliche Elemente eingebaut, beispielsweise die Parole »Rettet das Reusstal«. Du hast etwa Plakate und Ladenschilder eingelassen, und eine Skizze sogar mit dem folgenden Aktionsangebot einer Ladenkette beendet:

> KARTOFFELN ZUM EINKELLERN
> und
> VAC-SPECK
> ZUM EXTRAPREIS VON NUR
> Fr. 4.20
> PER 1/2 kg
> MIT COOP-MARKEN

Da könnte man mit Werner Weber einen vorsätzlich ›störenden‹ Faktor am Werk sehen, denn diese Versatzstücke sind nicht ohne weiteres ersichtlich in einen Zusammenhang eingebunden.

Du hast ganz recht mit der Bezeichnung »Collagen«. Wenn die »Kübelpalmen«-Texte Stilleben waren, untermalt von Spieldosenklängen, so sind die Texte im Buch »Es regnet in meinem Dorf« doch eher Collagen. Man könnte dabei an Schwitters denken oder an Max Ernst, manchmal vielleicht auch an Klee. Das sind natürlich hohe Namen, um Gottes Willen, ich nenne sie nur zur Illustration. In diesen Skizzen ist das Collagehafte drin, aber nicht gezwungen, nicht programmiert, sondern einfach gewachsen. Wenn man nämlich genau hinhört, so gibt es einen Klang, einen geschlossenen Klang jeweils in einem Text, so wenig die einzelnen Sätze manchmal auch zusammenpassen mögen. Im großen ganzen ergibt es dann doch ein Stück, ein Klangstück.

Mit anderen Worten, die beigezogenen fremden Materialien sollen deine Texte keineswegs aufsprengen, sondern es geht dir vielmehr darum, das Fremde zu integrieren und beinahe zu etwas Eigenem zu machen?

So weit ich mich zurückerinnern kann, war es immer so: Wenn ich fremde Texte in die eigenen hereinnahm, kamen sie mehr oder weniger von selbst herein. Die waren damals für mich so wichtig, bewegten mich dermaßen, daß sie wahrscheinlich hineingelangen mußten. In dieser Weise hat mich etwa jene Stelle über das Denken aus Musils »Törless« getroffen, und ich glaube, dieser Text ist ganz organisch in meiner Skizze »Auch« eingebettet.

Ist es vorgekommen, daß solch ein fremdes Versatzstück überhaupt erst eine Skizze hervorgebracht hat?

Das ist möglich. Auf jeden Fall ist es ähnlich wie bei den Collagen der bildenden Künstler. Die haben auch sehr fremde, sehr unterschiedliche Sachen zusammengebracht, und es hat doch ein einheitliches Bild ergeben. Ich habe heute noch gerade zu Schwitters eine gute Beziehung. Diese Versatzstücke haben also etwas Gemeinsames, und sie haben sich wahrscheinlich angezogen. Da ist ein Magnetfeld zum Spielen gekommen, davon bin ich überzeugt.

Und wenn es sich dabei um Zitate anderer Autoren handelt – neben Musil etwa Johannes Urzidil oder der amerikanische Dramatiker Edward Albee –, sind es stets Kernsätze, mit denen du dich identifizierst?

Ja, ausser bei ›Kernsätzen‹ von Urzidil. Nicht wahr, ich habe nicht nur intensiv geschrieben, auch das Lesen hat mich aufgewühlt, hat mich zum Teil unglaublich gepackt, und das ist dann automatisch in die Skizzen mit hineingekommen. Wie Schwitters seine Zeitungsschnipsel aufgeklebt hat, so hab ich es vielleicht gemacht.

Um ein weiteres Verfahren zu erwähnen: In der Skizze »MARY Long« verwendest du eine Zigaretten-Reklame als Leitmotiv. Während der Beschreibung eines sonntagnachmittäglichen Ausfluges wird das anpreisende Gesäusel » ... so mild« immer wieder aufgenommen. Kannst du dich an die Entstehung dieses Textes erinnern?

Nein, leider nicht. Das »MARY Long« hat mich als Klang, als Reklame irgendwie angestachelt, und so ist wieder eine Collage entstanden, gekoppelt oder verklebt mit aufregenden Bildern. Das Leitmotiv hat mich jedenfalls immer beschäftigt, und da ist es ja beinahe programmatisch gehandhabt.

Insgesamt spielt wohl die freie Assoziation eine wichtige Rolle in den Skizzen. Der Anziehungskreis dessen, was in einen spezifischen Text hineingelangen darf, ist weit gezogen. Du bist weniger darauf aus, jedes Element in einen engen Zusammenhang einzubinden, sondern du holst von weit her Welt herein in deine Prosaminiaturen. Manchmal habe ich den Eindruck, je entlegener die Dinge sind, desto lustvoller kombinierst du sie, eben im Sinne einer Collage. Trügt dieser Eindruck, oder trifft er zu?

Der Magnetstrom erfaßt, was sich eben erfassen läßt. Meistens wird nur Metall angezogen, aber wenn das Metallteil weit entfernt liegt, wird es trotzdem erfaßt, und der nahe liegende Stein bleibt einfach liegen. Das hat mit einem spirituellen Magnetfeld zu tun, nicht nur mit Assoziation. Werner Weber hat schon recht mit dem »Hervorholen abgesunkener Erfahrung«. Man könnte es auch so sagen: Da gibt es diesen Raum, tief unten, und mit lauter Metallteilen – oder mit was auch immer – bestückt. Dann geht ein Magnet hinunter, verschiedene Metallteile hängen sich dran, es kommt hinauf, und wir haben das Gemisch beieinander. Ich habe nie, nie, nie gebastelt oder gewerkelt, sondern ich hatte immer ein Gespür für das, was ans Tageslicht kommen wollte. Und in den meisten Fällen hab ich nicht losgelassen, nicht abgelassen davon, bis es da war: einigermaßen formuliert, möglichst herausgestellt, heraufgeholt von unten. Das war im Grunde genommen meine Bemühung, die sich auch im Formulieren niederschlug: Manchmal hatte ich es, konnte es aber noch nicht formulieren, und mit der Zeit gelang es dann doch. Ich war natürlich sogenannt hellwach dabei, das ist klar, aber ich bin nie ein Macher gewesen in einem vordergründigen Sinn, im Sinn von Kunsthandwerk, im Sinn der Kopffüßler, die eben versuchen, über den Kopf die Welt in den Griff zu bekommen, wobei die Produkte dieser Kopffüßler, dieser Macher, dieser Bastler, dieser Kunstgewerbler, die Produkte dieser Leute leichter nachzuvollziehen, leichter zu konsumieren sind, weil sie ja wirklich »nachvollziehbar« sind, nämlich über den Intellekt. Um Gottes Willen, mit dem Intellekt müssen wir leben, so gut als möglich und so ausgiebig als möglich, aber wir haben noch Ahnungen, Gespür, ein sogenanntes Unterbewußtsein, damit müssen wir auch leben. Wir haben spirituelle Bedürfnisse, nicht nur das Bedürfnis nach Speck und Sauerkraut.

Dann versuche ich es noch einmal mit deinem Bild, das mir sehr einleuchtet: Du hängst mit großer Lust und Experi-

mentierfreude den poetischen Magnet in deine Erfahrungswelt, um dann mit Staunen zu konstatieren, was sich daran verfängt.

Das hast du wunderbar formuliert.

Ich habe dabei insbesondere an den Text »Auch« gedacht. Da beginnst du mit einem Apfel, der eine Kellertreppe hinunterkollert, bis er beim Scharnierwort »Auch« anlangt. Das würde als Magnet wirken, denn mittels dieses »Auch« entwirfst du in der Folge eine Art poetischer Zeitung, die verschiedenste Materialien, darunter auch Nachrichten aus realen Zeitungen, in unvordenklicher Weise vereinigt. Würdest du dem zustimmen, daß hier eine poetische Privatzeitung entstanden ist?

Vielleicht, ja.

Manche Überschriften der Skizzen scheinen auf eine – wie ich sie nennen möchte – ›Poetik der Beiläufigkeit‹ hinzudeuten. So lauten etwa einzelne Titel: »Apropos«, »Auch«, »Zwischendurch«, »Mehr oder weniger«. Setzt sich da nicht etwas Ähnliches wie im vorangehenden Band durch, daß eben nicht die aufsehenerregenden Aktionen die wichtigen sind, sondern jene, die nebenher laufen? Daß zu einem Zeitpunkt, wo etwa Staatsbegräbnisse stattfinden, in aller Unscheinbarkeit, im Verborgenen Dinge geschehen, die gewichtiger sind als diese protzenden, die Tagespresse füllenden Begebenheiten?

So ist es. Das ist die Faszination des Gewöhnlichen, die einfach durchgeht und die mich weitgehend ausmacht. Darum liebe ich Claude Simon, weil ich bei ihm genau dieselbe Faszination vorfinde. Und darum bin ich auch skeptisch bei Kunsterzeugnissen, wenn sie zu gemacht, zu gekonnt, zu gebastelt daherkommen, denn die Gewöhnlichkeit ist nie gekonnt und nie brillant, sondern eben gewöhnlich. Ich bin ihr einfach verfallen, der Schönheit der Gewöhnlichkeit, der Größe der Gewöhnlichkeit. Das hat mit meinem Leben zu tun. Gewöhnlicher kann man fast nicht mehr leben, als wir gelebt haben – das ist natürlich eine leichte Übertreibung. Aber das hat mich gepackt und fasziniert, und darum habe ich eine Allergie auf das Verhätscheln der Lügenhaftigkeit, auf das Verhätscheln des Geschönten oder des Gestelzten oder des Brillanten. Es ist etwas Paradoxes, daß gerade ein Kunstwerk, um dieses große Wort in den Mund zu nehmen, letztlich das Gewöhnliche selber ist.

Zuletzt möchte ich dich auf eine der kühnsten und ausgelassensten Skizzen ansprechen, die der Band enthält. Es handelt sich um den Text »Wippen die Gräser«. Hier ereignet sich etwas, das ich aus keinem deiner späteren Bücher kenne. Die Experimentierfreude affiziert so stark die sprachliche Beschaffenheit, daß das Satz- und Sinngefüge auseinanderbricht und die einzelnen Teile scheinbar regellos durcheinanderwirbeln. Wie ist es zu diesem Text gekommen, und warum hast du ihn später aus der Werkausgabe ausgeschieden?

Damals, als ich die Werkausgabe zusammenstellte, war mir diese Skizze nicht mehr so ganz geheuer, und darum habe ich ja dann auch den zweiten interpunktionslosen Teil des Textes in der Werkausgabe weggelassen. Das ist vielleicht meine Dada-Phase gewesen, und sie war wohl nötig, um dann sozusagen neu, beinahe neu in die flächigere Prosa überzugehen.

Aber diese experimentellen Skizzen widersprechen doch deiner heute geäußerten Überzeugung, wonach das sprachliche Instrumentarium nicht angegriffen werden dürfe und das Neue mit den geläufigen Mitteln geschaffen werden müsse.

Darum habe ich *so* nicht weitergemacht, aber damals war es wohl einfach nötig, daß ich das einmal tat.

Du würdest sie gern als Dokumente …

… belassen, ja.

Da wir gerade vom literarischen Experiment, auch deinen eigenen Intermezzi in dieser Richtung gesprochen haben, wäre hier vielleicht der geeignete Augenblick, auf einen Autor einzugehen, der als Stammvater experimenteller Literatur im 20. Jahrhundert bezeichnet werden könnte: James Joyce. Nun kommt zwar Joyce in deinen Texten direkt nicht vor, aber ich weiß, daß du dich eine Zeitlang intensiv mit ihm beschäftigt hast. Wann war das, und was hat dich damals besonders angezogen?

Das war vor ungefähr drei Jahrzehnten, da hat mich James Joyce auf meinen Stadttagen, die damals oft in Zürich stattfanden, begleitet. Er hat mir fast real über die Schultern geschaut und sich mit mir unterhalten. In dieser Zeit las ich den »Ulysses«, in der alten Übersetzung von Georg Goyert. Das Leseerlebnis hat mich sehr aufgewühlt und sich in mich hineingesenkt. Später bin ich an meinen Stadttagen nicht mehr so oft nach Zürich gefahren, das eine Zeit erlebte, wo sich außer dem üblichen Sechseläuten noch andere Umzüge auf den Straßen abspielten, und seltsamerweise hat sich dann auch James

Joyce leise, fast unbemerkt aus meiner literarischen Welt entfernt. Jetzt bist du im Zusammenhang unserer Gespräche wieder mit Joyce angerückt, und ich habe mich also in den letzten Tagen ihm wieder zu nähern versucht. Als erstes habe ich das Ende seines Prosastücks »Die Toten« aus den »Dubliner«-Geschichten gelesen, und das hat mich – ich scheue mich nicht zu sagen – zutiefst berührt. Ich habe ja eine Schwäche für Romananfänge und Romanschlüsse, obschon es sich hier »nur« um ein Prosastück handelt. Am liebsten würde ich es gleich zitieren:

> Einige leichte Schläge gegen das Fenster ließen ihn dorthin blicken. Es hatte wieder angefangen zu schneien. Schläfrig beobachtete er die Flocken, silbern und dunkel, die schief gegen das Lampenlicht fielen. Die Stunde war für ihn gekommen, sich auf die Reise nach Westen zu bereiten. Ja, die Zeitungen hatten recht: in ganz Irland schneite es. Der Schnee fiel auf jeden Teil der dunklen Ebene in der Mitte, auf die baumlosen Hügel, fiel leise auf den Bog of Allan und weiter nach Westen fiel er leise in die dunklen, aufrührerischen Shannonwogen. Er fiel auch auf jenen Teil des einsamen Kirchhofes auf dem Hügel, wo Michael Furey beerdigt lag. Dicht lag er auf den schiefen Kreuzen und den Grabsteinen, auf den Speeren des kleinen Gitters, auf dem kahlen Gesträuch. Langsam schwand seine Seele, als er den Schnee leise durch das Universum fallen hörte wie das Nahen ihrer letzten Stunde auf alle Lebendigen und Toten.
>
> (Übersetzt von Georg Goyert)

Da ist mir aufgegangen, wie nahe er, James Joyce, am Pathos des Seins dran ist, und ausgehend von dieser Stelle, habe ich begriffen, daß er sich von dieser Umklammerung des Ergreifenden, des Pathetischen schlechthin mit aller Kraft lösen wollte. Anschließend habe ich in den »Ulysses« geschaut, den ich natürlich in den wenigen Tagen, die mir zur Verfügung standen, nicht vollständig lesen konnte, aber ich habe gespürt, wie das Buch um 1922, als es herauskam, doch befremdlich hat wirken müssen, weil hier eben ein Hang zu diesem Gewöhnlichen, das mir sehr liegt, zu diesem Banalen, Nichtigen, Unscheinbaren übermächtig vorhanden ist. Für uns Heutige und für mich persönlich ist es alles andere als schockierend. Es ist die Sichtweise, der Klang, die Gestimmtheit, die mir selber vertraut sind, die ich mag und die ich als *den* Grundton empfinde. Das ist das Großartige daran. Zugleich scheint es mir aber jetzt, nach meinem flüchtigen Wiedereinstieg in seine Prosa, er habe das Wegstreben von jenem Lebensgefühl, das in den paar Schlußzeilen des Prosastücks »Die Toten« anklingt, etwas forciert und dabei auch die Gewöhnlichkeit des Gewöhnlichen etwas deformiert. Es ist verwegen, so zu reden, denn seine Sicht der Dinge ist mir lieb und meine Sache auch, aber ich muß es tun, sonst deformiere ich mich selber.

Verweilen wir noch kurz bei Joyces »Toten«. Mich erstaunt überhaupt nicht, daß du von dieser Novelle so angetan bist, denn sie gemahnt in mancher Hinsicht an deine eigenen Anliegen. Ich denke insbesondere an deinen Roman »Die Ballade vom Schneien«, der ähnlich wie Joyces Text von einer Schnee-Folie durchwirkt ist. Oder wenn die Novelle von der hartnäckigen Präsenz und »Lebendigkeit« der

Toten unter den Lebenden handelt, indem etwa die Hauptfigur Gabriel Conroy gegen die Erinnerung seiner Frau Gretta an den toten Michael Furey vergeblich ankämpft, halte ich diese Thematik für einen Grundzug deines gesamten Werks.

Ja, es ist unglaublich, der Schnee, die verpaßte Liebe, die Besuchsszene mit dem Essen im größeren Kreis und den Tischgesprächen, und auch das Dahinfließen des Lebens, der Generationen klingt stark an. Und dann ist mir die Verfilmung der »Toten« durch John Huston in den Sinn gekommen, und im gleichen Atemzug sozusagen »Babettes Fest«, die Verfilmung von Tania Blixens Erzählung. Das sind zwei Filme von einer Größe ohnegleichen und von einer Nähe ohnegleichen, die viel von jenem spröden und redlichen Lebensgefühl enthalten, das James Joyce erfüllte. Ich habe auch in dem Buch gelesen, das du übersetzt hast, »Gespräche mit James Joyce« von Arthur Power, habe dort die Stelle angetroffen, wo er sich über russische Literatur, insbesondere über Tschechow äußert, und habe mit Erstaunen und großer Freude feststellen dürfen, daß er Tschechow vor allem in seinen Dramen schätzt. Er hat ihn auf eine Weise charakterisiert, daß es mir beinahe schien, er hätte auf meine eigene Einschätzung zurückgegriffen (*lacht*), um mich unbescheiden auszudrücken.

Wenden wir uns jetzt dem »Ulysses« zu, dem großen Meisterwerk, für das Joyce vor allem berühmt ist und das als Paradestück moderner Prosa gilt. William Faulkner hat einmal bemerkt, man müsse an den »Ulysses« herangehen wie ein Baptistenprediger an das Alte Testament. Wie ist es dir bei deiner ersten Begegnung mit dem »Ulysses« ergangen?

Wie ich damals reagiert habe, kann ich aus meiner Erinnerung nicht mehr rekonstruieren. Jetzt, bei der zweiten Begegnung, kam er mir unheimlich vertraut vor, vermutlich eben, weil seine Sicht der Dinge auch meine Sicht der Dinge ist. Genau in diesen Banalitäten oder Lappalien sehe auch ich die Größe oder das verkappte Pathos der Welt. Aber – ich muß mich leider wiederholen – es steckt eine gewisse Forciertheit drin, und je mehr Schreib- und Lebenspraxis ich hinter mir habe, um so lieber ist mir die Unangestrengtheit geworden, die für mich ihren Gipfel im Riesenroman »Auf der Suche nach der verlorenen Zeit« erreicht. Das kann ich nicht mehr abtun, das ist für mich zum Maßstab geworden. Andererseits ist der »Ulysses« von einem ungeheuren Wissen um unsere Tage und unsere Nächte erfüllt, von bewundernswerter Könnerschaft, dieses Wissen umzusetzen in Prosa.

Du hast also doch auch auf die Sprachgewalt des »Ulysses« angesprochen?

Natürlich. Darin übertrifft er sogar Proust, wenn man so idiotisch sein will, die beiden gegeneinander auszuspielen. Und er verfügt über ein grandioses Wissen in Sachen Philosophie, Religion, Medizin, jederlei Wissenschaften, wie es mir bei keinem anderen Autor begegnet ist.

Zu seiner immensen Fähigkeit, alle erdenklichen intellektuellen, materiellen und seelischen Bereiche in sein Werk aufzunehmen, gehört freilich auch die konsequente Berücksichtigung von bürgerlich anstößigen Phänomenen. Bis heute wird gegen Joyce manchmal der Vorwurf der Obszönität erhoben. Hast du diese anrüchige Seite bei ihm auch empfunden oder überhaupt nicht?

Wenn wir einigermaßen redlich umgehen mit dem, was in uns passiert und sich in uns tut, mit unseren Wünschen, Erwartungen und Hoffnungen, müssen wir zugeben: er hat's getroffen. So spielt es sich ab, es fragt sich höchstens, wie man diese Phänomene gewichtet, aber daß sie in die Literatur hineingehören, ist für mich eine Selbstverständlichkeit. Andererseits finde ich gerade jene frühe Stelle wunderbar, wo Stephen Dedalus glaubt, er sei am Tod seiner Mutter schuld, weil er während ihres Sterbens nicht hingekniet war, was doch seine Mutter, ihrem Gebaren nach zu schließen, erhofft hatte. Und wie dieses Schuldgefühl leitmotivisch oder als Refrain wiederkehrt – ich möchte fast sagen, auf raffinierte Weise, aber es ist viel mehr als Raffinesse, es kommt aus der Tiefe heraus – zeigt, wie nahe Joyce doch dem Pathos geblieben ist, jenem vom Ende der »Toten«. Was auf Anhieb beeindruckt, ist seine Hinwendung zum Banalen, Alltäglichen, und seine Front gegen das Verlogene.

Der unbedingten Zuneigung zum Gewöhnlichen steht freilich, wenn man so will, die hochgradige Komplexität des Textes gegenüber. Joyce hat mit »Ulysses« und erst recht mit »Finnegans Wake« Bücher vorgelegt, die so ungemein schwierig zu lesen sind, daß man, wenn man sämtlichen Feinheiten und Anspielungen nachgehen möchte, leicht darüber ein ganzes Leben verbringt wie etwa der uns beiden bekannte Joyce-Forscher Fritz Senn. Würdest du Joyce vorwerfen, er habe eine übergebührlich anspruchsvolle, schwer zugängliche Literatur geschrieben?

Nein, aber diese hochgradige Komplexität verleiht seiner Prosa auch einen Anflug von Angestrengtheit, was ihm aber nicht zum Vorwurf gemacht werden darf.

Ich selber schätze es, wenn es tanzt, wenn es schwebt, wenn es fließt, wenn die Verrenkungen nicht allzu grobianisch oder unnatürlich ausfallen, aber das ist wieder eine Frage des eigenen Tones und kein Kriterium. Jedenfalls war es wichtig und nötig, daß endlich einer kam und sagte: So, jetzt reden wir wieder einmal Mundart in Sachen Leben, in Sachen Literatur. So hat »Ulysses« einen Paukenschlag gesetzt. Heute klingt er vielleicht nicht mehr so stark, aber in den frühen zwanziger Jahren muß dieser Paukenschlag weltweit gedröhnt haben, hoffen wir wenigstens.

Furore gemacht hat damals nicht zuletzt jener vierzigseitige interpunktionslose ›innere Monolog‹ der Molly Bloom, denn darin wird gewissermaßen unzensuriert das Sexualleben einer Frau ausgebreitet. Der im allgemeinen Joyce wenig gewogene C. G. Jung hat dem Autor in einem Brief attestiert, höchstens des Teufels Großmutter könne sich mit ihm an Kenntnissen der Frauenseele messen. Wie hat dieser nächtliche Monolog auf dich gewirkt?

In meinen frühen Zeiten schon hab ich etwa gedacht, es müßte wunderbar sein, in größeren Ausmaßen aufzuzeigen, was sich da tut in einem drin in Bezug auf diesen Gedanken- oder Bewußtseinsstrom, der strömt und strömt und nie abbricht. Auch wenn wir schlafen, strömt er. Gelegentlich merken wir es und sagen dem nachher Traum. Das Anliegen, sich dieses Stromes zu vergewissern, zu bemächtigen und ihn umzusetzen in Sprache, ist in Molly Blooms Monolog Wirklichkeit und zu einem herausragenden, exemplarischen Stück Literatur geworden. Was die Sexualität betrifft, erlebt sie wohl der eine Mensch extrem, der andere weniger intensiv; wir brauchen diese Molly Bloom auch nicht unbedingt als Maßstab zu nehmen. Der Bewußtseinsstrom figuriert als Strom unter den Strömen, die da heißen: Lena, Newa, Moskwa oder Aare. Schon immer hegte ich den heimlichen Wunsch, ihn anzuzapfen oder nutzbar zu machen. Vielleicht ist er der unheimlichste Strom, der vor allem auch Treibgut mit sich führt, von Unwettern, die in den Weiten der Seele gelegentlich stattfinden.

Und hat sich dein früher Wunsch, den Bewußtseinsstrom nutzbar zu machen, erfüllt?

Ja, denn man könnte sagen, ich hätte an dessen Ufern Broschen eingesammelt, Familienbilder, Regulatoren, Stühle, Plastikposaunen, Fahnen und hölzerne Pferde, angeschwemmtes Treibgut eben, woraus dann eine versunkene Welt wiedererstanden sei – mein herbstliches Amrain. Natürlich seien auch, könnte man weiter mutmaßen, Schuhbändel angeschwemmt worden, Pfauenfedern, Hüte und morsche Bretter mit Schnitzereien darauf. Während der Strom sein Lied vor sich hin gemurmelt habe, *Das Lied von der Weite* (*lacht*).

Ich schlage vor, daß wir unser Gespräch in eine Skizze ausmünden lassen, die hier stellvertretend für alle übrigen Prosaminiaturen dastehen möge und die manches vorführt, was wir heute erörtert haben. Von Jahreszeiten ist die Rede, ein Zitat ist hineinmontiert, und auch an Beiläufigkeitspoesie fehlt es darin nicht. Auch wenn sie nicht zuletzt auf dem »Bauschänzli« an der Limmat angesiedelt wäre, würde ich vermuten, daß sie einiges von dem enthält, was dein *Strom herangeschwemmt oder gezeitigt hat. Es handelt sich um den letzten Text des Bändchens »Es regnet in meinem Dorf«, und da wir vom ersten Text der »Kübelpalmen«-Sammlung ausgegangen sind, kann uns das nur recht sein.*

Sozusagen

Wenn man bedenkt, was alles von Schulklassen auf ihren Schulreisen, was alles an Bauten, Bergen, Stein- und Kupferfiguren abgeschaut wird, ohne daß diese an Form oder Farbe verlieren, muß man doch eingestehen, daß Bauten, Berge, Stein- und Kupferfiguren von einiger Beständigkeit sind.

Ich habe in der Zeitung das Foto eines ungefähr zweijährigen Jungen mit seinem Ballon gesehen – Nahaufnahme, mit dem Titel »Zukünftiger Ballonfahrer«.

Wird, auch wenn es zutrifft, natürlich nebenbei noch anderes tun, um später sozusagen mit Albee zu sagen: »Wenn man's genau nimmt, läßt sich zu alten Leuten eigentlich kaum etwas sagen, das ihnen nicht gräßlich in den Ohren klingt.«

Inzwischen mutmaßen Frühlinge über künftige Frühlinge, mutmaßen Sommer über künftige Herbste, Herbste über künftige Winter, über künftige Frühlinge mutmaßen die Leute.

Ich habe auf dem »Bauschänzli«, unter Kastanien, sommers, hart an der Limmat, ein Bier getrunken, eine russische Geschichte gelesen, deutsch, versteht sich. Aus der Donaumonarchie und vom jenseitigen Ufer herüber wehte Musik. Die Kastanienblätter waren transparent, dem Licht gegenüber erstaunlich transparent.

5. März 1993

Geisterschiff

Werner Morlang: Mit unserem heutigen Gespräch betreten wir nicht nur eine neue dichterische Domäne, diejenige ›Längerer Prosa‹, sondern auch einen neuen Lebens- und Arbeitsbereich, nämlich die freie Schriftstellerei. Wie ist es dazu gekommen, was hat sich da ereignet?

Gerhard Meier: Die Stiftung Pro Helvetia hatte mir einen Werkauftrag angeboten, den ich nicht ohne weiteres bewältigen konnte. Ich nahm ihn aber an, weil ich damals schon mit dem Prosastück »Der andere Tag« beschäftigt war, und gleichzeitig suchte ich in der Bude nach einer Möglichkeit, eine Stunde pro Tag weniger zu arbeiten. Das führte zu einer Auseinandersetzung, mit dem Ergebnis, daß man – wie ich später hörte – hinter meinem Rücken nach einem Ersatz Ausschau hielt. Das hat mich sehr betrübt und verärgert, weil ich es als unanständig empfand, nach Jahren Arbeit in dieser Fabrik auf solche Art hintergangen zu werden. Dazu kam noch: Ich befand mich in einem Zustand, wo ich die Doppelbelastung Schreiben und Arbeiten in der Fabrik kaum mehr ertragen konnte, und so mußte ich mich entscheiden, entweder das Schreiben aufzugeben oder voll ins Schreiben einzutreten. Ich habe lange mit meiner Frau darüber geredet, und wir haben uns geeinigt, Dorli und ich, eben doch auszuweichen ins Schreiben, wobei Dorli in Aussicht stellte, an meiner Statt für den Unterhalt aufzukommen. So verblieben wir auch, ich schrieb die Kündigung und verließ die Firma.

Hast du bereits früher insgeheim damit geliebäugelt, es mit der freien Schriftstellerei zu versuchen?

Ich hätte es nie gewagt. Geliebäugelt hab ich schon ein wenig, aber diesen Schritt hätte ich nie gewagt, wenn nicht die Umstände mitgeholfen hätten, diesen Schritt zu tun. Dorli hat über viele Jahre hin in der Gemeinde gearbeitet, etwa als Sonntagsschullehrerin, als Leiterin des Vereins für das Alter oder in der Schulbehörde. Als wir aber eine bezahlte Beschäftigung nötig gehabt hätten, war nichts da. Dorli erhielt keine andere Gelegenheit, Geld zu verdienen, als an einem Kiosk, und dort hat sie dann siebeneinhalb Jahre für mich gearbeitet.

Wie habt ihr euch in dieser Zeit organisiert? Wie habt ihr euren Alltag bestritten?

Im Grunde genommen war es eine Halbtagesstelle, aber die Chefverkäuferin lebte auf einem Bauernhof und war darauf bedacht, möglichst viel Arbeitszeit zusammenzulegen, damit sie eine längere Pause hatte, um zu Hause bleiben zu können. So ergab es sich, daß Dorli häufig vierzehn Tage nacheinander die Stelle versehen mußte, und das heißt, während dreizehn Stunden am Tag war sie weg. Da hab ich dann das Mittagessen gekocht, hab es an den Kiosk gebracht, und dort haben wir zusammen ge-

Dora Meier am Kiosk

gessen, während Dorli die Kundschaft bediente. Am Abend bin ich wieder hingegangen, habe beim Einräumen der Zeitungsständer geholfen, um den Kiosk herum geputzt, angeklebte Kaugummis entfernt, und dann sind wir nach Hause gegangen und haben miteinander zu Abend gegessen. Aber wir kamen eigentlich gut durch, wir konnten uns gut teilen in unsere Verpflichtungen. Und zwischendurch habe ich geschrieben.

Wie haben denn die Leute auf die neue Situation reagiert?

Die haben sich an den Kopf gegriffen, wie man zu sagen pflegt. Viele waren erbost, besonders weil Dorli als ehemalige Sonntagsschullehrerin am Kiosk für mich arbeiten mußte. Es gab auch befreundete Leute, die mich nicht mehr so mochten wie früher.

Die Schriftstellerei wurde also nicht als bürgerlich vollwertige Tätigkeit anerkannt?

Nein, um Gottes Willen. Man glaubte eher an eine Spinnerei, und das ist auch begreiflich. Die Leute halten nicht viel auf diesem Gewerbe, sei es Schreiberei oder Malerei oder das Musizieren, und zum Teil mit Recht. Es ist mir immer lieber gewesen, wenn sie Abstand zu solchen Sachen hatten, als umgekehrt. Diesen Widerstand, diesen ganz spröden, natürlichen Widerstand dem Geistigen gegenüber habe ich geschätzt bis auf den heutigen Tag.

Haben die negativen Reaktionen wiederum Auswirkungen auf dich gehabt? Hast du dich fremder, noch einmal fremder im Dorf gefühlt und unwohler in deiner Haut?

Manchmal hab ich mich nur in der Dämmerung hinausgewagt zu einem Spaziergang, aber es ging auch so. Und am Abend, wenn ich um den Kiosk herum gewischt habe, hat sich bestimmt der eine oder andere gedacht: Es geschieht dem Idioten recht, er hat ja eine gute Stelle gehabt.

Hast du jetzt ein bißchen unter Leistungsdruck gelitten und das Gefühl gehabt, du müßtest auf Gedeih und Verderb in der Literatur deine Tüchtigkeit beweisen?

Von außen gesehen hätte das vielleicht der Zustand sein sollen, aber es war ganz anders. Im nachhinein hab ich mich selber gewundert über meinen Gleichmut. Da muß ich wieder, obschon es fast peinlich ist, darauf hinweisen, daß ich diesen Schritt als Christ habe tun können oder tun dürfen. Ich bin also mit einer kindlichen Haltung in das unabsehbare Abenteuer hineingeplatscht oder hineinflaniert und habe ganz ruhig am Prosastück »Der andere Tag« geschrieben. Von Leistungsdruck, von Erwartungsdruck keine Spur.

Von einiger Disziplin wohl schon, denn du hast binnen weniger Jahre zwei Werke zustande gebracht.

Es waren eben glückliche Zeiten. Man wußte zwar nicht, ob es mit der Schreiberei klappen würde oder ob es nur ein Spleen war. Später ist das überschaubar und nichts Abenteuerliches, weil in ziemlich rascher Folge die Texte erschienen und in der Fachwelt Anerkennung fanden. Aus dem Moment heraus oder von unten gesehen war alles offen, ungewiß. Aber da bestand meinerseits eine unbegreifliche Langmut. Ein seltsames Vertrauen war da. Ich konnte wirklich unbeschadet, unbehindert, in aller Ruhe mein Schreibhandwerk ausüben. Auch von meiner Frau – von meiner Umgebung ohnehin – hatte ich keinen Erwartungsdruck zu bestehen.

Wie beurteilst du generell die freie Schriftstellerei? Hältst du es für einen Vorteil, wenn anderweitige berufliche Erfahrungen, sei es gleichzeitig, sei es, wie in deinem Fall, von früher her ins Schreiben einfließen?

Dazu kann ich mich pauschal nicht äußern. Es gibt so viele Wege, die zu diesem Beruf führen, und jeder Fall ist unvergleichlich. Ich selber bin ganz glücklich, daß ich zuerst in die Praxis hinausgehen mußte, ins gewöhnliche Leben, bevor ich schreiben durfte. Ich empfinde es immer als eine Herausforderung bei jungen Leuten, die in die Schule gehen und wieder in die Schule, dann noch in die hohe Schule oder Hochschule, und zuletzt kaufen sie sich einen großen Schreibtisch und sind Schriftsteller, wobei sie natürlich schon etwas mitbringen, das ist klar. Es wird sich kaum jemand mutwillig einen großen Schreibtisch kaufen und sich als Schriftsteller wähnen, aber ich finde, eine gewisse Lebenspraxis ist schon von Nutzen. Andererseits, die Lebenspraxis erwischt uns alle, auch wenn wir scheinbar nicht ein Leben leben, das Millionen Menschen zu leben haben. Jedes Leben ist Lebenspraxis, auch wenn es ein Einzelfall zu sein scheint.

Inzwischen hast du bei einem neuen Verlag, dem Zytglogge Verlag, eine Bleibe gefunden, immerhin auf etwa sechzehn Jahre hin. Wie bist du zu diesem Verlag oder wie ist der Verlag zu dir gekommen?

Bei irgendeiner Lesung trat der Zytglogge-Verleger Hugo Ramseyer an mich heran und sagte, er würde gern etwas von mir herausgeben, ob er die beiden Gedichtbände »Das Gras grünt« und »Im Schatten der Sonnenblumen« vereint herausbringen dürfe. Ich sagte zu. Hugo Ramseyer und der Lektor Willi Schmid haben uns dann in Niederbipp besucht, und oben in der Stube haben wir alles Weitere festgelegt. Unter dem Titel »Einige Häuser nebenan« kamen die ausgewählten Gedichte tatsächlich heraus, und schon war ich drin im Verlag.

Zu deinem »Drinsein« im Verlag gehört sicher in einem wesentlichen Sinn die Beziehung zu Willi Schmid. Zum ersten Mal während deines Schaffens hast du nun einen »eigenen« Lektor, mit dem du freundschaftlich verbunden bist.

Ja, wir haben uns gut verstanden, und ich habe den Willi Schmid bis heute lieb. Und besonders lieb war mir, daß er von der Chemie herkam, er ist ja diplomierter Chemiker. Er hat übrigens in Burgdorf studiert, so hatten wir eine kleine Gemeinsamkeit. Ich habe seine behutsame, gewissenhafte Arbeit als Lektor sehr geschätzt, und das war mit ein Grund, weshalb ich mich im Verlag wohlfühlte.

Ist für dich der Entstehungsprozess eines Buches über das Lektorat, die Druckerei, die Buchbinderei eine wichtige Phase? Oder ist das Buch für dich mehr oder weniger abgeschlossen, wenn es geschrieben vorliegt?

Von meinem Leben her hat mich natürlich das Umsetzen des Manuskriptes in ein Buch, dieser handwerklich-technische Vorgang schon interessiert, auch die ästhetische Seite.

Und wenn der Lektor textliche Änderungen vorschlug?

Willi Schmid hat das immer mit viel Gespür gemacht. Meistens geht es um Dinge, die der Autor selber nicht wahrnimmt. Er braucht etwa einzelne Wörter zu häufig, beispielsweise die Wörter »wobei« oder »sozusagen«, und da ist man sehr dankbar, wenn es korrigiert wird. Große, substantielle Änderungen gab es eigentlich nie.

Beim Zytglogge Verlag handelt es sich um ein verhältnismäßig kleines Unternehmen. Hat dich das je gestört?

Ich habe im Gegenteil gefunden, es passe zu mir. Ursprünglich, ganz im Anfang hatte ich versucht, bei größeren Verlagen unterzukommen, aber die wollten mich nicht. Später hab ich, wie gesagt, gespürt, daß meine Texte in einen kleinen Verlag gehörten. So konnte ich unbehelligt meiner Arbeit nachgehen, ohne mich von Publicity oder von Erwartungshaltungen bedrängt zu fühlen.

Gut, dann lassen wir also dein neues Buch »Der andere Tag« 1974 im erwähnten Zytglogge Verlag erscheinen. Es trägt die Gattungsbezeichnung »Ein Prosastück«, und zweifellos besteht dieser Text aus einem Stück. Zugleich aber ist er unterteilt in, wenn ich richtig gezählt habe, zweiunddreißig einzelne »Stückchen«, die jeweils einen Titel tragen, und eine Art Rahmentext faßt dieses Corpus ein. Genauer gesagt, es geht um den Papagei im Zoo-Haus Arakanga, der sich eingangs des Buches hinter dem rechten Ohr kratzt und am Ende des Buches hinter dem linken Ohr. Gleich zu Beginn nun die Frage: Wie hat sich die Form ergeben, dieses Ensemble, bestehend aus einzelnen Stückchen?

Zoo-Haus Arakanga in Olten

Auch diesmal: ganz vegetativ. Ich war glücklich, daß ich nun endlich absaufen oder eintauchen konnte, unbelastet von Ansprüchen des Erwerbslebens. Ich konnte mich völlig in meine Welt, in meinen literarischen Kosmos, um schön zu reden, begeben, ohne Angst haben zu müssen, ich würde meinen bürgerlichen Pflichten nicht mehr gerecht. Das war schon aufregend, erregend, wobei sich die Arbeit an diesem Prosatext anders anließ als an den Gedichten. Da waren die Fläche, die Bezirke, die Regionen, es war alles etwas größer und vielleicht etwas konkreter, näher an der Alltäglichkeit. Jetzt beim Wiederlesen habe ich einen erstaunlichen Abstand zu diesem Text empfunden, ich war früher viel mehr darin verstrickt, und diesmal sind mir die zweiunddreißig Texte – ich hab sie heute selber auch noch nachgezählt – wie zweiunddreißig Etüden vorgekommen, die einer am Klavier spielt. Die zweiunddreißig Etüden vereinigen sich dann aber zu *einer* Konzertetüde, und vor den Fenstern tun die Bäume so, als dirigierten sie indessen die Weltmelodie, wenn der Wind die Äste bewegt. Dieses Improvisatorische – ich glaube, es gibt dafür keine besseres Bild als eben das Improvisieren am Klavier – hat mich berauscht. Und ich bin beim Lesen erstaunt gewesen über die vielen Bezüge und Anklänge, die durch die Etüden hindurchgehen und sie zu einer Konzertetüde werden lassen.

Hattest du es auf einen solchen Zusammenhang von Anklängen und Motiven schon zu Beginn abgesehen?

Nein, das hat sich so ergeben dürfen. Ich habe ja nie ein Konzept gemacht, nie mit Vorsätzen und Überlegungen gearbeitet. Ich habe mich ganz, wie soll ich sagen, meinem Instinkt, der Eingebung und dem inneren Klang überlassen, weißt du.

Das Buch ist entschieden dem Tag, dem Alltag zugewandt. Es zeigt den Tag von seiner hellen Seite, mit Ausnahme von zwei, drei nächtlichen Stücken. Außerdem besteht es aus einer Abfolge von Tagen, ein Gang durch die Jahreszeiten findet statt, wobei der Sommer die zentrale Stelle einnimmt. Warum lautet der Titel »Der andere Tag«? Was soll mit dem »anderen« bezeichnet werden?

Ich war damals, und bin es heute noch, sehr beeindruckt von der Schöpfungsgeschichte in der Luther-Bibel. Für mich ist das einer der großen Texte, denen ich begegnen durfte, und das hat hier ein wenig mitgewirkt. Ich hätte gerne etwas geschrieben, das in diese Richtung gegangen wäre, das ist aber, um Gottes Willen, nicht zu machen. Und dort in der Genesis erscheint im Laufe der sieben Schöpfungstage ein paar Mal die Wendung, diese ungeheure Formulierung: »Da ward aus Abend und Morgen der andere Tag.«

Diese Luther-Stelle wird in deinem Text auch zitiert.

Wiederholt, ja. Der Titel klingt also leise an die Schöpfungsgeschichte an, und darum ist vielleicht etwas von dem in den Text hineingekommen.

Bei ›längerer Prosa‹ denkt man wohl zunächst an einen Roman und eine Handlung. Wenn man nun deinen Text liest, gewinnt man den Eindruck, der Autor würde sich vehement weigern, etwas wie Handlung überhaupt nur zuzulassen. Es gibt darin einen Satz, den man als ein künstlerisches Credo verstehen könnte: »Was ihn eigentlich bewege, sei: was zwischen dem, was geschehe – geschehe.«

Dieses Geschehen zwischen dem, was geschieht, das hat mich immer sehr, sehr bewegt. Die sogenannte Handlung vollzieht sich bei mir, in meinem Verständnis, quasi nur in den Wiederholungen. Die Erde handelt, indem sie sich um sich selber dreht und außerdem eine gewaltige Drehung um die Sonne macht. Und auch die Handlung der Gestirne besteht in ihren Drehungen, die sich wiederholen.

Es gibt natürlich bei dir diese kleinen Veränderungen, wie jene des rechtsseitigen zum linksseitigen Kratzen des Papageis. Ein weiteres schönes Beispiel im »Anderen Tag« betrifft die Wagen der Langenthal-Jura-Bahn, die zunächst noch hüpfen und am Ende des Textes, weil sie nun besser gefedert sind, nur mehr fahren.

Einerseits ist alles durch die Wiederholungen strukturiert, andererseits geht es nicht einfach mechanistisch zu. In der Nuance zeigen sich immer Unterschiede, es passiert immer in der Nuance etwas anders, es wiederholt sich nie vollkommen mechanistisch. Aber die sogenannte Handlung – ich glaube, wir haben bereits darüber geredet – kommt aus der Haltung heraus, der Mensch sei der Mittelpunkt, die Krone der Schöpfung, und wenn etwas der Rede wert sei, so sei es das Geschick des Menschen, seine Handlungen und seine Unterlassungen. Für mich ist die Schöpfung ein Ganzes, worin der Mensch eine ganz, ganz kleine, eine winzig kleine Bedeutung hat. Darum ist mein Literaturverständnis vielleicht etwas unüblich.

Immerhin verzichtet deine Prosa nicht auf Hauptfiguren. Sie heißen Kaspar und Katharina, wobei jeweils Kaspar die erzählende, wahrnehmende oder räsonierende Funktion ausübt und Katharina die vermittelnde. Wie hat sich diese Konstellation ergeben, die bis zu deinem letzten Buch erhebliche Folgen haben wird?

Als wahrnehmendes Wesen ist der Mensch natürlich schon wichtig. Durch ihn erhält die Schöpfung erst Größe und der Mensch wiederum durch sie, da besteht ja eine Wechselwirkung. Aus dieser Überzeugung heraus entstanden die Figuren von Kaspar und Katharina. Eine Schöpfung ohne Menschen entspräche nicht jener, die wir verstehen oder erwarten, entspräche nicht dem Bild, das wir von ihr haben. Der Mensch gehört dazu, und erst durch den Menschen werden die Schwalben oder das Maßliebchen oder der Wind, was sie sind.

Kaspar und Katharina sind nicht die einzigen Menschen, die im »Anderen Tag« vorkommen. Was aber auch ganz handgreiflich vorkommt, ist ein Ort, nämlich das Dorf. Beide Bücher, die wir heute besprechen, haben eine ausgeprägt realistische Tendenz, in dem schon mehrmals erwähnten inventarisierenden Sinn, daß an einem mehr oder weniger eng umgrenzten Ort aufgenommen wird, was da ist und was sich zuträgt. Daneben erkennt man freilich auch eine antirealistische, wirklichkeitsflüchtige oder entwirklichende Tendenz. Können wir zunächst einmal über die Realien sprechen, die deinem Text zugrunde liegen? In welcher Weise fühlst du dich diesen tatsächlich existierenden Erscheinungen, insbesondere den Menschen verpflichtet?

Mich haben die Dinge, die Leute, die Geschöpfe immer in ihrer sogenannten Realität angesprochen. Für mich ist die Welt gewissermaßen ein Text, und die Region, mit allem, was dazu gehört, ist Bestandteil dieses Textes. Mit den Leuten, Blumen, Bäumen, Lüften arbeiten zu dürfen, sie einzusetzen, damit es dann einen Text gibt, das habe ich als etwas Großartiges empfunden und empfinde es immer noch. Darin steckt aber auch das Surreale ...

Bleiben wir vorläufig beim Realen. Läßt du deine Figuren so auftreten, wie sie real gelebt haben, oder wie du dir vorstellst, daß sie real gelebt haben?

Vermutlich gibt es da schon Unterschiede. In der Liebe stellen wir häufig fest, daß wir unseren Partner eher erschaffen, als daß wir ihn in seiner Realität wahrnehmen, und so habe ich meine Schmiede, Bauern, Viehhändler, Säger, Drogisten, Elektriker, Schlosser und Musikanten auch mitgeschaffen. Ich hab sie nicht einfach übernehmen können, ich glaube, das kann man gar nicht, man verwandelt sie. Bei den Wörtern ist es ähnlich, sobald ein Wort in einer Wortfolge drin vorkommt, verändert sich das Wort spezifisch in bezug auf diese Wortfolge. So verhält es sich mit allen Erscheinungen, mit denen ich gearbeitet habe. Sie erhalten dann ein entsprechendes Gewicht, einen entsprechenden Stellenwert, und zusammen ergeben sie einen Klang oder ein Bild oder einen Geruch. Darum bin ich von jeher zutiefst durchdrungen gewesen von der Ansicht, daß Leben mit Kunst und daß Kunst mit Leben zu tun hat. Die Welt ist für mich nicht nur ein reales, sondern auch ein ästhetisches, ein künstlerisches Gebilde, wobei man dies nicht auseinanderdividieren kann. Das ist diese große, wunderschöne Kugel.

Hast du je Realität mutwillig verändert, beispielsweise einer Person den Bart gestutzt und ihr dafür eine Brille aufgesetzt?

Nein, und das braucht man auch nicht. Die sogenannten Realien werden durch unsere Sinne, durch unser Weltbild, durch unseren Klang, unseren inwendigen Klang ohnehin verändert.

Gewisse Autoren arbeiten aber so. Arno Schmidt etwa hat von seinem Personal gesagt, eine jede Figur würde sich aus einer Vielzahl von Menschen, von Einzelzügen zusammensetzen.

Natürlich sind die Leute in meinen Büchern nie rein dargestellt. Eins zu eins ist niemand drin, nicht einmal ich selber, aber ich habe nie mutwillig mit den Figuren gespielt. Ich hab's früher schon gesagt, ich finde die Wirklichkeit phantastischer als unsere Phantasie. Das ist ja mein Glück und mein Los gewesen: diese Leute, Bäume, Schmetterlinge, Wind und Schnee, das hat mich alles dermaßen fasziniert und bewegt und durcheinandergebracht, daß ich nur versuchen mußte, es zusammenzubringen. Und daraus entstand dann etwas anderes, das ist klar.

Dann trifft alles zu, was du faktisch zu Jakob dem Korber oder dem »Mann der zwei, drei, vier Federzeichnungen« ausführst?

Ja, das hat genau so zugetroffen.

Und ist es für dich auch künstlerisch belangvoll, daß sie keine erfundenen Figuren sind?

Ich glaube schon. Künstlern, die zu stark mit der Phantasie arbeiten, die sich als Gottvater aufspielen, habe ich immer mißtraut. Ich selber habe mich, wie Picasso, nie als Erfinder, sondern als Auffinder oder Finder empfunden. Das ist Abklatsch, ich weiß schon, darauf haben sich schon viele berufen, aber es trifft zu. Und das schätze ich auch bei Claude Simon, auch er arbeitet mit dem Bestehenden und hat ein so grandioses Prosawerk schaffen können, ohne daß er aus seinen Fingern Phantastisches heraussaugen mußte.

Hier können wir das zweite Credo aus dem »Anderen Tag« beiziehen: »Vorgefundenes neu zusammenzusetzen, mag das Neue sein, das nicht geschieht unter der Sonne.« Vielleicht müßte man auch die ominöse Acht berücksichtigen, die Kaspar während dieser Bemerkung mit der Schuhspitze in den Kies der Promenade zieht?

Wobei ich damals, als ich den Satz schrieb, gar nicht wußte, daß die Acht das Zeichen für die Unendlichkeit bedeutet. Das habe ich erst aus einer Besprechung von Peter Rüedi in der »Weltwoche« erfahren.

Aber der Satz ist für dich nach wie vor gültig?

Ja, das ist bis heute meine Auffassung geblieben. Ich finde die Schöpfung dermaßen vielfältig, surreal und phantastisch, daß ich keinen Grund sehe, diese Phantastik überbieten zu wollen mit unserer doch so beschränkten Phantasie, sondern ich bin glücklich, wenn ich von dieser Fülle etwas einfangen darf, ohne daß das Phantastische zu viel Federn lassen muß, weißt du, daß möglichst viel von diesem Phantastischen hinüberkommt. Die Schöpfung ist für mich, wie gesagt, ein Text, vor allem aber auch eine Partitur. So hab ich es als Kind erlebt, wie ich draußen auf der Treppe saß und die Hühner ein paar Meter von mir entfernt im staubigen Lehm ein Staubbad nahmen. Damals schon hab ich die Welt als Partitur empfunden, und daran hat sich nichts geändert. Im Grunde genommen ist es so verrückt, so daneben, so daneben, aber für mich ist es das Leben. Es hat mir aber das Leben nicht einfach gemacht, das ist ja hart an der Verrücktheit dran und dennoch etwas Wunderbares, wenn man es so sehen darf.

Deine Gebundenheit an die Realien geht im »Anderen Tag« so weit, daß die einzelnen Tage auf Witterungsverhältnisse und Temperaturen fixiert werden. Warst du so sehr um Authentizität bemüht, daß es dir auf reale Temperaturen ankam, oder hast du sie gelegentlich willkürlich bestimmt?

Das ist ziemlich real. Ich würde mich genieren, so ohne weiteres zu mogeln. Wobei ich wiederum sagen muß: Die eingefangene Welt gleicht nicht mehr ganz der Welt, die man eingefangen hat. Sie verändert sich, und darum ist der Mensch wichtig, ich glaube, die Schwalbe gibt's nicht, wenn es den Menschen nicht gibt. Wenn die Schwalbe nicht vom Menschen beobachtet oder beachtet wird, gibt es vermutlich die Schwalbe gar nicht, und so ist es mit allem. Erst durch den »Filter« Mensch bekommt die Schöpfung die Farbe, den Geruch, den Ton, die Ausmaße. Das tönt natürlich wahnsinnig menschbezogen, aber es hat schon etwas in sich. Andererseits müssen wir um unsere Grenzen wissen. Wir müssen wissen, daß wir hinfällige, anfällige, zerbrechliche, starke, unbändige und verkommene Geschöpfe sind, alles in einem. Darum bin ich gegen Festlegungen, gegen diese sturen Vereinfachungen. Es ist alles ganz anders, könnte man sagen wie der Genfer Schreiber, wie heißt er ...

... Ludwig Hohl. Merkwürdigerweise ist mir gestern während der Vorbereitung unseres Gesprächs auch dieser Titel seines Buches in den Sinn gekommen: »Daß fast alles anders ist«.

Ich möchte Hohl nicht nachgeredet und ich möchte ihn nicht überschätzt haben, aber er hat recht: Es ist alles ganz anders. Und darum empfinde ich einen Horror vor Leuten, die alles so bestimmt und eindeutig sehen können. Das hat seine Vorteile, aber die Nachteile sind schrecklich.

Würde ein solches Anderssein nicht auch mitklingen im Titel »Der andere Tag«?

Es klingt sicherlich mit, aber unbewußt. Mich hat vor allem die Wendung in der Schöpfungsgeschichte beeindruckt: »Da ward aus Abend und Morgen der andere Tag.«

Vielleicht wenden wir uns nun dem zu, was ich eine entwirklichende Tendenz genannt habe, insbesondere der Darstellungsweise. Es wird meistens indirekt oder im Konjunktiv erzählt. Von Kaspar verlautet kaum eine Aussage unmittelbar, sondern er soll gesagt haben, er könnte gesagt haben, oder – noch um eine weitere Ecke gedreht – Katharina soll gesagt haben, Kaspar habe ihr gesagt.

Das hat eben mit meiner Hemmung zu tun, bestimmt aufzutreten oder herauszutreten. Ich konnte mich fast nicht aus dem Konjunktiv befreien.

Aber hier tritt der Konjunktiv in dieser Weise zum ersten Mal auf. Hier hast du ihn für dich entdeckt oder »gefunden«.

Im »Anderen Tag« kommt doch quasi das ganze Dorf herein, und das hat mich vermutlich geängstigt. Mitgespielt hat auch mein Gespür für die Zerbrechlichkeit, für das Unfaßliche, das einfach da ist, das uns bestimmt, aber Gott sei Dank empfinden es viele Leute gar nicht, und darum sind sie so wacker und so tapfer und so rührig und so erfolgreich, weil sie um diese Zerbrechlichkeit nicht wissen oder nicht wissen wollen.

Ja, über die Zeichen der Hinfälligkeit, des Verfalls kann man im »Anderen Tag« kaum hinwegsehen. Es ist ein Buch über Leben und Tod oder vielmehr, über die Lebenden und die Toten. Und da du seit je auf die Indianer schwörst und die Indianer auch im »Anderen Tag« mindestens einmal erscheinen dürfen, nämlich mit dem Hinweis darauf, sie hätten ohne den Tod gelebt, könnte man dies wiederum als spezifische Leistung deines Prosastücks auffassen. Es ist ein Buch, das die Lebenden und die Toten gleich behandelt, das die Toten gewissermaßen als Mitlebende auftreten läßt. Bist du damit einverstanden?

Das hast du gut formuliert, erstaunlich gut. Es ist eine indianische Haltung, kann aber auch als eine christliche oder spirituelle Haltung schlechthin gelten. Ich glaube schon, daß die Trennungen zwischen Tod und Leben, zwischen Vergangenem, Gegenwärtigem und Zukünftigem zu brutal sind, ich glaube, die Übergänge sind fließender. Im Grunde genommen gehört alles zusammen und ergibt dann diese verrückte Kugel, die so irisiert und die Verzerrungen und Spiegelungen aufkommen läßt. Unsere Phantasie wird gänzlich überflüssig, weil so viel Phantastisches, Unbegreifliches, nur Tonales, Verzerrungen und Spiegelungen vorhanden sind, so viel, was wir einfach nie, nie verstehen werden. Die Welt ist so verrückt, so wunderbar, so grausam, so abseitig, daß es ein Glück ist, wenn die meisten Leute das höchstens ahnen, aber sich nie dessen bewußt werden, es nie verbalisieren. Darum besteht ein tiefes Mißtrauen dem Formulierer gegenüber. Der formuliert ja das Unfaßliche, der maßt sich an, es herauszustellen, dieses Beängstigend-Wunderbare. Darum ist man den Künstlern gegenüber so kritisch und hat ihnen über lange Zeit das Abendmahl verwehrt, weißt du, den Fahrenden, den Geigern. Da gibt es einen Zusammenhang. Dennoch bin ich eher froh gewesen über diese Haltung, diese Abneigung dem Eigentlichen gegenüber. Mir ist das sympathischer, als wenn man das Eigentliche zu stark betonen und hätscheln würde. Es ist mir lieber, wenn mir einer sagt: »Um Gottes Willen, schreib mir kein Gedicht!« als wenn er sagt: »Du, schreib mir jeden Tag ein Gedicht!«

Man könnte sagen, allen Wesen, die in deinem Prosastück auftreten, werden bestimmte Zeiten, Erscheinungsformen und Repräsentationsarten zugewiesen. Dem Menschen etwa ist seine jeweilige Lebenszeit beschieden, und er überdauert nach seinem Tod in den Grabmälern, in den Häusern, die er bewohnt hat, oder auch nur in den Ladenschildern, die einst auf seine berufliche Tätigkeit hingewiesen haben. Offenbar geht es dir zentral um ein Dingfestmachen dessen, was übrig bleibt?

Ja, weil sich über solche Zeichen das Hauchhafte, das Wehen des Weltengeistes, um das große Wort zu gebrauchen, manifestiert. Genau an solchen Banalitäten ist es aufgehängt, festgemacht, und ohne sie würde die Spiritualität gar nicht existieren. Vermutlich würde alles absacken. Die Alltäglichkeiten sind die Aufhänger, und darum bin ich dafür, daß man diese verwendet und nicht unsere Phantasienägel. Ich traue den realen Nägeln oder Haken viel mehr als den Nägeln oder Haken, die wir selber basteln. Davon bin ich zutiefst überzeugt, und darum widert mich eine rein erfundene Literatur an. Ich empfinde sie als eine verdammte Anmaßung.

Im »Anderen Tag« frönst du einer Lust, einer wahren Wonne der Aufzählung. Da werden ständig Reihen von Tieren, Pflanzen, Berufsgattungen oder etwa auch Speisen genannt. Wir haben ja bereits von diesem inventarisierenden Zug gesprochen, aber ich denke, da steckt noch etwas anderes dahinter. Ich erinnere mich an eine Stelle, wo du im Zusammenhang solcher Aufzählungen sagst, du möchtest damit die Paradieshaltigkeit der Schöpfung belegen. Stimmt das?

Es gibt so eine Stelle, ich weiß: das Auflisten dessen, was uns trotzdem noch geblieben ist jenseits von Eden. Es ist uns nämlich sehr viel geblieben, und dazu kommt noch das Wunderbarste, was uns nach dem Ausgestoßenwerden aus Eden geblieben ist: das Heimweh nach Eden. Das ist wahrscheinlich etwas vom Besten, was uns mitgegeben wurde. Wir haben ein konstantes Heimweh nach Eden, nach dem Paradies, und vielleicht gelangen wir ja wieder dorthin. Darum ist für mich das Leben etwas Rauschhaftes in seiner Grausamkeit und in seiner Schönheit und in allen Zwischenstufen dieser beiden Bereiche. Und die Kunst hat die Aufgabe, wieder wahrnehmbar, sichtbar und spürbar werden zu lassen, was sich da abspielt zwischen den beiden Polen. Das ist dermaßen phantastisch, dermaßen berauschend, dermaßen existentiell und dermaßen nötig, ich glaube, das sind Kräfte, die buchstäblich die Welt zusammenhalten. Poesie ist also eine Kraft, die im Universum eine Rolle spielt ... (*lacht*) zumindest in unserem inneren Universum.

Bei der Vielfalt der Erscheinungen, aus denen dein Prosastück besteht, gibt es doch einzelne, die wiederholt auftauchen und zum Teil die Funktion von Leitmotiven übernehmen. Ich denke zunächst an die Schmetterlinge, die fast in allen Texten ihr gaukelndes Wesen treiben. Was hat dich an ihnen fasziniert? Ihre Schönheit? Ihre Fragilität? Oder, gerade im Zusammenhang der Todesthematik, ihre Metamorphosen?

All das hat wahrscheinlich mitgespielt. Im nachhinein hab ich feststellen dürfen, daß etwa die Verwandlungsfähigkeit des Schmetterlings von jeher im Denken der Leute eine riesige Rolle gespielt hat und daß gerade auch moderne Denker immer wieder beim Schmetterling anlangen. Seinerzeit war mir das nicht bewußt, der Schmetterling war mir rein aus der Intuition heraus wichtig, ohne daß ich mir philosophische Zusammenhänge gebastelt hätte. Er ist eine unglaubliche Symbolfigur, aber was mich vor allem an ihm reizte, war, daß ich durch sein Auftreten quasi der Stille habhaft werden konnte. Der Schmetterling hat mir die Stille sichtbar gemacht. Neben der Hinfälligkeit, Fragilität und Schönheit der Schmetterlinge haben mich immer wieder ihre Zickzackflüge fasziniert, die ja nicht nur ästhetische Beweggründe haben. Die Vögel können sie weniger leicht im Flug erschnappen, wenn sie Zickzackflüge machen. Auch ihr Liebesspiel ist wunderbar, besonders das Liebesspiel der Kohlweißlinge, wenn sie bis hoch in den Himmel hinauf ihre Balztänze aufführen. Einmal sah ich etwas auf dem Rasen liegen und hielt es zunächst für ein Stück Flugasche. Dann kam ein Schmetterling herbei, beschnüffelte es, umkreiste es am Boden und ging wieder weg, und erst mit der Zeit hab ich genauer hingeschaut und gemerkt, daß ein toter Schmetterling am Boden lag. Sein lebender Partner kam immer wieder zu ihm zurück, um zu schauen, ob er nicht doch mitfliegen möchte, mittanzen möchte. Irgendwo hab ich gelesen, der Schmetterling sei älter als der Dinosaurier. Auch wieder so ein verrückter Gegensatz: der riesige, gewaltige, starke Dinosaurier ist weg, und den hinfälligen, zarten, flatternden Schmetterling gibt es heute noch millionenfach. Er ist ein herrliches Wesen, der Schmetterling, aber die Schwalbe ist vielleicht für mich doch das wunderbarste Geschöpf, das ich kenne, mit Ausnahme des Menschen natürlich.

Unter den im »Anderen Tag« aufgeführten Blumen ragt zweifellos die Lilie hervor. Sie wird bereits eingangs erwähnt, wobei du die Bauernlilie von den prominenteren, prangenden Sorten abhebst. Am ausführlichsten kommt sie im drittletzten Text zum Zug, wo sie unter anderem als Todesblume figuriert. Könntest du etwas über deine Beziehung zu dieser Blume sagen?

Meine Mutter hielt im Garten vor dem Haus, grad dem Eingang gegenüber, einen Lilienstock, und so hat sich mir die Bauernlilie, diese einfache Lilie eingeprägt über viele Jahre meiner Kinderzeit. Ich habe mit der Lilie gelebt, ich begegnete ihr, wenn ich das Haus verließ und wenn ich das Haus betrat, bekam auch den Duft mit, ihren seltsamen, fast penetranten Duft, und wenn ich heute von Lilien höre, sehe ich sie vor allem in jener Zeit. Ich glaube, dort liegt der Ursprung.

Neben Tieren und Blumen spielen auch Kunstwerke eine wichtige Rolle. Von einzelnen Gemälden Picassos, Max Gublers und Rousseaus ist die Rede. Noch eingehender werden Tinguelys »Heureka« und die »Atlas«-Plastik von Luginbühl gewürdigt. Woher rührt das Bedürfnis, innerhalb eines Werks, eines Textes wiederum auf Kunstwerke Bezug zu nehmen?

Weil ich mit Kunstwerken gelebt habe und lebe wie mit Lilien, wie mit Schwalben, wie mit Leuten. Das gehört bei mir ganz selbstverständlich dazu. Kunstwerke haben eine Lebendigkeit, ein Leben in sich wie Schwalben, wie Frauen, wie Lilien. Die »Heureka« hat mich über viele Jahre hin begleitet, und wenn ich nach Zürich ging, suchte ich sie in Zürichhorn auf, womöglich zu einer Zeit, da sie jeweils eine Viertelstunde in Betrieb war. Dann stand ich still und schaute mir dieses schauerliche, lächerliche, pathetische Bewegungs- und Geratterspiel an, angesichts der Bäume und angesichts des Sees. Ähnlich ist es mir mit dem »Atlas« ergangen oder mit dem Picasso-Bild »Frau mit Hahn«, das über lange Zeit ein dominierendes Bild in meiner inneren Galerie gewesen ist. Das gehört für mich einfach dazu und hat mit Bildungshuberei überhaupt nichts zu tun. Ich bin ja ein Banause, ein ungebildeter Mensch durch und durch (*lacht*).

An die Seite der selbständigen Artefakte treten solche, die ihre Funktion erfüllen, indem sie an tote Menschen erinnern. Du erwähnst wiederholt das vor einem Altersheim ste-

»Heureka«-Plastik von Jean Tinguely in Zürichhorn

hende Ehrenmal der Kriegshelden von Champagnole, einem Ort im französischen Jura, ebenfalls die Bronzebüste des schweizerischen Turnvaters Johann Niggeler in Bern, sowie den Grabstein von Jakob dem Korber, über den wir ohnehin noch sprechen müssen.

Sie haben mich immer ins Vibrieren gebracht, solche Grabmäler, solche Denkmäler, und zwar durch ihre abstruse Pathetik. Da wird ein Gedenken manifestiert, man will Leute im Bewußtsein erhalten durch diese Abbilder, Standbilder, und das hat mich immer sehr, sehr berühren können, vor allem in der Komik, die auch darin liegt, in der Starre, in der Pathetik. Ein Bildwerk ist fast ausnahmslos etwas Pathetisches und dadurch auch etwas Lächerliches. Außerdem stehen diese Figuren aus Bronze oder Stein meistens in der Nähe von Bäumen, so daß durch die Bewegung der Bäume, der Äste und des Lichts ein Licht- und Schattenspiel stattfindet. Sie stehen da, während Tagen und Nächten, im Frühling, Sommer, Herbst und Winter, ob sie beachtet werden oder nicht. Sie setzen Grünspan an oder Flechten und Moose, und das ist in sich selber schon ein Drama, ein Schauspiel, weißt du, dieses Spiel in Bronze oder in Stein.

Nun zu Jakob dem Korber und seinem Pendant, dem französischen Schriftsteller Max Jacob. Ihre beiden Lebensläufe scheinen insgeheim miteinander zu kommunizieren, wobei ihnen vor allem die Gemeinsamkeit zukommt, daß sie im Verlauf ihres Lebens ganz verschiedene Tätigkeiten ausgeübt haben. Hast du es überhaupt auf diese Parallelität abgesehen, und, was mich insbesondere interessiert: Wie bist du gerade auf Max Jacob gestoßen, der doch im deutschen Sprachraum eine weitgehend unbekannte Figur ist?

Max Jacob (1876-1944), gezeichnet von Picasso

Wie ich auf ihn gestoßen bin, weiß ich nicht mehr, aber es gibt von ihm in der Bibliothek Suhrkamp das Bändchen »Würfelbecher«, das ich sehr geliebt und aus dessen Nachwort ich meine biographischen Kenntnisse bezogen habe. Dieser Mann hat mich durch sein ganzes Leben berührt: die Ausübung so vieler Tätigkeiten, sein Hin- und Hergerissensein, seine Freundschaften mit Picasso und anderen, auch durch seinen sanften Wahnsinn, der ihn erwischte, sein Gläubigwerden, seine Halluzinationen, seine Bedrängnisse. Er ist mir also nahe gekommen, und ich habe gefunden, es bestünden gewisse Parallelen zwischen meinem Jakob dem Korber und Max Jacob. Auch Jakob der Korber hatte für mich spirituelle Qualitäten. Er war eigenwillig, eigensinnig, menschlich, gütig, geschickt, umgänglich mit Ziegen, mit Bäumen, mit Bienen, hilfreich seinen Nachbarn und Befreundeten gegenüber, ein unglaublich anständiger Mensch mit einer ebenso anständigen Frau. Er bewohnte ein altes Haus, umgeben von einem Bauerngärtchen und einer Kastanie. Darunter befand sich ein Brunnen mit einem Brunnentrog, wo er Weidenruten eingelegt hatte, um sie biegsamer zu machen oder um sie besser schälen zu können. Und die neuen, fertigen Körbe pflegte er an der Wand aufzureihen, damit man sie sehen konnte und er sie selber sehen konnte. Er war die Sorgfalt in Person und hatte köstliche blaue Augen, und mit diesen blauen Augen schaute er dann, wenn man mit ihm sprach, oben am Hang, über die Bipper Ebene zum Längwald hin, und es steckte so viel Anstand, so viel Güte, so viel Menschlichkeit in ihnen. Man geniert sich fast, alle seine Vorzüge aufzuzählen, aber er hat sie wirklich in sich vereinigt. Er war auch ein wissender Mann, ein Humanist aus der Bauernstube; und er hat mich ja dann auch etwa an Thoreau

Jakob Hügi (»Jakob der Korber«) vor seinem Haus

Grabstein von
Jakob Hügi
mit Imker-Motiv

gemahnt. Max Jacob, Jakob der Korber und Henry David Thoreau, diese drei haben sich für mich – obschon sie weit auseinander sind, jeder einzelne vom anderen – zu einem Dreiergespann zusammengetan. Ich liebe alle drei, sie haben mich lange, lange begleitet, und gelegentlich hab ich ein wenig Heimweh nach ihnen.

Parallelitäten, nähere und fernere, bestehen auch in der Schilderung von Begräbnissen. Am Anfang des Buches wird die in Zürich verschiedene Anna O. im Dorf bestattet. Ihr Trauerzug wird eingehend beschrieben. Daneben werden in Rußland einerseits die Kosmonauten, andererseits der einstmalige sowjetische Machthaber Nikita Chruschtschow zu Grabe getragen.

Ja, seltsam, das wird mir erst jetzt, wo du darauf hinweist, wieder bewußt. Solche Parallelitäten können sich einstellen, ohne daß man es will, wobei die Größennummern nicht übereinstimmen. Aber ich glaube, letztlich geht es um dasselbe, es geht um den Übertritt von einer Art zu leben in die andere. Die Parallele besteht darin, daß es den kleinen Mann und den großen Mann gleich erwischt, und so wird einem bewußt, daß die kleine Welt und die große Welt gar nicht weit auseinander liegen. Ich weiß noch, wie mich das beeindruckt hat: die Aufbahrung der Kosmonauten, denen die Trauernden die Ehre erwiesen, und der Umstand, daß für kurze Zeit die Spitzen der Sowjetunion die Trauerwache übernahmen. Dann die Beerdigung von Chruschtschow im offenen Sarg, wie es in Rußland üblich ist, und seine Frau liebkoste ihn noch, das war ungeheuer eindrücklich. Laut der Meldungen soll während der ganzen Zeremonie ein Nieselregen mitgewirkt haben, neben dem Militär, den Wachen und der Abschirmung durch die Miliz. Oder eben die Beerdigung dieser einfachen Frau, die mit einem Handwerker und Sozialisten verheiratet war. Aus einem Kranz ihres Trauerzuges löste sich eine Lilie, fiel hinunter und wurde zertrampelt, und später geschah dasselbe mit einer zweiten Lilienblüte. Das hab ich also buchstäblich erlebt. Ich hab's wieder gemerkt: Leben hat mit Rausch zu tun, mit Nieselregen und Lilien und Wind. Das tönt etwas weich, aber es ist einfach so.

Von den Begräbnissen her kann man leicht zur Allgegenwärtigkeit der Toten übergehen, und ich schlage vor, daß wir unser Gespräch über das Prosastück »Der andere Tag« mit jenem Abschnitt beenden, der »Bezirke« betitelt ist. Er beginnt mit einem Frühschnee, der an Stifter gemahnt. Mich selber erinnert die Todesumwitterung des Schnees unwillkürlich an Robert Walser, aber auch an das Ende von Joyces Novelle »Die Toten«. Jedenfalls wird hier die dörfliche Wirklichkeit unversehens transparent auf den Tod, auf die Verstorbenen:

Bezirke

Adalbert Stifter ist mit dabei, soll sich Kaspar am Abend, sozusagen im Summen der Sterne gedacht haben, Adalbert Stifter ist mit dabei, wenn der erste Schnee bei trockenem Wetter als waagrechter Strich auf der Waldenalp und, weiter links, auf der Buchmatt, am Südhang des Juras, durch Nächte schimmert, lichte Nächte. Hochnebel und Billionen von Buchenknospen beeinflussen farblich diese trokkenen Nächte. In diesen Nächten zerfällt das

Dorf nicht in die Bezirke der Dorfhunde, punktweise markiert mit Urin, in diesen Nächten zerfällt das Dorf (nur für Einheimische, natürlich), zerfällt das Dorf in den Bezirk des toten Vizegemeindepräsidenten, Bauern und Grubenbesitzers; in den Bezirk des Kistenmachers und Oberhaupts einer großen Familie; in den Bezirk des Sägereibesitzers, Jägers und Ornithologen, des toten; in den Bezirk des Fabrikschmieds, des tabakkauenden, branntweinsüchtigen, toten Fabrikschmieds; in den Bezirk des Bauern, Viehhändlers und Schlächtereibesitzers; in den Bezirk des Installateurs und Schlossers, des toten; in den Bezirk des toten Fabrikanten und Freimaurers; in den Bezirk Jakobs des Korbers, Ziegenbauers und Imkers; in den Bezirk des Großrats und Gutsbesitzers, selig.
Durch Unfall verlor der Sägereibesitzer drei seiner Söhne, durch Krebs seine Stimme der Kistenmacher. Mit Kiesel belegte der Grubenbesitzer jeweils die Straßen. Mit Bürgschaften belegte der Schlächtereibesitzer seine Liegenschaften. Der Fabrikant hinterließ ein großes Vermögen. Der Gutsbesitzer mehrte sein Gut. Der Installateur starb auf unnatürliche Weise. Der Fabrikschmied – in Muße wurde er alt und starb auch. Südöstlich des Dorfs dehnten sich Eisfelder aus. Blechmusik, Geruch heißer Würste.
In weiser Verschlossenheit harren die Häuser. Häuser nehmen Klematis hin, an Westwänden, oder Glyzinien zum Beispiel. Häuser

nehmen Schatten der Kastanien hin, Schatten anderer Häuser. Häuser verbrennen gelegentlich, es ist die Ausnahme. Häuser werden abgerissen. Häuser werden umgebaut. Aus einem Bauernhaus wird eine Garage. Aus einem Malergeschäft wird ein Baugeschäft. Aus einem offenen Dorfbach wird ein gedeckter Dorfbach, beraubt alter Gewohnheit, Betrunkene zu ertränken.
Um die Telegrafenstange wippten einige Gräser, im Garten drei Mohnblüten. Das Radio gab eine Passage aus Beethovens «Fidelio» her, bei wechselhaftem Wetter. Am Spinnwebfaden schwang eine Holunderblüte. Da ward aus Abend und Morgen der andere Tag. (Die Frau mit den Klumpfüßen ist tot.)

Zwei Jahre später, 1976, erscheint dein nächstes Buch: »Der Besuch«. Da es sich um einen veritablen Roman handelt, findet hier für einmal tatsächlich eine Art Handlung statt, und es gibt sogar den Glücksfall, daß im Klappentext der Erstausgabe aus einem Brief von dir zitiert wird, worin du die Handlung folgendermaßen umreißt: »Dieser Roman – er heißt übrigens ›Der Besuch‹ – spielt sich ab im Laufe eines Sonntagnachmittags, Ende Februar, wobei es sich um einen jener Tage handelt, die man gleichsam durchsichtig nennen könnte. Der Mann auf Zimmer 212 erwartet Besuch, der aber zu guter Letzt nicht eintrifft. Im Warten probt er gewissermaßen ein Gerede, das er eben anbringen könnte, wenn der Besuch eintreffen würde. Dieses Gerede dreht sich zu einem guten Teil wiederum um Besuche, welche dem Mann auf Zimmer 212 im Warten auf den Besuch gegenwärtig werden. Es handelt sich um eine der-

*maßen indirekte Welt, die zur Darstellung kommt, daß ich mich regelrecht genötigt fühlte, diese durch indirekte Rede darzustellen, mit Ausnahme der Rahmenpartien freilich ...«
Vielleicht sollte man dazu ergänzen, daß im Verlauf dieses hauptsächlich erinnerten Besuches, wo also ein befreundetes Ehepaar samt zwei kleinen Söhnen bei dem sich erinnernden Mann und seiner Gattin zu Gast sind, Suppe und Spaghetti gegessen werden. Man ergeht sich in mancherlei Gesprächen. Anschließend bricht die ganze Gesellschaft auf, um mit dem Auto einen weiteren Besuch zu machen, diesmal bei einem Paar mit zwei Töchtern, die in einem freistehenden Haus inmitten einer Hügellandschaft leben. Die erweiterte Gruppe unternimmt einen Spaziergang zu einem Friedhof und vor allem zu einem Naturschutzgebiet, wo zahlreiche Orchideen wachsen. Später stößt ein viertes Paar dazu, und auf der Rückreise, bei dämmrigem Bewußtsein, wird schließlich noch die unerwartete Begegnung mit einem Heimwehdörfler memoriert, der anläßlich der Fahnenweihe der Dorfmusik zu Besuch weilt. Dann Schluß der Vorstellung: Eine Schwester tritt ins Zimmer der Klinik und erkundigt sich bei dessen Insassen: »Besuch gehabt, heute?«
Nun, das klingt reichlich verwickelt und erinnert ein wenig an eine Babuschka oder an die Struktur einer Zwiebel. Was hat dich an diesem Stoff gereizt?*

Mein Vater war Irrenpfleger, und so hab ich die Welt der Irrenhäuser von Kindesbeinen an mitbekommen in seinen spärlichen Gesprächen oder Gesprächseinschüben, die sich auf diese Welt bezogen. Dann gibt es das Kloster St. Urban mit einer Kirche, die zwei Türme aufweist. Wenn wir als Knaben in den Jura stiegen, konnten wir von einer gewissen Alp aus, dem Emmet, bei gutem Wetter diese zwei Türme sehen, und das war jeweils ein Ereignis. Das war so etwas wie die Fremde, die weite Welt, und dabei erst noch eine spirituelle Welt. Später hab ich dann St. Urban aus der Nähe gesehen, und da stand das ehemalige Kloster quasi als k. u. k. Liegenschaft in einem wunderschönen Kaisergelb. Die ganze Anlage, der Park, die Nebengebäude, die noch älter schienen, die herrliche Barockkirche, der Friedhof der Mönche und natürlich die prächtige Gegend – die Klöster wurden ja immer an den schönsten Orten gebaut, dort, wo man heute die Kernkraftwerke hinstellt –, das alles hat mich tief und nachhaltig beeindruckt. Also mein Vater als Irrenwärter und die Begegnung mit dem ehemaligen Kloster St. Urban, das aber schon längst zur Irrenanstalt umfunktioniert worden war, diese zwei Sachen waren wohl zuerst da. Und wenn ich dort vorbeikam, sah ich gelegentlich zu den Fenstern hinauf und dachte: Da sind Leute drin, da steht vielleicht ein Mann in einem Zimmer und schaut hinaus. So entstand der Wunsch, eine Figur in der Irrenanstalt St. Urban anzusiedeln, wobei auch der Park, das Wetter, der Tag berücksichtigt werden sollten. Und weil ich überzeugt bin, daß wir alle mehr oder weniger sanfte Irre sind, war es für mich eigentlich ganz normal, einen solchen Menschen darzustellen, in seiner Abwegigkeit, in seiner Verlorenheit, in seiner Hoffnung. Zuletzt trifft nicht einmal der Besuch ein, den er erwartet hat. Er ist aber nicht völlig unglücklich, denn er hat sein imaginäres Gespräch geführt, das Wetter war schön, die Bienen flogen, die Winterlinge blühten, Besucher kamen und gingen, Angestellte kamen und gingen, dann tritt die Schwester ins Zimmer und eine leise Beziehung wird spürbar. Aber um die abgründige Verlorenheit, diese Vereinzelung des Einzelnen können wir uns nicht herummogeln. Wir alle sind mehr oder weniger chronische Besucher auf der Erde.

Ehemaliges Kloster und heutige psychiatrische Klinik St. Urban

Nichts ist kennzeichnender an deiner Hauptfigur als das Fehlen der üblichen Kennzeichen. Man erfährt ihren Namen nicht, man erfährt kaum etwas über ihren Beruf. Gelegentlich wird mitgeteilt, sie habe früher dichterische Ambitionen gehegt, später aber diese Bemühungen offenbar aufgegeben. Insbesondere erfährt man nichts über den Grund ihrer Anwesenheit in der Klinik oder über die Art ihrer psychischen Störung, die du ja ohnehin in einem prinzipiellen Sinn relativierst. Warum also diese Abstraktheit?

Vermutlich entspringt sie aus einer Scheu heraus. Die Intimität dieser Figur sollte gewahrt bleiben. Ich glaube, das ist der Grund.

Die Abstraktheit betrifft freilich auch die anderen Figuren, was zu gewissen erzählerischen Umständlichkeiten führt, indem etwa statt von einzelnen Namen vom Gastgeber und der Gastgeberin oder vom größeren der Kleinen und kleineren der Kleinen die Rede ist

Ja, es führt beinahe zu einem Puzzlespiel, aber unsere Existenz enthält viel von dieser Absurdität. Ich glaube, das gehört einfach in dieses Buch hinein, die Anonymität oder das Wahren, das Bewahren, das Nichtverletzen des Intimen, diese Scheu, zu deutlich zu werden, das gehört in diesen Klang hinein.

Da wir uns gerade über allgemeine Dinge unterhalten, möchte ich dich zur formalen Anlage des Textes befragen. Im Klappentext wird eine briefliche Äußerung von dir zitiert, wonach »der Roman sozusagen sinfonisch baut« wäre, nämlich in den einzelnen Teilen den musikalischen

Sätzen Allegro, Adagio und Scherzo entsprechen würde. Hast du eine solche Struktur bewußt angestrebt?

Vordergründig kaum, aber insgeheim oder im nachhinein, vielleicht. Ich könnte nicht mehr mit Sicherheit sagen, was eher da war, der Roman oder die Einteilung. Die Nähe zum Klang, zur Musik, zur Musikalität war mir ja immer eigen, und deshalb hab ich diese drei Teile eben so empfunden. Ich glaube nicht, daß ich es zum voraus geplant habe. Das ist mir wohl erst später bewußt geworden.

Wie im vorangegangenen Buch treffen im »Besuch« wirklichkeitszugewandte und wirklichkeitsabgewandte Tendenzen aufeinander. Die realistische Seite kommt vielleicht am stärksten im ersten Teil während des Spaghettiessens zum Zug. Da wird jede Gebärde, jedes Hüsteln registriert. Dem Umstand, daß der eine Junge sich mit Spaghetti eher schwer tut, dafür um so mehr dem Süßmost zuspricht, oder etwa den eigentümlichen Kaubewegungen des Gastgebers werden geflissentlich Rechnung getragen. Nun meine Frage: Verstehen sich solche Passagen als Gegensatz zu den sogenannt poetischen Stellen, oder soll anhand solcher minuziöser Beschreibung von Wirklichkeit wiederum eine ganz eigene Art von Poesie erzeugt werden?

Eine beinahe verrückte Poesie, nicht wahr, verrückt, wie die Poesie, das Leben sein können. Ein Spaghettimahl, minuziös aufgezeichnet, kann ungeheuer groteske und poetische Züge annehmen, wobei die Realität ja nie eins zu eins wiedergegeben wird. Sobald die Welt durch unsere Hirnwindungen hindurchgeht, kommt sie verändert wieder heraus. Das ist eine banale, unumstößliche

Tatsache. Der Mensch glaubt, die Welt einfach aufzunehmen, dabei verwandelt er sie oder schafft sie neu. Diese Vorgänge finden fortlaufend statt, und darum gibt es vielleicht die eigentliche Realität gar nicht. Darum hat unser Gehirn wahrscheinlich seine Windungen, auf daß die Welt verwandelt werde. Das passiert bei jedem Menschen, nur hält der Künstler – ich sage das Wort nicht gerne – im Unterschied zu den anderen Menschen fest, was sich da tut, er hält die so verwandelte Welt fest.

Auch ein Stück Alltagskomik wird entbunden. Wenn man der musikalischen Einteilung folgt, würde die Essensszene dem Allegro entsprechen. Es darf hier somit munter zu- und hergehen.

Ja, diese Munterkeit, diese Abstrusität. Auch die Sache mit der Kaumuskulatur, die du erwähnt hast. Der Kleine merkt, daß beim Gastgeber etwas nicht stimmt, daß seine Kauvorrichtungen unterentwickelt sind und sich daraus diese grotesken Kaubewegungen ergeben. Die Kinder haben ein Gespür für das Komische und können freiheraus lachen. Sie haben auch ein Gespür für Verlogenheit.

Die realistische Tendenz hat dich auch mehr als sonst irgendwo in deinem Werk dazu bewogen, mundartliche Ausdrücke und sogar ein paar Mundartsätze aufzunehmen. Wenn ich mich nicht täusche, wird hier dein Lieblingswort »ennet« eingeführt. Auch eine andere Vokabel, auf die du geradezu geeicht bist, das nicht-mundartliche »Liegenschaft« findet im »Besuch« üppige Verwendung. Darf ich dich fragen, was du mit »Liegenschaft« und »ennet« insbesondere verbindest?

Ein Haus oder ein Gebäude als Liegenschaft zu bezeichnen, hat etwas Komisches, nicht wahr, vom Wort her. Ich finde es aber schön, denn ein Haus stellt tatsächlich etwas Liegendes dar. Außerdem ist es ein gebräuchliches Wort, es gibt ja Liegenschaftshändler und in den Zeitungen die Rubrik »Liegenschaftsmarkt«. Mich interessiert das Wort, weil es eine gewisse Abstrusität birgt und sich darüber hinaus auf eine Realität bezieht. »Ennet« wiederum ist für mich fast ein mystisches Wort, ein sehr altes Wort, das zwei Welten trennt. Meine Base Elise kam von »ennet dem Fluß«, ennet der Aare: eine alte Frau, die mit Lebkuchen handelte und ein Gesicht wie Kaiser Franz Joseph hatte, samt seinen etwas geröteten, wäßrigen Augen. Das »ennet« hat also mit dieser Base Elise von »ennet dem Fluß« zu tun.

In Verbindung mit ihr wird es auch im »Besuch« zum ersten Mal erwähnt.

Ah, siehst du, das stimmt also genau. Das Wort hab ich in diesem Zusammenhang wahnsinnig gern. Manchmal nehmen Deutsche daran Anstoß und sagen: Was braucht der Mann für Wörter, die hat man noch nie gehört. Dabei steht »ennet« auch im Duden drin. Ich vergewissere mich ja häufig im Duden und richte mich nach seinen Angaben.

Da wir uns schon im realistischen Bereich bewegen, erlaube ich mir, eine erznaive Frage zu stellen. Haben diese Besuche ein reales Substrat? Beruhen die Beteiligten auf realen Vorbildern?

Vordergründig oder scheinbar ist das ziemlich real, genau nach dem Motto fabriziert: »Vorgefundenes neu zusammenzusetzen, mag das Neue sein, das nicht geschieht unter der Sonne.« Ich bin mir selber oft Modell gestanden, und so habe ich, wenn es sein mußte, Familienmitglieder und andere als Modell genommen, aber niemals eins zu eins. Die Welt ist wirklich durch die Gehirnwindungen hindurchgegangen und hat sich dabei verändert. Auch da gilt wieder, die Realität ist phantastischer als unsere Phantasie. Aus der Phantasie heraus hätte ich das Motiv des Besuchs, ein wichtiges Thema, nie auf diese Weise durchspielen können.

Wenn ich mich nun detektivisch betätigen darf und dem Indiz jener Kunstdefinition einer Zweitkläßlerin folge, würde der zweite Besuch im Hügelland bei deiner Tochter Susanne stattfinden.

Ja, in Diegten. Dort bin ich auf den Satz meiner Enkelin gestoßen: »Kunst ist – auf einem schwarzen Schimmel zu reiten.« Dieser Satz ist dann durch einige meiner Texte hindurchgegangen.

Mit dem Topos »Besuch« hat es wohl nicht nur in deinem Werk, sondern auch in deinem Leben eine besondere Bewandtnis. Viele Male bin ich selber in den Genuß deiner Gastfreundschaft gekommen, und ich habe stets den Eindruck gewonnen, daß du dieser Art von Geselligkeit eine große Bedeutung beimißt.

Wir leben zwar zurückgezogen, und ich scheue die Öffentlichkeit, aber Besuch zu bekommen ist ein Ereignis, und zu Besuch gehen zu dürfen ist auch ein Ereignis. Das Miteinander-sein-dürfen, das heißt, wenn Leute, die sich mögen, ein, zwei, drei Stunden beieinander sind und vielleicht sogar miteinander essen, natürlich mit einem Glas Wein dazu, finde ich das großartig. Das Gespräch spielt dann hinein, läuft womöglich gut an, und mit der Zeit wird es etwas müde, weil die Verdauung ihr Recht fordert. So menschenscheu ich im Grunde genommen bin, um es gerade herauszusagen, bin ich doch ein Leben lang darauf angewiesen gewesen, mit ein paar Menschen gelegentlich zusammensein zu dürfen und vor allem miteinander essen zu dürfen. Das ist fast ein Ritual, das hat für mich fast etwas mit Abendmahl zu tun, weißt du, aber ein Glas Rotwein muß dabei sein. Jetzt haben wir manchmal zu viel Besuch, und es ist uns beinahe zur Last geworden, doch es bleibt eine wunderbare Sache. Und dann: Miteinander zu essen, miteinander zu reden, es gut zu haben miteinander, das erspart uns Honorare, dadurch benötigt man den Arzt weniger, den Psychiater.

Das Motiv des »Besuchs« und was damit zusammenhängt, könnte man sogar als grundlegende Metapher auf dein ganzes literarisches Werk beziehen. In deinen Texten wird ja auch der Leser zu Tisch gebeten, und er wird mit einem ungewöhnlichen, vielfältigen, reichen Mahl beköstigt. Wie siehst du das?

Jetzt, wo du davon redest, fällt es mir selber auf. Das Essen spielt in meinen Texten eine Rolle, etwa beim Soldatentreffen in »Baur und Bindschädler«, das sich durch zwei, drei Bücher hindurchzieht. Es spielt schon eine Rolle. Einerseits ist es brutal, daß wir Weizen und Rüben und Kohl essen müssen, und andererseits ist es wunderbar, daß wir es dürfen. Wir können es nicht verweigern, es gehört zu unserem Leben. So sind wir auch über das Essen, wie über die Luft, verbunden mit der Erde. Die Verstrickung ist ungeheuer, und dennoch fühlen wir uns als Könige der Luft, der Kartoffel und der Rübe. So paradox kann es sein.

Ein zweites konstitutives Merkmal wäre das Gespräch. Auch da finde ich, deine Texte erinnern an das, was ein gelungenes Gespräch ausmacht: Ungezwungenheit, Spontaneität, Vielfalt der Themen, Offenheit für Anregungen und Assoziationen.

Da bin ich mit mir selber im Widerspruch. Einerseits scheue ich das Gespräch, das Geplapper, das Geschnorr, und andererseits glaube ich in einem ungeheuren Maß an das Gespräch. Man spricht nicht umsonst von einem Sprachkunstwerk, ich habe noch nie gehört, daß einer von einem Schreibkunstwerk redete. Tatsächlich finde ich, daß die Sprache ein lebendiges Wesen ist, das sich manchmal eben sträubt oder zurückzieht oder bockt, wenn es schriftlich festgehalten werden soll. Aber im Gespräch – man spricht ja auch von Sprachfluß – im ungezwungenen, freundschaftlichen Gespräch, bei einem Glas Wein und ein bißchen Brot und Käse dazu, können Sachen passieren, die schriftlich nicht möglich wären. Rede und Gegenrede helfen der Sprache, die Sprache liebt Partner. Diese Sprachwesen steigern sich gegenseitig, animieren sich gegenseitig, und zuletzt kommt etwas heraus, was vor dem einsamen Schreibtisch, vor dem leeren Blatt Papier nie geschehen könnte. Und wenn ich einen Text lese, der mir diesen Sprachfluß gleichsam aufzeigt oder der mich diesen Sprachfluß spüren läßt, bin ich glücklich. Wenn es aber raschelt, wenn es nach Papier riecht, interessiert es mich schon weniger. Daher pflege ich, wie bereits früher gesagt, meine Sudel meistens laut zu schreiben, um vielleicht den Sprachfluß heranzulocken. Darin steckt auch die Melodik. Die Musik des Textes kommt nur auf dem Sprachfluß daher.

Das hier »geprobte Gerede« gibt dir die Gelegenheit, alle erdenklichen Themen aufzugreifen. Unter anderem wird von Skepsis gegenüber dem technologischen Fortschritt gesprochen, und überhaupt scheint »Skepsis« ein Schlüsselwort in diesem Text zu sein. Während einer Diskussion über Erziehung vertritt dein Held die Meinung, man müsse sich in die Skepsis einüben. Ist Skepsis eine Haltung, die dir selber entspricht?

Ausgesprochen, ja. Ich habe das einmal vor Gymnasiasten in Bern vertreten, und dann hat ein Lehrer sich eingemischt und gemeint, diese Skepsis, dieser Pessimismus sei auch nicht alles. Später habe ich erfahren, daß es sich dabei sogar um den Philosophielehrer handelte. Das ist natürlich peinlich, wenn man Skepsis mit Pessimismus verwechselt. Zum Teil geschieht es absichtlich: Pessimist will keiner sein, folglich darf es auch keinen Skeptiker geben, niemanden, der in Frage stellt. Ich finde das ungeheuer, sei es als Christ oder als Schreiber oder als Ehepartner, man muß doch fragen und in Frage stellen dürfen. Skepsis heißt Abstand nehmen, nicht blindlings gehorchen: zuerst selber denken, schauen, riechen, fühlen, und dann entscheiden oder handeln. Um einigermaßen selbständig sein zu können, braucht's ein gewisses Maß an Skepsis, Skepsis im humanen Sinn, um Gottes Willen, nicht im Sinn von Mißtrauen, Häme, Neid oder Mißgunst. Skepsis als Selber-Denken, das ist eine saubere Denk- oder Lebenshaltung.

Ausgehend von der Skepsis, möchte ich wiederum auf die »entwirklichenden« Tendenzen deines Buches eintreten, die sich auf sehr hintergründige, abgründige Weise zeigen. Zum einen geht es durchaus handfest zu. Lustvoll werden Spaghetti verzehrt und dezidiert Meinungen vertreten. Daneben gibt es Passagen, wo das Gespinst des Realen, wie ich es jetzt mal nenne, aufgelöst oder jedenfalls relativiert wird. Ich denke etwa an jene Autofahrt-Szene, da die Gesellschaft ihrem zweiten Besuch entgegenfährt. Plötzlich steigen fragile Kindheitserinnerungen auf, und es wird gewissermaßen ein Requiem auf das Schicksal einzelner Bäume angestimmt. In deinem Werk treten zweierlei Winde auf. Der eine übt einen »sanften Zwang« auf die Natur aus, der andere ist gewalttätig und fegt Bäume weg. Könntest du zu diesen Bäumen etwas sagen?

Die Bäume sind mir immer nah. Ich bin über jeden Baum froh, den ich kenne, und wenn ich das Gefühl habe, er kenne mich auch ein wenig, dann grüßen wir uns gelegentlich sogar. Es tut mir weh, wenn ein Baum vom Sturm gefällt wird. Da oben beispielsweise gab es einen Birnbaum, der an einem Ort stand, wo der Wind oft wirbelt. Sein Stamm nahm denn auch die Form eines Zapfenziehers an, war also gewunden. Es war ein alter Birnbaum, der nur Mostbirnen trug: fast unbrauchbar, außer für die Vögel, vielleicht wurde früher aus seinen Früchten Most gemacht. Aber er hat doch Jahr für Jahr geblüht, und eines Tages, als ich dort vorbeikam, war da ein leerer Raum. Ich war erschüttert und glaubte zunächst, es hätte ihn einer mutwillig umgehauen. Dann hörte ich aber, daß er vom Sturm gefällt worden war. Bei einer Villa wurde vor einiger Zeit ein Nußbaum umgehauen, und das hat mich sehr, sehr getroffen. Grad kürzlich wurde westlich der großen Matte des Eierhändlers ein Birnbaum gefällt, der über viele Jahre hin wunderschöne Misteln aufwies, die vor allem im Winter zur Geltung kamen. Das hält schon zu einem Moment des Gedenkens an. Und auf dem Bollenrain drüben gibt's eine Linde, die zu meiner Knabenzeit die gleiche Gestalt wie heute besaß. Da schaue ich oft hin, vor allem am Abend. Wenn sich diese Linde vom Abendhimmel abhebt, tritt sie besonders schön hervor, sei es im Sommer oder noch schöner im Winter. Und gelegentlich denke ich etwa: Ja, das ist schön, daß wir zwei zur gleichen Zeit unsere Tage abstottern dürfen. Auch zu einzelnen Obstgärten hab ich ein nahes Verhältnis, etwa den beiden Apfelgärten bei »Hänsuhans«, wie sein Dorfname lautet. Das ist für mich allemal ein Ereignis, wenn ich dort vorbeigehe, zu jeder Jahreszeit, ob die Bäume kahl dastehen oder belaubt sind, blühen oder Früchte tragen oder abgeerntet werden. Einmal, als ich mit der Familie den Berg hinaufging, hab ich dort unter einem Baum ein paar schöne, große Äpfel aufgelesen, etwas, was ich sonst nie tat, und es hat mich denn auch belastet. Aber eben, sie lagen am Boden, ich glaubte, ich dürfe sie nehmen, und für mich war es quasi ein Akt der Verbrüderung. Übrigens auch Baumreihen, den Bächen entlang, haben es mir angetan, und dann natürlich die Bäume unseres eigenen Obstgartens, die Zwetschgen-, Kirsch- und Apfelbäume, die überlebt haben, die bereits unter der Obhut meiner Mutter standen und deren Früchte von ihr und den übrigen Familienmitgliedern gepflückt worden waren. Die Bäume spielen schon eine riesige Rolle, da empfinde ich sehr indianisch.

Und eben das Verschwinden der Bäume, habe ich den Eindruck, wird von dir als unheimlicher, gewalttätiger Einbruch in die Lebenszusammenhänge dargestellt. Etwas ist da, plötzlich ist es weg. Das gilt auch für die Kindheit, die erst wieder evoziert werden muß, und für die Orchideen in jenem besichtigten Reservat, die natürlich im Winter, zur Zeit des Besuches, nicht blühen und deren Schönheit hier somit nur als erinnerte aufscheinen darf. Es ist von den schwarzen Löchern im Weltall die Rede, die Materie in größten Mengen verschlucken. Oder ein beklemmendes Gespräch über Gefangenenlager findet statt, was sicher wiederum auf die eingeschlossene Situation des Mannes auf Zimmer 212 verweist. Kein Wunder, daß du dem Leben auf der Erde eine geisterhafte Qualität zuschreibst:

Während sie vorhin an diesen Grabmälern, den Kallas und so weiter vorübergegangen seien, unter diesem verhangenen Himmel hin, den Besuch eben dieses Friedhofs beendend, sei ihm erneut wieder jenes Bild von der Erde als einem Geisterschiff in den Sinn gekommen, auf dessen Deck man eigentlich zu Besuch weile, während man unter Deck dann Dauergast ... Dauerfahrgast oder Integrierter dieses Geisterschiffes sei ... wo man dann, das heiße zumindest unsere materiellen Bestandteile, die ein unbeachtliches Häuflein ausmachten, wo man dann also Mitfahrer sei auf unbestimmte Zeit, oder so lange dieses Geisterschiff eben kursiere im Weltraum ... an dessen Deck es übrigens Schwimmbäder, das heiße Schwimmbäder von Meeresgröße gebe, mit Haien drin und Walfischen ... an dessen Deck es unermeßliche Wälder quasi als Parks gebe ... an dessen Deck es auch Fruchtbäume gebe, zum Beispiel Bäume, welche Äpfel hervorbrächten, Apfelsinen, Feigen

und so weiter ... an dessen Deck es die Schlange gebe ... zu schweigen vom Hauch der Hyazinthe und so fort ... So sei das mit diesem Geisterschiff ... das heiße ... mit unserem Schiff ... ja ... mit jenem Schiff, wo wir auf Deck nur kurz zu Besuch seien, um dann unter Deck auf ewig ... zumindest so lange dieses Schiff kursiere ... mitzufahren ... durch den ewigen Raum, könnte man sagen, wenn dieses »ewig« nicht fast zu groß wäre, um es im Munde zu führen.
Zu reden von jenen Kallas ... jenen roten Kallas ... welche uns gleichsam an Deck stießen, an Deck dieses Geisterschiffes, und womit die Schöße der Mütter gemeint wären, wäre zu vermessen ... wie auch das nähere Eingehen auf die Exklusivität dieses Geisterschiffes (daß zum Beispiel alle seine Fahrgäste auf Deck, zumindest wenn sie stünden oder gingen, in ihrer Längsachse genau auf den Mittelpunkt dieses Schiffes wiesen, was ein Bild ergäbe, besonders wenn man sich diese Fahrgäste stark vergrößert vorstelle, ähnlich jenem jener Zierkugeln, welche – mit Nägeln bestückt, konzentrisch – irisierend unsere Stubenzimmer zierten, das heiße an Nylonfäden an den Zimmerdecken hingen, gewöhnlich in Gruppen von drei Exemplaren).

Diese Stelle habe ich auch sehr gerne. Die Erde ist mir eine Zeitlang ganz extrem als Geisterschiff erschienen, wo wir uns für kurze Zeit auf Deck aufhalten, um dann unter Deck lange, lange mitzufahren. Aber da ist auch etwas Paradiesisches dran. Weißt du, die Seen, die Meere, die Flüsse, die Bäume, die Gärten, die Früchte, die Blumen, die Frauen, die Schwalben, das ist nicht beklagenswert, sondern wunderbar. Das existiert simultan zum Verwesen, Verschwinden, Verfallen. Es geschieht zur gleichen Zeit, ist immer da.

Ist nicht die Betroffenheit über unser befristetes, vergängliches Dasein nicht besonders stark ausgeprägt in diesem Roman? An einer Stelle wird, ausgehend von Gerüchen und deren Potential, Erinnerungen hervorzurufen, der Hauch als das schlechthin Eigentliche bezeichnet. Zugleich sprichst du der Literatur die Fähigkeit ab, das Eigentliche solchen Hauchs angemessen zu vermitteln.

Ich habe gelegentlich gesagt, Gold komme auf schwarzem Samt am schönsten hervor, und wenn wir den dunklen Grund oder Hintergrund unseres Lebens wahrnehmen, strahlt das Leben vielleicht um so heller. Wenn wir aber den dunklen Grund, der ohnehin da ist, verdrängen, kann das Gold des Lebens gar nie aufleuchten. Daher glaube ich, es sei klüger, mit beidem zu leben, als etwas zu verdrängen, obschon wir nicht immer, um Gottes Willen, alles bewußt in uns herumtragen können. Auf dem Vergangenen liegt ja auch dieser seltsame Glanz. Es ist unwiderbringlich, und gerade weil es unwiderbringlich ist, glänzt es in dem Masse auf. Ich merke es immer wieder bei einzelnen Filmen oder bei Proust, daß große, berührende Stellen von dieser Thematik durchtränkt sind, von dem Dahingegangenen, Verflossenen, Unwiederbringlichen, das einmal da war, aber jetzt ist es weg, unwiederbringlich fort, und das verleiht der Sache, wenn man sich diesem Phänomen gegenüber anständig benimmt, einen größeren Glanz. Wenn es aus Sentimentalität passiert, dann ist es Kitsch, dann ist es Zuckerwasser.

Aber wird die Verlorenheit und Nichtigkeit der menschlichen Existenz hier nicht stärker betont als in deinen übrigen Texten?

Das ist möglich.

Ich denke dabei wiederum an die Lage des Mannes in seinem Zimmer, das bezeichnenderweise die Nummer 212 trägt. Die Zahl entspricht, deiner Angabe zufolge, der Anzahl Knochen, aus denen das menschliche Skelett besteht. Einerseits wird im Roman eine reichhaltige Welt evoziert, aber sie verschwindet, als am Ende die Schwester hereinkommt. Der Mann hat keinen Besuch erhalten. Natürlich hat er sich ganz gut mit sich selber beholfen, indessen bleibt eine gewisse Traurigkeit zurück, daß jetzt alles verschwindet und irreal wird, zu einem Hauch, einem Nichts fast. Ein solches Eingeschlossensein, das man versucht ist, als ein Bild für die menschliche Existenz aufzufassen, habe ich bei dir so skeptisch oder so traurig kaum je wieder angetroffen.

Es freut mich, das von dir hören zu dürfen. Es spricht doch für die Intensität dieses Textes. So intensiv bin ich vielleicht später nicht mehr auf diese unsere Lage zu sprechen gekommen. Darin besteht eine Seite unseres Daseins. Wir sind allein, mehr oder weniger, und wir haben einiges zu verlieren. Wir können auch glücklich sein, wenn wirklich etwas da ist zum Verlieren, sonst hätten wir überhaupt nichts gehabt. Dennoch blühen die Winterlinge und künden den Frühling an, die Bienen schwärmen bereits, und der Himmel im Westen von St. Urban verfärbt sich zum Abend hin wunder-, wunderschön. Ein herrlicher Friede liegt über dem ganzen Gelände, und sieben Margeriten werden von der Schwester auf den Nachttisch gestellt. Und die Musik tönt immer lauter, und der Segler fährt weg.

Da du es schon erwähnst, wie hätte man dieses vieldeutige Ende zu verstehen, das sich auf eine wenige Seiten zuvor kurz angetippte Szene aus dem Film »Maria Walewska« zu beziehen scheint, wo die Gräfin gleichfalls mit einem Segler »auf Besuch kommt«?

Es ist tatsächlich ein Anklang an diese Szene. Der Mann auf Zimmer 212 imitiert ja manchmal aus seiner sanften Verrücktheit heraus die Pose des Napoleon. Er stellt sich hin, verschränkt die Arme, senkt den Kopf, schiebt das Kinn leicht vor, den einen Fuß vor den anderen, das eine Bein durchgestreckt, das andere angewinkelt: genau die Pose, die im Film Napoleon einnahm, besonders wenn er am Fenster stand. Das und die Walewska und der Segler spielen da hinein, weil der Mann vermutlich diesen Film gesehen hat. Übrigens war dies ein sehr schöner Film, mit Greta Garbo als Maria Walewska.

Mir kam dabei auch das Bild »Lebensstufen« von Caspar David Friedrich in den Sinn. Dort werden Leute am Strand versammelt, jeder Figur wird ein Schiff zugeordnet, und nach der Distanz des Schiffes bemißt sich dann die Todesnähe der Figur. Hat diese Assoziation da gar nicht mitgespielt?

Nein, die hat nicht mitgespielt, sondern eben nur das Schlußbild aus dem Film »Maria Walewska«.

Charles Boyer und Greta Garbo als Napoleon und Gräfin Walewska im Film »Maria Walewska« (»Conquest«, Regie Clarence Brown, 1937)

Ist dieser Mann überhaupt in irgendeiner Weise todgeweiht, oder sollte das offengelassen werden?

Das bleibt offen. Ich finde es schön, daß du den Roman »Der Besuch« so stark mitbekommen hast. Es war eine sehr intensive Zeit für mich, als ich ihn schreiben durfte. Ich spürte, die Sache sei aufgeladen, laufe existentiell, wenn auch unüblich, nicht für jedermann. In diesem Buch steckt viel von meinem Lebensgefühl, meinem Weltbild drin, wobei ich das aber nicht als pessimistisch oder kopfhängerisch oder hoffnungslos empfinde. Ich empfinde das Leben schlechthin als ein Gemisch aus Rausch und Grausamkeit, Glück und Verderben, das ist einfach so. Manchmal überwiegt das Glück und manchmal das Unglück. Zuletzt zerfallen unsere Hirnwindungen, und die Welt geht dann durch andere Hirnwindungen hindurch und kommt dort wieder als andere Welt heraus. Es ist nichts fixiert, es ist nichts statisch. Leben hat mit Bewegung, Wiederholung, Kommen und Gehen zu tun, von dieser Gewißheit bin ich durchdrungen. Vielleicht ist es auch eine Nebenfunktion der Kunst, uns das Gefühl zu geben, daß es lebendig um uns herum ist, in uns und um uns herum, und daß es so bleiben soll.

23. April 1993

Haschen nach Wind

Werner Morlang: 1976 ist dein Roman »Der Besuch« erschienen. Bereits im nächsten Jahr erfolgt die Publikation eines neuen Romans mit dem Titel »Der schnurgerade Kanal« Es muß sich also um eine ungeheuer produktive Schaffenszeit gehandelt haben. Kannst du dich noch an diese Zeit erinnern?

Gerhard Meier: Als ich mich freimachte, eben für die Schriftstellerei, arbeitete ich am Prosastück »Der andere Tag«, und dort lief die Arbeit eher gemächlich. Vermutlich hat dabei der Übergang von der Berufsarbeit in die Schriftstellerei etwas mitgewirkt. Dann aber kam die Phase mit dem ersten Roman »Der Besuch«. Gleich danach folgte der zweite Roman »Der schnurgerade Kanal«. Im Hinterkopf steckte bereits der Roman »Toteninsel«, so daß ich mich sogar entscheiden mußte, welchen ich zuerst in Angriff nehmen sollte. Das tönt jetzt ziemlich bestimmt, es war natürlich damals weniger klar, aber unterschwellig verhielt es sich so. Es war eine glückliche, eine, wie du sagst, produktive Zeit.

Gab es denn einen besonderen Anlaß, besondere Umstände, die zur Entstehung des »Schnurgeraden Kanals« führten?

So weit ich mich erinnern kann, gab mein Studienaufenthalt in Burgdorf den Ausschlag. Das war für mich eine sehr bewegte Zeit. Ich war hin und her gerissen, angezogen einerseits von der Literatur, andererseits von der Architektur, und auch Dorli spielte bereits ein wenig hinein. Das Burgdorf-Erlebnis prägte mich, bewegte und prägte mich tief, und das umzusetzen in einen Roman, das hat mich schon getrieben.

Von Burgdorf wird ohnehin eingehender die Rede sein müssen, aber zunächst möchte ich jene kurze Stelle heranziehen, die insgeheim das ganze Buch in Gang hält oder mindestens begleitet, indem sie die drei Hauptfiguren des Romans – den Architekten Isidor, die Ärztin Helene und den Schriftsteller K. – zusammenführt. Von ihrem Urlaubsort am Bodensee aus halluziniert die Ärztin gewissermaßen einen Besuch in Burgdorf und rekapituliert dabei die Vorgeschichte des Romans:

> Dr. Helene W. verspürte den Druck der Bremsung des Schnellzugs in den Hüften, faßte die Falle der Wagentür fester, parierte den letzten Ruck des anhaltenden Zuges, betrat Burgdorfer Boden und überließ sich einer Erregung, welche nur diese Region auszulösen imstande war. Unter einem ebenso hohen Hochsommerhimmel schritt sie Wege ab, die man gegangen war, als man hier studierte, nicht lang zwar, denn K. machte Schwierigkeiten, während ihre Neigung zu Isidor nicht auf eindeutige Erwiderung zu stoßen schien. K. verließ frühzeitig das Technikum, diese Backsteinliegenschaften, heiratete, trat für vor-

übergehend in eine Fabrik ein, wo er dann hängen blieb. Mit vierundfünfzig etablierte er sich als Schriftsteller.

Helene W. verließ ebenfalls frühzeitig das Technikum, die Architektur, um hinüberzuwechseln ins Medizinstudium, worauf sie als Ärztin nach New York kam und über Jahrzehnte als Internistin, Oberärztin, an einem New Yorker Spital tätig war. Einzig Isidor schloß sein Studium ab, blieb bei der Architektur. Er ging nach Australien. Man hatte sich seither nicht mehr gesehen, Helene W. und Isidor A.; während K. und Helene sich dann und wann doch auf einem ihrer Heimaturlaube getroffen hatten.

Für Helene W. ist Burgdorf der Ort, wo eine Liebe nicht ihre Erfüllung fand. Bei dir ist immerhin eine berufliche Möglichkeit in Burgdorf nicht in Erfüllung gegangen. Sind bei dir insofern ähnliche Gefühle im Spiel?

Ja, einerseits beruflich in Bezug auf diesen K., er wollte ja auch Architekt werden und wurde es nicht. Und dann hat mich immer interessiert, wenn zwei sich nicht finden konnten, wobei ich natürlich eine Frau und einen Mann meine. Das ist ein Thema, das vermutlich uns alle berührt, wenn wir ihm begegnen, sei es in der Literatur oder im Film oder in der Wirklichkeit, und aus dem heraus entstand denn auch das Buch. Ich ließ diesen Isidor genau so lange in Australien weilen, wie sein Berufsleben währte, und was übrigens die Helene W. betrifft, entnahm ich ihren Namen einem Trivialroman, den ich als junger Mensch las. Konkret weiß ich nicht mehr, wovon er handelt, jedenfalls von der unerfüllten Liebe einer Chemikerin, die, glaube ich, Helene Willfüer hieß. Ihre Geschichte hat mich damals beeindruckt, und darum übernahm ich aus Sentimentalität ihren Namen. So konnte ich an den drei Figuren ein Thema durchspielen, das mir eigentlich immer Respekt einflößte, denn es ist doch eines der intensivsten Themen, die uns begegnen. Es war also ein richtiges Durchspielen. Und dann die Verlassenheit des Isidor, der an einem Gehirntumor leidet: In jener Zeit erkrankte in unserer Familie gerade ein Mann an einem Gehirntumor, einem bösartigen, der herausoperiert werden mußte, und darum hat mich das Thema Gehirntumor existentiell beschäftigt.

Du nimmst nun schon einiges vorweg. Wenn ich noch einmal die Liebesbeziehung erwähnen darf, würde sich diese somit aus einem Leseerlebnis herleiten?

Das spielt ein wenig mit, ja. Auch in »Krieg und Frieden« hat Tolstoi auf eine wunderbare Art herausgearbeitet, wie die Beziehung des Fürsten Bolkonskij zu Natascha unglücklich verläuft. In Pasternaks »Doktor Schiwago« bleibt die Beziehung zwischen Schiwago und Lara ebenfalls unerfüllt und erreicht eine ungeheure Intensität. Wie bereits irgendwo erwähnt, habe ich mich danach in beide Figuren etwas verknallt, in die Lara und in die Natascha. Oder Gottfried Kellers »Grüner Heinrich« erlebt solche Schiffbrüche, und daher ist mir »Der grüne Heinrich« besonders lieb, unter anderem natürlich.

Doch jetzt zu Burgdorf. Befällt dich heute, wenn du den Ort besuchst, auch eine Art »Erregung, die nur diese Region auszulösen vermag«, und zwar auf Grund deiner eigenen lebensgeschichtlichen Erfahrungen?

Ja, das ist geblieben. Ich habe selber nie eine Region erlebt, vorher und nachher, die mich dermaßen in Erregung bringen kann. Das steckt in dieser Kleinstadt drin, in ihrer Umgebung. In all den Jahren danach habe ich jeweils ein bis zwei Mal pro Jahr diese Region aufgesucht, ganz allein, und habe mich dieser Erregung wieder hingegeben, habe mich dieser Erregung wieder ausgesetzt, bin die Wege abgeschritten und habe die verrückte Lebensintensität wieder verspürt, mitbekommen, die ich damals praktizieren durfte oder mußte. Dabei spielen die Häuser eine wichtige Rolle. Es gibt ja für mich in Burgdorf eben das alte Technikum, die zwei alten Gebäude des Technikums – unterdessen sind einige neue dazugekommen, die mich natürlich weniger interessieren –, und ich evoziere jeweils noch die benachbarte Villa des ehemaligen Technikumdirektors Vollenweider, ebenfalls ein Backsteinbau wie das Technikum und zur gleichen Zeit erbaut. Dann gibt es das Gymnasium, für mich sozusagen *das* Gymnasium schlechthin. Etwas von deutschen Studienräten ist in seiner Atmosphäre enthalten, und Gott sei Dank wird es von einem Kiesplatz umgeben, dessen wunderschöner Lindenhain bis auf den heutigen Tag besteht. Daneben erblüht im Sommer das indische Blumenrohr, wie man diese Blume nennt, heute noch. Die Architektur des Gymnasiums wirkt noch eindringlicher als jene der zwei alten Bauten des Technikums: eine Mischung aus Jugendstil und Klassizismus, mit ungeheurer Liebe dargestellt in den Fassaden und zum Teil im Treppenhaus. Das ist für mich ein Architekturerlebnis ohnegleichen, weil ich im Grunde genommen doch ein verhinderter Architekt bin.

Technikum Burgdorf

Gymnasium Burgdorf

Ich stelle immer wieder fest, daß mich Bauten in Venedig oder in Florenz oder auch nur in Burgdorf aufwühlen können in einem Maß, wie es Literatur oder Musik oder Malerei nicht zustande bringen. Ich kann es selber nicht erklären und fast nicht begreifen. Es brauchen nicht unbedingt Prunkbauten, es können auch bescheidene Villen sein. In Aarwangen zum Beispiel steht eine Villa, von der ich nur ein paar Fassadenausschnitte kenne, die man zwischen den Bäumen und über die Gartenmauer hinweg wahrnimmt. Trotzdem ist sie für mich ein Bau, der sozusagen Generationengeschichten in mir weckt. Es ist seltsam, wie Häuser mich beeinflussen können.

Helene scheint Burgdorf aus deiner Optik zu erleben?

Ja, das hab ich der Helene mitgegeben. So wie sie Burgdorf erlebt, erlebe ich's bis auf den heutigen Tag. Ich besuche jeweils auch noch den Friedhof und gehe den Gräbern, den alten Gräbern meiner Lehrer entlang, soweit sie auffindbar oder überhaupt vorhanden sind. Später bei der Kriegsmobilmachung war mir Burgdorf zudem als Waffenplatz zugeteilt. Dort mußte ich einrücken, und von dort schwärmten wir aus in die langen Jahre des Krieges. Zur Studienzeit in Burgdorf kommen also noch Soldatenerlebnisse, die Soldatenzeit dazu, und die Erinnerung daran.

Nun ist Burgdorf ein Kraftzentrum, das räumlich wenig Platz beansprucht, obwohl es den ganzen Text begleitet...

...und wahrscheinlich einfärbt.

Doch der überwiegende Teil des Textes spielt beinahe in der Zeit, da das Buch entstanden ist. Insbesondere gibt es zwei Zeitebenen. Einerseits spielt das Buch vom 3. bis 9. November 1975 in Amrain, nämlich in der Häuslichkeit des Isidor A., der auf Jahrzehnte nach Australien ausgewandert ist und seine letzte Lebenszeit in Amrain verbringt. Der weitaus größte Teil des Romans umfaßt die Aufzeichnungen Isidors während dieser, wie man annehmen muß, allerletzten Tage seines Lebens. Andererseits spielt der Roman in Berlingen am Bodensee. Dort befindet sich Dr. Helene W. in den Sommerferien, erhält diese Aufzeichnungen von einem Neffen Isidors zugeschickt und liest sie im Verlaufe ihres Urlaubs.

An einem einzigen Tag. Am 3. August 1976 liegt sie in einem Liegestuhl am See, unter einem Birnbaum, liest diese Aufzeichnungen und hängt ihren Erinnerungen nach.

Gemessen an der Textmenge, die Isidor eingeräumt wird, nehmen sich die Helene-Partien, die jeweils am Ende von Isidors Aufzeichnungen eingelassen sind, allerdings spärlich aus. Im Mittelpunkt würde somit, rein äußerlich, Isidor stehen, der Tag für Tag seine Notate verfaßt. Interessanterweise hält er sie aber nicht in der Ich-Form, nicht in der ersten Person fest, sondern du hast ihm eine Man-Instanz beigelegt. Aus welchem Grund?

Vermutlich hängt das wieder mit meiner Scheu vor dem Direkten zusammen.

Dem Schriftsteller K. gönnst du ohne weiteres die erste Person.

Ja, der schreibt in der ersten Person. Das »man« gibt dem Text, dem Geschehen einen gewissen Abstand, und

Sitzplatz der Helene W. in Berlingen

es wahrt vielleicht auch eine gewisse Intimität. Jedenfalls ist es keine Manier, kein Gag, sondern eine Notwendigkeit. Ohne das »man« wäre der Text gar nicht möglich gewesen. Zu Beginn meines Schreibens – ich hab das schon erwähnt – bestand eine ungeheure Schwierigkeit darin, hinauszutreten. Das ging nur über den Konjunktiv und über das »man«.

Es könnte sogar von einem genuin helvetischen Verfahren gesprochen werden. Wir brauchen ja in der Mundart oft dieses »man«, und nicht umsonst versteht sich Friedrich Glauser in seinen Kriminalromanen trefflich auf seine Verwendung. Ist dir bei deiner Schreibpraxis auch daran gelegen, die Isidor-Figur auf diese Weise zu entindividualisieren, um so dem Leser die Einfühlung zu erleichtern?

Ich glaube nicht, nein. Solche Überlegungen habe ich nie angestellt, das »man« ist existentieller und hat eben mit dieser verrückten Scheu, hinaus- oder herauszutreten, zu tun.

Im vorangegangenen Werk »Der Besuch« befindet sich die Hauptfigur in einer vergleichbaren Situation. Beide Male handelt es sich um Eingeschlossene, mit der entscheidenden Differenz, daß sich der Insasse auf Zimmer 212 in seine Erinnerungen versenkt und in seinem Vorstellungsvermögen übt. Das ist beim eingeschlossenen Isidor weniger der Fall. Der registriert zunächst einfach seine unmittelbare Umgebung. Schier unermüdlich berichtet er etwa von seinen Sitzgewohnheiten, der Art, wie er mit seinen Beinen umgeht, mit seinen Händen, seiner Brille oder anderen Gegenständen. Darüber hinaus fällt Isidors Blick zum Fenster hinaus auf ein Gesträuch namens Spiräe, auf einen Schneepfahl, auf die Vögel. Siehst du eine Verbindung zwischen den beiden

Gestalten? Hat dich die Lage des Eingeschlossenen beim ersten Mal so fasziniert, daß du noch einmal von einer ähnlichen Situation ausgehen wolltest, um sie dann ganz anders zu gestalten?

Ich hab mir das nie bewußt zurechtgelegt, ich glaube, da waren keine Überlegungen am Werk. Die Sache war ein wenig tiefer, drängte irgendwie aus mir heraus, drängte in eine Form. Diese Gestimmtheit hatte ihre Bilder, die in einen Rahmen hineinwollten, und dem mußte ich genügen oder entgegenkommen, wenn ich überhaupt im Gleichgewicht bleiben wollte. Ich habe immer erst dann geschrieben, wenn ich fühlte, daß durch ein Sträuben gegen das Einfangen dessen, was in einen Rahmen, was in ein Bild hineindrängte, mein Gleichgewicht ins Schwanken kam. Erst aus dieser Lage heraus habe ich mich dann bequemt, zu schreiben. Das tönt jetzt etwas distanziert, in Wirklichkeit geht es inniger, eigentlicher zu. Und diese seltsame Verlorenheit der Leute, der Einzelnen, des Einzelnen hat mich wohl sehr ergriffen. Damals las ich ja auch Beckett. Zudem konnte ich vermutlich – ich interpretiere mich nun quasi selber – durch die Schilderungen des rein Äußerlichen das innere Geschehen bespiegeln und hinüberbringen, konnte also eine Intimität wahren, an der mir liegt. Instinktiv liegt mir daran, das hat vielleicht mit Scheu zu tun oder damit, daß es die Schwalben eben auch tun, ebenso die Kinder, wunderbar, die Intimität, die geistige Intimität zu wahren. Mit dem Aufzeichnen des äußerlichen, bescheidenen Geschehens konnte ich mich sozusagen davor drücken, mit meinen inwendigen Anliegen, dem inwendigen Geschehen herauszutreten. Ich glaube aber doch, daß eine Spiegelung stattfindet, daß innere Vorgänge quasi leise in den Dingen anklingen, und vor allem erhalten dann die Dinge, die kleinen Geschehnisse, zum Beispiel das Verändern des Lichtes vom Morgen bis zum Abend, die Geräusche, die in die Stube dringen, die Manipulationen mit der Brille, das Hinlegen oder Aufschlagen eines Buches oder das Anschauen eines Bildbandes, ein Gewicht, das ich diesen Dingen, diesen Vorgängen ganz gerne gönne.

Du hast den Begriff, den ich jetzt einführen wollte, bereits vorweggenommen, nämlich den Begriff der Spiegelung. Zunächst scheint es, wenn man nicht genau darauf achtet, als ob die Dinge direkt und akkurat geschildert würden. Bei näherem Zusehen stellt man aber fest, daß ein großer Teil der eingefangenen Objekte nur in Spiegelungen widerscheint. Ich kenne kein anderes Buch von dir, wo dieses Verfahren so häufig auftritt.

Das kommt wohl – im nachhinein merk ich das – vor allem mit dem Clown zum Tragen. Den Clown kriegt man nur in der Spiegelung zu Gesicht. Das eigentliche Bild hängt an einer Wand und wird von einem Spiegel in ein anderes Zimmer gespiegelt, eben zu diesem Isidor hin. Vermutlich ist das ein ganz wichtiges Bild, spielt dieser Clown, diese Spiegelung des Clowns, der übrigens von einem Kind gemalt wurde, eine große Rolle, denn der Widerschein dieser Spiegelung erfüllt den ganzen Text – unterschwellig zumindest.

Aber die Spiegelungen bleiben nicht auf den Clown beschränkt, sondern auch Isidor etwa spiegelt sich in der Kaffeekanne, also der Betrachter spiegelt sich in einem Objekt, Objekte spiegeln sich in anderen Objekten. Es wird ein komplexes Spiegelkabinett aufgebaut.

Bild des Clowns, gemalt von Gerhard Meiers Enkel Matthias

Ich habe beim jetzigen Wiederlesen des »Schnurgeraden Kanals« beinahe heftig die Fremdheit dieses Textes empfunden, was ich beim Schreiben damals und beim späteren Lesen ursprünglich nicht empfunden hatte. Aber jetzt aus der Distanz heraus, weil ich doch inzwischen die Literaturlandschaft ausgiebiger abgeschritten habe und besser kenne, habe ich dieses Buch innerhalb der übrigen zeitgenössischen Literaturlandschaft als erstaunlich fremd empfunden. Ich kann gut begreifen, daß nur verhältnismäßig wenig Leser einen Zugang finden und Lust haben, sich diesen Text einzuverleiben. Aber ich bin glücklich geworden, als ich den Aufsatz von Gerda Zeltner über den »Schnurgeraden Kanal« las, der in der Werkausgabe als Nachwort aufgenommen wurde. Ich wußte zwar immer, daß es ein präziser, redlicher, guter Aufsatz ist, doch diesmal ist er mir in seiner Eigentlichkeit, in seiner Größe, möchte ich fast sagen, aufgegangen. Frau Gerda Zeltner hat mir das Buch fast wieder neu erschlossen.

Zurück zum früheren Thema. Einerseits gibt es also eine geradezu excessive Beschreibungsprosa, und andererseits, ergänzend oder relativierend, diese Spiegelungen. Beides deutet auf den Vorrang des Gesichtssinnes, wenn wir in der sinnlichen Welt bleiben, und ich habe das Buch gelesen, als würdest du hier dem Sehen, dem Gesichtssinn eine Huldigung darbringen.

Ich frage mich selber immer wieder, ob ich ein Augenmensch oder ein Ohrenmensch bin oder beides zusammen. Manchmal glaube ich, die Welt in erster Linie zu hören. Darum meine Beziehung zum Weltenklang, und meine Auffassung, daß die Welt letztlich ein Klang ist, steht in diesem Zusammenhang. Die Welt hörend zu erleben, liegt mir wahrscheinlich sehr nahe. Doch dann merke ich wieder, wie stark ich über das Auge die Welt mitbekomme, und ich weiß nicht, mit welchem Organ ich intensiver teilhabe an der Welt. Wenn ich bedenke, wie Malerei, Bildnerei und vor allem Architektur mich ein Leben lang bewegt haben, muß ich schon sagen, daß das Auge, das Sehen, der Gesichtssinn für mich eine immense Bedeutung besitzen.

Die Visualität greift auch auf Bereiche über, wo man sie nicht ohne weiteres erwarten würde. In deinem Buch, beziehungsweise im Interieur, worin sich Isidor aufhält, treten zwei literarische Bücher in sein Gesichtsfeld: »Molloy« von Samuel Beckett und »Die Stunde des Todes« von Herbert Achternbusch. Beide Romane werden inhaltlich nur kurz gestreift, aber die Buchumschläge werden eindringlich vor Augen geführt, insbesondere der von Achternbuschs »Stunde des Todes«.

Diese Haltung, sich auf den Gesichtssinn zu konzentrieren, geht tatsächlich durch das ganze Buch und wird konsequent beachtet. Und eben, das Darstellen der Welt über den Gesichtssinn, über das Sehen, über die Dinge ermöglicht eine gewisse Distanziertheit. Man kann sich dann wirklich über die Chiffre offenbaren, ohne daß man sich preisgibt. Diese Art, sich über das Auge an die Welt heranzumachen, hat mich wahrscheinlich davor behütet, in meiner Intimität allzu stark verletzt zu werden.

Bestimmt hast du diese Romane nicht zufällig gewählt. Bei der »Stunde des Todes« klingt bereits im Titel der bevorstehende Tod von Isidor an. Bei Beckett könnte man etwa einen Bezug in der Beschreibungstechnik sehen, und das auf

Buchumschlag zu
Herbert Achternbuschs
»Die Stunde des Todes«
(1975)

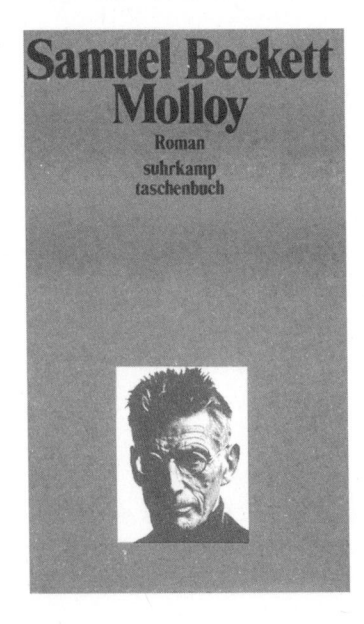

Umschlag zur Taschen-
buch-Ausgabe von
Samuel Becketts
»Molloy«

dem Suhrkamp-Taschenbuch reproduzierte Bild von Beckett wird auch mit dem Clown in Verbindung gebracht. Gibt es noch andere Gründe, warum Achternbusch und Beckett hier vorkommen?

Sie standen mir damals am nächsten. Erklären kann ich es nicht, aber diese zwei Bücher gehören schon in das Klima, in den Geruch und den Klang hinein, die im »Schnurgeraden Kanal« drinstecken. Bei Beckett könnte mir seine Sprödigkeit zugesagt haben. Er neigt ja auch nicht zu Intimitäten, sondern besitzt scheinbar eine beinahe spröde Oberflächlichkeit. Ich schätze Beckett übrigens heute noch, obschon ich ihn schlecht kenne. Von Achternbusch hatte ich mir einst viel versprochen, doch dann ist mein Interesse ziemlich rasch abgeflaut. Vielleicht hatten mich seine Gewagtheiten für ihn eingenommen, er hatte sich jenseits der ausgelaufenen Spuren fortbewegt. Und dann eben der Titel und das äußere Bild.

Auch das Wagnis zur Fremdheit in deinem Sinn?

Wahrscheinlich. Es sind doch zwei Fremdlinge, Beckett und Achternbusch. Beckett ist ein Fremdling geblieben, ein beachtlicher Fremdling.

Eine gewichtige Rolle spielt dann ein drittes Buch. Es handelt sich um einen Bildband, betitelt »In Rußland«. Die Bilder stammen von Inge Morath, der Text von ihrem Lebensgefährten Arthur Miller. Da müssen wir ein bißchen verweilen, denn hier wird ein zentrales Thema deines Werks zum ersten Mal prominent angestimmt, nämlich das Rußland-Thema. Könntest du erzählen, wie sich dein Interesse an Rußland gebildet hat?

Rußland, *meinem* Rußland, möchte ich sagen, bin ich zum ersten Mal in der Schule begegnet, als uns in der achten Klasse der Sekundarschule Lehrer Bösiger die Erzählung »Wieviel Erde braucht der Mensch?« vorlas. Dieser Text hat mich unglaublich getroffen, und damals sagte ich mir: Das muß nun wahrscheinlich Literatur sein. Seither haben mich die Russen und vor allem Tolstoi nie mehr verlassen, obschon ich erst nach vierzig Jahren dazugekommen bin, »Krieg und Frieden« zu lesen. Wie ich den Bildband von Arthur Miller und Inge Morath entdeckte, kann ich nicht mehr sagen, aber es muß ungeheuer gewirkt haben. Da war eine Lebendigkeit drin in diesen Bildern, die waren voller Klänge und voller Gerüche und voller Bewegung. Das versuchte ich umzusetzen, indem ich Isidor im Lauf der Tage diesen Band umblättern und seine Bilder beschreiben ließ, das heißt: Isidor nahm diese Beschreibungen in seine Tagebuchnotizen auf. Nach der Entstehung des »Schnurgeraden Kanals« habe ich gelegentlich wieder darin geblättert. Die Intensität hat natürlich wesentlich nachgelassen, ich sehe ihn mir heute noch gern an, aber ich bin erstaunt, was diese Bilder in mir alias Isidor überhaupt auszulösen vermochten.

An der Art, wie der Fotoband in deinem Roman erscheint, fallen mir zwei Komponenten auf. Zum einen bist du darum bemüht, einen authentischen Einblick in das zu verschaffen, was vorliegt. Du beschreibst die Fotos exakt, du übernimmst manchmal sogar wörtlich die Bildlegenden. Zum andern findet doch eine sehr eigenwillige Lektüre statt. Du versuchst also beides: bei der realen Vorlage zu bleiben und zugleich etwas Subjektives zu veranstalten.

Auch hier geschieht eine gewisse Spiegelung. Ich glaube, über diese Bilder, quasi wiederum über das Auge, kommt die Befindlichkeit des Isidor zum Vorschein. So kommen Sachen zur Sprache, ohne daß man zunächst ihre eigenen Mittel verwendet, via Bild, via Spiegelung. Wie wir schon angetönt haben, ist es eine erstaunliche Konsequenz dieses Buches, dieses Textes, daß er sich über das Sehen abspielt, wobei es eben nicht realistisch passiert, sondern die Dinge erhalten oder behalten ihre Würde, ihr Gewicht, auch die Bilder. Sie dienen dazu, Isidors Befindlichkeit aufzuzeigen, ohne daß diese verbalisiert werden müßte im eigentlichen Sinn.

Ich möchte noch ein wenig beim Rußland-Thema verweilen und dich fragen, wie sich dein Bild von Rußland im Verlaufe der Zeit verändert oder angereichert hat.

Durch die Musik eines Schostakowitsch, früher auch über Tschaikowsky, hab ich Rußland erfahren. Heute erlebe ich es neu über Alexander Skrjabin. Im Moment bin ich süchtig auf eine CD-Aufnahme, wo Horowitz Klavierstücke von Skrjabin interpretiert, und ich bin erstaunt darüber, was die russische Seele alles birgt. Nicht nur darüber, was sie birgt, sondern auch imstande ist, zu offenbaren und weiterzugeben. Natürlich sind dabei gewisse Sentimentalitäten im Spiel. Ich glaube, ohne Verlogenheiten gibt es nichts, und ohne Sentimentalitäten auch nichts. Es kommt auf den Grad ihres Vorhandenseins an, sie dürfen nicht überwiegen, aber ohne sie würde es die Welt wahrscheinlich nicht geben. Im Grunde genommen bin ich gegen beides, doch es sind eben Gewürze, auf die wir nicht verzichten können. Vielleicht ist sogar meine Mutter mitbeteiligt. Sie stammt ja von der Insel Rügen, und diese wurde im Laufe der Jahrhunderte immer wieder überspült von den Slawen, die sich dann über längere

Zeit dort festsetzten. Möglicherweise habe ich ein, zwei, drei Tropfen slawisches Blut in mir. Und diese Landschaft! Als Kleinstaatler und Bewohner eines Gebirgslandes hat man ganz automatisch Heimweh nach der Weite, nach Regionen, die Prärien oder Savannen oder Steppen aufweisen, unabsehbare Flächen, auch Hochebenen mit Grasland.

Ziehen dich auch die russischen Menschen an, wie du sie aus der Literatur oder aus Filmen kennengelernt hast?

Bestimmt. Und dann dieser Ton! Ich weiß schon, man muß aufpassen bei ›russischer Seele‹, das ist ein grausliges Klischee, aber ich glaube schon, etwas vom russischen Menschen aus der Distanz erlebt zu haben, zum Beispiel in den orthodoxen Gesängen, in der Balalaikamusik, in der Volksmusik schlechthin, in der Bildnerei, der Literatur von Tolstoi, Tschechow, Pasternak und anderen russischen Autoren, vor allem in der Musik, angefangen mit Tschaikowsky in der Jugendzeit. Über Jahre hin war ich süchtig auf Schostakowitsch, der mir neue Klangbilder bescherte, auf die ich angewiesen war. Ich besitze ein ausgezeichnetes Gedächtnis für Klangbilder, und darum muß ich von Zeit zu Zeit neue Klangbilder erhalten. Im Augenblick liefert sie mir gerade Skrjabin. So hab ich während langer Zeit über Musik, Literatur, Bildnerei und Landschaft ...

Über den Film weniger?

Ich glaube weniger. Tarkowsky habe ich mit großem Interesse verfolgt. Einige seiner Filme haben mich beeindruckt, und eine Zeitlang habe ich sogar damit geliebäugelt, seine theoretischen Schriften zu kaufen, aber ich hab's dann doch bleiben lassen. Rußland, das russische Volk und seine Geschichte bewegen mich also sehr und sind mir stets gegenwärtig. Ein Pendant dazu ist Nordamerika mit seinen Prärien und Indianern: auch wieder ein großes, ein riesiges Land. Vermutlich hat man als Schweizer ein angeborenes Heimweh nach großen Ländern.

Du beziehst dich eher auf die getragenen, schwermütigen Aspekte der Erscheinung Rußlands. Wie steht's denn mit einem Satiriker wie Gogol?

Ich kenne »Die toten Seelen«. Der Inhalt ist mir entfallen, aber ich weiß, das Buch hat mich gepackt. Eine Zeitlang habe ich Majakowsky und ein paar andere Lyriker gelesen. Dostojewsky zum Beispiel konnte ich nicht lesen, obwohl ich es versuchte. Dostojewsky hätte mich aus dem Gleichgewicht gebracht, ich ertrage ihn nicht. Er ist ein großer Autor, aber für mein labiles Gleichgewicht eignet er sich nicht, er würde mich durcheinanderbringen. Da steht mir Tolstoi in seiner Behäbigkeit, in seiner Stabilität schon näher.

Tolstoi scheint unter den russischen Schriftstellern dein Lieblingsautor zu sein. Was an seinen Büchern, an seiner Figur berührt dich am meisten?

Darüber hab ich mir auch schon meine Gedanken gemacht, und ich bin mir nicht klar geworden. Als Stilist interessiert er mich nämlich weniger, verglichen mit einem Proust, Claude Simon, Robert Walser oder einer Virginia Woolf. Vordergründig hat er ja, wie Gottfried Keller, diese realistische Schreibweise an sich, und trotzdem steht er mir so nahe. Aber da spielt vermutlich das Land mit, das Bäurische. Er ist auf seinem Gut herumgewandert, er hat organisiert, befohlen, dirigiert. Die Verbindung Dichter und Bauer ist mir natürlich lieb. Dann war er auch noch Christ und besaß also eine enge Beziehung zur Spiritualität, um es möglichst abstrakt auszudrücken, und eine soziale Haltung, die wie die religiöse bei ihm so weit ging, daß sie fast skurril, sektiererhaft wurde. Diese Fächerung, diese Vielfalt, die auch eine Gefährdung in sich barg, wie sich am Ende seines Lebens zeigte, als er im Winter, soviel ich weiß, der Familie, der Bürgerlichkeit, dem Gut, der Schriftstellerei den Rücken kehrte und dann auf einer Bahnstation gestorben ist – konsequenter hätte sein Leben nicht enden können –, und auch das Verhältnis zu seiner Frau, das alles, bis hin zum handgreiflichen Bauernhemd und zum Stab, den er mitführte, und zu seinem Hut, berührt mich, zu schweigen von seinem prächtigen Haus in Jasnaja Poljana, wovon ich eine Winteraufnahme wiederum aus dem legendären Rußlandbuch von Arthur Miller und Inge Morath kenne. Dort ist auch sein Grab abgebildet, das nach seinem Wunsch weder ein Kreuz noch eine Platte aufweist. In seinem eigenen Wald hat er sich anonym beerdigen lassen. Auch ist er zwei, drei Mal zu Fuß von Tula nach Moskau gegangen. Solche Verrücktheiten mag ich eigentlich, die hat auch Robert Walser an sich gehabt, jeder anständige Mensch hat gewisse Verrücktheiten an sich. Überhaupt paßt er mir schon als Mensch. Ich hatte ihn mir immer ziemlich groß vorgestellt, bis mir ein Redakteur von der »Süddeutschen Zeitung« eine Postkarte aus Jasnaja Poljana schickte, auf der man sieht, wie Tolstoi im Garten an einem runden Tischchen sitzt und einen Brief liest. Er war offensichtlich ein kleiner, schmächtiger, zarter Mann mit einem kräftigen Bart.

Tolstoi, einen Brief lesend

Haben es dir nicht auch seine Romanfiguren angetan? Du erwähnst sie ja öfter in deinen Werken, etwa die Natascha.

Natürlich, auch Andrej Bolkonskij und Pierre. Selten sind mir Romanfiguren so nahe getreten und haben mich so lange, beinahe physisch begleitet, und das ist für mich ein Zeichen, daß es sich bei »Krieg und Frieden« doch um einen bedeutenden Roman handelt, obschon mir Tolstoi, wie gesagt, stilistisch nicht sehr nahe steht.

Aber ist es nicht auch eine stilistische Leistung, wenn es einem Autor gelingt, so anschaulich, konkret darzustellen?

Das ist ganz klar. Und das Buch hat einen Klang, einen Klang, der die Weite, den russischen Winter, die Birkenwälder und die Bauern enthält. Auch die Mühsal, das Versagen, das Flüchten und die Liebe sind drin, weißt du, und vor allem der Adel, der Zarenhof und der Zarenball in Petersburg. Der ostdeutsche Literaturprofessor Petzold war einmal zu Besuch hier und erzählte mir von der Oper »Krieg und Frieden« des Komponisten Prokofieff. Daraufhin schickte er mir eine Platte mit Auszügen, und so hörte ich dann Andrej Bolkonskij singen und reden, auch den legendären Heerführer Kutusow, der französische Romane las, um sich im Kampf gegen den Franzosen Napoleon regenerieren zu können, und natürlich die Natascha. Die Musik ist wunderschön, und jener Walzer kommt darin vor, der am Kaiserball gespielt wurde, als sich Andrej Bolkonskia und Natascha zum ersten Mal trafen und zum ersten Mal miteinander tanzten. Die Melodie war mir ganz vertraut, ich hatte sie schon lange vorher gehört, sie ist durch viele Jahre meines Lebens gegangen, diese Melodie vom Kaiserball, und sie hat mich gewissermaßen als Leitmotiv durch den Roman »Borodino« hindurch begleitet. Es ist ein großartiges Buch, und ich weiß, daß Hemingway gesagt haben soll, er würde eines seiner Werke hergeben, wenn er »Krieg und Frieden« noch einmal zum ersten Mal lesen könnte. Damit verhält es sich ähnlich wie bei Kellers »Grünem Heinrich«, wobei »Krieg und Frieden« wesentlich umfangreicher ist, ein Brocken ohnegleichen.

Bisher ist Rußland für dich ein Sehnsuchtsland geblieben. Ich weiß, du würdest gerne hinfahren, aber ich frage mich auch, ob du nicht vor der Konfrontation mit dem realen Rußland Angst hättest.

Da ich allergisch bin auf Ideologien und Täuschungen und mich möglichst davor hüte, auf den falschen Zug zu springen, habe ich mich im Laufe meines Lebens immer wieder überprüft. So habe ich zwei Testfälle erlebt: die Insel Rügen, wo meine Mutter herstammt, und Israel. Von beiden hatte ich mehr oder weniger genaue Vorstellungen, und als wir dann hinkamen, trafen sie weitgehend zu, und ich konnte die tröstliche Erfahrung machen, daß ich nicht Spinnereien aufgesessen war. Daher glaube ich, daß Rußland mich nicht enttäuschen würde. Ich weiß, es hat dort auch schlimme Ecken, vielleicht noch extremer, noch häufiger als hier, aber im großen ganzen sehen wahrscheinlich der Wind, das Licht, der Himmel, die Steppen, die Prärie, das Grasland, die Birkenwälder und vor allem die Flüsse ungefähr so aus, wie ich sie in mir herumtrage. Wovor ich Angst habe, ist, solche intensiven Begegnungen zu wiederholen. Ich hätte Angst davor, noch einmal auf die Insel Rügen zu gehen, und ich würde mich fast kategorisch weigern, noch einmal Israel zu bereisen, aus Angst, ich würde mir meinen Eindruck nur verschlechtern. Natürlich sitzen wir alle manchmal Phantastereien auf, das entspricht einfach unserem Wesen, aber ich schätze das nicht und tue schon etwas dagegen. Ich betrüge mich ungern, weißt du.

Neben dem Rußland-Thema, das freilich punktuell schon früher aufscheint, gibt es im »Schnurgeraden Kanal« ein zweites Novum, wenn ich mich nicht täusche, nämlich die erstmalige Verwendung des Wortes »Amrain« als Bezeichnung für dein Dorf, für Niederbipp. Das erstaunt ein wenig, denn im Unterschied zu den vorangegangenen Werken spielt hier das Dorf keine wesentliche Rolle. Was hat dich bewogen, plötzlich zu dieser Vokabel zu greifen und deinem Dorf einen poetischen Namen zu geben?

Vermutlich hätte ich es schon früher tun sollen oder tun mögen. Ich kann mich nicht mehr erinnern im Detail, aber ich war jedenfalls froh, daß ich endlich einen Namen für mein Dorf fand, einen Decknamen. Dieses »Amrain« leitet sich ja davon ab, daß wir hier ziemlich nahe am Fuße des Juras sind: am Rain. Das Wort lag also nahe und hat mir auch vom Klang her sehr zugesagt, mit seinen zwei »a« darin. So war ich dann glücklich, endlich mein Dorf getauft zu haben.

Es war offenbar keine plötzliche Eingebung, sondern du hast über längere Zeit nach einem Namen gesucht?

Ja, ich habe schon über längere Zeit gesucht. Auch später, im Fall der beiden Figuren Baur und Bindschädler, konnte ich ihre Namen nicht einfach nur aus dem Ärmel schütteln.

Nun zurück zu Isidor. Es gibt ja zwei Fakten, zwei Umstände, die seine Figur existentiell bedingen: seine mutmaßliche Krankheit, ein Gehirntumor, und sein Freitod. Beides wird nur angedeutet. Die Krankheit etwa kann man dem Klappentext entnehmen oder Isidors obsessiver Beschäftigung mit allem, was Gehirn und Krebs betrifft. Inwiefern ist dein Interesse an Isidor durch das Faktum bestimmt, daß er am Ende seiner Aufzeichnungen diesen Suizid begeht?

Der Freitod steht schon in einem Zusammenhang mit seinem Gehirntumor. Isidor wollte vermutlich diese Krankheit nicht austragen und auf solche Weise das schreckliche Ende umgehen. Ich hab das ja, wie gesagt, konkret erlebt in der eigenen Familie. Der Freitod ist ein Thema, das mich immer wieder beschäftigt hat – aber wen schon nicht? Ich hatte in meinem Amrain öfter Gelegenheit, dieser Art des Todes zu begegnen, und zwar von Kindesbeinen an. Durch all die Jahrzehnte hindurch hat mich das Thema begleitet, ich wollte es auch einmal ein wenig hineinbringen, und in dieses Lebensklima, in das Licht, in den Ton dieses Textes hinein hat es mir gepaßt. Es hat vielleicht noch eine Steigerung erfahren durch das Sich-Verfehlen, das Scheitern der Beziehung.

Aber du vermeidest mit Bedacht, daß sich Isidor mit seinem Vorhaben, dem Freitod, auseinandersetzt.

Das Thema muß sich allmählich entwickeln, und da es mir darauf ankommt, die Intimität zu beachten, soll es gar nicht verbalisiert, gar nicht frontal sich zeigen oder angekündigt werden.

Der Text enthält freilich mehrere Indizien, die damit zu tun haben, die darauf hindeuten oder die etwas Ähnliches vorführen. Ich erwähne jetzt nur den Blätterfall, der draußen beobachtet wird und gleichsam die sterbende Natur vertritt. Im Innenraum wird diese wiederum durch die fünf margeriten- oder kamillenähnlichen Blumen manifestiert, die von Tag zu Tag welken, bis am Ende nur noch eine übrig bleibt. Sind solche Erscheinungen für dich eher Stimmungsträger, zufällige Koinzidenzen, oder sind es ganz bewußt verwendete Signale?

Nein, das sind Chiffren, die ich aber nicht bewußt handhabe, sonst sind es ja keine Chiffren mehr. Ich lebe mit diesen Bildern, mit diesen Gleichnissen, diesen Chiffren, wobei man das vegetativ tun muß. Man muß sie auch vegetativ erleben. Man darf also nicht einen klaren Gedanken in eine Chiffre oder in ein Gleichnis umsetzen, das fände ich idiotisch. Die Chiffre steht im Grunde genommen für Unaussprechliches, ein Gleichnis versucht, Unaussprechliches faßbar zu machen. Da sollte man sehr, sehr aufpassen. Es sind Gestimmtheiten, die sich zusammentun zu einem Klang, aber sie folgen keiner Absicht. Man kann auch nicht Töne so absichtlich handhaben, daß daraus ein anständiges Musikstück entsteht, das muß sich schon mehr oder weniger ergeben. Wenn dieser Blätterfall vordergründig als Zeichen der Vergänglichkeit eingesetzt wird, wirkt es abstoßend. Die Unbewußtheit muß spielen, und die Chiffre soll ihren Charakter behalten, soll für etwas stehen, das nicht ohne weiteres verbalisierbar ist, es sei denn auf platte, dumme Art. Wir sind von Chiffren und Bildern umstellt, und wir sind auf sie angewiesen, weil unser Verbalisierungsvermögen einfach beschränkt ist. Unser Intellekt ist in Bezug auf Spirituelles, auf Geistiges schlechthin sehr eingeengt. Wir können nur über Bilder, über Sinnbilder, über Gleichnisse, über Chiffren leben, und wenn wir einmal so weit kommen, daß wir das nicht mehr tun können, verpassen wir wahrscheinlich das Leben. Darum ist es ungeheuer wichtig, den Umgang mit diesen Sachen zu pflegen, und zwar mit Anstand und im Wissen darum, daß es eine ernsthafte Angelegenheit ist.

Welche Bedeutung hat für dich die Gunst des Zufalls? Befinden wir uns nicht gerade jetzt im Raum, wo der Isidor-Teil des Buches angelegt ist? Dort drüben sehe ich den »Stuhl mit den sieben Staketen«, in der Ecke den Ofen ...

Wobei mir in Wirklichkeit das Nachbarhaus als Vorbild gedient hat, aber die Stube habe ich fast real von hier übernommen.

Immerhin stehen einzelne, mir von der Lektüre her vertraute Versatzstücke herum, und an der Türe hängt der Clown ...

Der allerdings vorher an einer anderen Türe hing, so daß die beschriebene Spiegelung stattfinden konnte. Das war hier nicht mehr möglich.

Aber das ganze Setting, das ganze Arrangement war einmal authentisch so vorhanden, wie du es im Roman schilderst?

Ja, das war ein Zu-Fall, Zu-Fall getrennt geschrieben, im Sinn von Zu-Fallen.

Ist es für dich eine geläufige und bewegende Erfahrung, daß beim Schreiben unvordenkliche Dinge hereinspielen,

»Stuhl mit den sieben Staketen«, dahinter Ofen

daß sich dir die Realität gewissermaßen zuneigt und dir etwas nahelegt, das genau zu jenem Gegenstandsbereich paßt, der dich gerade beschäftigt?

Ich glaube schon, wobei ich, wie gesagt, Zufälle im üblichen Sinn nicht kenne, sondern nur im Sinn von Zu-Fallen. Als Christ hab ich dafür eine einfache Erklärung, und ich bin davon überzeugt, daß viel auf diese Weise geschieht. Scheinbar spielen Zufälle mit, aber es sind eben keine Zufälle. Es sind Konstellationen, die sich in günstigen Momenten einfinden, und daraus wird dann vielleicht etwas Genießbares, etwas, wovon wir leben können. Wir müssen von unserer mechanistischen, materialistischen Art zu denken und zu leben, Leben zu praktizieren, wegkommen und zurück zu einer Haltung gelangen, wie sie das Kind einnimmt, oder wie sie bei Naturvölkern, soweit es sie noch gibt, anzutreffen ist, zu einer Haltung, die mit dem Unbegreiflichen im Einklang steht und die einen immer wieder bewußt werden läßt, daß vieles geschieht, das wir einfach nicht im sogenannten Griff haben, und daß das webt und lebt ohne unser Zutun, und daß vielleicht durch unser Zutun aus dem Tun, das sich da abspielt immer, immer, sich dann etwas bildet, sei es ein Text, ein Bauwerk, ein Musikstück, eine Plastik, ein Gegenstand, sei es irgend etwas, in diesem großen Zusammenhang. Ich habe letzthin gehört, daß man Indianer umsiedeln wollte, worauf eine Indianerin gesagt hat: »Aber dort wird mich der Wind nicht kennen!« Das hat mich aufgewühlt, diese wunderbare Haltung, dieses Wissen darum, daß wir im großen Ganzen drin sind, daß sich da Sachen tun, die wir nicht begreifen, die wir nicht erkennen, die aber da mittun, und wir tun dann auch noch mit. Es verhält sich wie bei der Parklandschaft: Die Menschen und Gott tun sich zusammen, und dann entsteht möglicherweise etwas Großartiges. Und so, glaube ich, müssen wir es wieder sehen, diese Kindlichkeit, diese Bescheidenheit, diese Offenheit zum großen Ganzen müssen wir anstreben, um wieder anständige Wesen zu werden.

Könntest du das, was du in einen allgemeinen Zusammenhang gerückt hast, an einem wichtigen Detail deines Romans ausführen, nämlich an der Figur des Clowns, die ja in Wirklichkeit existiert und die für mich eine Art Schutzpatron oder Hausgott dieses Interieurs darstellt.

Das war für mich ein großer Schrecken, als ich auf diesen Zu-Fall stieß. Ich saß in meinem Sessel, war am Schreiben und schaute dann, wie es der Zu-Fall wollte, zu diesen zwei Türen hinaus. Da sah ich einen Clown, der sich bewegte, auf mich zubewegte quasi, und ich erschrak zutiefst, muß ich fast sagen. Das war meine erste Begegnung, eine Konstellation, möchte ich wieder sagen, die ich vorfand, die ich nicht herstellte. Sie paßte zu meinem übrigen Gerümpel, zu meinem übrigen Staub oder was sich da ansammelt wie bei einem Stern, um einen Vergleich aus dem Makrokosmos zu nehmen. Dort tun sich ja riesige Staub-, Gas- und Steinmassen zusammen und bilden einen Stern, und bis alles übereinstimmt, kann es Jahrtausende, Jahrmillionen dauern. So gibt es in unserem Leben, in unserem geistigen Leben, in unserem wirklichen Leben diese ganz seltsamen Konstellationen. Man geht sie heute über die Chaosforschung auch ein wenig an, und man hat erkannt, daß sich etwa in Sanddünen, in den Bewegungen der Natur, der Materie scheinbar ein gewisser Hang zum Ästhetischen geltend macht, daß sich das Zeugs zuletzt ganz ordentlich zusammentut und uns dann als schön vorkommt. Das hat mit Kunst und mit Spiritualität zu tun. Das wußten die Indianer wunderbar, die Kinder wissen es heute noch, solange sie nicht verdorben sind von uns, daß da etwas geschieht, aber, um Gottes Willen, nicht im Sinn von Spiritismus. Solche Phänomene gibt's zwar auch, aber damit will ich nichts zu schaffen haben. Da hat man zum Beispiel in Amerika beobachtet, wie eine Meise zum ersten Mal einen Plastikdeckel mit dem Schnabel durchbohrte, um zum Joghurt zu gelangen. Kurz danach stellte man in Japan fest, daß eine zweite Meise, eine dritte und vierte dasselbe taten, um die ganze Welt herum. Oder es gab Versuche mit Ratten. Man baute ein wissenschaftliches Labyrinth mit einem Köder drin, den die Ratten einfach nicht zu finden vermochten. Auf einmal erwischte eine Ratte den Köder, und dann wiederholte man den Versuch in anderen Ländern, und die Ratten fanden dort auf Anhieb den Köder, nachdem der Weg von einer Ratte in Amerika entdeckt worden war. Ich möchte diesen Phänomenen keineswegs ein Übergewicht verleihen, sie sollen bloß illustrieren, daß tatsächlich seltsame Kräfte, seltsame Übereinstimmungen bestehen. Was bedeutet zum Beispiel Liebe: daß sich zwei Menschen plötzlich angezogen fühlen, und zwar in einem Maß, das gefährliche Formen annehmen kann, auf Gedeih und Verderb? Oder was bedeuten auch nur schon Antipathie und Sympathie? Das sind Erscheinungen, die wir nicht erklären können, über die wir nicht verfügen, und ich glaube, Kunst hat damit zu tun, ich glaube, wenn wir zu einem einigermaßen lebenswerten Leben zurückfinden wollen, müssen wir auf diesem Weg zurückgehen und buchstäblich wieder zum Glauben kommen, daß uns eben hier der Wind kennt und in New

York möglicherweise nicht. Das sind etwas spinnige Gedankengänge, die aber in Zusammenhang mit Kunst begangen werden müssen.

Neben dem äußerst genauen und geradezu excessiven Beschreiben von Gegenständen, Vorgängen, Bewegungen gibt es im »Schnurgeraden Kanal« auch einen starken Hang zum Aussparen oder Verschweigen. Die unmittelbare Bedrängnis des Tumors wird nur angedeutet. Dasselbe gilt vom Suizid und der Liebe zwischen Isidor und Helene. Einerseits ist der Roman auf Erinnerungen angelegt, zehrt vom Burgdorfer Erinnerungsfundus. Andererseits wird konkret verhältnismäßig wenig an Erinnerungen heraufbeschworen, und man ist versucht, von einem Erinnerungsbuch zu sprechen, das fast ohne Erinnerungen auskommt.

Es gibt tatsächlich diese zwei Pole, wie du gesagt hast: das Eingehen auf die Gegenständlichkeit und das merkwürdige Verschweigen von Gegebenheiten, die eigentlich das Thema des Buches, des Textes waren. Das ist vielleicht daraus entstanden, daß ich zum Thema, zum Faßbaren, Vordergründigen nie eine besondere Beziehung hatte. Für mich ist das Immaterielle das Bestimmende, und darum kann ich auch die verrückte Idee haben, die Welt sei letztlich ein Klang. Etwas Immaterielleres als einen Klang scheint es nicht zu geben, obschon ein Klang natürlich physikalisch wiederum aus Wellen besteht, ich kenne mich da nur beschränkt aus. Daraus erklärt sich auch diese Hinwendung zu einem Leben ohne viele Dinge, weißt du, zu einem Leben ohne Prunk. Quantität und Materialität haben mich nie beeindruckt, obschon ich weiß, daß man Leder um die Füße haben sollte und eine Gummisohle unter der Fußsohle und Textilien am Leib und Tonziegel auf dem Dach, damit man überleben kann, um Gottes Willen. Ohne Stofflichkeit würde schließlich unser Körper nicht bestehen und dasein. Vielleicht drückt sich in der Betonung des Immateriellen auch eine gewisse Trotzhaltung gegenüber dem mechanistischen Weltverständnis aus, das heute gang und gäbe oder im Schwange ist. Es steckt vielleicht eine gewisse Borniertheit dahinter, aber es geschieht nicht aus einer Besserwisserei oder aus einem Sektierertum heraus, sondern aus einem Weh, daß das Immaterielle dermaßen zuschanden gekommen ist. Inzwischen geben mir sogar die Physiker recht, indem sie aufzuzeigen versuchen, daß eine Art immaterieller Materie bestehe. Neben der Materie gebe es eine Antimaterie, und das würde sich dann wieder decken mit meinem Gefühl, mit meinem Gespür, mit meiner Auffassung.

Ist dabei auch ein Stück Skepsis gegenüber den literarischen Möglichkeiten im Spiel, daß das, was die Gefühle von Isidor und Helene ausmacht, sich der direkten literarischen Gestaltung entzieht?

Vielleicht. Je anständiger wir mit den Gefühlen, den Neigungen, den Sehnsüchten umgehen, um so eher behalten sie ihre Kraft. Ich habe kürzlich ein wunderbares Erlebnis gehabt. Am Sonntag, am selben Tag, feierten mein Urgroßkind und ich den Geburtstag. Meiner bestand aus einer ungleich höheren Zahl als der seine. Zu diesem Anlaß hat ihm Dorli ein kleines Necessaire geschenkt mit allerlei Gegenständen darin. Als ich nun mit seinem Vater bei den Kirschen herumstand, kam das Mädchen dahergerannt, setzte sich auf die Erde, öffnete das Necessaire, und wir schauten gebannt zu. Wortlos öffnete es also das Necessaire, nahm die Zahnbürsten heraus, die Zahnpasta, das Parfümfläschchen, das kleine Etui mit Seife drin, einen Kamm mit, wie sagt man, groben Zacken, einen schönen, ästhetischen Kamm, fast etwas unnütz, und blätterte das alles auf seinen Schoß, in einer Verzückung, ohne zu reden. Das fand ich wahnsinnig schön. Das ist genau, was man eigentlich tun sollte und könnte: die Herrlichkeiten ausbreiten, ohne zu reden. Das ist wunderschön. Und so sind die Kinder. Doch dann entfernen sie sich davon, nicht wahr, mehr und mehr, und zuletzt schreien sie: »Schau doch, was ich für schöne Zahnbürsten habe, auch eine Seife, und schau, da hab ich Kölnisch Wasser!.« Das tun die Kinder ursprünglich nicht, das ist das Wunderbare, und ich glaube, meine Art zu schreiben, um mich wieder ins Zentrum zu stellen, läuft vielleicht in dieser Richtung. Ja.

Die Liebe von Isidor und Helene wird natürlich nicht einfach ausgeblendet, sondern sie spiegelt sich im Rekurs auf das Pasternaksche Liebespaar Doktor Schiwago und Lara. Diese literarische Reminiszenz bricht sich wiederum in einem Bild des Fotobandes von Inge Morath, das ein Liebespaar zeigt, das gerade die Uferböschung eines Flusses erstiegen hat. Das scheint mir ein durchgehendes Mittel zu sein, etwas von der Liebe, von den Gefühlen zwischen diesen beiden Menschen aufscheinen zu lassen.

Über die Spiegelung, ja. Das Direkte wird möglichst gemieden, und zwar nicht bewußt, nicht aus einem Programm, sondern aus einer Haltung heraus. So werden Bilder zu Metaphern, zu Chiffren, und dabei gewinnt wiederum die Aussage, weil die Metapher kräftiger ist als ihre Umsetzung. Metaphern kann man ja so wenig um-

Liebespaar am Wolchow-Fluss, im Hintergrund ein Teil der Kreml-Mauer. Bild von Inge Morath aus ihrem Foto-Band »In Russland« (1969)

setzen in Verbalität, in Sprache, wie man eine Tonfolge nicht in Worten wiedergeben kann. Dennoch haben wir bei einer Tonfolge, einer Metapher, einer Chiffre das Gefühl, wir hätten etwas mitbekommen, etwas verstanden. Ich bin sogar davon überzeugt, daß vieles, vieles uns nur über die Metapher und über den Klang erreicht. In diesem Zusammenhang möchte ich aus den Briefen von Flaubert eine Stelle vorlesen, die ich seinerzeit entdeckt habe. Während Monaten war dieser Briefband meine Bettlektüre, und so bin ich damals auf diese wunderbare Passage gestoßen, die genau aufzeigt, was mir vorschwebt: »Was mir schön erscheint und was ich machen möchte, ist ein Buch über nichts, ein Buch ohne äußere Bindung, das sich selbst durch die innere Kraft seines Stils trägt, so wie die Erde sich in der Luft hält, ohne gestützt zu werden, ein Buch, das fast kein Sujet hätte oder bei dem das Sujet zumindest fast unsichtbar wäre, wenn das möglich ist. Die schönsten Werke sind jene, die die wenigste Materie enthalten. Je mehr der Ausdruck sich dem Gedanken nähert, je enger das Wort daran haftet und verschwindet, um so schöner ist es.« Den ersten Teil dieses langen schönen Satzes habe ich später quasi als Motto dem Roman »Toteninsel« vorangestellt. Da ist schon einiges von meinem Schreibverständnis, von meinem Kunstverständnis ausgesagt.

Dein Flaubert-Zitat umrankt, ergänzt oder erläutert gewissermaßen jene Passage, die ich meinerseits im »Schnurgeraden Kanal« ausgewählt habe. Wie man direkt fast nichts über die Gefühlswelt von Isidor und Helene erfährt, wird auch die Zeitspanne, welche den Burgdorfer Studienaufenthalt und die zeitlichen Ebenen des Buches trennt, nicht näher rekapituliert. Und wiederum bedienst du dich in dei-

nem Roman spezifischer Verfahren, um diese zeitliche Entlegenheit greifbar, ahnbar zu machen. So beschreibst du etwa ein Foto von Inge Morath, »Im Salon des Schriftstellers Lew Kassil«, auf welchem die Witwe eines Tenors, Frau Sobinow, unter einem Gemälde sitzt, das sie als junge Frau darstellt. Und in der nun folgenden Passage schaut Isidor zum Fenster hinaus und erblickt eine alte Frau auf dem Fahrrad, die er zuletzt als junges Mädchen in seinem Dorf gesehen hat. Bestimmt nicht zufällig schließen sich an diese Begebenheit einige Ausführungen über das Monochrome an:

> Jetzt bewegen sich die Zweige der Spiräe. Von der Linde fallen immer wieder Blätter, bald linkisch, bald artistisch. Eine ältere Frau fährt auf dem Velo vorüber. Diese Frau hat man seit ihrer Mädchenzeit nicht mehr gesehen, so daß in diesem Moment aus einem Mädchen mit einem Mal eine ältliche Frau wurde. Man versucht sich die Zeitspanne dazwischen vorzustellen, diesen monochromen Zeitenraum, leicht strukturiert von sogenannten Ereignissen, und denkt an den Roman, der aus lauter Ereignissen zu bestehen hätte. Man blättert weiter. Erneut ein doppelseitiges Foto, diesmal aber in Farben. Es stellt einen Fassadenausschnitt des blaugrünen Winterpalastes zu Leningrad dar, der von Rastelli zwischen 1754 und 1764 als Residenz für die Zaren erbaut worden sei. Wobei dieser Rastelli vermutlich die Pläne oder zumindest den Entwurf gemacht hat, gebaut haben dann die Bauleute. Heute berge der Winterpalast, zusammen mit der benachbarten Ermitage, eine der größten Kunstsammlungen der Welt.

Ausschnitt der blaugrünen Fassade des Winter-Palastes in St. Petersburg. Bild von Inge Morath aus ihrem Foto-Band »In Rußland« (1969)

Man hält das Bild schräg vor sich hin, das Buch auf den Knien aufstützend, um es ohne Brille betrachten zu können, sich längere Zeit dessen Farben und Formen überlassend. Dieses Blaugrün, ursprünglich monochrom, ist ein Beispiel dafür, wie die Zeit aus dem Monochromen etwas Strukturiertes macht. Und wenn schon dieses Blaugrün als Fassadenfarbe etwas Bewegendes ist, wie viel mehr dann hat dieses Blaugrün an sich, wenn es verwaschen, strukturiert, gebleicht, mit geheimnisvollen Schattierungen durchwirkt sich gibt. Dabei ist es – dieses Blaugrün – von einer solchen Dominanz, daß der Schnee zu Füssen der Fassade ebenfalls einen Schimmer dieses Blaugrüns sich anzueignen befleißigt hat, aus einer gewissen Unterwürfigkeit heraus oder um schlichtweg Schritt zu halten mit einer Erscheinung, für welche ohnehin beneidenswert viel zu sprechen scheint.

Man ist geneigt, daraus gewissermaßen eine Gesetzlichkeit abzuleiten: Vom Monochromen gibt es eine Bewegung hin zum Strukturierten, Verwaschenen, Gebleichten, zum Mit-geheimnisvollen-Schattierungen-Durchwirkten, was sich andererseits nicht ganz schmerzlos zu vollziehen scheint, aber von einer berückenden Eindrücklichkeit sein kann, wenn man gewillt ist, sich der sanften Dominanz dieser Erscheinung zu beugen, wobei ein Sich-Sträuben Ignoranz bedeutete. Dabei ist diese Bewegung paradoxerweise nicht eine Bewegung hin zum Verlöschen allein, sondern eine Bewegung hin zur Intensität, zur Spiritualität, was den Bildern Mark Rothkos diese zeitlose Aktualität verleihen mag, denn gerade Rothko hat diesen Weg vom Monochromen hin zum Strukturierten, Verwaschenen, Gebleichten, Mit-geheimnisvollen-Schattierungen-Durchwirkten aufgezeigt wie selten ein Maler.

Da du wiederholt von Chiffren gesprochen hast, könnte man nun diesen Fassadenausschnitt des Winterpalastes in St. Petersburg mit seinen Verfärbungen als Chiffre auffassen für das, was sich im Verlauf der Jahrzehnte zwischen Helene und Isidor zugetragen hat?

Das ist sicher so, ja, aber die Sache wurde nicht umfunktioniert in eine Chiffre, sonst hätte man ja vordergründig, banal darauf eingehen können. Diese Metapher hat sich ganz organisch eingestellt, und in dem Sinn würde ich es gelten lassen, das Bild dieser Fassade als Chiffre zu nehmen für etwas, dessen man anders nicht habhaft werden kann.

Nun gibt es freilich ein technisches Verfahren, das Erinnerungen speichert, das fähig ist, die Ereignisse eines bestimmten Zeitpunktes festzuhalten und auf unabsehbare Zeit zugänglich zu machen. Ich spreche vom Kino. Das Kino spielt nicht nur im »Schnurgeraden Kanal«, sondern auch in anderen Texten von dir eine Rolle. Hat dich am Film diese Fähigkeit, entlegene Dinge so vorzuführen, als würden sie sich gerade ereignen, fasziniert?

Bestimmt. Das Kino spielt überhaupt mit den Zeiten, es kann durch Einblendungen Vergangenheit und Gegenwart miteinander mischen und auf diese Weise die Zeit manipulieren. Ich sehe im Film aber auch eine Annäherung an das Gesamtkunstwerk, das sich schon Richard Wagner erträumt hat. Keine Kunstform ist an dieses Ideal, an dieses Wunschbild so nahe herangekommen wie gerade der Film, weil er mit Literatur, Musik, Bildern, Farben, Tönen, also mit allen diesen Kunstsparten arbeitet. Als Kind, etwa mit zwölf Jahren, hab ich ein intensives Kinoerlebnis gehabt. Da kam der Wanderzirkus Wanner aufs Dorf und hat jeweils nach der Aufführung der artistischen Nummern eine Leinwand hochgezogen, von einem vis-à-vis gelegenen Scheunenfenster aus einen Projektor auf die Leinwand gerichtet, den Film abspulen lassen, untermalt mit Verdi-Musik, »Die Macht des Schicksals« oder »Rigoletto«, ich glaube eher »Rigoletto«, und vom Fenster aus hat der Zirkusdirektor durch ein Megaphon den Film kommentiert. Es war der Film »Sacco und Vanzetti«, der vom Schicksal zweier Italiener handelt, die vermutlich irrtümlicherweise in Amerika verurteilt und als erste auf dem elektrischen Stuhl umgebracht wurden. Es war eben ein Stummfilm, und alles ging sehr einfach, aber um so eindrücklicher, möchte ich sagen, vonstatten. Dabei blühte über dem Ganzen der Sternenhimmel, um den Zirkus herum schwappten, klatschten die Umzäunungstücher, und vom benachbarten Bauernhof her muhte eine Kuh gelegentlich präzise zu den schauerlichsten Stellen des Films. Das hat mich zum Film-Fan gemacht, über mein ganzes Leben hin.

Blieb es die einzige Filmaufführung, die du unter solchen Bedingungen sehen durftest?

Ja, und darum hat sie sich auch so tief eingeprägt. Später bin ich dann in richtige Kinotheater gegangen, und einer der frühen Filme, die Dorli und ich zusammen ge-

Hausfassade mit Scheunenfenster (1.Stock), aus dem der Film
»Sacco und Vanzetti« projiziert wurde

sehen haben, war »Maria Walewska« mit Greta Garbo. Mir ist die Schlußszene in Erinnerung geblieben, als hätte ich sie erst gestern gesehen: Napoleon steht in seiner typischen Pose am Butzenfenster und schaut dem Segler nach, der seine Maria Walewska entführt auf Nimmerwiedersehen, und dabei wird die Musik, die als Untermalung ohnehin schon da war, immer lauter, je mehr sich der Segler entfernt.

Du sprichst jetzt vom Ende deines Romans »Der Besuch«, wo diese Kinoerinnerung mit dem Abschluß deines Textes zusammenfällt. Wenn man bedenkt, daß der Mann auf Zimmer 212 öfter diese napoleonische Pose einnimmt, könnte man sogar sagen, daß sich der Greta Garbo-Film durch den ganzen Roman hindurchzieht. Hat es andere Filmerfahrungen gegeben, die dich so nachhaltig, bis in die Beschaffenheit deiner Texte hinein, beeindruckt haben?

In dem Maß eigentlich nie mehr. Das waren die zwei prägenden Filmerlebnisse: der Stummfilm »Sacco und Vanzetti« im Wanderzirkus, erlebt als Kind, und dann der Ton- und Schwarzweißfilm »Maria Walewska«, erlebt in der Kleinstadt. Diese zwei Filme haben mich begleitet bis auf den heutigen Tag, aber so wie »Maria Walewska« im Roman »Der Besuch« hat kein Film mehr auf die Struktur eines Textes von mir eingewirkt.

Bei diesen beiden Filmen handelt es sich nicht um filmhistorisch bedeutsame Werke. Heißt das, es kommt bei Filmen nicht nur auf die Qualität, sondern auch auf besondere Umstände und die persönliche Befindlichkeit während ihrer Besichtigung an, jedenfalls für dich?

Ich habe einen Film oder einen Text oder ein Musikstück oder ein Bild nie als etwas Losgelöstes, in sich Geschlossenes, an sich zu Betrachtendes und zu Beurteilendes empfunden. Ich habe das immer aus einem Drang oder einer selbstverständlichen Neigung zur Vielfalt, zum Ganzheitlichen, im Zusammenhang erlebt, und ich glaube, das passiert uns allen, auch wenn wir es uns nicht eingestehen wollen. Die punktuellen Umstände und unsere augenblickliche Befindlichkeit spielen immer mit, und darum ist alles auch so einmalig. Wir können die Beurteilung eines sogenannten Kunstwerks nicht über Jahrzehnte hin konservieren. Alles ist im Fluß, auch das vermeintlich Statische. Darum ist unser modisches Geschrei nach Veränderung, das eine Zeitlang die Welt hat erdröhnen lassen, eine unnötige Nachdoppelung. Die Veränderung ist ohnehin da, und zwar in einem Ausmaß, das nicht unbedingt zu unseren Gunsten verläuft.

Wir haben bisher nur von den beiden zentralen Figuren des Romans, Isidor und Helene, gesprochen. Dabei gibt es noch eine dritte Figur, die dir von ihrem Lebensgang her besonders nahe steht, den Schriftsteller K., der, wie du selber, lange in der Fabrik gearbeitet hat und sich erst mit vierundfünfzig Jahren schriftstellerisch betätigte. Er umrahmt das erzählerische Unternehmen. Am Anfang berichtet er in der Ich-Form von der Abdankung seines zweitletzten Cousins, am Schluß wird ihm noch einmal ausführlich das Wort gegeben. Im ersten Redeteil erwähnt nun K. gleich zweimal den ominösen »schnurgeraden Kanal«, der aber später beinahe in Vergessenheit gerät. Da mag man sich fragen, warum der Roman diesen Titel trägt.

Nicht wahr, das Ende Isidors steht im Zusammenhang mit diesem schnurgeraden Kanal.

Es ist also jener Kanal, in welchen sich Isidor zu Tode stürzt?

Ja, das ist so. Und dann ist für mich der schnurgerade Kanal auch der gebändigte Fluß, das gebändigte Wasser, das Technisierte, Zivilisierte schlechthin. Es gibt doch so vieles um uns herum, das durch unser Verhalten der Umwelt und dem Leben gegenüber gebändigt, zivilisiert, eingeengt und verunstaltet wurde. Es ist vielleicht eine etwas vordergründige Metapher oder Chiffre für unsere technisierte Welt.

Jedenfalls eine negative Vorstellung?

Ja, schon.

Dennoch läßt du den pensionierten Kumpel, der Maler wird, zwar nicht seine frühere Arbeitswelt, aber neben der übrigen Natur gerade auch diesen schnurgeraden Kanal malen.

Wenn ich das nun interpretieren muß, könnte ich vielleicht sagen: Er findet sich mit dieser Lage ab. Er hat keine andere Wahl, und Ignorieren heißt Mogeln. Man muß eben damit leben.

Jetzt aber zum abschließenden Redeteil, jener Predigt, die der Schriftsteller K. in der Gemeinde Bachthalen hält. Meines Wissens handelt es sich dabei um einen Text, den du tatsächlich einmal einer Kirchgemeinde vorgetragen hast. Wie ist es dazu gekommen?

Der »schnurgerade Kanal«: die Aare bei Bern mit Kirchenfeld-Brücke, von der sich Isidor in den Tod hinunterstürzt

In meiner Schriftstellerei habe ich höchstens fünf Auftragsarbeiten angenommen und ausgeführt, und darunter befindet sich diese Predigt. Ich wurde damals von einem Pfarrer aus Vaduz angefragt, ob ich in seiner Kirche eine Predigt halten würde, wobei es eine von zehn Predigten war, die er Schweizer Schriftstellern überließ. Ich wußte, daß ich die Predigt in den Roman übernehmen könnte, und darum hab ich es gemacht. Dieser Text hat mich viel Zeit gekostet, über sechs Wochen hin habe ich immer wieder daran gearbeitet, wobei ich die Gelegenheit benutzte, dem Schriftsteller K. doch einiges in den Mund zu legen, das mir auf der Zunge brannte, wie man zu sagen pflegt. Ich habe mich bemüht, den Text möglichst diszipliniert, verständlich und meinen Ansichten entsprechend zu gestalten, und habe dann die Predigt wirklich in Vaduz gehalten. Es hat ziemlich viel Leute in der Kirche gehabt, ich stand auf der Kanzel und durfte auch die Lieder zur Predigt bestimmen. An eines davon kann ich mich erinnern, an die Vertonung von Matthias Claudius' »Der Mond ist aufgegangen«. Das ist mir ein sehr liebes Gedicht, ich glaube, Robert Walser hat ihn als etwas zu naiv empfunden, den Matthias Claudius. Mir geht es nicht ganz gleich, ich schätze seine Naivität, weil es eine echte, eine kindliche Naivität ist. Nach der Predigt gab es vor der Kirche noch einen Bücherverkauf. Es waren einige Tische aufgestellt mit Büchern von mir, und das hat mich ein wenig erschreckt. Ich habe den Leuten inständig abgeraten, ihr Geld für meine Bücher zu verschleudern, wobei das keine Masche war. Es war mir wirklich ernst dabei, denn ich mußte annehmen, daß die Leute mit diesen meinen Texten wenig anfangen konnten, aber sie haben trotzdem gekauft. So hat sich dieser Text ergeben, und darum ist er auch so direkt. Er ist einer der ersten

Texte, wo ich mich unmittelbar, wenn auch über den Schriftsteller K., an das Publikum richten konnte. Das hat dann eine gewisse Wende gegeben. An den »Schnurgeraden Kanal« schließen ja dann die einzelnen Romane der Tetralogie an.

War es für dich ein großer Unterschied, eine Predigt zu schreiben statt einen literarischen Text?

Nein, das war für mich sehr ähnlich oder identisch. Das kommt auch wieder aus dieser Ganzheitlichkeit heraus. Daß ich Christ bin oder sein darf, erwähne ich aufs neue, obschon ich damit nicht hausieren möchte, aber einige der für mich wichtigsten Texte habe ich in der Bibel gefunden. Dazu gehören die Schöpfungsgeschichte, das Buch Hiob, die erste Rede des Predigers Salomo, des vielleicht gescheitesten Menschen, den es je gegeben hat, und dann auch die Predigt auf dem Berg der Seligpreisungen. Auch die Offenbarung und vor allem Jesaia enthalten wunderbare, unübertreffliche Stellen, aber sie müssen von Luther übersetzt sein, weil alle übrigen Greenhörner sich da zuviel zugemutet haben. Nach meinem Empfinden kommt keiner an Luther heran. Für mich ist Luther der größte Sprachmensch.

Hast du mal eingehende Vergleiche angestellt?

Als die Neuübersetzungen in Schwang kamen, haben Dorli und ich gelegentlich über viele Jahre hin die einzelnen Versionen Satz für Satz miteinander verglichen. Da gibt es zum Teil haarsträubende Sachen. Nicht nur wird die Sprache verhunzt und kaputt gemacht, sondern auch der Sinn wird manchmal entstellt. Vielleicht steckt

System und Methode, oder wie man dem sagen will, dahinter, vielleicht schlichtweg Größenwahn, oder beides zusammen, ich weiß es nicht. Natürlich mußte auch die Luther-Bibel dem heutigen Sprachgebrauch angepaßt werden, aber es wurde doch immer behutsam gemacht. Vor Jahrzehnten hab ich Dorli gebeten, sie möchte doch gleich zwei Bibeln kaufen, damit sie ausreichen werden bis ans Ende unserer Tage und wir uns nicht auch noch mit neueren Bibeln abmühen müßten. Im Laufe der Zeit habe ich einige Male oben in der Stube Besuchern die erste Rede des Predigers Salomo vorgelesen, nicht um zu missionieren, um Gottes Willen, ich bin kein Wanderprediger, sondern um ihnen ein sprachliches Meisterwerk, einen spirituellen Text nahezubringen. Einmal war ein abgebrühter Marxist dabei, ein praktizierender, der über Jahrzehnte fest daran geklebt hat. Zunächst hat er mir anständigerweise zugehört, und später hat er mir geschrieben, er habe die Rede seither noch zwei-, dreimal gelesen, so sehr habe sie ihn beeindruckt. Wenn man diesen Text liest, wirklich, mit offenen Augen und dem sogenannt offenen Herzen, kann man tatsächlich nur noch staunen, was da Poesie imstande ist zu leisten. Das schafft kein Wissenschaftler, das schafft der intelligenteste Mensch nicht, zu vermitteln, was dort vom Prediger Salomo hat umgesetzt werden dürfen in dieser seiner ersten Rede über das Thema »Alles ist eitel und Haschen nach Wind«.

Würdest du dich als religiösen Autor verstehen?

Im Sinn von Erbauung und dem, was man gemeinhin unter einem religiösen Autor versteht, nie, nie! Letzthin nahm ich an einer Veranstaltung reformierter Mönche teil. Auch ein studierter Pfarrer war dabei, der gehört hatte, ich sei Schriftsteller, und der sich für meine Bücher interessierte. So versprach ich ihm, den Roman »Land der Winde« zu schicken. Später wollte ich mein Angebot rückgängig machen, aber er bestand darauf. Ich habe eine Predigt von ihm gehört, er ist ein sehr kluger, cleverer Mann und Christ. Sein Brief, den er mir daraufhin schrieb, verriet immer wieder diese ›Ja, aber‹-Haltung, die ich schon an seinem ganzen Gebaren wahrzunehmen glaubte. Er hatte sich sogleich auf das Hiob-Motto gestürzt, das da lautet: »Der Mensch, vom Weibe geboren, lebt kurze Zeit und ist voll Unruhe.« Das hat ihm natürlich gemundet, und er teilte mir mit, er habe das Zitat gleich in seine nächste Predigt eingebaut. Aber dann hat er wahrscheinlich durch den Roman hindurch einfach Bibelzitate gesucht und zu wenige gefunden. Diese Art Christentum ist mir eher etwas zuwider. Ich verstehe auch das Christliche ganzheitlich, eben nicht losgelöst, sondern eingewoben ins Leben hinein: nicht nur als eine Sache für den Sonntag oder wenn man den Pfarrer zu Besuch hat oder wenn man einen Menschen beerdigt oder tauft, sondern als gewöhnlichen Bestandteil eines gewöhnlichen Lebens. Darum möchte ich mich auf keinen Fall als einen Erbauungsliteraten sehen. Das Religiöse ist etwas, wo die Intimität spielen muß. Die Frömmigkeit darf nicht Striptease machen, weißt du, denn der liebe Gott macht es auch nicht, und ebensowenig machen es die Schwalben und Maßliebchen. Da muß man behutsam sein. Natürlich bin ich ein Mensch und von Haus aus ein skeptisches Wesen. Wir müssen immer wieder fragen und sogenannt hinterfragen. Denkanstöße brauchen wir nicht unbedingt zu geben, sonst liegen die Leute mit der Zeit flach am Boden vor lauter Anstößen. Ich bin auch so einsichtig zu wissen, daß ein christliches Leben zu praktizieren *eine* Möglichkeit unter anderen ist, die erst noch mit Gnade zusammenhängt. Man kann sich nicht selber zum Christen machen, sondern muß gnädigerweise vielleicht dazu gelangen dürfen. Das sind natürlich Formulierungen, die gewissen Leuten in den Ohren kratzen. Das Christliche ist eine wunderbare Möglichkeit, und für mich *die* Möglichkeit, wobei ich zur Spiritualität schlechthin einen guten Bezug habe, sei sie nun indianisch, buddhistisch oder hinduistisch. Das besagt aber nicht, daß ich die Aufklärung verpaßt habe oder sie rückgängig machen möchte. Ich bin nicht einer, der an Hokuspokus glaubt wie gewisse aufgeklärte Leute. Solche Ideologen mechanistischer, materialistischer Richtung gehen dann, wenn sie Rückenschmerzen haben, zu irgendeinem Weib hinter den Bergen und lassen sich die Hände auflegen oder legen zu Hause ein Kupferblech unter den Teppich. Nicht umsonst hat in Rußland unter den Sowjets der Spiritismus und Hokuspokus geblüht wie nie zuvor.

Deine Predigt verzichtet ausdrücklich auf Vorhaltungen. Du zeichnest das Bild des hinfälligen Menschen, erzählst von der Vergeblichkeit des menschlichen Tuns, wie dies bereits die erste Rede des Predigers Salomo darstellt. Auch da findet somit eine Spiegelung statt: Du beziehst dich in deiner Predigt auf einen Prediger, der wiederum alles andere macht, als dem geläufigen Bild eines Predigers zu entsprechen.

Ganz genau, im Prediger Salomo spiegelt sich auch meine Haltung. Der kann es besser sagen als ich.

Mit Christentum und mit Predigt verbindet sich gemeinhin ein Anspruch auf Trost. Nun sagst du sicher mit Recht, der Text des Predigers Salomo habe mit Pessimismus nichts zu tun. Dennoch: Tröstlich wird man ihn auch nicht ohne weiteres finden können.

Weißt du, das ist das Großartige an diesem Text, an dieser ersten Rede des Predigers Salomo, daß er die Hinfälligkeit, die Vergeblichkeit, das Haschen nach Wind, die Eitelkeit unseres Seins und Tuns darstellt in einer Sprache, die in sich *tröstlich* wirkt.

Jedenfalls ist deine Predigt sehr radikal angelegt. Sie führt den Zuhörer oder Leser bis zur Aufhebung aller bestehenden Dinge, bis zur Apokalypse. Von diesem Ende her gesehen sind die fragilen Erscheinungen der Welt nicht nur hinfällig, sondern geradezu nichtig. Davon sind auch deine dichterischen Gebilde, die sich so anrührend auf die zerbrechliche Schöpfung einlassen, mitbetroffen.

Ich lese jetzt den letzten Satz aus dem Buch »Der schnurgerade Kanal«: »Und im Jesaia steht: ›Siehe, ich will einen neuen Himmel und eine neue Erde machen; man wird der früheren Dinge nicht mehr gedenken und niemand wird sich ihrer mehr erinnern.‹« Das ist ein Satz, der mich ungeheuer getroffen hat: »Man wird der früheren Dinge nicht mehr gedenken.« Es gibt so viele liebe Dinge, die wir doch im Gedenken behalten möchten, und nicht nur im Gedenken, sondern in Wirklichkeit. Nicht einmal mehr erinnert werden diese Dinge, aber es wird «einen neuen Himmel und eine neue Erde» geben. Das ist dann die Umkehrung, weißt du, und da möchte ich jetzt nicht interpretieren. Das ist ein Bild, das möchte ich stehen lassen.

Eigentlich wollte ich vor allem auf ein traditionelles dichterisches Selbstverständnis hinweisen, das sich auf die Dauerhaftigkeit beruft. Der römische Dichter Horaz etwa erhebt den Anspruch, ein Monument zu schaffen, das dauerhafter wäre als Erz. Oder es gibt den Satz von Hölderlin: «Was aber bleibet, stiften die Dichter». In einem solchen Sinn würdest du wohl deine schriftstellerische Arbeit nicht verstehen?

Ich bin nie größenwahnsinnig gewesen, Gott sei Dank, und hoffentlich werde ich es nie werden. Ich bekenne mich zum *Haschen nach Wind*.

Aber du hältst das Haschen immerhin fest. Einem festgehaltenen Haschen könnte auch Dauer beschieden sein.

Dennoch glaube ich an die Zerbrechlichkeit, an die Hinfälligkeit aller Dinge. Noch heute bin ich jener Meinung, die ich dem Schriftsteller K. in den Mund gelegt habe: »Die Gründe, die mich bewogen haben, den Christen zuzugehören, sind also folgende: 1. *Ich mag das Haschen nach Wind.* 2. *Als Christ darf ich arm sein und schwach.* 3. *Als Christ darf ich wissen, daß wir Vertriebene sind – die aber heimfinden.*«

25. Juni 1993

Das Mädchen, die Puppe, das Blatt

Caspar David Friedrichs Bild »Lebensstufen«, das – mehr als
Böcklins Gemälde – für die Welt der »Toteninsel« einsteht

Werner Morlang: In unserem letzten Gespräch hast du erwähnt, du hättest bereits vor der Entstehung des »Schnurgeraden Kanals«, also etwa 1976, den Roman »Toteninsel« im Kopf herumgetragen. Wie sah diese ursprüngliche Konzeption der »Toteninsel« aus?

Gerhard Meier: Das kann ich nicht mehr rekonstruieren, aber ausschlaggebend war ein Heimweh, endlich, endlich nach Amrain zu gelangen, weil doch Amrain das Zentrum meines Kosmos war und ist und wahrscheinlich bleiben wird. Weil ich in diesem Amrain alias Niederbipp – oder umgekehrt – dem, was man Leben nennt, am nächsten gekommen bin, und weil es sich da in einer Kugelform zusammengetan hat und immer noch tut, in einer geschlossenen Form, wo alles, was mit Leben zusammenhängt, eben vorhanden ist. Ich hab auch gespürt in den letzten Tagen, als ich selber wieder in die »Toteninsel« einstieg, wie aufregend diese Region ist, und das Leseerlebnis hat mich sogar auf meinen abendlichen Spaziergängen durch dieses mein Amrain wieder begleitet und mir gezeigt, wie irrwitzig es im Grunde genommen ist, durch seine Welt, durch seine literarische Welt buchstäblich flanieren zu können Tag für Tag, mit allen Vor- und Nachteilen, denn es hat etwas Irrwitziges, Irreales, beinah Verrücktes an sich, Literatur und Wirklichkeit so vermischt, durcheinandergebracht anzutreffen und darin zu leben. Es ist nicht nur erhebend, sondern es kann einen doch auch ein bißchen verstören, aber es ist schön, daß ich habe heimfinden dürfen nach Amrain, wobei »Toteninsel« den ersten Teil dieses Aktes bedeutet.

Also nicht der Rundgang durch Olten oder das Gespann Baur und Bindschädler standen am Anfang der »Toteninsel«, sondern du hast eher nach einem Vehikel gesucht, um den von dir erwähnten Stoff zu heben?

Das Wesentliche war schon diese Amrainer Welt, die ja bevölkert ist, sogar mit mir selber, und da bin ich mir natürlich weitgehend auch Modell gestanden. Baur und Bindschädler sind zwei Kunstfiguren, die einen Rundgang durch Olten machen und dabei Amrain erstehen lassen. Über ihr Gespräch, über ihr Gerede konnte ich einsteigen in die Geschichten gewisser Familien aus Amrain und auch in die Geschichte der eigenen Familie, in die Geschichte meines eigenen Lebens. Und diesen menschlichen Kosmos – um Gottes Willen, es tönt etwas gestochen –, der Naturwelt, Tierwelt, Pflanzenwelt, Dingwelt miteinschließt, versuchte ich dann einzufangen, eben durch das Gespräch der zwei alten Dienstkameraden.

Zu Beginn unserer Beschäftigung mit jenen vier Büchern, die später von dir zur Tetralogie »Baur und Bindschädler« vereinigt wurden, möchte ich die Gelegenheit benützen, dich auf die Entstehung der Titelfiguren hin zu befragen. Du hast mir einmal erzählt, ein Jugendbuch hätte dabei ein bißchen mitgewirkt, soweit ich mich erinnere, war das ein Höhlenbewohner-Roman?

In der dritten Schulklasse wurde uns eine Erzählung aus der Zeit des Höhlenmenschen vorgelesen: »Rulaman« von David Friedrich Weinland. Darin kamen Rulaman und Obu vor, zwei jugendliche Freunde, die mich vielleicht sogar mehr als bewegt haben. Ich fand es etwas Wunderbares, im Zweiergespann diese Wegstrecke gehen zu können. Bei Cooper ist es mir wieder begegnet, dieses enge Bündnis von Leuten, meistens von jungen Leuten, die eben die sogenannten Gefahren des Lebens miteinander bestehen. Das hat mich schon geprägt, und ich glaube, von dorther stammen die beiden Figuren, dort haben sie ihren Ursprung.

Die Unzertrennlichkeit einer Knabenfreundschaft würde somit die eine Grundschicht bilden. Als zweites Substrat muß man wohl, wie aus dem Roman selber erhellt, das Erlebnis des Aktivdienstes bezeichnen?

Vermutlich, ja. Ich habe insgesamt drei volle Jahre Aktivdienst geleistet und dabei eine solche Kameradschaft erlebt. Soldatische Kameradschaften werden häufig belächelt, es gibt sie aber. Sauf- und Festkameradschaften, wenn es uns gut geht, bedeuten freilich wenig. Kameradschaften kommen erst richtig zum Tragen, wenn es brenzlig wird in unserem Leben. Auch Claude Simons Bücher sind durchwirkt, durchtränkt von seinen Kriegserlebnissen, er ist existentiell nie davon weggekommen. Gewisse Leute mögen darüber lächeln und solche Sachen als pervers oder abstrus betrachten. Das kann man natürlich, das Soldatenleben hat auch perverse und abstruse Seiten,

Rulaman und Obu lernen die schöne Ara kennen. Illustration aus der Erstausgabe von »Rulaman« von David Friedrich Weinland (1878)

aber letztlich doch etwas Existentielles an sich. Vermutlich ist es in den Menschen angelegt, sich gegenseitig zu bekämpfen und gelegentlich sich Leid anzutun, und was daraus entsteht, kann zu prägenden Erfahrungen führen, die bei einem Schreiber eben dann in seine Schreibe hineingelangen. Der Aktivdienst ist für mich, der ich alles andere als ein geborener Soldat bin, ein nicht wegzudenkendes Ereignis in meinem Leben gewesen.

Standen die beiden Figuren in ihrer ganzen Anlage, Funktion und Eigenart gleich zu Beginn einigermaßen fest, oder haben sie sich im Verlauf der Romane entwickelt?

Ich habe tatsächlich, wie bereits angedeutet, eine Soldatenkameradschaft erlebt, die sich dann im zivilen Leben eine Zeitlang fortgesetzt hat. Diesen Kameraden habe ich ein wenig als Modell für den Bindschädler benützt, und mich selber hab ich etwas kopiert in der Figur des Baur, aber, um Gottes Willen, sehr, sehr frei. Schon früher hab ich gesagt, ich kann das Geschehen eines Textes nicht einfach erfinden oder aus den Fingerspitzen saugen. Ich muß, wie andere auch, von quasi realen Begebenheiten ausgehen, weil mich diese zum Teil unmäßig bewegt haben. Ich bin von der sogenannten Wirklichkeit immer wieder arg gebeutelt worden.

Aber hast du Baur und Bindschädler allmählich bestimmte Eigenschaften, je nachdem äußerlicher Art, beigelegt? Zum Beispiel ist mir erst bei der jetzigen Lektüre aufgefallen, daß Bindschädler bei der Eisenbahn gearbeitet hat.

Das entspricht auch der Wirklichkeit. Ich habe bei meinen Arbeiten sehr wenig geplant, manipuliert oder gemogelt, sondern ich hab mich den unüberprüfbaren, unberechenbaren Kräften überlassen. Ich habe da nicht heftig eingegriffen, und gerade das gibt dem Ganzen vielleicht eine gewisse Glaubwürdigkeit und Geschlossenheit, weil es eben stimmt, weil die Sache von irgendwoher kommt. Sie ist nicht erarbeitet, nicht geschmiedet, nicht kunstgewerblich hergestellt, sondern vegetativ entstanden, über Wucherungen und Kräfte und Einflüsse, die mir vordergründig nicht bewußt waren.

Möchtest du, daß man Baur und Bindschädler gesondert, in ihrer jeweiligen Individualität wahrnimmt?

Ich glaube schon, daß es zwei verschiedene Figuren sind. Der eine ist etwas redseliger und der andere vielleicht etwas denkseliger. Es sind zwei Figuren, die sich aber auch gegenseitig spiegeln. Ich kann das nicht so genau sagen.

Immerhin üben sie verschiedene Funktionen aus. Im wesentlichen ist es Baur, der aus seinem Leben schöpft und erzählt, während Bindschädler hauptsächlich zuhört und dann das, was er gehört hat, offenbar aufschreibt. Folglich gilt es noch diesen Unterschied zu berücksichtigen: Baur hat lediglich die Ambition, später einmal zu schreiben, und Bindschädler ist derjenige, der tatsächlich auch schreibt.

Der gar nicht schreiben wollte, aber dann schreibt. Das ist genau so.

Könnte man sagen, daß du dich im Gespann selber scheidest in einen erlebenden Gerhard Meier und in einen schreibenden Gerhard Meier?

Das könnte sein, wiederum aus meiner Scheu heraus, frontal herauszutreten. Das könnte sein. Aber, wie gesagt, ich gehe an einen Text heran eher wie ein Musiker an eine Partitur, also eher über das Gehör, über die Klänge, als über den Intellekt. Wobei ich Respekt habe vor dem Intellekt und ihn mitspielen lassen möchte, aber weißt du: Die übrige Welt setzt ja ganz auf Intellekt. Wer nicht auf den Intellekt setzt, sind die Kinder, die Mongoloiden, zum Teil die Alten und vielleicht eben die Künstler. Das sind jene Leute, die das pflegen, was die Welt sonst nicht pflegt. Die Welt will das Leben in den Griff bekommen, und das kann nach ihrer Auffassung nur über den Verstand passieren. Tolstoi hat einmal gesagt: »Wenn man behauptet, das menschliche Leben könne durch den Verstand regiert werden, so wird damit die Möglichkeit des Lebens aufgehoben.« Darum habe ich immer ein gutes Verhältnis zu den Kindern oder zu den Schwalben gehabt. Das sind Geschöpfe, die ganzheitlicher leben, nicht nur mit dem Intellekt, sondern auch noch mit den anderen Instrumentarien, mit dem Instinkt oder mit dem Gefühl. Dadurch zeichnet sich die Kunst aus, daß sie in Bereiche vorstößt, die jenseits des Intellekts liegen. Übrigens habe ich beim Wiederlesen der »Toteninsel« erlebt, wie bildhaft und musikalisch dieser Text eigentlich wirkt. Während des Lesens habe ich immer wieder ein Bild in mir auftauchen gespürt, nämlich das Bild der Wolken, die über einen Landstrich ziehen. Die Wolken selber sieht man nicht, sondern nur den Schatten, den sie über den Landstrich werfen. Dieses Ziehen, Verfließen, ständig Sich-Ändern, dieses Licht, dieses schwerelose und lautlose und doch so volle Leben oder Sein haben sich mir durch die ganze Lektüre hindurch immer wieder in jenem Bild aufgedrängt, und es hat mich gar nicht unglücklich gemacht. Das ist ein Lebensgefühl, das mich dominiert, und ich glaube, daß dieses Gefühl, eben nicht für die Wolken als solche, sondern für den Schatten, den sie werfen, einem Grundton der Schöpfung entspricht. Berge und Seen mögen einem unvergänglich erscheinen, aber sie sind nur anderen Zeitverhältnissen unterworfen. Im Prinzip, im großen ganzen ist alles ein Ziehen, Fließen, Drehen, Spiralen, Kreisen, Kommen, Werden und Vergehen. Das ist nicht im kopfhängerischen Sinn gemeint, sondern zeigt das unerhört Schwebende, Duftende des Ganzen, obschon es manchmal eher stinkt als duftet, weißt du, und obschon es manchmal eher zusammenbricht als zieht und weht. Aber es enthält einen Grundklang, und diesen Grundklang aufnehmen und weitergeben zu können, ist vielleicht eine Aufgabe der Kunst. Diejenigen, die Fahrpläne, Koch- und Physikbücher herstellen, tun das alle nicht. Die geben sich scheinbar mit den »Realitäten« ab und verpassen dabei den ziehenden Schatten der Wolken.

Du hast nun gleichsam aus der Vogelperspektive den Horizont deines Romans überflogen und abgesteckt. Dennoch möchte ich, ausgehend von zwei Begriffen, die in deiner Rede aufgetaucht sind, von der »Bildhaftigkeit« und dem »Gehör«, in einer halsbrecherischen Volte zu etwas Profanem, aber womöglich nicht ganz Unbedeutendem zurückkehren, und zwar zu den Namen der beiden Hauptfiguren. Im vorangegangenen Gespräch hast du erzählt, du hättest lange nach ihnen gesucht. Könntest du etwas darüber mitteilen und sagen, was für dich in diesen beiden Namen mitklingt.

Baur und Bindschädler, diese Namen sagen mir vom Klang her sehr zu, und ich habe tatsächlich, wie du erwähnt hast, lange nach ihnen gesucht. Bei Baur, auch wenn kein »e« drin steckt, klingt doch Bauer, Landwirt an, und Bindschädler ist einer, der im Schädel vielleicht die Dinge etwas mehr verbindet als Baur. Baur ist folglich der Ursprünglichere, der Erdverhaftete, der Mann, der um Regen, Wind, Schneetreiben und Hitze weiß, um Säen und Ernten, und der andere ist jener, der als Eisenbahner wiederum die technische Welt, die Verstandeswelt eher kennt und praktiziert. Den einen, den Baur, hab ich dann reden lassen. Soviel ich weiß, und hoffentlich trifft es zu, gibt es keine Stelle, wo darüber spekuliert wird, was Baur jetzt denkt, sondern der redet einfach. Man lernt ihn kennen über sein Gerede. Der andere, der Bindschädler, schreibt in der Ich-Form und kann natürlich seine Regungen und alles, was sich inwendig bei ihm abspielt, auch zeigen. Es tritt also kein Allerweltsautor auf, der gottähnliche Züge hat, indem er immer weiß, was Hansli und Fritzli denken oder im Moment gerade tun. Es spielt da eine gewisse Redlichkeit mit, ich mag Mogeleien nicht. Entfernt wissen wir schon, was sich gelegentlich in den Köpfen abspielt, weil es in den anderen Köpfen ähnlich zugeht wie in unserem, aber wir sollen nicht so tun, auch nicht als Autoren, als wüßten wir immer, was Frieda gerade für Schmerzen hat, Anna denkt und Hansli sich wünscht.

Schauen wir also, wie Baur sein Gerede an den anderen Mann bringt. Ich zitiere den Anfang des Buches:

> »Bindschädler, mit drei, vier, fünf Jahren zehrt man von den Bildern, Gedanken, die man mitbekommen hat, als Mitgift fürs Leben. – Mit drei-, vier-, fünfundsechzig Jahren

geht man einem Fluß entlang, samstags, deklariert diesen als einen nordamerikanischen, empfindet dessen Grau-, Orange-, Gelbtöne als indianische Töne, halluziniert ein Kanu darauf, mit dem letzten Mohikaner darin, gekrönt mit zwei, drei bunten Federn. Und man begreift, mit Blick auf die Eichen am Fluß, daß die Germanen die Eichen verehrten. Und man schaut zurück auf die Jahrzehnte erfüllter Bürgerpflichten«, Baur stolperte, »das heißt auf Jahrzehnte, da man Schuhe produzierte zum Beispiel, Gewehre, Backsteine, Ziegel machte, Velos, Autos, Fernseher und so weiter, oder sich sonstwie nützlich gab, bedacht darauf, Arbeitsbeginn, Arbeitsschluß pünktlich einzuhalten, vor allem den Arbeitsbeginn. Und man erinnert sich daran, versucht zu haben, den Leib und seine Glieder sauberzuhalten, in all diesen Jahren, die Beschmutzungen, die von innen herrühren, und jene, die von außen kommen, von der Straße zum Beispiel, von der Drehbank, von der Marmelade, wegzubekommen, auch den Schmutz zwischen den Zehen und sonstigen Partien. Und man gedenkt des Eau de Cologne, das man in die linke Hand goß, die Stirne zu bestreichen, den Nacken, den Hals, die Backen. Und man gedenkt des Eau de Cologne, das man in die rechte Hand goß, die Backen zu bestreichen, den Hals, den Nacken, die Stirn. Man sieht die Kleider vor sich, die vielen Kleider, die man sich zulegte all diese Jahre; vor allem die Hosen hat man vor Augen, und von diesen wiederum besonders die Beine, die nicht zu lang sein durften, nicht zu eng oder zu weit; aber auch die Kittel hatten gewissen Ansprüchen zu entsprechen, sie hatten zum Beispiel vorne unbedingt zwei und nicht etwa drei Knöpfe zu haben, mußten gleichsam Ellenbogenfreiheit gewähren, hatten Taschen möglichst mit Klappen aufzuweisen; ganz ähnlich die Mäntel, Mäntel in Gabardine oder mit Fischgrätenmuster; und daß sich dabei auch Schirme in die Erinnerung drängen (die jüngsten übrigens automatisch aufspringend), Hüte, Baskenmützen und vor allem natürlich Schuhe, die einen durch ihren Geruch, ihre Farbe (besonders Kastanienbraun), ihre Gestalt immer wieder faszinierten, ist eigentlich klar. Und man gedenkt der Verbindungen, die man eingegangen ist mit dem zarten Geschlecht, das heißt mit einer ganz bestimmten Vertreterin dieses zarten Geschlechts. Und man wundert sich, daß eine Bindung dieser Art über Jahrzehnte halten kann, was unmöglich auf eigene Verdienste zurückzuführen wäre (wobei das mit dem zarten Geschlecht freilich eine Farce ist). Und man bekommt die Kinder vor Augen, die dieser Verbindung entsprossen sind, den Sohn zum Beispiel als drei-, vier-, fünfjährigen Knaben im Spätsommer, Nachsommer oder Herbst, und wie er sich freut an den herauskollernden Kartoffeln, diese an einen Haufen legend, als zählte er sie, oder man bekommt eine der Töchter als drei-, vier-, fünfjähriges Mädchen zu Gesicht, wie es wilde Möhren gräbt auf dem Trassee der Amrainer Lokalbahn, zwischen den Schienen also, von wo es nur herunterzubringen war durch die Drohung seiner Gespielinnen, man hole die Polizei«, sagte Baur, blieb stehen, schaute drei Möwen nach, die flußaufwärts flogen, ungefähr in Eichenhöhe, absetzten, sich treiben ließen, sich bemühend, die Blickrichtung flußaufwärts beizubehalten.

»An dies alles erinnert man sich, Bindschädler, ganz zu schweigen von den Orgasmen, welche das Leben krönen, wie die Federn das Haupt des letzten Mohikaners«, sagte Baur, die linke Ferse abhebend (an Ort und Stelle), aufsetzend, abhebend und so weiter, mit einer Miene, die auf angespannte Sinne schliessen ließ.

Im Unterschied zum »Schnurgeraden Kanal«, der es auf seine Weise auch mit dem Erinnern hält, wird hier ganz unmittelbar, manifest erinnert. Das Erinnern wird als Konstante des Lebens verstanden, aber befremdlich früh angesetzt. Mancher Leser stutzt wohl beim ersten Satz des Romans, wonach man bereits »mit drei, vier, fünf Jahren« eine Bilder- und Gedankenmitgift »fürs Leben« erhalten würde. Wie hat man das aufzufassen?

Ich bin davon überzeugt, daß wir nicht unbeschrieben geboren werden. Nicht nur die Vögel haben die Routen ihrer Wanderflüge als Programm mitbekommen, sondern auch uns wurde eine geistige Mitgift, ein geistiger Notvorrat mit auf den Weg gegeben, und nach der Substanz, nach dem Geruch, nach der Essenz dieses Notvorrates haben wir wahrscheinlich zeitlebens Heimweh. Wie die Tiere haben wir gewisse Programme in uns drin, eine respektable Mitgift, sonst könnten wir gar nicht überleben. Später kommt natürlich das Gelernte und Erlebte dazu, und es ist verrückt: Offenbar muß es die Erinnerung geben in dem Maß, daß man sich manchmal fragt – Baur tut dies an einer Stelle –, ob man am Ende lebe, um sich eben erinnern zu können. Weil alles in der Schöpfung dermaßen im Wehen und Verwehen, im Fluß begriffen ist, muß es wohl eine Gegenkraft geben, das heißt die Kraft des Erinnerns, damit das Zeugs nicht irgendwo verlorengeht, damit es noch da ist. Darum hat wahrscheinlich Kunst auch mit Erinnern zu tun, und ich glaube, die stärksten Sachen in der Kunst sind jene, die aus der Erinnerung aufsteigen, weil das Abgelebte, das Entschwundene, Unwiederbringliche unwillkürlich einen abendlichen Glanz erhält. Es ist ja nicht mehr zu erwecken, nicht noch einmal zur Gegenwärtigkeit zu zwingen, sondern es ist dahin und eben doch nicht dahin. Das sind Kräfte, die sich jenseits des Intellekts tummeln und eine riesige Rolle spielen. Je mehr wir uns von diesen Kräften, von diesen Welten entfernen, je mehr wir auf den Intellekt bauen, desto unmenschlicher, unwirklicher, unwirtlicher wird das Leben. Das sind, um Gottes Willen, schon wieder Plattheiten, Verallgemeinerungen. Leben heißt nicht nur Erinnern. Leben heißt Praktizieren, Atmen, Essen, Schlafen, Arbeiten, sich Schützen gegen Wind, Kälte, Dürre, Hagel und Hitze. Aber das sind Funktionen, Aufgaben und Abläufe unter anderen. Die sogenannten Naturvölker haben uns wunderbar vorgeführt, wie man das Vordergründige, Alltägliche, Nötige pflegt und das andere eben auch. Sie haben getanzt, sich bemalt, meditiert, ihre Rituale gepflegt, ihre Geister angerufen und sich mit ihnen unterhalten, und das steht wiederum in Zusammenhang mit dieser verrückten Kunstwelt. Darum hat vielleicht der, der sie hervorbringt, der sogenannte Künstler, auch diese skurrilen, leicht verrückten Züge an sich. Das überträgt sich auf ihn, und dabei macht es im Grunde genommen das volle Leben aus. Wenn wir uns also, wie es in den letzten Jahrzehnten geschehen ist, auf die Materialität ausrichten, verarmen wir auf eine Art, die groteske Züge annehmen kann. Inzwischen haben wir das Groteske deutlich vor Augen, und darum ist das Zurückfinden, wenn nicht im großen Stil, so doch ansatzweise, zur Kindlichkeit, zu den Welten jenseits des Intellekts, ungeheuer wichtig. Das tönt etwas windschief und etwas weltfremd, ist es aber nicht. Die Reduktion auf die Cervelat, auf das Stück Brot, auf die Flasche Bier, dieses Reduzieren zeugt von mörderischer Weltfremdheit. Alles Einschränkende, alles Vereinfachende, alles, was Richtung Simplizität läuft, ist lebenswidrig, weil das Leben, die Schöpfung schlechthin groß und rund und unabsehbar vielfältig ist.

Inmitten der Eingangsstelle der »Toteninsel«, wo so entschlossen der Erinnerung gehuldigt wird, tritt Coopers letzter Mohikaner auf. Während des Flanierens wird der Fluß kühn zu einem nordamerikanischen erklärt, und auf den Fluß wird ein kanufahrender Indianer »halluziniert«. Dabei scheint es sich um einen Akt der Phantasietätigkeit zu handeln, aber vermutlich ist auch eine Erinnerung an Jugendlektüre beteiligt.

Jawohl, das ist eine Prägung. Ich weiß zwar handgreiflich wenig mehr von dem, was ich damals bei Cooper gelesen habe, aber ich bin auch heute noch von dem Geruch, von dem Licht und von den Tönen seines Werks durchdrungen. Cooper hat mich zum Indianer oder zum Amerikaner gemacht, Tolstoi zum Russen oder zum Slawen, und über Proust bin ich beinahe Franzose, ein romanischer Mensch geworden. So können einen diese Leute prägen.

Ist für dich die Phantasie, die Einbildungskraft wesentlich an die Erinnerung gebunden? Werden in der Phantasietätigkeit Erinnerungen aktiviert?

Ich glaube schon. Phantasie hat mit jenem Notvorrat, den ich erwähnt habe, zu tun. Da ist ein schönes Quantum von jener Kraft vorhanden, die die Phantasie ausmacht, das heißt die Fähigkeit, etwas zu erahnen, zu erspüren, zu evozieren, etwas zusammenzubringen, das nicht unbedingt zusammenzugehören scheint. Und die Erinnerung wirkt wie ein Sieb, worin etwas zurückbehalten wird. Ohne dieses Sieb würde das Einzelleben, das Leben schlechthin, Gefahr laufen, in einem fernen, unbekannten Ozean zu zerrinnen. Darum ist die Erinnerung so wichtig, und darum gibt es meiner Meinung nach die Kunst. Die Kunst richtet sich ... ich möchte nicht sagen, gegen den Tod, aber gegen das Verfließen, gegen das Kommen und Gehen, obschon sie gerade von diesem Phänomen fasziniert ist, weißt du, das sind so seltsame Widersprüchlichkeiten.

»11. November 1977. Baur und Bindschädler, alte Dienstkameraden, machen einen Rundgang in Olten.« So lapidar hast du auf dem Klappentext die Handlung deines Romans angegeben. Im landläufigen Sinn verheißt das wenig Aufre-

gendes, aber es läßt sich leicht mit dem vorangestellten Flaubert-Motto vereinbaren: »Was mir schön erscheint und was ich machen möchte, ist ein Buch über nichts.«

In diesem Motto ist viel mehr als nur ein Flaubertscher Wunsch enthalten. Dort drin steckt die ganze Dramatik der Schöpfung. Ich glaube nicht an das Weltbewegende, Welthistorische, an das große Geschehen, wie ich es vorhin schon angedeutet habe in meiner Lobrede auf das Ziehen, Wehen und Verwehen. So gewaltig, so gigantisch es auch abläuft in der Schöpfung, ist sie doch etwas Gleichbleibendes, immer wieder in denselben Bahnen sich Bewegendes, und in diesem Unscheinbaren offenbart sich ihre Dramatik, ihre Größe. Da ist letztlich eine unglaubliche Stille vorhanden. Um diese Phänomene hab ich mich ein Leben lang gekümmert, ohne daß ich es wollte, und stelle jetzt im Älterwerden mit einer beinahe rauschhaften Faszination fest, daß es wahrscheinlich um dieses Unbegreifliche geht: dieses Ziehen, dieses Wehen, diese Schatten. Das tönt quasi illusionär, dabei ist es das Gegenteil davon. Die Kunst hat uns ja auch nicht mit Illusionen vollzustopfen oder zu trösten. Sie hat uns zu desillusionieren, indem sie uns aufzeigt, daß unser Leben nicht nur in der Cervelat, dem Stück Brot und der Flasche Bier aufgeht, sondern daß es ein einförmiges, stilles, sich in unendlichen Wiederholungen erschöpfendes Gebaren ist, das uns ausmacht und erfüllt. Es ist das große Erlebnis meiner späten Tage, das immer deutlicher spüren zu dürfen, und es ist ein Gewinn. Darum schätze ich auch das Gespräch: Es kommt, artikuliert sich, und der Wind trägt es weg. Auf dem Odem, der uns das Reden ermöglicht, verhaucht es wiederum. Darum fasziniert mich eigentlich das Gerede mehr als das Geschriebene, und die Musik fasziniert mich mehr als etwas, das ich in die Tasche nehmen, aufbewahren und hervorholen kann. Heute ist das Gerede mit technischen Mitteln reproduzierbar – leider einerseits, andererseits ist es wunderbar – aber im Grunde genommen ist es ein Medium, das mit Wind, mit Hauch, mit Verwehen zu tun hat. Solche Erscheinungen jenseits der Materialität finde ich ungeheuer wichtig. Ich spür's auch in Bezug auf literarische Texte, die mir begegnen. Diejenigen, die erfüllt sind von diesem Grundton des fast Unstofflichen, bewegen mich am meisten, und ich empfinde immer deutlicher, daß sie die eigentlichen Werke sind. Das ist, ich möchte es noch einmal sagen, eines der großen und schönen Erlebnisse des älteren Menschen. Wobei mit ihm ja genau passiert, was er als wichtig empfindet, auch er ist am Verwehen, er ist dieser Welt des Verwehens konkret sehr nahegerückt.

Bei dir ist die Spiritualität freilich in die Materie eingelassen oder wird an ihr dingfest gemacht. Das unterscheidet sie auch vom Spintisieren und vom Spiritismus.

Genau, ich hab es gerade gespürt, als du den Anfang der »Toteninsel« gelesen hast. Da werden scheinbar lediglich Banalitäten ausgebreitet, aber diese Banalitäten erscheinen auf dem Hintergrund der Stofflosigkeit um so schöner, um so bewegender, um so rührender, um so anrührender, weißt du. Da muß man sich gar nicht scheuen, solche Banalitäten aufzuzeigen, denn darin zeigen sich jene irdisch-schön-verspielten Angelegenheiten, die scheinbar nicht der Rede wert sind und doch für unser Leben von großer Bedeutung sein können. Es geht um Federn auf dem Haupt, es geht um Schuhe, Schuhbänder, Knöpfe und andere kleine Lebensdinge, die auf diesem Hintergrund eine wunderbare Leuchtkraft bekommen. Wenn man sie aber zu ernst nimmt, offenbaren sie nur ihre Banalität, und man erreicht gerade das Gegenteil. Wenn man also die Materialität zu stark betont, wird sie läppisch. Auch bei der Immaterialität muß man sich hüten und die Gewichtungen im Auge behalten. Man darf nicht übergewichten, man darf einfach nicht mogeln, sonst kippt es, sonst kommt die Verlogenheit hinein, und die Verlogenheit ist das Gift des Lebens. Jenseits von Eden gehört freilich auch die Verlogenheit dazu, die werden wir nie wegbringen, solange wir nicht wieder in den ursprünglichen Gemarkungen drin stecken.

Zu den schönen Alltäglichkeiten der »Toteninsel« gehört zentral das Spazieren. Es wird, wie in deiner Inhaltsangabe zu vernehmen ist, ein Rundgang durch Olten gemacht. Da ich selber aus Olten stamme, kenne ich die eingeschlagene Route bis in alle Einzelheiten genau. Hast du selber diese Route öfter abgeschritten? Ist es vielleicht sogar ein Lieblingsspaziergang von dir in Olten?

Eine Zeitlang war das quasi mein Wildwechsel in Olten, und aus einer Liebe zu den Vordergründigkeiten, den Banalitäten habe ich dann diese Route ganz gern präzise vorgeführt. Die Spiritualität muß ja eben an der Banalität aufgehängt werden, sonst ist sie nicht haftbar, auch nicht behaftbar, und das ist gut so. Dabei steht mir Olten gar nicht besonders nahe. Es gibt in Olten ein paar wunderschöne Ecken und Bilder, Stadtbilder, aber ich habe in der »Toteninsel« vor allem das Industriequartier hervorgehoben. Mich haben immer wieder diese abwegigen, abseitigen Örtlichkeiten ... oder anders gesagt, die Schönheit der Häßlichkeit hat mich in meinem Leben immer wieder erwischt. Es gibt sie nämlich. Es gibt auch die Schönheit des Kitsches, wobei man nie weiß, wo der Kitsch anfängt und wo er aufhört.

Somit hat es gute Gründe, weshalb dieser Spaziergang viele unidyllische Seiten aufweist. Er führt durch ein Territorium, das von unliebsamen Gegenständen, Gerüchen, Geräuschen nur so strotzt. Soll das Schöne eben nicht mehr ungebrochen evoziert werden, wie Werner Weber anläßlich deiner Prosaminiaturen geschrieben hat?

Bei William Carlos Williams habe ich gemerkt, wie herrlich das Unschöne, das Unästhetische, das Gewöhnliche, das Kleine aufleuchten kann, wenn es vor den rechten Hintergrund gesetzt wird. Ich bin schon ein wenig verliebt in diese zwiespältigen Erscheinungen. Es gibt ein wunderbares Gedicht von Williams, am liebsten möchte ich es gleich vorlesen:

Pastorale

In meinen jüngeren Jahren
war es mir klar:
es galt aus mir etwas zu machen.
Älter geworden
geh ich durch Seitenstraßen
und bewundre die Häuser
der ganz Armen:
das Dach verzogen und krumm
die Höfe mit altem Drahtzaun verstopft,
der Hühner wegen, mit Asche,
mit verkorksten Möbeln;
die Zäune und Lauben

aus Faßdauben erbaut
und Kistenbrettern, – dies alles,
wenn ich Glück habe,
mit einem Blaugrün bemalt,
das mir, verwaschen, vergilbt,
besser gefällt
als alle anderen Farben.

Niemand
will einsehen, daß all dies
von größter Bedeutung ist für die ganze Nation.
(Übersetzung von Hans Magnus Enzensberger)

Diese kleine, banale, verschrobene, leicht vergammelte Welt kann von einer Menschlichkeit, von einer Schönheit sein ohnegleichen. Ich habe nie einem Ästhetizismus, verstanden als das Nur-Schöne, Herausgehobene, Herausgeputzte, das Wort geredet. Für mich ist das Ästhetische viel tiefer verankert, verhängt mit dem Unstofflichen schlechthin, mit dem bewegend Kleinen, Verschrobenen, Hinfälligen, Anfälligen, Unauffälligen. Das hat mir den Williams auch so lieb gemacht, aber nicht nur, weil er diese Welt aufleuchten läßt. In der Kunst geht es nicht um die Motive, das Dargestellte allein, sondern es geht vor allem um den Klang. Es kann also passieren, daß etwas Unschönes, Ungutes, Verworfenes auf wunderbare Weise erhellend, beglückend wirkt. Kunst hat nicht nur mit dem Schönen und Guten im gutbürgerlichen Sinn zu tun, sondern ist viel existentieller und vor allem unbegreiflicher. Wir sollten uns eingestehen, daß wir überhaupt wenig begreifen, wenig verstehen, und daß wir auf die Ahnungen und das Gespür angewiesen sind, um in der Welt etwas zurechtzukommen. Der Verstand allein bringt uns nicht durch und führt uns häufig in die Irre.

Spazieren ähnelt dem Schreiben. Das hat nicht zuletzt Robert Walser für sich entdeckt und entsprechend gepflegt. Ist es dir auch so ergangen? Hast du auch eine Affinität zwischen den beiden Tätigkeiten empfunden?

Ich habe es schon gesagt, meine besten Texte habe ich vermutlich auf meinen Wanderungen in den Wind geschrieben, und wenn ich Psychiater wäre, würde ich praktisch jedem Patienten raten, täglich einen stündigen Spaziergang zu unternehmen. Diese Art der Fortbewegung ist ja eine Urangelegenheit. Die ersten Menschen mußten sich schon zu Fuß zu den Wasserquellen und zu den Beeren bewegen, um sich zu versorgen. Oder um ihre Liebsten aufzusuchen, mußten sie auch von Höhle zu Höhle gehen. Beim Gehen ist unsere ganze Maschinerie in Bewegung, in einer angestammten Urbetätigung, und das Gehirn und die Seele machen ebenfalls mit. Wenigstens bei mir war es so, daß ich während des Gehens meine schönsten Offenbarungen, meine schönsten Denkerlebnisse hatte, und ich glaube schon, das Spazieren und das Reden gehören sehr, sehr nah zueinander. Weniger das Spazieren und Schreiben, sondern das Spazieren und Reden. Im Gehen kann man auch gut miteinander reden. Darum hab ich wahrscheinlich die beiden Freunde so lange redend spazierengeführt, weil ich finde, auf diese Art könne die Welt, das Leben am besten eingefangen werden.

Hast du deine spaziergängerischen Einfälle stets dem Wind preisgegeben, oder hast du einige in deinem Schreiben verwenden können?

Ja, schon, aber wie man Gespräche nicht zurückholen kann, außer man zeichnet sie technisch auf, so sind auch diese Gedankengänge, Denkerlebnisse, Überlegungen im Grunde genommen einmalig. Der Substanz nach kann man sie wohl hinüberretten, aber für mich ist die Art und Weise ausschlaggebend, wie die Substanz befördert und an andere weitergegeben wird. Es kommt darauf an, wie die Sätze laufen, wie die Wörter gesetzt sind, welcher Rhythmus, welcher Sprachfluß im ganzen steckt, welche Schattierungen, welche Unausgesprochenheiten zwischen den Wörtern und Zeilen herumgeistern. Die entscheidende Rolle spielt das Medium. Die Substanz läuft in Richtung jener Materialität, deren man habhaft werden, die man abstoßen oder aufbewahren und vermehren kann. Letztlich sind eben doch die anderen Sachen wichtiger, jene, die mit Hauch zu tun haben. Darum enthält die Luther-Bibel diese herrlichen Texte über die Nichtigkeiten, über den Hauch des Seins.

Nach der statischen Anlage der beiden vorangegangenen Romane »Der Besuch« und »Der schnurgerade Kanal« kommt es nun zur Bewegung, und ich stelle mir vor, daß dir der Rundgang gewissermaßen als äußere Richtschnur gestattet hat, dich um so leichter deiner inneren Welt zu überlassen.

Genau, und da stoßen wir wieder auf die Eigentümlichkeit, daß die Spiritualität sich festmachen läßt, sogar topographisch, und dadurch nachvollziehbar wird. Wenn so etwas geschieht, hat der Kunde das Gefühl: Ja, das ist glaubwürdig. Über solche nachvollziehbaren Banalitäten gewinnt also ein Produkt an Glaubwürdigkeit, wobei das wiederum nicht einfach angestrebt werden darf. Das muß sich aus dem Gespür heraus ergeben.

Ungeachtet diverser Schlaufen, welche die beiden Spaziergänger machen, ist stets ein Bezug zur Aare, zum Fluß vorhanden. Der Fluß begleitet sie bald in der einen, bald in der anderen Richtung seines Laufes, und man erhält den Eindruck, er würde als eine Art Hauptschlagader des Textes wirken und sei ein Bild des Lebens schlechthin.

Das ist mir zwar nicht bewußt gewesen, doch wenn du jetzt darüber redest, leuchtet es mir ein. Ströme, Flüsse, Bäche waren mir immer wichtig, fast in einem mythischen, mystischen Sinn. Das stille Dahinfließen hat es mir besonders angetan, und gerade bei Flüssen großer Länder, etwa der Newa oder der Moskwa oder der Lena, stelle ich mir vor, wie sie mächtig und gravitätisch langsam durch die Landschaft ziehen. Da haben wir wieder dieses Ziehen und außerdem auf dem Wasser die Spiegelung der Umwelt, vor allem des Himmels. Dieses Bild liegt mir schon sehr, sehr nahe. Manche Flüsse fließen erst noch ins Meer, die großen zumindest, und darum ist mir wahrscheinlich das Meer quasi als Krönung der Gewässer dermaßen lieb geworden, so daß ich später das Meer, die Brandung des Meeres in Verbindung mit der Zeit gebracht habe. Mich interessiert auch in einem ganz praktischen Sinn das Funktionieren dieses Wasserhaushalts, dieses Strom-, Seen- und Meeressystems. Da fließt so viel ins Meer hinein, und es wird nicht voller, und es fließt so viel hinaus, und es bleibt sich trotzdem gleich. Natürlich gibt es einzelne Pannen, heftige Regenfälle oder Überschwemmungen, aber sonst funktioniert es eigentlich phantastisch, wenn da von uns nicht eingegriffen wird. Dieses System ist für die Erde, was für uns das Blut, nicht wahr. Der Wasserkreislauf ist der Blutkreislauf der Erde.

Aare bei Olten

Auf den Blutkreislauf geht ohnehin Bindschädler gesprächsweise näher ein, wie überhaupt Flüsse jeglicher Art und Provenienz, bis hinunter zum Fäkalienfluß durch Amrain, deinen Roman bewässern. Im Verlaufe unseres Gesprächs hast du öfter Bewegungsvokabeln verwendet. Auch von meiner Lektüre der »Toteninsel« her scheint mir, dir sei hier die Bedeutung der Bewegung eminent aufgegangen. Hat Pessoa ein »Buch der Unruhe« geschrieben, so könnte man deinen Roman mit Fug und Recht als ein »Buch der Bewegung« bezeichnen.

Eine Zeitlang glaubte ich sogar, die Welt sei überhaupt Bewegung, sie sei das Oberste, bis ich dann weiterging und zuletzt beim Licht anlangte. Wir haben es wieder mit diesen alten Phänomenen zu tun, die besonders von den Indianern geahnt und erfaßt wurden. Sie lebten ja mit den Flüssen, dem Wind, den Bäumen und den Steinen. Das war das Großartige an den Naturvölkern, und unsere Vorfahren haben es bestimmt ähnlich gehalten. Aber wir sind an uns selber gläubig geworden und haben uns mutwillig um diese Schätze gebracht. Nun bin ich wieder in einen meiner lehrerhaften Ausbrüche geraten, du mußt entschuldigen, aber es hat mich immer gequält, daß wir so verbohrt, so dumm sein konnten, uns selber des Besten zu berauben. Das hat mich ein Leben lang geschmerzt, was da passierte und anscheinend passieren mußte. Wir befinden uns zwar, wie gesagt, jenseits von Eden, aber zu dieser Gegebenheit kommt noch unser fehlerhaftes Verhalten hinzu und macht das Jenseits, macht Eden noch jenseitiger. Das ist einfach schade, doch vielleicht ist es auch mit eingebaut, vielleicht steht uns nichts anderes zu, ich weiß es nicht, ich bin ja nicht der liebe Gott.

Ich möchte der überall anzutreffenden Beweglichkeit deines Textes noch weiter nachgehen. Sie spielt ja auch eine Rolle auf den Gleitbahnen dessen, was evoziert wird, also in der Abfolge der Gedanken und Vorstellungen. Man stößt auf einzelne Sequenzen von einer Verwegenheit und Rasanz, wie ich sie aus früheren Werken von dir kaum kenne. Nur ein Beispiel: Es gibt eine Passage, die mit einer Schmeißfliege anhebt. Von da geht es weiter zu Kellers Meretlein aus dem »Grünen Heinrich«, hinter das wiederum ein Gemälde von Albert Anker, das »Mädchen auf rotem Grund«, geblendet wird, und diese Bewegung endet erst bei der Figur der Leonore Beauregard aus Storms Erzählung »Auf der Universität«. Wird auf solchen Gleitbahnen von Bild zu Bild auch etwas von der Bewegung des Lebens eingefangen?

Vermutlich schon. Es sind Bewegungen, die wahrscheinlich – ich hab das Wort nicht gern – aus dem Unbewußten entstehen. Diese Bilderfolgen, diese Abläufe sind nicht rational gesteuert. Die müssen von anderswo dirigiert werden, sonst stimmen sie nicht. Mich haben immer wieder Gleichzeitigkeiten und Parallelitäten beeindruckt, und so kamen diese Phänomene eben in den Text hinein. Dort drin steckt für mich die Dramatik des Lebens, und nicht in den vordergründigen, dröhnenden Erscheinungen. Die große, existentielle Dramatik spielt sich ab in den Parallelitäten, in den Gleichzeitigkeiten, in der Verwobenheit der Erscheinungen. Das macht mir das Leben, das Sein so unglaublich bewegend, so herrlich, so schmerzlich-herrlich, weißt du.

Du würdest aber, was sich da abspielt, nicht als ein assoziatives Verfahren gelten lassen?

Albert Ankers
»Mädchenbildnis auf
rotem Grund«

Gottfried Kellers
»Meretlein«

Nein, bewußt gehandhabt, nie, nie.

So vorsätzlich braucht es nicht abzulaufen. Freie Assoziation könnte auch die Bereitschaft meinen, das, was sich beim Schreiben unversehens und unwillkürlich einstellt, festzuhalten.

Ja, aber nicht beliebig, sondern sehr verknüpft und im einzelnen aufeinander bezogen. Das spielt sich alles in diesem Kosmos drin ab, das gehört alles in die Kugel hinein. Da fällt nichts heraus, obschon gewisse Hüpfer vorkommen und als solche empfunden werden, gewisse Bewegungen, aber im Grunde genommen dann doch wieder nicht.

Es braucht wohl einfach die entsprechende Empfänglichkeit, Augen und Ohren, die darauf achten.

Die Dinge gehen in einen hinein und gelangen über das Figurative wieder hinaus. Man kann so etwas nicht »machen«. Sobald es zu bewußt passiert, wird es Kunstgewerbe. Das tönt natürlich etwas gestochen. Gemeinhin – da kannst du Dorli fragen – rede ich über solche Sachen nicht, aber wir haben uns darauf eingelassen, und jetzt wollen wir es tun.

Die Ernte des Heraufbeschworenen nimmt sich jedenfalls, ungeachtet der Geschlossenheit deiner Welt, erstaunlich reichhaltig aus. Bestimmt trägt zu diesem Eindruck bei, daß die »Toteninsel« mithin als ein Familienroman aufgefaßt werden kann. Eigentlich ist das etwas Neues in deinem Werk, daß deine Familienangehörigen so unmittelbar in den Texten Einlaß fanden. War diese literarische Ergiebigkeit für dich eine plötzliche Entdeckung?

Nein, denn von Kindesbeinen an hat mich heftig angefallen, was sich unter den Dächern der umliegenden Häuser oder in den Sippen der mir bekannten Leute getan hat. Das hat mich immer beschäftigt, und das Geschehen in meiner angestammten Familie lag mir natürlich am nächsten. Diese Geschehnisse haben mich direkt betroffen und daher am stärksten bewegt, ganz existentiell. Ich konnte sie nicht manipulieren, ich durfte sie erdulden oder mitmachen, dabei mitprofitieren oder mithaarelassen. Ich war auch ein Bestandteil der Partituren, die im Laufe der Jahrzehnte unter unserem Dach und in der Umgebung entstanden sind. Diese Partituren haben mich mit Klängen erfüllt, und ich bin schon glücklich gewesen, daß ich von diesen Klängen partienweise etwas hinüberretten konnte in meinen Klang, in meine Schreibe, obschon ich, wie bereits früher erwähnt, die Menschen nie in den Mittelpunkt gestellt habe oder stellen wollte. Natürlich, auch für mich bedeutet es viel, was mit dem Menschen passiert, schon nur mit seinem Körper, über das Jungsein, Blühen, Früchtetragen und Vergehen, was sich manifestiert in seinem Körper, in seinem Gesicht, in den Zügen seines Gesichtes, bis in die Haare. Dem ist ja der Mensch ausgeliefert, er formt seine Gesichtszüge nicht selber. Diese werden geformt von der Zeit und den Geschehnissen, die er zu erdulden hat. Das kann schon sehr bewegend sein, glücklich und schmerzlich bewegend, und ich bin froh gewesen, daß ich aus einer gewissen Gradlinigkeit oder Folgerichtigkeit doch eben, wie ich zu Anfang gesagt habe, in Amrain oder präziser, punktueller beim eigenen Leben und jenem meiner Leute anlangen durfte, wobei ich dann aus diesem Leben die Klänge, die Partituren, die Abfolgen und Tonfolgen herausholte, die mir paßten. Da wird also nicht eins zu eins abgebildet, das kann nicht einmal der Fotoapparat, bei dem geht es zumindest spiegelverkehrt zu. Ich habe eher das Gefühl, ich hätte Klänge und Düfte und Schattierungen hinüberretten können in meine Schreibe, statt konkrete Geschehnisse und erzählbare Geschichten. Diese liebäugeln ja mit einer gewissen Materialität, nicht wahr. Sie lassen sich erzählen, aufbauen, beinahe mitnehmen, man kann sich an ihnen bereichern, und das ist etwas, das mir weniger naheliegt. Ich glaube eher an das Immaterielle, an die Schattierungen, an das Monochrome, das doch nicht monochrom, das strukturiert ist in den Linien und Farben. Darum ist mir auch Mark Rothko instinktiv so nahe gekommen.

Deine Figuren sind allerdings stark individualisiert.

Wie ich schon gesagt habe, an den faßbaren Banalitäten müssen diese Tonfolgen aufgehängt werden, an den Vordergründigkeiten, die wir alle kennen und nachvollziehen können. Dort sind sie auch in Wirklichkeit aufgehängt.

Wie ist es dir beim Wiederlesen der »Toteninsel« ergangen? Sind dir angesichts der literarischen Abbilder die realen Figuren vor die Augen getreten?

Schon auch, aber mein Haupteindruck war der vom Schatten ziehender Wolken über einen Landstrich hin, wobei es eben weniger auf die Wolken ankam als auf deren Schatten. Das ist keineswegs gewollt, aber das Lesen eines Buches löst sich bei mir in Licht oder Duft oder Ton auf. Es braucht das zweite Lesen eines Buches, das zweite Betrachten eines Films, das dritte Hören eines

Musikstücks, bevor die Aufhänger deutlich werden, diese Banalitäten, diese Vordergründigkeiten, diese sogenannten Wirklichkeiten hervortreten. Mich interessiert zuallererst der Klang, und darum weiß ich nach dem erstmaligen Lesen eines Buches konkret eher wenig. Erst beim zweiten oder dritten Lesen kommen diese Fakten, diese faktischen Dinge dazu. Ich muß da ganz seltsam gewickelt sein.

Möchtest du nicht auch den Figuren bis in einzelne Züge gerecht werden? Um ein Beispiel zu nennen: Ist die aber und abermals wiederholte Äußerung von Baurs Schwager Ferdinand über die Kirschbäume – »Ich lasse keinen meiner Kirschbäume mehr so hoch werden. Ich säge jeden oben ab. Ich will keine hohen Kirschbäume mehr.« – ein Diktum, das diese Figur charakterisiert und an dem man auch den realen Menschen sogleich wiedererkennen würde?

Ja, und genau in solchen Lappalien zeigt sich auch wieder die schmerzliche Geworfenheit, die schmerzliche Blöße des Menschen, der dahintersteht. Solche Banalitäten werden von mir nie zynisch oder überheblich wiedergegeben, sondern sie bilden einfach eine Tonfolge im großen Stück, in der Partitur dieser Figur. Ich bin – darum hab ich das Gedicht »Pastorale« von Williams beigezogen – ein Liebhaber des Banalen, des Kleinen. Das ist dermaßen anrührend, wenn es stimmt, wenn es wirklich banal ist, aber es benötigt einen Hintergrund, vor dem es aufleuchten kann.

Wie haben denn deine Familienangehörigen und die Dorfbewohner auf ihre Porträtierung reagiert, sofern sie dazu in der Lage waren? Etwa deine Schwestern?

Kirschbaum, auf den Ferdinands Bemerkung gemünzt war, von
Gerhard Meier zu einer Baumplastik umgestaltet

Die haben sich in ihrem vorgerückten Alter nicht mehr um Literatur gekümmert, wenn sie sich überhaupt je um Literatur gekümmert hatten. Da war nicht viel zu befürchten.

Haben sie das Buch überhaupt gelesen?

Vielleicht angelesen. Eine meiner drei Schwestern, die Irmgard alias Johanna im Roman, hat mir einmal gesagt: Ja, die drei Schwestern seien sehr, sehr alt. Dabei hat sie mich angeschaut, denn sie wollte natürlich nicht alt sein. Daraus hab ich geschlossen, daß sie vielleicht die ersten paar Seiten gelesen hatte. Aber der Roman ist wirklich nicht eins zu eins, nicht chronikhaft angelegt. Aus dem Vorgefundenen ist tatsächlich etwas Neues entstanden, darüber brauche ich mir keine Sorgen zu machen. Außerdem habe ich mich über Menschen nie lustig gemacht, sondern sie immer respektiert. Ich darf fast sagen, ich habe andere Leute immer über mich gestellt. Auch dem kleinsten Menschen gegenüber fühlte ich mich als der Schwächere, als der Hinfälligere. Vor der Überheblichkeit hat mich eine gewisse vegetative Liebe bewahrt, die Liebe zur Schwalbe, zum Maßliebchen, zum Menschen. Um Gottes Willen, ich bin kein Heiliger, ich bin hinfälliger als alle, wie ich bereits gesagt habe, aber ich mag auch keine Texte, wo so etwas wie Überheblichkeit anderen Leuten oder Gruppen gegenüber durchscheint. Doch ich bin kein Allversöhner, ich wollte nie aus der Welt eine Idylle machen, im Gegenteil: Mich fasziniert und bewegt die Welt jenseits der Idylle. Die Idylle, wie wir sie verstehen, ist ja eine Verbrämung, eine Unstimmigkeit, und Idyllik anzustreben ist natürlich ein Selbstbetrug.

Die »drei Schwestern mit Winterastern«, von links nach rechts: Gertrud (»Julia«), Irmgard (»Johanna«) und Erna (»Gisela«) in Niederbipp

Wenn du einzelne Menschen in ein paar Zügen, Gebärden und Wendungen zur Darstellung bringst, geschieht dies auch im Bewußtsein, wie wenig so ein Menschenleben ausmacht und wie kümmerlich sich unser äußeres und inneres Erscheinungsbild ausnimmt?

Ja, und das Groteske, das sich darin zeigt oder äußert, ist auch wieder bewegend, und es spielt eine riesige Rolle. Beckett hat die Groteske nicht erfunden, sondern er hat sie nur wiedergegeben. Das Groteske ist eine Gegebenheit, und wir sind ihm ausgeliefert, weißt du, in uns drin ist schon vieles grotesk angelegt. Man darf sich nur nicht selber ausnehmen und sich für besser halten, wie es manchmal Autoren in unserem Jahrhundert, vor allem in den letzten Jahrzehnten unterlief. Sie waren die Großen, die Weisen und die Reinen mit weißen Westen, und alle anderen galten als dumm und schlecht. So geht es natürlich nicht. Ein Autor, ein Künstler schlechthin muß viel Liebe haben. Das tönt so, daß man es kaum auszusprechen wagt, aber man muß es einfach sagen. Die Liebe, eine existentielle Liebe zur Welt, ist im Leben wie in der Kunst eine Grundkraft.

Da wir über die Menschendarstellung in der »Toteninsel« sprechen, sollten wir sie auch an einem Beispiel vorführen, das einige Hauptfiguren Amrains auftreten läßt:

> »In Amrain, Bindschädler, gab's zur Zeit Albert Baurs (der fast immer einen Stumpen im Gesicht stecken hatte, beim Reden die Zunge leicht rollte, was den Sätzen etwas Abgerundetes mitgab, zumindest von der Modulation her), in Amrain gab's zur Zeit Albert Baurs al-

so (und zwar nicht einmal weit weg von dessen Liegenschaft) den Schlächtermeister, Bauern und Viehhändler Joachim Schwarz. Er bewirtschaftete auch die große Matte des Eierhändlers südlich unserer Liegenschaft. Im Apfelgarten dieser Matte gab's großblütige Vergißmeinnicht. Das hatte vermutlich mit dem Hühnermist zu tun. Joachim Schwarz hielt darauf, seine Matten zu jauchen. Und er hatte auch Jauche; denn er verwendete Schlächtereiabfälle (Blut, Eingeweide) zur Jauchebereitung, das heißt, er reicherte die anfallende Jauche aus dem Landwirtschaftsbetrieb mit besagten Abfällen an, was den Gehalt der anfallenden Jauche steigerte, worauf der gesteigerte Gehalt durch Wasserzusatz vermindert werden konnte. Joachim Schwarz hatte vier oder fünf Jauchewagen. Die Fässer waren tief plaziert, sozusagen zwischen die hinteren Räder gehängt. Vorn war ein Bock für den Kutscher. Und dann machten sie, seine Kutscher, Jaucheumzüge, fuhren mit vier, fünf Jauchewagen auf die große Matte des Eierhändlers. Und die Gräser und die Blumen mußten sich ja gefreut haben jeweils, wenn diese Umzüge heranrückten. Mit der Zeit aber war nur noch Hahnenfuß da. Und die Matte stellte, zumindest wenn sich das Gras der Reife näherte, eine gelbe Fläche dar.

Bindschädler, so hat es sich treffen können, daß Joachim Schwarz seine vier, fünf Jauchefuhrwerke in Gang setzte, das heißt mit seinen Kutschern, Pferden, Jauchewagen den Jaucheumzug inszenierte, während in der Dachstube Baurs die Uhren tickten, Schwager Ferdinand Tannen kochte, Vater durch Ährenfelder schritt, der Kirschbaum (von dem Schwager Ferdinand sagte: ›Ich lasse keinen meiner Kirschbäume mehr so hoch werden. Ich säge jeden oben ab. Ich will keine hohen Kirschbäume mehr.‹) seine Kirschen der Reife entgegentrug – daß während alledem eben Philipp die Fassade strich, und zwar jene des Landhauses zu Langenthal (das ich erst kürzlich wieder von der Lokalbahn aus betrachtet habe, wenn auch für Augenblicke nur).«

Haben dich diese Figuren in deiner Kindheit geprägt?

Ja, und sie bewegen sich wiederum in dieser Kleinheit, die wir bei Williams angetroffen haben, in dieser für mich berührend-nahen Kleinheit. Die Figuren haben dadurch eine erheiternde Größe bekommen, finde ich, eine bewegende Größe. Offenbar hat sich die Hinneigung zum Kleinen bewährt, weil das Kleine, das Banale, das fast Groteske und Läppische, das hier aufscheint, letztlich eben doch die Größe dieser kleinen Leben ausmacht.

Wobei die Figur des Joachim Schwarz geradezu dämonische Eigenschaften offenbart in seinen merkwürdigen Jauchepraktiken. Entsprechend reagiert auch die Matte, vorerst mit üppigem, vielfältigem Wachstum, zuletzt aber doch negativ, indem plötzlich nur noch Hahnenfuß auf ihr gedeiht.

Der wiederum ein Farbklima verbreitet, dieser Hahnenfuß, wenn er so massenhaft auftritt, das an fernöstliche Gestimmtheiten erinnert. Da stoßen wir erneut auf diese verrückten Parallelitäten. Übrigens wird später einer dieser Jauchekutscher von Baur beobachtet, wie er als alter Mann noch einmal den Weg abschreitet, stehen bleibt, die große Matte des Eierhändlers ins Auge faßt und sich vermutlich dabei an die Jaucheumzüge erinnert, an denen er in seinem verflossenen Leben teilgenommen hat. Solche scheinbar kleinen Ereignisse gehen dann nicht verloren, sondern werden im Buch aufgehoben, aber, um Gottes Willen, nicht bewußt im Sinne von: Das will ich jetzt aufbewahren und nicht fallenlassen! So geschieht es nie. Mich hat das Leben, wie es umgeht, umspringt, abläuft und sich ergibt, immer zutiefst nicht nur interessiert, sondern bewegt, und zwar nicht nur mein eigenes Leben, sondern was sich als Leben um mich herum dargestellt hatte und sich heute noch darstellt. Das ist in seiner Banalität, in seiner Ausgefallenheit etwas Grandioses ... etwas Grandioses.

Aber wolltest du in der Figur des Joachim Schwarz auch etwas von einer schuldhaften oder grotesken Überheblichkeit des Menschen aufzeigen, da sich Schwarz unziemlich an der Natur vergreift?

Er ist eine Figur unter vielen, und solche Figuren gibt es einfach. Wir sind ja selber auch Figuren, gute und schlechte, manchmal machen wir eine gute Figur und manchmal eine schlechte Figur. Das gehört eben dazu, diese ganze Fülle des Guten und Schlechten, des Häßlichen und Schönen, des Wohlriechenden und Stinkenden, des Hellen und Dunklen. Das gehört alles in die Kugel hinein.

*Bezeichnenderweise sprichst du von Jauche*umzügen, *gewissermaßen also von einem Ritual. In der »Toteninsel« finden noch weitere Umzüge statt, etwa anläßlich des Spital-Basars, bei welchem Baurs Schwester Johanna als »Helvetia« auftritt, oder auch Beerdigungszüge. Bilden solche Rituale feste Bestandteile, gar Ruhepunkte innerhalb der übrigen Bewegtheit des Lebens?*

Es geschieht wie bei den Flüssen: Wir tun uns zusammen und bilden auch so eine Art Fluß. Bei uns hat es früher überall auf den Dörfern diese Leichenbestattungen gegeben. Man ließ die Leute zu Hause sterben, bahrte sie auf und brachte sie von dort aus in einem Umzug zum Kirchhof, zum Gottesacker. Aber es gab auch die Umzüge der Blechmusiker, nicht wahr. Es gab die Feste der Musikkorps, bei denen sich einige Musikkorps hintereinander aufstellten und spielend durchs Dorf zogen. Auch bei anderen Festen, bei Basaren fanden Umzüge statt. Sie reichen bis zur Überführung der Leiche Napoleons in den Invalidendom, unter dem Triumphbogen hindurch, angeführt von sechzehn Pferden bei leichtem Schneetreiben. Diese Umzüge tun sich später im Kopf des Bindschädler zu einem großen Umzug zusammen, quasi zu einem Finale der Züge. Mich hat immer wieder beschäftigt, wie sich diese Lappalien zusammentun können und daraus fast etwas wie eine pathetische Lappalie entsteht, eine grandiose Lappalie, wo Pathos drin steckt. Das find ich wunderschön, so unglaublich heiter-bewegend. Und dann blühen die Blumen dazu, oder es fällt Regen, oder ein leichtes Schneetreiben ist im Gang, oder es ist Morgen oder Abend. Das ergibt ein wunderbares Gebrodel, und das hat mich von Kindesbeinen an stark getroffen. Ich bin wahnsinnig glücklich darüber, daß ich sozusagen als Netz dienen und etwas davon festhalten konnte, damit es nicht zerrinnt in einem fernen, unbekannten Ozean: etwas von diesen herrlichen Lappalien, die sich abspielen auf unserer harten, weichen, schönen und grausamen Erde.

Das Festhalten vergänglicher Augenblicke wird in der »Toteninsel« auch so geübt, daß das Leben bisweilen in Bildern gerinnt. Ich denke insbesondere an den Besuch der drei Schwestern zu Beginn des Romans, der später zu einem Bild erstarrt, den »Drei Frauen mit Winterastern«, oder daran, wie ein Platz mit ausrangierten Eisenbahnbestandteilen zu einem »Feld voller Gebeine« fixiert wird. In der Folge hängen diese beiden Bilder in der Bildergalerie von Baurs Seele. Ist dein Seelenverständnis gewissermaßen ästhetisch begründet?

Ich glaube tatsächlich, daß wir angehäuft sind von Bildern, daß unsere Seele daher dem Museum des Ludwig Zimmerer gleicht, das sich in Warschau an der Ulica Dabrowiecka befindet und wo etwa siebentausend Bildwerke naiver polnischer Künstler gehortet und gewartet werden. Unsere Seele ist eine Galerie, ein Museum voller Bildwerke, wobei vermutlich jeder auf seine eigene Art sammelt. Der eine sammelt naive Bildwerke, der andere möglichst raffinierte, aber wir leben mit Bildern, wir horten Bilder, und das Leben ist wahrscheinlich überhaupt nur über das Bild, über das Sinnbild zu erahnen, nie über den Intellekt, nie über das Abstrakte oder Konkrete, wie man dem auch immer sagen will, manche verstehen das Gleiche darunter. Darum ist der Umgang mit Bildern, das In-Bildern-leben-können, seien es jetzt Sprachbilder, Tonbilder, Farbbilder oder Lebensbilder schlechthin, unge-

Witwe von Ludwig Zimmerer in ihrem »paradiesischen Käfig« an der Ulica Dabrowiecka in Warschau

Jozef Lurkas Bild »Eva mit Forelle im Paradies«, das sich in Ludwig Zimmerers Museum befindet

heuer wichtig. Nur so können wir ein wenig jenseits der Intellektualität und Rationalität Fuß fassen. In der Rationalität scheinen wir zwar einen festen Boden unter den Füßen zu haben, aber das ist ein Trugschluß. Gerade das Bodenlose besitzt einen festeren Boden als das Rationale.

Bei dem von Ludwig Zimmerer selbst so genannten »paradiesischen Käfig«, den du eben erwähnt hast, handelt es sich um einen Gesprächsbeitrag von Bindschädler. Neben diesem »visuellen« gibt es noch einen zweiten bedeutenden Bindschädlerschen Beitrag, einen, wenn man so will, »akustischen« Beitrag, nämlich das Zirpen der Grillen, über das Bindschädler seine Gedanken anstellt. Es verweist auf jenes »kosmische Zirpen«, das bereits im »Schnurgeraden Kanal« erscheint und dort auf eine Begebenheit in der Kirche von Raron bezogen wird. Was hat es eigentlich damit für eine Bewandtnis?

Ich habe selber – es reicht natürlich an sanften Wahnsinn – in der Kirche zu Raron diesen Ton aus dem Getriebe des Kosmos, um schön zu reden, buchstäblich gehört. Später hab ich ihn in der Jesuitenkirche von Solothurn und anderswo gehört. Ich weiß, daß aufgrund solcher Aussagen gewisse Einstufungen möglich sind. Das Zirpen der Grillen scheint mir in seinem metallischen Gehabe nahe an dieses kosmische Geräusch heranzukommen und hat mich darum sehr fasziniert. Die Grillenweibchen und -männchen können sich in einem großen Konzert punktuell begegnen, also über Distanzen hin akustisch erkennen und sich dann auch zur Hochzeit treffen. So ergibt sich wiederum ein Zusammenhang mit dem Tonreich und mit meiner Vorstellung, daß eben die Welt Klang sei. Das Phänomen hat mich aber auch vom rein wissenschaftlichen Standpunkt aus interessiert, obschon ich alles andere als ein Wissenschaftler bin.

Solche akustischen Ereignisse treten in der »Toteninsel« eher selten auf. Nicht umsonst erklärt sich Baur auf den ersten Seiten des Romans als »Augenmensch«. Es entspricht wohl auch den spezifischen Möglichkeiten des Spaziergängers, daß ihm die Welt in ihrer Visualität aufgeht, indem er fortwährend auf neue sichtbare Erscheinungen stößt. Ich möchte aber noch einmal zu den Bildern zurückkehren. Ein berühmtes Bild von Arnold Böcklin hat dem Roman den Titel gegeben, ohne daß es im Text eingehend gewürdigt wird. Wie gelangt es zu dieser hohen Prominenz, als Titel des Buches zu dienen?

Aus der Erinnerung kann ich wenig dazu sagen. Einerseits stehe ich zu Böcklin in einem etwas gespaltenen Verhältnis, andererseits hat mich die Basler Version der »Toteninsel« – es gibt meines Wissens noch vier andere Varianten – immer stark berührt. Aber manchmal ist mir selber die Welt paradoxerweise als Toteninsel erschienen, während mir das Reich jenseits der Welt oder der Erde als das Gegenteil vorkommt. Von dort her mag sich der Titel erklären, das Herausstellen der Böcklinschen »Toteninsel«, weil doch eine verhältnismäßig kleine, wenn auch in die Milliarden gehende Anzahl lebender Menschen sich jeweils auf der Erde bewegen, während eine Vielzahl eben doch magaziniert, das heißt als Skelette unter der Erde vorhanden sind. Der Tod ist also stärker vorhanden als das Leben, das betrifft auch die Pflanzen- und Tierwelt. Die Erde ist ein riesiger Friedhof, ein Geisterschiff, wo man sich nur für kurze Zeit an Deck aufhält und dann wieder unter Deck geht.

Vielleicht ist hier der Ort, auf eine weitere Bewegung zu sprechen zu kommen, die wir bisher nicht erwähnt haben. Man kann den Rundgang durch Olten auch unter dem Gesichtspunkt einer Lichtreise betrachten. Abgesehen von einzelnen Signalen, die darauf hindeuten, wird sogar eine Lichtreise geschildert: ein Ausflug von der griechischen Insel Kos auf eine Nachbarsinsel, die wörtlich von »Kindern des Lichts« bewohnt wird. Außerdem hast du schon mehrmals auf die einzigartigen Lichtwirkungen des Novembers hingewiesen.

Erst im nachhinein habe ich festgestellt, daß einige meiner Bücher zeitlich im November angesiedelt sind. Ich bin sogar ein wenig erschrocken, als mir das bewußt wurde, aber ein »lichter« November hat für mich schon das eindrücklichste Licht. Dann ist er eine Grenzzeit zwischen Herbst und Winter, und solche Grenzlagen haben mir immer zugesagt. Und schließlich kommt Baur in der »Toteninsel« zur Auffassung, daß Gott vielleicht sogar das Licht sei. Als Augenmensch, der ich ja neben dem Ohrenmenschen auch noch bin – und nicht nur ich, wir alle –, merke ich immer wieder, daß das Licht unglaublich auf unsere Gestimmtheit, auf unser Lebensgefühl einwirkt, ohne daß wir es zu realisieren brauchen. An einem verhangenen Tag sind wir wesentlich anders gestimmt als an einem lichten Tag, am Morgen anders als am Abend. Auch die jahreszeitlichen Differenzierungen kommen dazu. Licht und Ton sind zwei Medien, die unser Lebensgefühl ganz gehörig bestimmen.

Offenbar nicht nur Licht und Ton, sondern auch Licht und Tod. Mir scheint, die finsteren Bestandteile des Lebens, Tod und Begräbnisse, durchziehen deinen Text auf ähnliche

Weise wie diese manchmal raschen Lichtdurchblicke. Bezeichnenderweise bringst du an gewissen Stellen des Romans das Licht nicht nur in Verbindung mit Liebe, sondern auch mit der Erfahrung des Todes. Kann man sagen, das Licht sei der ebenso paradoxe wie triftige Ausdruck für jenes Dunkel, das die Schöpfung und unsere Existenz umgibt und auf das wir zutreiben?

Ja, obschon natürlich das Dunkel auffälliger ist und uns mehr zu beherrschen und zu bestimmen scheint, aber ich glaube doch, das Ende ist Licht. Von Elisabeth Kübler-Ross, die sich Sterbender angenommen hat, weiß man, daß Leute, die aus einem klinischen Tod quasi zurückgekommen sind, ausnahmslos erzählten, ihnen sei beim Übertritt ein Licht begegnet.

Wir haben darüber gesprochen, wie unversehens Wirklichkeit zu einem Bild gerinnt oder wie zwanglos so etwas wie Kunst entsteht. Das anmutigste Beispiel für diesen Vorgang ist für mich eine kleine Episode, die sich ganz der Flüchtigkeit des Augenblicks verdankt. Sie handelt davon, wie ein Mädchen mit seiner Puppe und einem Blatt spielt.

> »Auf daß sie endlich da wäre: die mobile, die überschaubare, die unterkühlte Welt: das Gegenstück vielleicht jener gezeichneten Welten. Ja!« sagte Baur, lächelnd seine Mütze zurechtrückend. Neuschnee komme nicht unter die Birnbäume zu liegen (nach Baur), zumindest dann nicht, wenn diese im Windfluß stünden; so daß am Morgen nach Neuschnee grüne Schatten unter den Birnbäumen lägen, auch unter den Apfelbäumen, wodurch die

gezeichnete Welt gleichsam zu einer kolorierten werde, dachte ich mir – und daß ich vor Jahren ein Mädchen gesehen hatte, ein kleines mit einer Puppe, inmitten einer riesigen Schulanlage, die ein Viereck bildend den Sportplatz umschloß. Das Mädchen schritt einer Fassade entlang. Ein Blatt hüpfte ihm nach. Das Mädchen bemerkte das Blatt, redete mit dem Blatt, das Blatt blieb liegen. Das Mädchen mit der Puppe trippelte davon, schaute zurück, redete mit der Puppe. Das Blatt hob ab, hüpfte heran, überholte das Mädchen, blieb liegen. Das Mädchen holte das Blatt ein, überholte es, schaute zurück, redete mit dem Blatt. Das Blatt stieß ab, eilte heran, hüpfte davon. Das Mädchen mit der Puppe hüpfte ihm nach, erreichte das Blatt, trat auf das Blatt – wiegte die Puppe. – Auf der Steintreppe blies ein steinernes Mädchen die Flöte. – Auf jenem Sportplatz übrigens hatte ich Baur kennengelernt. Man befand sich jetzt auf der Aarauerstraße, die leicht anstieg. Es war kühl im Moment.

Was sich zwischen dem Mädchen, dem Blatt und der Puppe abspielt, ist an sich schon reizvoll genug, aber mich berührt insbesondere der Umstand, daß das kindliche Tun eben auch ein Stück unbelebter und vermutlich bedeutungsloser Kunst, ein Artefakt aus der Starre erlöst und gleichsam zum Leben erweckt. Erst das steinerne flötenspielende Mädchen verwandelt die Szene zum »Ballett«, wie du sie einmal wörtlich nennst.

Sportplatz in Langenthal mit der steinernen Flötenspielerin (in Wirklichkeit die Bronzefigur eines Jungen)

So, das hab ich nicht mehr gewußt, aber ich bin auch deiner Meinung. Gelegentlich trifft man im Alltag auf eine Begebenheit, die einen an ein Buch oder ein Musikstück oder ein Bild gemahnt, und im vorliegenden Fall bin ich glücklich, daß ich einen solchen Moment habe festhalten dürfen. Es scheint, als würde die ganze »Baur und Bindschädler«-Tetralogie aus der Szene herauswachsen, denn die zwei Männer hatten sich seinerzeit, wie erwähnt, auf jenem Platz kennengelernt. Und obschon ich diese seltsam-verwunschene Kindlichkeit und diese Übereinstimmung von Kind, Puppe, Blatt und steinernem Mädchen beinah eins zu eins der Realität entnommen habe, finde ich doch, daß dieses Bild in die Welt des vierteiligen Romans einstimmt. In dem Sinn ist es mir lieb, und vielleicht flötet das steinerne Mädchen durch den ganzen Text hindurch.

Da hier eben Stein belebt wurde, möchte ich auf eine stilistische Eigentümlichkeit von dir zu sprechen kommen, die auch mit der Belebung von toter Materie zu tun hat. Du brauchst oft die Wörter »belieben« und »geruhen« in Zusammenhang mit unbelebten Gegenständen oder dann mit Naturerscheinungen, Tieren und Pflanzen, indem du ihnen sozusagen eine menschliche Eigenschaft, einen eigenen Willen beilegst. Man pflegt das Anthropomorphismus zu nennen, aber damit ist wenig erklärt. Was liegt hier vor? Huldigst du einfach dem menschlichen Wunschdenken, daß uns die Umwelt gewogen sein möge? Oder findest du tatsächlich, daß sich diese uns zuneigt, wenn wir nur den richtigen Blick dafür haben?

Es geschieht wohl aus meiner indianischen Haltung oder Gestimmtheit heraus. Die Indianer glaubten ja wirklich an die Lebendigkeit der Steine und des Wassers und der Bäume, an das Leben der unbelebten Natur. Vor einer Vermenschlichung würde ich mich hüten. Ich möchte weder Tiere, noch Pflanzen, noch Steine vermenschlichen, das wäre absurd und egozentrisch. Es geht weiß Gott nicht nur um uns, und ich bin davon überzeugt, daß das Unbelebte so unbelebt auch wieder nicht ist. Vor vielen Jahren habe ich in Basel eine Ausstellung irgendeines chemischen Konzerns gesehen, an der Steinschnitte in elektronenmikroskopischen Vergrößerungen gezeigt wurden, und ich habe dort beinah das Schaudern gelernt. Da sah man eine jahrmilliardenalte Vorwegnahme der abstrakten Malerei, und zwar wurde diese Malerei, die in den aufgeschnittenen Steinen sichtbar wurde, von unseren Malern nie erreicht. Dabei sieht man sie nicht einmal, denn sie liegt ja im Stein verborgen und zeigt sich nur, wenn man den Stein zersägt und schleift. So bin ich der Meinung, daß die sogenannt unbelebte, unbewegliche Natur auch physikalisch gesehen gar nicht so unbelebt ist. Das sitzt in mir drin, ich empfinde also – ich möchte es noch einmal sagen – sehr indianisch und bin darüber froh. Aber ich habe immer wieder als schmerzlich empfunden, daß ich mich nicht mit den Schwalben, den Maßliebchen oder den Katzen unterhalten kann. Da gibt es eine brutale Scheidung, da sind brutale Grenzen gesetzt, die wir nicht überschreiten können. Eine gewisse Kommunikation kann zwar stattfinden, aber ein direktes Gespräch ist nicht möglich. Ich wäre wahnsinnig daran interessiert zu erfahren, wie die Schwalbe die Welt sieht oder wie es der Kirschbaum hält oder das Maßliebchen. Das ist mir leider versagt.

Am Ende unseres Gespräches kann ich nicht umhin, auf die vielleicht meistzitierte Stelle nicht nur der »Toteninsel«, sondern deines bisherigen Schaffens einzugehen, die du im übrigen selber auch auf dem Klappentext anführst:

> Ungefähr in der Hälfte der Wegstrecke sagt Baur zu Bindschädler: »Ohne dich nun mit meinem Literaturverständnis quälen zu wollen, muß ich doch sagen, daß für mich der Roman einem Teppich vergleichbar ist, einem handgewobenen, bei dessen Herstellung besonders auf die Farben, Motive achtgegeben wird, die sich wiederholen, abgewandelt natürlich, eben handwerklich gefertigt, beinahe mit einer gewissen Schwerfälligkeit behaftet, und der einen an ein Mädchen aus der Schulzeit erinnert und an eine Blumenmatte mit Kirschbäumen darauf, die gerade blühen; wobei man über diese Blumenmatte schreiten möchte, zumindest noch einmal und natürlich nicht allein.«

Damit korrespondiert eine zweite Stelle, wo Amrain selber als ein Teppich bezeichnet wird: »Die Motive sind die Geschlechter, die Sippen. Der Zettel sind der Landstrich, die Zeit.« Über dieses Credo wäre manches zu sagen, doch erst einmal soviel: Zum einen werden Literatur und Wirklichkeit zusammengeführt, im Wesen und in der Struktur einander angeglichen, und somit hätte Literatur bei aller Differenz dem Leben gerecht zu werden. Wie aber ist es um die Differenz bestellt? Will deine Literatur nicht auch der Welt gerade dadurch gerecht werden, indem sie sich von ihr als Gegenwelt absetzt?

Mein Kunstverständnis oder Literaturverständnis insbesondere schließt das Wissen darum ein, daß beispielsweise ein Roman letztlich oder zuallererst ein Kunstprodukt ist, daß Kunst mit Kunst zu tun hat und haben soll, daß Kunst nicht Abklatsch sein kann und doch mit dem Leben in Beziehung bleibt, dem Leben quasi dienen muß, wenn man so sagen will. Darin steckt das ungeheuer Provozierende und Paradoxe der Kunst: Einerseits hat sie künstlich zu sein, und andererseits interessiert sie uns nur, wenn sie mit der Schöpfung, mit dem Leben, mit dem Menschenleben, mit einzelnen Personen zu tun hat. Übrigens könnte man diesen Teppich in seiner Bildhaftigkeit, in seinen Wiederholungen auch als eine Partitur sehen. Vermutlich kann man Kunst nicht definieren, ich zumindest kann es nicht. Während Jahrzehnten habe ich mich geärgert, Jahrzehnten, in denen Kunst nicht mehr mit Kunst zu tun haben sollte, wo sie nur noch nützlich und zudienerisch hätte sein sollen. Das ist natürlich hanebüchen. Kunst hat mit Künstlichkeit, mit Ästhetik, auch mit Gegenwelt zur sogenannten Wirklichkeit zu tun. Andererseits soll sie genau diese Wirklichkeit aufschlüsseln oder zumindest erahnen lassen wie kein anderes Medium. Nur über die Kunst können wir die Ausmaße der Schöpfung erahnen, erspüren, schmecken, hören und sehen. Darum bin ich glücklich gewesen, als mir meine Enkelin einmal den Spruch zusteckte: »Kunst ist – auf einem schwarzen Schimmel zu reiten«, also etwas Unmögliches. Einen schwarzen Schimmel gibt es nicht, folglich kann man nicht auf ihm reiten, folglich ist die Kunst die Unmöglichkeit an sich, und das stimmt natürlich auch wieder nicht. Es gibt die Kunst, wunderbarerweise, aber gerade das Undefinierbare, Unerklärbare macht sie so schön. Das Unerklärbare ist das schöne Gewand, das die Kunst trägt, und würde sie nackt dastehen, würde sie uns nur halb so stark animieren, fesseln und gelüsten.

Nun hat die Kunst auch einen Adressaten, und wenn sie laut Baurs Credo an eine Blumenmatte erinnert, will diese nicht nur solitär, sondern zu zweit begangen werden. Ist Kunst insofern auch ein Mittel, die Einsamkeit des einzelnen zu überwinden?

Kunst hat auch mit Erotik zu tun, das heißt mit Liebe allgemein, aber auch im Sinn von Geschlechterliebe. Ohne Liebe, ohne das Erotische, ohne das Ästhetische wäre die Schöpfung blaß oder schwarz oder nicht lebenswert, und aus diesen drei Teilen besteht vielleicht die Poesie. Darum kann man sagen: Eine Welt ohne Poesie, die eben Liebe, Erotik und Ästhetik beinhaltet, wäre kalt. Das klingt in diesem Bild von der Blumenmatte an, da wird vielleicht Kunst auf kindliche Art in einem Bild dargestellt, wobei man eben nur ein Bild zur Verfügung hat, um Unbegreifliches, Unverständliches darzustellen. So verhält es sich auch mit der Schöpfungsgeschichte, an der sich viele Leute stoßen. Sie ist ein grandioses Sprachbild und stimmt in sich wunderbar, doch wenn es über den Intellekt betrachtet wird, stimmt das Bild hinten und vorne nicht.

Dein Roman zeigt auf vielfältig-bewegende Weise menschliches Leben bis zum Tod. Auch die Toten bleiben präsent und machen auf sich aufmerksam. Den Lebenden aber wird in einem Satz gegen Ende der »Toteninsel« nicht gerade viel Trost gewährt. Es heißt dort, das »Recht auf Glück« wäre eine »dürftige Utopie«. Darin triffst du dich erstaunlicherweise mit Sigmund Freud, der einmal geschrieben hat: »Die Absicht, daß der Mensch ›glücklich‹ sei, ist im Plan der ›Schöpfung‹ nicht enthalten.«

Ich kenne diesen Satz von Freud nicht, aber ich bin zutiefst davon überzeugt, daß wir auf nichts ein Recht haben. Wir haben vielleicht die Gnade, der Gnade zu begegnen oder der Gnade teilhaftig werden zu dürfen. Das tönt jetzt natürlich etwas fromm und mißtönend in den Ohren vieler Leute, aber ich bin davon überzeugt, daß wir nicht ganz solche Damen und Herren sind, wie wir uns immer wieder vorzumachen versuchen, sondern eingebunden sind wie die Schwalbe, das Maßliebchen oder der Kirschbaum. Wir gehören dazu und können froh sein, wenn wir dazugehören dürfen. Wir können froh sein, wenn wir das Wasser der Ströme noch mittrinken, die Rüben des Feldes noch mitessen und den Wind, der uns gelegentlich die Dächer abdeckt, noch einatmen dürfen. Wir gehören dazu und dürfen uns nichts herausnehmen. Das Maßliebchen nimmt sein Leben, wie es ihm gegeben ist; die Schwalbe macht ihre Wanderflüge, zieht Junge auf, jagt abends die Mücken am Himmel und vertilgt sie oder bringt sie den Jungen nach Hause. Das Recht auf Glück oder auf Selbstverwirklichung kommt ihnen nicht einmal im Traum in den Sinn. Das sollte auch für uns gelten. Natürlich sind wir etwas privilegiert, aber wir gehören ins große Ganze, und wenn wir uns einfügen, gefährden wir auch das große Ganze nicht. Wenn wir uns aber etwas anmaßen, was uns nicht zusteht, gefährden wir unsere Lebensgrundlagen, was wir in den letzten Jahrzehnten ja sehr deutlich getan haben.

29. Juli 1993

Strandlilien

Hochzeitsbild von Erna (»Gisela«) und Jakob Jost (»Ferdinand«), 1922. Sitzend G. Ms Mutter (links) und J. Josts Mutter (rechts). Stehend, von links nach rechts: Willy (»Philipp«), Gertrud (»Julia«), G. Ms Vater, das Brautpaar, Irmgard (»Johanna«), Bruno (»Benno«) und G.M.

Werner Morlang: Bisher haben sich deine Prosabücher, bei aller inneren Zugehörigkeit und Verwandtschaft, stark voneinander unterschieden. Mit dem 1982 publizierten Roman »Borodino« bist du nicht nur deiner Amrainer Welt treu geblieben, sondern auch dem vorangegangenen Buch »Toteninsel« und dessen Hauptfiguren Baur und Bindschädler. Was hat dich dazu bewogen?

Gerhard Meier: Das Thema war nicht erschöpft. Diese Amrainer Welt samt ihrem Personal gab noch etwas her, und so ist es dann weitergegangen.

Hast du nie daran gedacht, diesen Stoff aus einer anderen Perspektive, über andere Figuren zu gestalten und zu heben?

Nein. Ich war glücklich, über die »Toteninsel« in meine Welt hineingekommen zu sein und hatte das Bedürfnis, dort drin zu bleiben. Nach der »Toteninsel« empfand ich zwar etwas wie einen Abschluß, einen vorläufigen zumindest, doch ich war froh, daß sich nach einiger Zeit – die Pause war doch beachtlich – wieder ein Text meldete und diese Welt wieder ins Blickfeld hineinschob.

Man könnte meinen, die Wiederkehr der gleichen Figuren, Begebenheiten und Motive, oft bis in einzelne Formulierungen hinein, würde den Leser vielleicht verdrießen oder langweilen, aber das Gegenteil ist der Fall. Man empfindet die neu aufbereiteten Erinnerungen als Bereicherung, denn der frühere Zusammenhang schwingt mit und auch die zeitliche Entlegenheit kommt auratisch ins Spiel.

Es ist ein Phänomen, dem wir immer wieder begegnen. Wenn man zum Beispiel ein Leben lang in der Provinz zu Hause ist und tagtäglich dieselben Bäume, dieselben Hügel- oder Bergkonturen, dieselben Dächer vor sich hat, macht einen dieses scheinbar Ewig-Gleiche nicht etwa mißmutig, sondern man erlebt die Bäume, die Dächer, die Konturen des Juras oder der Alpen oder der Wälder im Laufe der Zeit immer intensiver, immer inniger. Und wenn man eine solche angestammte Gegend verlassen hat und man nach einigen Jahren oder Jahrzehnten zurückkehrt, sagt man sich nicht: Ach ja, diesen alten Quatsch kenne ich, sondern es kann geradezu aufwühlend sein, diesen Bäumen, diesen Dächern, diesen Hügeln und Bergen wieder begegnen zu dürfen, weil sie doch den Rahmen zu einem Lebensabschnitt gebildet haben. Die Wirkung ist ähnlich wie beim Wein: je älter, desto besser und intensiver. Oder wie beim Frühling. Man erlebt ihn unzählige Male und sollte ihn mit der Zeit fast ein wenig über haben, aber das Gegenteil trifft zu. Der Frühling erwischt einen von Mal zu Mal stärker. Auch bei der Prosa, wenn sie sich ausweitet und savannenhaft wird, besteht die Möglichkeit, daß die Verästelungen des Lebens, des persönlichen und desjenigen der anderen Figuren, der Dorfschaft, daß diese Verästelungen je länger, desto deutlicher zum Vorschein kommen. Das ist das Grandiose bei

Proust, wo augenfällig wird, wie der Autor bis in haarfeine Verästelungen hinausgelangen kann, und auch bei ihm steht dies im Zusammenhang mit der Länge seines Romans »Auf der Suche nach der verlorenen Zeit«. Mit einem kürzeren Text ist es vermutlich gar nicht zu schaffen.

Die Bezüge und Filiationen sprengen den Rahmen der »Toteninsel« und reichen bis in deine frühe Lyrik zurück. So tauchen unversehens einzelne Versatzstücke aus den Gedichten »Man hat das rote Hotel abgetragen« und »Einige Häuser nebenan« auf, oder an einer Stelle imitiert Baur die Gebärden jenes Papageis aus dem Zoohaus Arakanga, der zum ersten Mal im »Anderen Tag« auftritt. Man gewinnt den Eindruck, du habest dich beim Schreiben von »Borodino« erfreut deiner poetischen Welt, mithin deiner poetischen Gestaltungsmittel vergewissert.

Unser Leben hat mit Wiederholungen, mit kreisförmigen, mäandrischen, spiraligen Erscheinungen zu tun. Wir sind buchstäblich in unserem Kosmos gefangen, der natürlich Beziehungen zu einem weiteren Umfeld hat, um nicht vom großen Kosmos überhaupt zu reden. Das Leben ist mehr oder weniger gegeben und läuft immer wieder in bekannten Spiralen oder Kreisen oder Schüben oder Anklängen ab, und diese inneren Gesetzmäßigkeiten, Figuren und Rotationen aufzuzeigen, so nebensächlich und unergiebig das auf den ersten Blick scheinen mag, finde ich großartig, weil sie doch weitgehend unser Leben, unser geheimes Leben ausmachen. Ich glaube, es ist eine, wenn auch nicht vorgefaßte Aufgabe der Literatur, dieses untergründige Spiel der Figuren und Abläufe aufzuzeigen. Sie mögen beinahe unfaßlich und scheinbar belanglos sein, aber sie bestimmen uns.

Aber ist dir diese Rückversicherung deiner Welt und deiner poetischen Möglichkeiten bei der neuerlichen Begegnung mit »Borodino« auch als dominierender Zug aufgefallen?

Ja, sehr, und dieses Sich-Öffnen-Können, die Waghalsigkeit, sich eben der verborgenen Seite des Lebens zu öffnen, hat mich im Grunde genommen erstaunt und beglückt. Lebensgeschichten sind ja oft eine zensierte Angelegenheit. Wenn wir in den eigenen Memoiren blättern, verändern wir die Sache, beschneiden sie und biegen sie zurecht, und auch daraus entsteht etwas. Es entsteht sogar etwas sehr Übersichtliches, Bekömmliches, Unterhaltendes, Süffisantes, aber die Literatur, die Kunst schlechthin sollte sich doch eher mit jenem Entlegenen, Verborgenen, Abseitigen befassen. Das ergibt dann natürlich eine Art Literatur, Musik oder Bildnerei, die weniger vertraut anmutet und dennoch dem Menschen wahrscheinlich näher steht. Es muß aber vegetativ geschehen. Man kann sich nicht hinsetzen und sagen: So, jetzt will ich mich in die feinsten Verästelungen hineinbegeben, oder jetzt will ich diese Kreisläufe, Spiralen und Mäander festhalten. Man muß sich in Demut öffnen und versuchen, jene Dinge zu Worte kommen zu lassen, die sonst weniger zum Zuge kommen.

Ungeachtet deiner Offenheit gegenüber allen erdenklichen Lebenserfahrungen gibt es freilich solche, die du ausscheidest. Entsprechend jenem Kumpel im »Schnurgeraden Kanal«, der als Rentner zu malen anfängt, hast du – um es noch einmal aufs Tapet zu bringen – die Arbeitswelt weitgehend aus deiner Schriftstellerei verbannt.

Diese Bereiche sind doch allgemein bekannt. Sie vordergründig abzuhandeln würde an Abklatsch grenzen oder gewissen Erwartungen entsprechen. Das hat mich nie interessiert.

Grundsätzlich bist du dem Gewöhnlichen durchaus zugetan.

Einerseits ja (*lacht*). Dieses »Gewöhnliche« aber, das, was wir uns gegenseitig zumuten in der Form, wie wir heute leben oder leben zu müssen glauben, ist in Wirklichkeit etwas Aufgesetztes. Ich glaube, daß die Indianer oder die Tibetaner oder die Afrikaner gewöhnlicher gelebt haben als wir. Unsere Industrie- und Arbeitswelt besteht aus einem Retortenleben. Wir haben uns da hineinmanövriert mit einer gewissen Gerissenheit, wir haben gemerkt, wie wir leichter zu Gütern und Habseligkeiten gelangen und haben dafür den Preis bezahlt: in einem nicht-gewöhnlichen Leben eine »Gewöhnlichkeit« zu praktizieren, die so gewöhnlich nicht ist. Das hat ja denn auch zu Verwirrungen geführt. Einerseits haben wir durch Technik, Wissenschaft und gesellschaftliche Organisationsformen versucht, die gewöhnliche Mühsal, die uns zusteht von Alters her, ein wenig zu überspielen, zu überlisten, und jetzt leiden wir beinahe daran, daß wir die angestammte Mühsal nicht mehr ertragen dürfen. Heute, da wir die Arbeit, die uns mehr oder weniger auf die Haut geschrieben ist, nicht mehr zur Verfügung haben, schauen wir fast sehnsüchtig nach ihr aus. Eine große Anzahl von Menschen ist heute arbeitslos, und sie können sich auch nicht mehr mit der Zeit zurechtfinden, die ihnen zugefallen ist. Sie können sich ja nicht mehr gebärden wie die Indianer oder Afrikaner, sondern sie sind in Wohnsilos untergebracht, auf ein paar Quadratmetern Wohnfläche, und wie soll das weitergehen? Was wir heute als gang und gäbe und gewöhnlich anschauen, ist oft sehr künstlich und entspricht in keiner Weise den inneren Bewegungen und Abläufen unseres Lebens. Darum sind wir auch nicht glücklich. Wir sind jedenfalls nicht glücklicher geworden, weil wir uns von der alten, angestammten Gewöhnlichkeit fortbewegt haben zu einer neuen »Gewöhnlichkeit« hin ...

... um uns ganz den wirtschaftlichen Interessen unterzuordnen.

Genau, und dann gab es noch eine andere Richtung, welche die Mühsal nicht mehr anerkennen und die Grundbedingungen unseres Lebens aufheben wollte, um ein materialistisches Paradies hinzukriegen, aber diese Versuche waren nicht von Erfolg gekrönt.

Darauf werden wir noch zu sprechen kommen, aber jetzt ist es an der Zeit, auf den Roman »Borodino« näher einzugehen. Was dessen Handlung betrifft, ereignet sich in »Borodino« nicht viel mehr als in der »Toteninsel«. Im Klappentext faßt du dich wiederum kurz: »Zweieinviertel Jahre nach dem Rundgang in Olten besucht Bindschädler seinen Dienstkameraden Baur zum ersten Mal in Amrain. Bindschädler hatte zuvor Leo Tolstois «Krieg und Frieden» gelesen. Immer wieder steigen ihm Bilder daraus hoch, sich mit Baurs Gerede vermischend, dem Landstrich, dem Amrainer Karneval.« Bereits in der »Toteninsel« dient Olten als eine Art Staffage, um davor die Amrainer Welt zu evozieren. Hier in Amrain sind es mehrere Folien, die du den Begebenheiten und Gesprächen unterlegst. Gleich zu Beginn des Buches erzählt Baur von ei-

nem Soldatentreffen, an welchem er vor ungefähr drei Monaten teilgenommen hat und das punktuell »Borodino« immer wieder begleitet, beziehungsweise im Bewußtsein der beiden Dienstkameraden aufsteigt. Wie der Rundgang in Olten findet dieses Treffen an einem 11. November, also am Martinstag statt. Was bezweckt diese Entsprechung der Daten?

Das hab ich so übernommen. Das Soldatentreffen hat tatsächlich um den 11. November herum stattgefunden, während sich Baur und Bindschädler in Amrain zur Karnevalszeit, also im Februar treffen. Im nachhinein habe ich selber fast mit Erschrecken festgestellt, wie viel sich um den ominösen 11. November, um dieses Martinisömmerchen herum angesammelt hat.

Welche Bewandtnis hat es denn insgesamt mit diesem Tag? Schon früher hast du auf die besondere Qualität des Novemberlichtes hingewiesen. Gibt es noch andere Eigenschaften oder Bezüge, die dir wichtig sind?

Ich habe kürzlich zu einem Besucher gesagt: »Im Herbst, das habe ich jetzt wieder gemerkt, im Herbst bin ich ein anderer Mensch.« Der Herbst geht durch alles hindurch. Vor ein paar Tagen habe ich zufälligerweise in Fernando Pessoas »Buch der Unruhe« den Herbst-Text aufgeschlagen, übrigens der großartigste Herbst-Text, den ich je unter die Augen bekam. Dabei ist mir aufgegangen, daß nicht nur mich der Herbst zu einem anderen Menschen macht, sondern daß es Pessoa vielleicht noch extremer passiert ist. Ich möchte es aber nicht auf jene klischierte Art gesehen haben, die mit tränenfeuchten Augen über den Herbst und die fallenden Blätter und die Friedhöfe und die Chrysanthemen spricht. Das ist etwas viel Naturhafteres, viel Gegebeneres, viel Älteres – gleichsam eine Vollendung.

Du sprichst nun generell von der Jahreszeit. Der Martinstag schließt den Herbst schon fast ab und geht in den Winter über.

Ja, aber an diesem Tag leuchtet der Herbst noch einmal wehmütig auf, möchte ich fast sagen. Da bekommt er noch einmal Glanz in die Augen und Farbe auf die Wangen. Ein seltsames inneres Leuchten tut sich dann kund, wenn auch nicht immer, das Wetter und die Jahreszeiten sind schließlich unberechenbar. Doch wenn es dazu kommt, bewegt es mich immer sehr, nicht in einem vordergründig-sentimentalen Sinn, sondern viel, viel tiefer. Das ist nicht gesucht, das ist in mir drin, ich glaube, in mir drin herrscht immer ein wenig Martinisömmerchen.

Beim Treffen der ehemaligen Dienstkameraden geht es ausgesprochen realistisch zu, was mich nicht weiter erstaunt, denn du hast in unserem ersten Gespräch angedeutet, du habest die Veranstaltung mit der Absicht besucht, sie später literarisch verwerten zu können.

Heimlich schon. Im allgemeinen meide ich solche Veranstaltungen, aber da hatte ich doch das Gespür, ich sollte hingehen, vermutlich mit dem Hintergedanken, diese Geschichte einmal zu vermarkten. Einerseits gilt ja das Soldatenleben als etwas ganz Gewöhnliches, andererseits ist es etwas vom Undurchsichtigsten und Abstrusesten, was man sich denken kann. Mit Klischees kommt man diesem Phänomen nicht bei. Man darf die Leute nicht in zwei Sorten Menschen einteilen, in Militaristen und in

Antimilitaristen. Die Sache ist ungeheuer komplex und zeitigt nicht umsonst bei Leuten, die in diese Militärmaschinerie hineingeraten sind, wiederum Lebensformen und Bewegungen, verdeckte Bewegungen, die phantastische Züge an sich haben. Mit überheblichen philosophischen oder soziologischen Äußerungen ist es dabei nicht getan. Wie viele kluge Bemerkungen sind nicht schon über Krieg und Frieden abgegeben worden, und mit welchem Effekt: daß es im Moment überall brodelt! Ich selber bin alles andere als ein geborener Soldat, und ich habe mich im Militärdienst einige Male dabei ertappt, daß ich mir überlegte, ganz tief unten, wie dieser Geschichte ein Ende zu bereiten wäre, wenn auch eines mit Schrecken. Gerade dadurch bin ich wahrscheinlich dieser archaischen Welt nahegekommen. Inmitten des Abstrusen kann das Leben eine unvergleichliche Intensität annehmen. Da können sich Gestimmtheiten einstellen, die sonst nicht zu erfahren wären – um Gottes Willen, wir wollen nicht Kriege führen, um zu Gestimmtheiten zu gelangen, die uns sonst vorenthalten blieben, aber wenn solche Gegebenheiten schon da sind, darf man auch davon reden, wie es Claude Simon getan hat.

Später sind diese Gestimmtheiten offenbar nicht mehr ohne weiteres verfügbar, wie aus einer Passage hervorgeht, die über das zu Beginn der Versammlung herrschende emotionale Klima Auskunft gibt:

> »Feldweibel Krättli also hielt seine Begrüßungsansprache. Das Essen wurde aufgetragen: Flädlisuppe, Rindsbraten mit Kartoffelstock, gemischter Salat. Leutnant Matter bestellte Rotwein. Man aß. Man stieß an. Man trank.

Im Aktivdienst. Gerhard Meier stehend, vierter von rechts

Bindschädler, mittlerweile war mir der Saal zu einem Eisklumpen geworden, durchsetzt mit Gesichtern, Gestalten. Wobei mir das Eis nicht als hiesiges vorkam, als Gletschereis, sondern als Eis russischer Tundren.
Und mit jedem Blick, mit jedem Bissen Rindsbraten, jedem Schluck Rotwein auch taute es auf. Je mehr Kartoffelstock man sich also einverleibt hatte und Rindsbraten, desto deutlicher, desto frischer, desto authentischer wurden die Leute an den vier Tischen.
So aß ich drauflos.
Spezifische Geräusche schienen das Tauen zu begleiten, das *Säuseln* der Lüfte vielleicht, die durch Steinbrüche strichen, wo man gerade exerzierte, Einzelausbildung betrieb, während von der Grenze herüber das Brummen der Geschütze zu hören war«, sagte Baur, wiederum einen Punkt im Garten fixierend, die Arme verschränkt. Die Sonnenflecken hatten sich mittlerweile etwas verschoben.
»Bindschädler, Bütikofer Willi fehlte mir, der Melker aus den Wyniger Bergen. Lehmann Johann, der ewig lächelnde Landarbeiter aus dem Emmental, fehlte mir. Schaad Paul, Zifferblattfabrikarbeiter aus Werdenburg, den zu begrüßen ich vermeint hatte, fehlte mir. – Und andere mehr«, sagte Baur.

Ein gewaltiges Stück Fremdheit, gar ein Tundra-Eisblock muß erst beseitigt werden, um das Erinnerungspotential freizusetzen.

Genau so hab ich es damals empfunden. Aus meiner Sicht – damals und heute – ist es sehr authentisch.

Hast du gleich nach dem Treffen Notizen darüber angefertigt?

Nein, ich selber mache nie Notizen, aber jedem das seine, es führen viele Wege nach Rom. Ich vertraue dem Unterbewußten und dessen Sortiererei, die Wichtiges von Unwichtigem scheidet, und verlasse mich darauf, daß im gnädigen Augenblick das Entsprechende möglichst rein, noch reiner, als es hineingelangt ist, wieder herauskommt. Das ist ein Vorgang, mit dem man einfach rechnen kann: eine Realität. Mit den Notizen ist es ja nicht gemacht, weil man oft die falschen Dinge aufschreibt. Die eigentlichen Sachen kann man wahrscheinlich im Moment nicht festhalten. Die müssen erst hinunter und einen Gärungs- oder Läuterungsprozess durchlaufen, um dann in einem Augenblick, über den wir nicht verfügen, den wir nicht herbeirufen und dirigieren können, aufzusteigen und von uns notiert zu werden. Dieser Vorgang findet in unser aller Seelen statt, nicht nur bei Schreibern. Das spielt sich eben inwendig ab, tut sich da zusammen, vermischt sich in neuer Form oder Gestalt und tritt in frischem Glanz wieder hervor. Darum ist die Welt realistisch gar nicht zu fassen, und diese Bemühungen um Realismen, um braune oder rote Realismen, waren und bleiben ein jämmerlicher Humbug. Die Realität ist ganz anders beschaffen, weißt du.

Wir sollten auch das Zaubermittel nicht vergessen, welches das Tauwetter bewirkt und die Erinnerungen auslöst.

Es handelt sich um ein Gericht, das Bindschädler am zweiten Tag seines Besuches von Baurs Frau Katharina vorgesetzt erhält, und nach deinem Willen tischt es auch Tolstois Natascha ihrer Familie auf. Bei Proust sind es Madeleine-Bisquits und bei dir eben Flädlisuppe, Rindsbraten, Kartoffelstock und Rotwein.

Zum Essen habe ich ohnehin ein beinahe mystisches Verhältnis. Ich finde es – wir haben schon darüber geredet – einerseits brutal, andererseits wunderbar, daß wir Feldfrüchte essen, Grundwasser trinken und die uns umgebende Luft atmen müssen oder dürfen, um zu leben. Wir können uns nicht dagegen stemmen, wir sind dazu wirklich verknurrt. Aber dieses Atmen, bei dem auch Gerüche, Düfte mitkommen, setzt uns manchmal innerlich in Bewegung, so daß ganze Ketten von Erinnerungen zu klirren beginnen. Sogar beim Trinken von Wasser – es braucht nicht unbedingt ein alkoholisches Getränk zu sein – und vor allem beim Essen kann es passieren. Das rührt also immer wieder an Bereiche unserer Seele. Unser Schlund und unsere Seele haben schon eine gewisse Nähe, und die Säfte und Stoffe, die wir uns von außen zuführen, wirken auch chemisch auf unseren Seelenhaushalt. Diese Beziehung ist einfach da und darf oder muß vielleicht eben in der Literatur irgendwie sichtbar werden, denn sie verweist wiederum auf diese archaischen, diese uralten Vorgänge. Ich hab es schon früher gesagt: Das Essen ist für mich zeitlebens nicht nur eine Sache gewesen, um den Hunger zu stillen, sondern etwas wie ein Ritual. Und man kann nie besser miteinander reden und nie leichter die Welt in Ordnung bringen, als wenn man gesättigt beim Kaffee sitzt.

Wenn die Auslöser der Erinnerungen eher profan anmuten, gilt das auch für die Dinge, die erinnert werden. Es sind eben gerade nicht die spektakulären Begebenheiten, sondern beiläufige Erscheinungen, so ungreifbare wie in unserem Zitat das »Säuseln der Lüfte« während des Exerzierens und nicht einmal das Exerzieren selber.

Ich staune immer wieder – und staune, wie mich das beeindruckt – wenn ich in der Bibel auf ganz konkrete und scheinbar nebensächliche Äußerungen stoße. Dieses ganz Gewöhnliche, im eigentlichen Sinn Gewöhnliche, dieses Altgewöhnliche, das uns zusteht, aus dem wir beschaffen sind, das uns bestimmt, umgibt und prägt, ist für uns ungeheuer wichtig, aber die sogenannte Welt hat dafür meistens keine Augen, hält es für unnötig und nicht der Rede wert. So vergreifen wir uns oft in der Literatur oder in den Weltbildern, die wir basteln, an der Gewichtung, verschieben die Gewichte eben falsch, im Unterschied zu den Kindern, die da sehr versiert sind. Die Kinder mogeln nicht, die wissen noch um die Gewichtungen, wie zum Teil auch die Alten und vor allem die Naturvölker, soweit es sie noch gibt. Der heutige Mensch in seiner Arbeitswelt, in seiner industrialisierten Umgebung hat das Gespür für die richtige Gewichtung weitgehend eingebüßt. Wir sind Opfer einer Entwicklung geworden, an der wir natürlich nicht völlig unschuldig sind.

Da wir uns so lange mit dem Gewöhnlichen beschäftigt haben, wenden wir uns nun dem Ungewöhnlichen zu, dem Spezialfall Karneval. Unter allen Folien, die das Buch grundieren, wirkt zweifellos am nachhaltigsten der Karneval, der wohl in Amrain/Niederbipp ein zentrales dörfliches Ereignis darstellt. Welche Bedeutung besitzt er für dich?

Die Fasnacht ist heute leider vor die Hunde gegangen, wobei ich das Wort »Karneval« vom Klang her vorziehe, trotz seiner Überhöhung, die an Rio de Janeiro oder an den »Morgenstreich« von Basel denken läßt. Als Kind ist mir der dörfliche Karneval unheimlich aufgegangen, der Karneval und der Zirkus, diese zwei Sachen haben mich geprägt. Im Karneval unter uns Kindern habe ich die Fremdheit, in der wir uns befinden, in einem geradezu schmerzlichen Ausmaße erlebt. Mir sind die Leute, klein und groß, in ihrer Fremdheit, überhaupt in ihrem Wesen nie so deutlich geworden wie gerade dann, wenn sie im Maskentreiben drin steckten. Es ist etwas Paradoxes, und ich kann es mir nicht ganz erklären, aber vermutlich steht uns der Karneval schlechthin gut zu Gesicht. Nicht die Exzesse und Blödeleien, die dabei getrieben werden, sondern jener Karneval, den ein Kind erlebt, wenn es in Grüppchen auftritt oder manchmal sich verliert und plötzlich alleine dasteht, seine Schellen unter dem Gewand läuten, seine Maske vor dem Gesicht ihm ein anderes Gesicht verleiht und es irgendwie spürt, daß das Gesicht unter der Maske vielleicht doch das eigentlichere ist. Dazu kommt, daß der Karneval im Februar stattfindet, also zu einer Zeit, da sich in der Landschaft, in der Natur auch etwas tut und eine gewisse Fremdheit aufscheint. Diese Übergangszeiten sind ja zugleich Fremdheitszeiten. Wenn sich etwas wandelt, ist es zunächst unvertraut, macht Angst, und dann gibt es Ende Februar, anfangs März ein Licht, das fast weiß ist – und dann noch die Schneeschmelze. Da helfen also das Land und der Mensch in seinem abstrusen Verhalten mit, sich uns deutlicher zu zeigen als zu anderen Jahreszeiten und Begebenheiten. Der Mensch geht aus sich heraus, wenn er maskiert ist, und man merkt, was für Abgründe, was für geheime Bedürfnisse, was für Töne in ihm drin sind, weißt du, und gleichzeitig offenbart er seine Fremdheit. Ich hätte gerne den Karneval von Venedig erlebt, der mich ergreift, wenn ich nur davon höre oder Bilder sehe. So wie er früher auf dem Dorf praktiziert wurde, gibt es ihn heute fast nicht mehr.

Hast du auch selber praktiziert?

Ich habe nur einmal aktiv mitgemacht und mich als Bäckerjunge verkleidet. Sonst hab ich immer als Zuschauer teilgenommen, als Beobachter – Voyeur kann ich nicht sagen, ein Voyeur war ich nie. Aus dem Instinkt heraus wollte ich beobachten, aufnehmen. Ich hab nie gerne selber praktiziert, sondern hielt mich lieber auf den Rängen auf, wo man zuschauen kann. Vermutlich gehört das ein wenig zum Los des Schreibers. Darum verpaßt man dann auch das Leben, weil man nicht praktiziert. Man ist als Hospitant dabei, sozusagen, und die anderen praktizieren. Neuerdings versucht man in Niederbipp, die Fasnacht wieder aufzupäppeln, aber man spürt: Das ist gestellt, das stimmt nicht mehr. Früher machte am Hirschmontag fast das ganze Dorf mit. Man zog sich alte Kleider an, alte Hüte, Masken oder auch nicht, und das ergab bei Nacht ein riesiges Volksfest mit den seltsamsten Erscheinungen. Da steckte Angst drin, Fremdheit, Perversität, Ausgelassenheit und auch wieder Künstlichkeit, aber es war schön auf dem Hauptplatz, wo sich das Zentrum des Karnevals befand, beim roten Hotel. Dort drin war ja das elektrische Klavier aufgestellt, und da ging die Türe manchmal auf, manchmal blieb sie überhaupt offen, und da hüpften dann die Töne des elektrischen Klaviers in diese Verrücktheit hinaus, in dieses Karnevalgebrodel. Und die Kastanien standen dabei, ruhig, und dachten sich: Die sollen jetzt einfach ein wenig durchdrehen. Das war für mich schon sehr, sehr prägend.

Vielleicht findet im Karneval auch insofern etwas Paradoxes statt, als er in der Menge, in der Gemeinschaft gefeiert wird, aber jeder seine eigene Individualität austobt. Wichtig scheint für dich auch eine zeitliche Komponente zu sein. Du sprichst im Roman davon, daß am Karnevalstag die Zeit abzubrechen drohe, und die Kinder seien diejenigen, die das verhinderten. Was verstehst du darunter? Eine Zeit unmittelbar vor der Katastrophe?

Das ist nicht etwa an den Haaren herbeigezogen, sondern das hab ich wirklich so gespürt, und zwar über viele Jahre hin. Wenn ich diese kleinen Fasnächtler lustig, verängstigt, verstört oder erwartungsvoll mit ihrem Kinderwagen durch das Dorf flanieren sah, hatte ich immer das Gefühl: Jetzt würde die Zeit abbrechen, wenn nicht die Kinder die Möglichkeit hätten, dem entgegenzuwirken. Ich kann das nicht erklären, mit dem Intellekt oder mit der Ratio ist dem nicht beizukommen, aber es zeigt, wie intensiv mir diese Karnevalszeit jeweils aufgegangen ist und wie diese Zeit für mich mit dem Leben über das ganze Jahr hin verhängt gewesen ist. Das hat sich übrigens nie verflüchtigt, das ist geblieben. Noch heute, wenn ich nach Inkwil komme und eine alte Liegenschaft sehe, denke ich unwillkürlich daran, daß unter diesem oder jenem Dach wenigstens ein Inkwiler Turner gewohnt haben mußte, der damals zur Karnevalszeit mithalf, auf dem Platz vor dem roten Hotel Indianer-, Zigeuner- oder Negertänze aufzuführen. So bewegen sich diese mäandrischen Linien, Spiralen und Kreise durch ein Leben hindurch und sorgen für eine gewisse Geschlossenheit im inneren Kosmos, aber nicht abgeschottet von der Außenwelt, der Welt schlechthin.

Ist das auch eine literaturträchtige Zeit? Hat das fasnächtliche Treiben auch etwas mit der Beschaffenheit von Literatur zu tun?

Ich glaube schon, weil eine Literatur, die diesen Namen verdient, wie der Karneval die Nähe des Archaischen suchen sollte. Die Literatur beschäftigt sich genau mit diesen archaischen Linien, Spiralen und Gestimmtheiten, und alles andere betreiben die Wissenschaftler oder die Leitartikler. Ich meine, die Literatur muß sich mit diesem scheinbar Unnötigsten oder Unnützlichsten abgeben, das uns letztlich aber doch bestimmt und uns sein läßt, was wir sind, eben Menschen.

Bekanntlich hält es der Karneval mit mutwilligen Verwandlungen, mit dem Imitieren oder Simulieren, und solche Verfahren werden in »Borodino« von Baur und Bindschädler auffällig oft angewandt. Sie halluzinieren sich irgendwelche Dinge vor die Augen. Sie stellen, bewußt oder unbewußt, ein Gemälde von Caspar David Friedrich nach. Baur fällt, wie bereits erwähnt, in die Pose des Papageis aus dem Zoohaus Arakanga. Bindschädler wiederum imaginiert sich als Baur, wie er im Garten hinter Baurs Haus steht, oder er stellt sich vor, wie die Jurahügel »kochen«. Wie hat man solche Vorstellungs- und Verwandlungsübungen zu verstehen? Kommt dabei in erster Linie die Phantasie zu ihrem Recht, oder geht es darum, sich in andere Menschen und Verhältnisse einzufühlen?

Das – inzwischen abgerissene – »rote Hotel«

Nein, das ist etwas ganz Natürliches, nur mißachten, übersehen oder verdrängen wir es häufig, weil es uns Mühe macht. Wenn wir uns öffnen, geschieht genau das, was in »Borodino« geschieht und aufgezeigt wird. Da finden Verknüpfungen statt, da steigen Gerüche, Dinge, Gesichter und Empfindungen hoch, ganz, ganz natürlich. In »Borodino« hat sich der Schreiber – so hab ich es empfunden, als ich den Roman jetzt vor zwei, drei Tagen las – doch weitgehend öffnen dürfen. Die Zeit war damals reif, die Sache hochkommen zu lassen, sie nicht ewig unter dem Deckel zu behalten. Das ist kein künstliches Assoziieren, kein angestrengtes Vernetzen, sondern ein Aufzeigen dessen, was sich alles in uns verbirgt, was alles da ist und in einem glücklichen Moment erscheint und wieder neue Bilder schafft. Das Gegenwärtige und das, was heraufkommt, tun sich zusammen, und daraus entstehen neue Gestimmtheiten, neue Klang-, Sprach- und Farbbilder. Dieses Vermischen von Innerlichem mit Äußerlichem ist ein Vorgang, der sich im Leben aller Menschen mehr oder weniger abspielt, beim sogenannten Künstler vielleicht etwas intensiver. Aber es ist eine Gnade, wenn es geschieht, wir können uns ja nicht fortwährend öffnen. Wenn Proust festhält, was die in Lindenblütentee getauchte Madeleine, der Geschmack dieses Gebäcks in ihm auszulösen vermag, zeigt dies, daß wir manchmal doch auf gnädige Momente angewiesen sind, die sich über Gerüche, Töne, Berührungen oder eben den Geschmack einstellen, und daß es wunderbar sein kann, wenn diese »versunkenen Welten« wieder auftauchen und sich mit dem Gegenwärtigen vermischen. Das hat beinahe einen karnevalesken Zug: Maskierte und Unmaskierte vermischen sich und jeder trägt sein Lebensgefühl, sein Inneres, das vollgestopft ist mit Erinnerungen, mit Erlebtem, herum, und das wallt und kreist und spiralt und mäandert, und darüber hinweg flattern gelegentlich Töne eines elektrischen Klaviers.

Wenn Baur und Bindschädler eine Zeitlang dem Kindermaskenzug folgen, sind sie nicht allein, sondern werden von Baurs Frau Katharina begleitet, die auch in einzelnen häuslichen Szenen vorkommt. Dennoch wirkt sie eher als stille Eminenz im Hintergrund. Wenn ich richtig gezählt habe, werden ihr gerade drei Sätze im Verlauf des Buches zugestanden. Da ich weiß, welche Bedeutung Dorli in deinem Leben, nicht zuletzt auch bei geselligen Anlässen besitzt, erstaunt mich bisweilen, daß Katharina in der Tetralogie doch eine sehr untergeordnete Rolle spielt. Warum verhält sich das so?

Aus der Scheu und aus dem Gespür heraus, daß man eine gewisse Intimität wahren sollte. Anders kann ich mir das nicht erklären. Da man als Schreiber so aus sich herausgehen muß, bin ich ungeheuer auf die Wahrung der Intimität angewiesen, auf ein Kämmerchen oder Kästchen, in das niemand hineinzuschauen hat, und ich gestehe das gerne auch anderen Leuten zu. Im Grunde genommen bin ich ziemlich gehemmt. Ich könnte also nicht ohne weiteres drauflosfabulieren über das Dorf und die Welt schlechthin.

Spielt auch ein Gebot der Redlichkeit und Kompetenz mit, daß du dir nicht zutrauen würdest, diesen doch weitgehend männlich geprägten Einbildungsraum markanter weiblich auszustatten?

Gerade vorhin hab ich an das gedacht. Vermutlich spielen auch ästhetische oder rein literarische Überlegungen eine Rolle. Diese zwei, Baur und Bindschädler, stellen einen Kosmos dar und füllen ihn mit ihrem Gebaren aus. So viele Assoziationen und Anklänge da immer wieder hineingelangen, geht es letztlich doch um dieses Zweiergespann, wobei die Welt Gott sei Dank hineinspielen darf.

Wie schon dein Klappentext andeutet, wird Bindschädler fortwährend von Lektüreerinnerungen an Tolstois »Krieg und Frieden« und die darin geschilderte Schlacht von Borodino heimgesucht. Auch Baur hat das Buch im Winter zuvor gelesen, wie er an einer Stelle sagt. Zunächst eine provozierende Frage. Am Ende des Romans schwärmt Bindschädler von der »Herrlichkeit« des Wortes »Borodino«. Könnte man dich da nicht einer unzulässigen Ästhetisierung dieser grausamen Wirklichkeit Krieg bezichtigen?

Vordergründig könnte man das bestimmt, aber da bin ich viel zu harmlos und viel zu einfältig. So etwas käme mir nicht im entferntesten in den Sinn. Das Wort »Borodino« ist für mich wie »Arakanga« vom Klang her faszinierend. Darum hab ich es auch als Titel gewählt, wobei seine Bedeutung natürlich über den Klang hinausgeht. Mit Ästhetisierung hat das aber nichts zu tun. Ich bin zwar sehr dafür, daß man die Bedeutung des Ästhetischen in der Schöpfung erkennt, aber ich bin sehr dagegen, wenn man das Ästhetische hätschelt, stilisiert und ihm ein zu großes Gewicht beimißt. Da besteht also gar kein Zusammenhang. Andererseits bin ich wegen meiner Allergie auf klischeehafte Weltbilder vielleicht manchmal etwas störrisch und könnte mich verleiten lassen, Äußerungen zu machen, die provozierend wirken mögen, aber ich bin der letzte, der die Grausamkeit des Krieges, diesen

Wahnsinn stilisieren oder ästhetisieren möchte. Da würde man mir also unrecht tun.

Woher aber rührt, abgesehen vom Wort, deine Faszination durch die Schlacht von Borodino?

Ja, weißt du, das geht ins Archaische hinein, da geht es eben um Leben und Tod. Am Vortag der Schlacht lebt man, zieht sich ein weißes Hemd an, wie es die Soldaten von Kutusow getan haben, und gleichzeitig weiß man, daß man morgen vielleicht stirbt. Offenbar ist diesem Teufelskreis kaum zu entkommen, es scheint immer wieder möglich zu sein, daß ein paar wenige Leute viele, viele andere Leute zu Soldaten machen und in die Schlacht schicken können. Dabei glauben wir, wir hätten diese Geschehnisse im Griff, weil wir sie sozusagen auslösen, und doch sind wir bis heute nicht imstande gewesen, den Krieg abzuschaffen. Da steckt tatsächlich ein Phänomen dahinter, und darum darf man sich nicht einfach hämisch darüber unterhalten, sondern man muß diese Verrücktheit und das Nicht-Ausbrechen-Können aus dieser Verrücktheit stehenlassen: nicht gutheißen, aber akzeptieren. Dieses Phänomen besteht einfach. Man schafft es nicht unbedingt selber, man hat es nicht im Griff, und man kann es vor allem nicht abschaffen. Und mit solchen Phänomenen, die oft allzu klischeehaft, selbstbewußt und selbstherrlich abgehandelt werden, befaßt sich die Literatur. Darum geht ein Claude Simon ganz anders an das Thema Krieg heran als einer, der in der Friedensbewegung drinsteckt und meint, er wisse Bescheid.

Spielt dabei nicht auch etwas mit, das Tolstoi in »Krieg und Frieden« thematisiert, nämlich die Vermittlung von Einzelschicksal und den übergreifenden geschichtlichen Pro-

zessen, die Art, wie die Geschichte den einzelnen Menschen überwältigt?

Das ist besonders bewegend, möchte ich sagen, weil es tragische Züge hat. Du kannst diesen Entwicklungen nicht ausweichen, du kannst der Geschichte nicht davonlaufen, oder wenn du es tust, wenn du als Soldat desertierst, kann es dich Kopf und Kragen kosten. Die Verfilzung der Weltgeschichte mit der Geschichte des einzelnen findet fortwährend statt, tagtäglich und in jedem Leben. Wir sind der Gesellschaft, unserer Zeit, quasi dem Augenblick ausgesetzt. Wir sind nicht isolierte Erscheinungen, sondern – wie ich es früher schon gesagt habe – eingebunden in das große Ganze, und über diese Zusammenhänge soll die Literatur, nicht im ideologischen oder besserwisserischen, aber im eigentlichen, archaischen Sinn, etwas aussagen. Darum wirkt sie manchmal auch so befremdlich und unverständlich.

Dem schrecklichen Geschehen auf dem Schlachtfeld steht noch etwas ganz anderes gegenüber, ein Kontrast, der in der Folge als Leitmotiv vielfältig abgewandelt im Verlauf der Tetralogie wiederkehrt. Ich spreche von der in deinem Roman nacherzählten Stelle aus »Krieg und Frieden«, wo Tolstoi den Morgen der Schlacht von Borodino schildert und auf der Schönheit der Umgebung, der Lichtverhältnisse und des Nebels insistiert, des Morgennebels, der Menschen und Kriegsgerät in etwas Zauberhaftes verwandelt. Ist dir diese Stelle wichtig, weil sie die Nichtigkeit des menschlichen Tuns vor der Erhabenheit der Schöpfung aufzeigt?

In diesem Gegensatz ist ja ein ungeheurer Schmerz über das Geschehen auf dem Schlachtfeld enthalten, weißt du. Auf solchem Licht oder solchem Hintergrund tritt die Abstrusität um so gewaltiger hervor, und es zeigt sich, daß die Natur, das Land, die Schöpfung weitermachen, auch wenn wir uns die Schädel einschlagen. Als ich seinerzeit den Film »Krieg und Frieden« sah, stieß ich mich daran, daß während der Schlachtszene kein Regen fiel, daß alles wunderbar sauber war, bis zu den Soldatengewändern und Wappen, alles blitzblank. Später hab ich im Roman gelesen, daß es wirklich ein strahlender Tag war, als die Schlacht bei Borodino über die Bühne oder über den Acker ging. Und es gab so viele Tote, wie es sie in dem Ausmaße auf so kleinem Raum bis zur Schlacht an der Somme im ersten Weltkrieg nie mehr geben sollte. Es war also eine blutige, entsetzlich blutige Schlacht.

Dem Sterben der Soldaten bei Borodino entspricht im Leben Baurs das Sterben seiner Angehörigen. Baurs Schwester Julia stirbt, sein Bruder Philipp stirbt, seine Mutter stirbt, und die jeweiligen Umstände ihres Ablebens werden genau festgehalten. An einer ungemein eindrücklichen Stelle wird vom Borodino-Schlachtfeld hinübergeblendet zur Einäscherung von Philipp, wobei die dem Kamin des Krematoriums entsteigenden Rauchwolken jenen Rauchwolken entsprechen, welche die Geschütze auf dem Schlachtfeld produzieren.

Es ist unglaublich, wie sich Sachen einstellen und vermischen, aber es muß wirklich vegetativ passieren, aus dem Unterbewußtsein heraus. Man kann nicht einfach beschließen: So, jetzt nehme ich da ein wenig Rauch vom Schlachtfeld und da ein wenig Rauch aus dem Kamin des Krematoriums, in dem Philipp eingeäschert wird. Das Thema Tod hat mich – aber wen schon nicht – seit Kin-

Stich von Borodino

desbeinen begleitet, und ich ertappe mich immer wieder dabei, daß ich ihm nachhänge. Das ist eine dieser alten Gegebenheiten, dieser alten Erscheinungen, aus denen wir nicht klug werden. Wir wissen nur, daß der Tod als Folie, als Auflage oder Unterlage vielleicht das Leben aufleuchten läßt. Der dunkle Grund läßt das helle Leben um so heller aufleuchten. Das tönt wieder ziemlich ästhetisierend, obwohl es das nicht soll, aber wahrscheinlich hat es trotzdem mit Ästhetik zu tun. Das Ästhetische gibt es, ob es uns behagt oder nicht. Wir können uns noch so abscheulich anziehen und noch so geschmacklos benehmen, wir schaffen es damit nicht aus der Welt. Das ist eine Kraft, eine Erscheinung in der Schöpfung drin. Darum sind die Schwalben so schön und das Maßliebchen und das Gesicht eines Mädchens.

Wobei dich der Tod gerade in diesem Roman nie als abstraktes Faktum beschäftigt, sondern stets als konkrete, sinnliche Wirklichkeit.

Als Wirklichkeit, ja.

Wenn wir bisher von den Folien gesprochen haben, die das Geschehen des Romans begleiten, untermalen, so gilt das auch von einzelnen Kunstwerken und Kunstschaffenden. An einer ganz zentralen Stelle des Buches, ja der Romanfolge überhaupt, wird das berühmte Bild von Caspar David Friedrich »Zwei Männer in Betrachtung des Mondes« heraufbeschworen, indem Baur und Bindschädler gewissermaßen dieses Gemälde nachstellen. Ist das ein Versuch, dem von dir bewunderten norddeutschen Maler eine Huldigung darzubringen, da sich deine Welt mit seiner hier in der nämlichen Konstellation trifft?

Ich habe plötzlich gespürt, daß Baur und Bindschädler ebensogut dort stehen könnten, wo die zwei Friedrichschen Figuren stehen, und daß der eine den Arm über die Schulter des anderen legen und daß sie gemeinsam der Mondsichel verfallen sein könnten, umgeben von den Bäumen und der Nacht. Es war für mich fast ein Aha-Erlebnis, jedenfalls ein beglückendes Innewerden, aber das hat sich eben so eingestellt und stand nie bewußt im Vordergrund. Seither wurde das Bild für den Umschlag des dritten Bandes der Werkausgabe verwendet, und wenn die Tetralogie einmal gesamthaft erscheint, möchte ich wieder darauf zurückgreifen. Daß die zwei Männer ganz gut den Baur und den Bindschädler darstellen könnten, war für mich eine schöne Nebenerscheinung (*lacht*).

Du führst im weiteren aus, man habe das Bild gemeinhin als Ausdruck einer »bündnisstiftenden Kraft der Natur« empfunden. Entspricht diese Deutung auch deinem Verständnis? Zeigt Friedrichs Bild für dich das angemessene Verhalten des Menschen angesichts eines unermeßlichen und unerforschlichen Kosmos?

Das ist eher eine Wendung, die aus der deutschen Klassik herstammt, und da bin ich ein wenig spröde dagegen, weil mir die deutsche Klassik eine Stufe zu hoch tönt. Um Gottes Willen, ich bin durch ein so bescheidenes, ich möchte fast sagen, primitives Leben hindurchgeschleust worden, daß ich klassische Töne als etwas leicht Irritierendes empfinde. Das ist also nicht meine Auffassung, aber ich möchte diese Art, das Bild zu sehen, doch gelten lassen. Man kann das so sehen, und es hat in seiner Zeit bestimmt so gewirkt. Die Interpretation ist ja gar nicht schlecht, aber für mich zu hochtrabend.

Caspar David Friedrichs Bild »Zwei Männer in Betrachtung des Mondes«

Was ergreift dich denn selber an diesem Bild?

Es hat mich immer, immer wieder beeindruckt, wenn zwei Menschen sich fanden und eine Wegstrecke zusammen gehen konnten. Der klassische Fall ist natürlich das Ehepaar, aber es können auch Freundespaare sein. Darum hat mich auch die sogenannte Kameradschaft unter Soldaten berührt. Daß Menschen zusammenfinden und streckenweise das Leben gemeinsam praktizieren können, finde ich etwas Wunderbares. Vielleicht hänge ich ihm auch deswegen nach, weil es mir als doch etwas introvertiertem Kerl und Einzelgänger weniger gelungen ist in meinem Leben. Mit Dorli hab ich Glück gehabt, aber sonst haben sich nicht viele enge Beziehungen ergeben. Man verehrt immer das, was man nicht hat oder nicht erreichen kann. Darum bin ich als Kind auf Rulaman und Obu in diesem Weinland-Roman gestoßen, dann auf dieses Bild und eben im Militär auf die seltsame Möglichkeit, einander etwas zu bedeuten in Zeiten, wo es brenzlig wird.

Ein zweites Kunstwerk, das in »Borodino« wiederholt aufklingt, ist die vierte Sinfonie von Dimitri Schostakowitsch, zumal deren letzter ausschwingender Satz. Da ich weiß, wie lange du dich mit diesem Komponisten auseinandergesetzt hast, möchte ich dich fragen, wann und wie du ihn kennengelernt hast?

Leider erst, als ich in der »Zeit« einen Nachruf auf ihn las, und ich hab mich dann geärgert, daß mir Schostakowitsch zu seinen Lebzeiten schlicht entgangen war. Aus dem Gespür heraus, daß das ein Mann nach meinem Geschmack sei, hab ich mich sogleich darangemacht, mir

Platten von ihm zuzulegen, und mein Instinkt hat mich nicht getäuscht. Schostakowitsch hat mir tatsächlich mit vielen seiner Stücke neue Klangbilder beschert, über die ich bis heute glücklich bin. Die vierte Sinfonie war für mich in dem Sinn etwas Unerhörtes, als sie sich scheinbar chaotisch und laut gebärdet, um in einer Stille zu enden, wie ich sie vorher noch nie erlebt hatte. Der Schluß dieses Musikstückes hat mich über lange, lange Zeit hin begleitet, auch in entscheidenden Augenblicken meines Schreibens.

Gibt es neben der Art, wie Schostakowitsch der Stille Geltung verschafft, auch noch andere Elemente, die dich an seinen Klangbildern faszinieren?

In Bezug auf die vierte Sinfonie ist es schon das ungeheuerliche Hineinfindenkönnen in die Stille aus dieser turbulenten, archaischen, zum Teil fast brutalen Tonwelt heraus, in der für mich viel Karnevaleskes enthalten ist. Diese unglaubliche Stille öffnet einen Horizont, wie es Caspar David Friedrich mit seinen Horizonten manchmal tut. Beide lassen einen tief hinüberschauen. Auf gewissen Bildern von Friedrich hatte ich es in dem Ausmaße zum ersten Mal erlebt, und später eben bei Schostakowitsch in der vierten Sinfonie, im Ausmünden des letzten Satzes in eine fast kosmische Stille.

Die Musik von Schostakowitsch wird in »Borodino« gleich zweimal mit visuellen Phänomenen in Verbindung gebracht. Zum einen mit dem Bildband »Altrussische Baukunst«, den sowohl Baur wie auf dessen Empfehlung hin Bindschädler beim Anhören von Schostakowitsch betrachten; zum anderen mit den Hügelzügen des Juras, denen ein ähnliches Aus-

schwingen attestiert wird wie dem Ende der vierten Sinfonie. Pflegst du öfter Musik zu visualisieren?

Das passiert mir oft, ja, auch in der Sprache, und jemand hat mich einmal darauf aufmerksam gemacht, mein langsames Lesen hänge wahrscheinlich mit einer inneren Visualisierung des Textes zusammen. Die Musik löst in mir schon Bilder aus, geradezu einen Film, aber ich glaube nicht nur in mir. Mit Schostakowitsch habe ich mindestens zwei, drei Jahre gelebt, das heißt, ich war süchtig auf ihn und habe fast keine andere Musik mehr angehört. Dann konnte ich ihn eine Zeitlang überhaupt nicht mehr hören, und jetzt höre ich gelegentlich wieder Stücke von ihm. Vermutlich hängt das auch mit diesem Gefühl für das Ganze zusammen. Ich habe ja immer mit Texten, mit Bildern, mit Tonfolgen gelebt, und dieses Gemisch hat sich mit meinem Alltag verwoben und hat dann mein Lebensgefühl oder meinen Lebensklang ergeben. Das ist für mich nie etwas Gesuchtes gewesen und ist denn auch automatisch in meine Schreibe hineingeraten. Der Text, das Bild, die Tonfolge haben für mich immer zum ganz gewöhnlichen Alltag gehört.

Ein dritter Kunstschaffender, der dich in deinem Leben und Schreiben fortwährend begleitet, ist Marcel Proust. In »Borodino« findet sich ein explizites Bekenntnis zu Proust, das ich zitieren möchte:

> »Bindschädler, ich halte Proust für den intelligentesten Schriftsteller. Marcel Proust hat (für mich zumindest) die unangestrengteste Prosa geschrieben. Unangestrengtheit ist das Gegenteil von Murks. Unangestrengtheit sollte viel-

leicht mit Lebensqualität zusammengebracht werden.

Marcel Proust hat Unsagbares – sagbar gemacht. Daran messe ich einen Autor. Unsagbares begreifbar machen, das tut nicht die Gesellschaft. Und die Wirtschaft schafft es auch nicht. Beide formulieren sie Verfügbares. Aus Blech zum Beispiel werden Autos. Geschlechterliebe realisiert sich in Babys.

Hin und her gerissen neigen wir zur Welt des Blechs. Die andere wäre fülliger: jene mit den durchsichtigen Horizonten, die einen Garten umschließen, auf dessen Achse der Baum des Lebens steht.

Es ist anzunehmen, daß Asterix und Rudi Carrell uns nicht weiterbringen, auch Kaugummi nicht, Karl Marx. Aber auch unsereiner schafft es nicht, obwohl man sich immer wieder um Einfalt bemüht (heilige, wenn möglich), die vermutlich einzig Kindern zusteht, Alten, Mongoloiden, und ihnen erlaubt, zuweilen besagter Achse entlangzuschauen«, sagte Baur mit einer Miene, als hätte er die Cherubim vor Augen mit bloßem, hauendem Schwert.

Du erklärst Proust zum »intelligentesten Schriftsteller«. Übersetzt man Intelligenz mit Verstand, wäre das eine Qualität, zu der du sonst eher ein ambivalentes Verhältnis bekundest. Warum also ausgerechnet dieses Kompliment für Proust?

Intelligenz in diesem Fall ist für mich natürlich weitergefaßt. Ich meine nicht die Schulintelligenz, die Intelligenz der sogenannten Fachleute, der Musterschüler und Professoren, die zu stapeln fähig und das Gestapelte jederzeit abzurufen imstande sind, sondern ich meine eine Lebensintelligenz, jene Intelligenz, die wie die Spiritualität das Geistige und Geistliche einschließt, das Verständnis für jene Gegebenheiten oder Zustände in uns drin, von denen wir eben gesprochen haben. In dem Sinn ist für mich Proust der Intelligenteste, weil er für mein Gefühl – ich kann ja nicht für andere reden – am weitesten in unseren Tiefen und in den Verästelungen, in die sich unser Leben erstreckt, vorgedrungen ist und er das, was er dort antraf, auf unangestrengte Art in die Sprache hinübergebracht hat. Da gibt es keinen Murks, kein sonntägliches, klassisches oder gestelztes Reden. Sein Redefluß hat etwas Alltägliches, Gewöhnliches und dadurch um so Glaubwürdigeres. In dem Sinn ist für mich Proust groß, ich glaube, ich bin keinem größeren Autor in meinem Leben begegnet. Mit Hilfe der Poesie oder mit seinem Gespür für das Poetische, für diese allmächtige Kraft, möchte ich beinahe sagen, hat er nicht nur Fakten aus diesen Tiefen und aus diesen Verästelungen heraus gerettet, sondern er hat sie auch in ihrem besonderen Glanz aufscheinen lassen. Über den Prozeß der Läuterung bekommen ja die Erinnerungen, die Lebenssubstanz einen Glanz ab, und zwar nicht einen heuchlerischen, verlogenen, aufgesetzten oder herbeigezerrten Glanz, sondern einen Glanz, der sich aus einem Prozeß heraus ergibt und den man poetisch nennen könnte. Manchmal kann eine Passage bei Proust, die von lauter Gewöhnlichkeiten handelt, seltsam, seltsam aufleuchten, auf eine fast unerklärliche Art. Man hat das Gefühl, es gelinge ihm Sachen zu sagen, die man für unsagbar gehalten hätte, und das kommt bei ihm in einem Maß vor, wie ich es nirgendwo sonst angetroffen habe. Wie die Musik, die auch Unsagbares offenbart, setzt er Unsagbares in Sprache um, kann er Gegebenheiten, Umstände, Traumbilder, Duftgebilde verbalisieren, die sich bisher der Verbalisierung entzogen. Das gelingt dem Marcel Proust, und erst noch in einem riesigen Roman, einem der schon von der Ausdehnung her größten Romane der Weltliteratur. Natürlich weist diese unglaubliche Fläche auch vereinzelte weiße Flecken auf, das ist klar, aber um so schöner leuchten die glänzenden Partien hervor. Einerseits hat Proust ein Gespür für das Kreatürliche, für das Leben schlechthin, man kann es schlecht definieren, eine Liebe zum Leben, zu den Dingen und Geschöpfen ohnegleichen. Andererseits gehört er zu den Geworfenen, zu den Ausgesetzten, zu den Hinfälligen, zu den hyperempfindlichen und auch hypernervösen Typen, obschon er wahrscheinlich wegen seiner extremen Empfindlichkeit manches mitbekommt, was uns anderen verschlossen bleibt.

Dabei ist Proust auch ein Vollblutliterat in dem Sinn, daß er als überlegener Architekt seine unendlich verwickelten, vielschichtigen Stoffe meistert und organisiert. Es gibt bei ihm Stellen, sogar einzelne Gebärden, die erst nach über tausend Buchseiten in ihrer wahren Bedeutung kenntlich werden.

Das ist aber keine Sache der bewußten Organisation oder der allgemeinen Intelligenz, sondern ich bin überzeugt, daß sich das vegetativ einstellt, wenn auch nicht ohne Mittun des Bewußtseins und der Intelligenz. Solche grandiosen, überraschenden und berührenden Zusammenhänge und Anklänge, die man in seinem Roman antrifft, sind vermutlich mehr oder weniger ohne große Anstrengung, ohne Murks hinübergekommen, und darum finde ich seine Prosa auch so unangestrengt. Man spürt, das ist nicht organisiert, das ist nicht geplant und vorausbestimmt, sondern das ergibt sich quasi von selbst, wobei es natürlich auch nicht von selbst kommt.

Du meinst, Proust habe sich durch solche Bezüge und Zusammenhänge überraschen lassen?

Ich glaube schon. Er öffnete sich der Gnade der jeweiligen Stunde, ließ heraufkommen, was heraufkommen wollte oder mußte, verwob es mit seinem korkgepflasterten Zimmer, wo er unbehelligt von Geräuschen schreiben und denken konnte, und mit seinem momentanen menschlichen und politischen Umfeld, und daraus ist dann jener Riesenteppich entstanden, den sein Riesenroman »Auf der Suche nach der verlorenen Zeit« doch letztlich darstellt. Da finden sich diese wunderbaren Anklänge, wie du gesagt hast, von den ersten zu den letzten Seiten. Aber das ist nicht ohne weiteres zu planen, um Gottes Willen, im großen ganzen schon ein wenig, da spielt der Intellekt mit, wie bei den Teppichknüpfern und -webern im Orient auch eine vordergründige Organisation stattfindet, in den Motiven etwa, aber ich glaube, sie lassen sich handwerklich doch immer wieder mitnehmen und lassen es laufen, so aus dem Gespür heraus. Kunst hat weniger mit Organisation und schulmäßiger Intelligenz zu tun, sondern eben viel mit diesem Vegetativen, mit diesem Gewachsenen, mit diesem Unbegreiflichen.

Proust ist ein unübertrefflicher Gestalter der menschlichen Erfahrungsmöglichkeiten, des Gelebten, das in Erinnerungs-

schüben, bisweilen in jähen Augenblicken aufsteigt. Daneben hat er, wie es zum Signum eines großen Autors gehört, eine unverwechselbar eigene Welt geschaffen und dabei zahlreiche Figuren, mit denen der Leser wie mit realen über längere Zeit lebt. Gibt es unter diesen Figuren einige, die dir besonders nahestehen?

Swann natürlich. Tante Leonie, die Großmutter und die Mutter des Erzählers, und dann vor allem Gilberte, Swanns Tochter. An ihr wird ja auch das Motiv der unerfüllten Liebe abgehandelt, wie es Tolstoi bei der Natascha, Pasternak bei der Lara und Keller bei der Anna vorführten. Proust hat das Einander-Verpassen auf wunderbare Weise abgehandelt: die zarten Anfänge der Liebe, da der Erzähler Gilberte in Swanns Garten, von Levkojen umgeben, zum ersten Mal sieht und hört, wie ihre Mutter sie beim Namen ruft und ihm dann dieser Name Gilberte eingeht. Ihre Nähe wächst, und dennoch geraten sie voneinander weg. Gilberte verheiratet sich, und selbst dann, als ihr Mann stirbt und beide frei werden, können sie nicht zusammenkommen. Aber auch Swann finde ich eine grandiose Figur in seiner Verspieltheit, in seiner Hinfälligkeit gegenüber Odette, in seiner Ausgesetztheit den Bildern gegenüber, in der Art, wie er mit diesen Bildern lebt. Das sind ähnlich eingravierte Figuren wie in Tolstois »Krieg und Frieden« der Fürst Andrej Bolkonskij, Natascha, Pierre und andere, Figuren, die sich einem ungeheuer einprägen, obschon: der Roman »Auf der Suche nach der verlorenen Zeit« ist ja auch quasi ein »Buch über nichts«. Wegen der sozialen Stellung der Leute dringt nicht einmal die Arbeitswelt in den Alltag ein, denn es handelt sich um eine reiche Bohème-Gesellschaft, um Alteingesessene, um Adelsgeschlechter. Und als bedeutende Figuren, möchte man fast sagen, wirken einerseits Paris und andererseits das ländliche Combray, beziehungsweise Illiers mit, diese zwei Pole: die Provinz und die Weltstadt, die Hauptstadt des Geistes, wo so viele große Menschen gelebt und gearbeitet haben. Auch die Politik spielt ein wenig hinein, und vor allem die Musik. Einige der schönsten Texte über Musik, die ich je gelesen habe, stehen in Prousts Roman. Proust kann buchstäblich Partituren in einen Text umsetzen. Vielleicht bin ich da etwas befangen, er ist mir sehr nahe. Bei ihm kommen keine Gestelztheiten vor, das sogenannte Gewöhnliche ist drin, und die Sprache paßt sich diesem Gewöhnlichen an, und wo Poesie auftritt, wo sie aufleuchtet – und sie leuchtet immer wieder auf – ist es echte Poesie, nicht eine verbrämte. Wie er seinen Teppich webt, diesen Riesenstoff handhabt, ohne aus der Gestimmtheit der Motive herauszufallen, ist einfach großartig, wobei ich noch einmal sagen möchte: Mit der Intelligenz allein ist das nicht zu schaffen. Er hat zwar selber davon geredet, er habe sich eine Kathedrale als Vorbild genommen für seinen Bau, oder er hat seinen Roman mit einer Kathedrale verglichen, aber wohl erst im nachhinein. Als er unten anfing, die Grundmauern zu legen, hat er vermutlich noch nicht an die Kathedrale geglaubt. Vieles ist in diesem Roman ganz vegetativ gelaufen, wie Kunst eben laufen muß.

Hat es während deines Lebens verschiedene Proust-Phasen gegeben, solche, wo dir Proust besonders nahegekommen ist, und solche, wo er dir auf längere Zeit hin fern rückte?

Mit Proust ist es mir ergangen wie mit Tolstoi und anderen mir lieben Autoren, Musikern und Malern: Ich konnte lange nicht anbeißen. Bei Proust bedurfte es ungefähr zwanzig Jahre, bis ich mich getraute, ein Buch von ihm zur Hand zu nehmen, und da half erst noch der Zufall mit. Ich durfte 1971 im Pro Helvetia-Haus in Carona (Tessin) einen Arbeitsurlaub verbringen, und dort befand sich in der Bibliothek die siebenbändige Ausgabe der »Suche nach der verlorenen Zeit«. Nachdem ich meine Hemmungen überwunden hatte, griff ich eines Nachts den letzten Band heraus und las dann die zweite Hälfte des Buches, also den Schluß des Riesenromans, bis in den Morgen hinein. Das war für mich eines der großen Leseerlebnisse, ich war ganz, ganz berauscht. So bin ich zu Marcel Proust gekommen. Über Jahrzehnte hin habe ich nach Möglichkeit jeden Tag, bevor ich mit meiner Arbeit begann, zwei Seiten Proust gelesen, und zwar, weil ich ja zuhinterst angefangen hatte, von hinten nach vorne. Inzwischen hab ich ihn zweimal von vorne nach hinten durchgelesen, und jetzt beim vierten Durchgang bin ich wieder im Band »Im Schatten junger Mädchenblüte«. Ich habe also jeweils pro Tag vier Seiten Proust gelesen, zwei Seiten vor Arbeitsbeginn am Morgen und zwei Seiten vor Arbeitsbeginn am Nachmittag, und habe dabei immer das Gefühl gehabt, ich schritte eine Route ab, die mir sehr vertraut sei. Es hat mich nicht durcheinandergebracht, und ich habe mich heimisch gefühlt, domestiziert sozusagen – ungefähr so, wie wenn ich um unser Haus herum gehe, in dem ich fast mein ganzes Leben verbracht habe.

Hat dich die Proust-Lektüre nie beim eigenen Schreiben behelligt?

Nein, gar nicht, wie übrigens auch Claude Simon nicht. In der Zeit, als ich Claude Simon besonders pflegte, habe ich jeweils vor dem Arbeiten die erste und die beiden letzten Seiten des Romans »Der Palast« gelesen. Das grenzt natürlich an sanften Wahnsinn, aber es hat mich irgendwie beruhigt und in Gang gebracht. Am Anfang des Romans wird beschrieben, wie eine Taube auf die Brüstung eines Balkons fliegt und dort sitzen bleibt. Das Ende des Romans handelt davon, wie über Barcelona der Abend hereinbricht, die Sonne hinter einem auf einem Hügel gelegenen Lunapark untergeht, in den Gassen der Stadt die Lampen aufleuchten und ein grünliches Licht verströmen, während in einem Pissoir Schuhputzer nebeneinander stehen, ganz in Schwarz, dienstbereit und ausgehungert hinter ihren Kistchen, die lächerlichen Kindersärgen gleichen. – Proust hat mich also nie beim Schreiben behelligt. Er hat mich nie gestört, nicht unnötig aufgeputscht, nicht abgelenkt, nicht ermüdet, sondern es war eben so, wie wenn ich um unser Haus herum flanieren würde.

»Borodino« ist vermutlich unter allen deinen Büchern das am unmittelbarsten, vehementesten zeitkritische. Du kritisierst darin etwa das Überhandnehmen des Materialismus – darüber haben wir schon öfter gesprochen. Oder du beklagst den Verlust jener authentischen Bilder, die uns einen Begriff des Unsagbaren zu geben vermögen, und prangerst die »Bildmaschine« Fernsehen und die »Sprechblasentextbildgeschichten«, wie du die Comic strips nennst, an. Seit ein paar Jahren besitzt du selber ein Fernsehgerät. Hat sich inzwischen deine Beurteilung dieses Mediums geändert?

Man darf es nicht einfach pauschal verurteilen oder ablehnen. Wir verdanken dem Fernsehen doch einige ausgezeichnete Dokumentarfilme, auch Diskussionen, zum Teil politischer Art, und eine gewisse Orientierung über

Marcel Proust

Claude Simon

das Weltgeschehen. Ohne Fernsehen hätte ich zum Beispiel nie die Lena, diesen sibirischen Strom erlebt, der in zwei Sendungen porträtiert wurde. Im großen ganzen ist die Fernsehkultur freilich eine Unkultur, eine blutrünstige Angelegenheit oder eine dümmliche Sache, aber sie hat immense Auswirkungen auf unser Leben. Diese wahnsinnige Überflutung mit Bildern ist schädlich. Zwar müssen wir in Bildern leben können, sonst sterben wir. Ich meine, dort, wo wir nicht mehr fähig sind, uns in Wörtern auszudrücken, sind wir auf das Bild angewiesen: auf das Sprachbild, auf das Traumbild, auf das Farbbild. Solche Bilder sind lebenswichtig. Aber wenn Bilder im Übermaß auftreten, wenn eine Flut von künstlichen Bildern aus der »Bildmaschine« herauskommt, kann es für die sogenannte Gesellschaft fatal bis katastrophal werden, vor allem für die Kinder. Diese Kästen machen süchtig, Erwachsene wie Kinder. Die Leute kommen müde nach Hause und finden: Lesen mag ich nicht, Reden, was soll's? Also setzen sie sich vor den Kasten und schauen zwei, drei Stunden hinein, egal, was ihnen geboten wird. Auch die Informationen sind nicht ungefährlich. Sie werden, bewußt oder unbewußt, manipuliert, indem man aus der ungeheuren Masse, die an Informationen hereinkommt, eine Auswahl trifft, indem man sie strafft und dabei zensiert oder verzerrt. Das Fernsehen übt eine nicht zu überschätzende, direkt unheimliche Gewalt aus wie nichts Vergleichbares zuvor.

Kontrastierend zur totalen Verfügbarkeit von Bildern und Informationen, zu einer Inflation von Bilderwelten führst du zwei Gegenzeugnisse ins Feld: die biblische Schöpfungsgeschichte und die Ansprache des Indianerhäuptlings Seattle aus dem Jahre 1855. Vor dem Hintergrund deiner Schmäh-

reden auf negative Erscheinungen unserer Zeit gewinnt man den Eindruck, du würdest mit beschwörender Gebärde diese Texte hochhalten, um im Rekurs auf sie das Verhältnis des Menschen zur Schöpfung neu zu begründen.

Für mich ist das Leben in Bildern, das Denken in Bildern – ich habe es schon gesagt – eine Angelegenheit, die mit unserem Überleben zu tun hat. Wenn wir einmal nicht mehr über Bilder Sachen verstehen können, die uns sonst verschlossen blieben, dann haben wir Pech gehabt. Diese zwei Texte zeigen oder beweisen mir auf wunderbare Weise, was Bilder, das Denken und Reden in Bildern eben zustande bringen. Es gibt keine andere Möglichkeit, die Entstehung der Welt einigermaßen sichtbar, begreifbar zu machen als über das Bild, das Sprachbild, und ein solches ist für mich die biblische Schöpfungsgeschichte. Man muß sie aber als Bild nehmen und nicht behaupten, die Leute hätten damals eben noch nicht über das physikalische Weltbild von heute verfügt und wirklich geglaubt, der Mond sei am Himmel aufgehängt. So dumm darf man diese Leute nicht hinstellen. Auch die Rede des Häuptlings Seattle, die ich wortwörtlich in »Borodino« angeführt habe, stellt für mich ein solches Sprachbild dar. Es gibt übrigens eine ausgewalzte und geschönte Ausgabe dieser Rede, die ein amerikanischer Schriftsteller um einige Seiten vermehrt hat, nur stimmt sie dann nicht mehr. Die Rede zeigt, wie ein Indianer die Welt hat sehen und begreifen dürfen, und auch da geht es nur über die Bilder. Mit dem Verstand schafft man das einfach nicht, auch wenn sich drei Astrophysiker und ein Biologe und noch ein Mediziner zusammentun. Das gibt zwar ellenlange Erklärungen oder ganze Bücher, mit Fakten und Stoffhubereien drin, aber begreifen tun wir es doch nicht. Ohne

Bilder ist es um uns geschehen. Dann fühlen wir uns immer heimatloser und fremder, denn das Nicht-Verstehen-Können, das Nicht-Begreifen-Können erzeugt ein Gefühl von Fremdsein, von Ausgestoßensein.

Deine Kritik an verschiedenen Mißständen hat auch politische Implikationen, und an einer Stelle schreibst du prägnant: »›Bindschädler, ich glaube, daß uns heute weniger das Gesellschaftliche zu schaffen macht als vielmehr dieses Vakuum an Spiritualität, das uns sozusagen an den Rand eines kosmischen Abgrundes saugt‹, sagte Baur, lächelnd.« Mit der Abwertung des gesellschaftlichen Aspekts hast du seinerzeit viele Linke verärgert, zumal sich in »Borodino« einige Ausfälle gegen die kommunistischen Verhältnisse in Rußland und Polen finden. Verstehst du dich unter anderem auch als politischer Autor?

Wir sind wohl alle Wesen, die der Politik nicht entfliehen können. Wir werden von ihr bestimmt, wobei nicht leicht auszumachen ist, wieviel sie tatsächlich in Bewegung bringt und wieviel auch ohne sie in Bewegung geraten wäre. Worauf ich allergisch bin, ist das Totalitäre, erscheine es nun in brauner, in roter oder in schwarzer Farbe. Gelegentlich habe ich gesagt, die Freiheit sei der zweitgrößte Trieb des Menschen, und vielleicht bin ich besonders stark mit dem Freiheitstrieb ausgestattet, aber wir alle sind damit ausgestattet. So habe ich sämtliche Bemühungen um, oder Hinweise auf Totalitäres als äußerst schmerzlich, äußerst verwerflich, äußerst unmenschlich empfunden, und ich muß bekennen, daß ich möglicherweise aus meiner Antipathie den Ideologien jeglicher Farbe gegenüber wiederum eine Ideologie gemacht habe. Das hab ich mir immer wieder eingestanden, auch anderen gegenüber. Ich bin also stets für die sogenannte Freiheit eingetreten, wobei ich darunter vor allem die innere, die geistige Freiheit verstehe. So ganz frei sind wir ohnehin nicht, wir müssen ja atmen, essen, schlafen, arbeiten, irgendwo zu Hause sein, zu irgendeiner Gemeinschaft, irgendeinem Volk gehören, aber wenn dieses bißchen Freiheit, das uns immerhin zusteht unter normalen Umständen, beschnitten wird durch Gängelung, durch totalitäre Machenschaften, werde ich sehr ungehalten. Doch es geht noch tiefer. Nicht wahr, Ideologie hat auch ein wenig mit Dummheit zu tun, mit Beschränktheit oder einer Tendenz zu Vereinfachungen. Die haben mich rasend gemacht, weil ich davon überzeugt bin, daß die Vielfalt ein Prinzip der Schöpfung ist. Wenn man sich gegen die Vielfalt stellt, benimmt man sich entweder dumm oder man macht sich eines Vergehens schuldig. Der Kapitalismus hier und der Kommunismus drüben waren stets mit diesen materialistischen Weltbildern gekoppelt, und das konnte nicht gut herauskommen. Wir sind nun einmal zur einen Hälfte Geist und zur anderen Hälfte aus Dreck oder aus Zellen oder wie man dem sagen will. Man kann den Menschen nicht nur auf seine Spiritualität und nicht nur auf seine Materialität festlegen, er besteht aus beidem. Die Ideologen haben immer nur auf die eine Hälfte gesetzt, und das hat mich beinahe rasend gemacht. Es hat mir auch weh getan und tut mir immer wieder weh, wenn der Mensch in großen Massen kontinentweise gegängelt wird, wenn er dazu gezwungen wird, aus tausend Arten zu leben sich für eine Art zu entscheiden, und wer nicht mitmachen will, wird ausradiert. Ich habe nie, nie begriffen, daß man sich auf so etwas einlassen und daß man so etwas unterstützen konnte. Der Mensch ist viel größer und komplexer, als daß er sich reduzieren läßt auf eine einzige Art zu leben, und dann noch auf eine so hanebüchene, die, losgelöst von jeglicher Spiritualität, rein auf das Materialistische, Mechanistische fixiert ist. Das konnte nicht gut herauskommen. Und bei uns war die Art, dem Materialismus zu huldigen, einfach etwas handfester und gerissener. Sie hat etwas eingebracht, wir haben unsere Würste im richtigen Maß erhalten über die Jahrzehnte hin, die Bierflaschen wurden nicht kleiner und die Brote vielleicht etwas schlechter, aber Größe und Gewicht haben gestimmt. Doch auch wir sind im Grunde genommen verkommen, das zeigt sich je länger je mehr. Unsere Gesellschaften, unsere Einrichtungen bröckeln, das sieht man in den Schulen, in den Betrieben, in den Ehen, das sieht man überall, das sieht man an sich selber. Im philosophischen Sinn war es hüben wie drüben derselbe Quatsch: das Festlegen auf ein materialistisches Weltbild, verschieden nur in der jeweiligen Färbung. Wir müssen einfach weg von diesen mechanistischen Weltbildern, von diesem mechanistischen Lebensgefühl. Wir müssen zurückfinden zu einer gewissen Spiritualität, wir müssen wieder den Sternenhimmel betrachten können, ohne nach Sputniks auszuschauen, und man muß vielleicht wieder einmal ein Maßliebchen in die Hand nehmen, es betrachten und sogar einen Moment lang darüber staunen können, und man muß einander gelegentlich auch wieder einmal streicheln können, ohne gerade in mechanistischen Hautkontakten mit Schlußeffekt zu machen. Man muß um Gottes Willen wieder menschlicher werden, dem Menschen in uns gerechter werden, weißt du. Ich bin nie ein Fanatiker gewesen gegen eine bestimmte politische Richtung, sondern ich habe mich immer zutiefst aufgelehnt gegen jegliche Gängelung, gegen jeglichen Mißbrauch des Menschen.

Das hat mir immer weh getan, und darum bin ich auch zu einer Zeit, als es gar nicht modisch war, mit meinen bescheidenen Mitteln und eher zurückhaltend dagegen aufgetreten und habe nie einen Hehl daraus gemacht. Wer mich kennt, weiß das seit eh und je: Ich konnte mich nie solchen irrwitzigen und vereinfachten Denkrichtungen verschreiben, wie es viele meiner Kollegen getan haben. Das ist für mich bis auf den heutigen Tag eine unverständliche Angelegenheit. Ich bin für den Menschen, aber für den zerbrechlichen Menschen. Ich bin auch für die zerbrechliche Schöpfung: sie *ist* zerbrechlich und gerade deshalb wahrscheinlich wunderbar. Das war ein großes Thema in meinem Leben. Es hat mich unglaublich hin und her gerissen, und in dem Sinn bin ich sehr politisch, ein sehr politischer Mensch.

Nach dieser eingehenden, temperamentvollen Darstellung dessen, was dich angesichts der vergangenen und gegenwärtigen politischen Verhältnisse bewegt und bekümmert, möchte ich zum Ausgang unseres Gesprächs noch sanftere Töne anstimmen. Sie weisen in Richtung jener Spiritualität, die du im Verlauf deiner Rede als Gegenmacht beschworen hast, aber sie werden natürlich von dir angestimmt, in einer ausgesprochen lyrischen Stelle von »Borodino«, wie mir kaum eine zweite in deinem ganzen Prosawerk bekannt ist. Die Stelle ist Bindschädler zugeordnet und beinhaltet eine Bilderfolge, die sein Anhören von Schostakowitschs vierter Sinfonie begleitet:

> Man setzte sich in die Mitte der Stube, um den Stereoeffekt voll abzubekommen. Baur hatte einem zuvor den Bildband »Altrussische Baukunst« in die Hände gedrückt, mit

der Bemerkung, er habe die Gewohnheit, an Sonntagnachmittagen, wenn er sich Schostakowitsch anhöre, gewisse Bilder dieses Bandes vor sich aufgeschlagen zu halten, was dazu geführt habe, daß er Schostakowitsch und altrußische Bauten, samt deren Landschaften natürlich, kaum mehr auseinanderhalten könne.

So hielt ich dann meinerseits das Foto *Blick auf die Kuppeln der Christi-Verklärungs-Kirche und den Onegasee* vor mir aufgeschlagen. Ein Fagott setzte ein – nach einem etwas lauten Auftakt. Kreuze warfen Schatten auf Kuppeln, die über Jahrhunderte hin Frost und Hitze, Regen und Schnee abzuhalten beliebten. Der Onegasee war gekräuselt, von Blautönen schattiert, mit Inseln durchsetzt, während der Himmel Sommerwolken aufwies, duftige, weiße. Glockengeläute setzte ein, in Anklängen zumindest, worauf der Wind über den Wassern zu singen, in den Kronen zu rauschen begann. Bässe traten auf, helle Geigenklänge, aber auch Natascha, Fürst Andrej, und zwar in einem Boot drin, das sich der Insel näherte. Natascha hielt die Beine übereinandergeschlagen, die Hände in den Schoß gelegt, nach der Insel ausschauend, von wo eben das Rauschen kam. Die Bluse umfächelte ihre Brüste. Fürst Andrej betrachtete bald das eine, bald das andere Ruder, dann wieder die Kuppeln der *Christi-Verklärungs-Kirche*. Gelegentlich ließ er die Ruder waagrecht über dem Wasser, dabei

Kuppeln der Christi-Verklärungs-Kirche, im Hintergrund der Onegasee. Aus dem Fotoband »Altrußische Baukunst« von H. Faensen und W. Iwanov (1972). Fotos von K. G. Beyer

nach den Wolken starrend, die gleichmütig dahinzogen, quasi aus Gaze auch, freilich ohne zu fächeln.

In diesen Himmel war Rußlands Geschichte eingeschrieben: seine Fröste und Brände, Siege und Niederlagen. Das Boot fuhr auf dem Sand auf, mit einem Ruck. Fürst Andrej legte die Ruder hin, zog Schuhe und Socken aus, krempelte die Hosen hoch, trug Natascha an Land.

Natascha lachte, bückte sich nach einer *Strandlilie* (jedenfalls glich sie einer Lilie, in der Blüte zumindest, während das Blatt eher das einer Stechpalme war), wies mit dieser auf die Heckenrosen am Waldrand, dann nach der *Christi-Verklärungs-Kirche*, deren Schindeln von hier aus nicht mehr auszumachen waren, drehte die *Strandlilie* zwischen Daumen und Zeigefinger hin und her, während ihre Bluse wogte und ein Milan abhob, der eine Zeitlang zwischen Insel und *Christi-Verklärungs-Kirche* kreiste, in eine liegende Acht übergehend, gerade dort, wo keine Wolken waren.

Fürst Andrej kehrte sich Natascha zu, strich ihr über die Wange. Die *Strandlilie* hing in diesem Moment schlaff am schwarzen Jupe der Natascha herunter. Der Milan ließ sich fallen, erbeutete einen Fisch, der danach aufblitzte.

Natascha und Fürst Andrej schritten zum Waldrand, durchquerten die Waldzunge, gelangten auf eine Wiese, sie war durchsetzt mit Margeriten, Storchenschnäbeln, Skabiosen, Salbei. Schmetterlinge setzten sich auf die Blüten, ließen sich wiegen, stießen ab, schubsten sich gegenseitig hoch, vor allem die weißen.

Natascha legte sich auf Andrejs Uniformrock und verschränkte die Hände unter dem Kopf. Andrej, auf den linken Ellenbogen aufgestützt, strich Natascha über Hals und Kinn. Wolken standen in Nataschas Augen. Eine Ameise stieg einen Halm hoch. Dieser bog sich vornüber. Die Ameise wechselte auf ein Erdbeerblatt und verschwand unter diesem.

Fürst Andrej schnellte auf, schritt zum Wald, bückte sich dort nach einem Eierpilz, beschaute und beroch ihn, horchte dem Wind, der durch die Wipfel strich.

Wieder zurück, zerrieb Andrej das Stielende zwischen Daumen und Zeigefinger, fing den Rest des Pilzes mit der linken Hand auf, spielte Ball damit. Es roch weiterum nach Eierpilz. Natascha erhob sich, schaute zum Wald, ohne dabei die Schmetterlinge wahrzunehmen oder das Rauschen der Bäume.

Am Strand griff Natascha nach einer Lilie, schaute in deren Kelch. Andrej schrieb in den Sand. Der Wind hatte mittlerweile abgenommen.

Sie bestiegen das Boot. Die Bluse fächelte ein wenig. Natascha hielt eine Weile die rechte Hand ins Wasser. In den Fluten war die *Christi-Verklärungs-Kirche* ein Hinterglasbild mit Bewegung drin. Natascha stellte sich eine Hochzeit vor und gelobte sich, den Onegasee wieder und wieder zu befahren, sommers, wenn die *Strandlilien* blühn. –

In dieser Passage schreiten Natascha und Andrej über eine Blumenwiese. Blühende Kirschbäume fehlen in dieser russischen Landschaft, aber vielleicht darf man darin jene »Blumenmatte« erblicken, mit der im literarischen Credo der »Toteninsel« ein Romanteppich verglichen wird, wie er Baur als Ideal vorschwebt: jene »Blumenmatte« also, »über die man schreiten möchte, zumindest noch einmal und natürlich nicht allein«?

Ich glaube schon, daß da eine Verbindung besteht und ein Anklang da ist. In den Höhepunkten der Literatur geht es ja häufig um das Motiv Mann und Frau, und häufig wächst der Eindruck oder die Intensität, wenn diese Beziehung auseinandergegangen ist. Sie bleibt aber eingebettet im Bild der Blumenwiese, der vorsommerlichen oder sommerlichen Blumenwiese.

Es spielen für mich noch zwei andere Dinge mit. Zum einen ist es etwas Paradiesisches, ein mit paradiesischen Farben gemaltes, erträumtes Inselidyll, das sich zum Teil aus der Kindheit herleitet. Nicht einmal die mütterlich umwitterten Eierpilze fehlen, die dich, wie du mir einmal erzählt hast, als Kind so beglückt haben. Zum anderen entsteht hier eine Art Gesamtkunstwerk, denn hier vereinigen sich ein Foto, das Bindschädler sich anschaut, Musik, die er dabei sich anhört, eine literarische Reminiszenz, nämlich das Liebespaar Natascha und Andrej, und nicht zuletzt die eigene Phantasietätigkeit.

Es ist schön, was du da sagst, und ich bin glücklich darüber. Übrigens handelt es sich bei diesem Text um eine Träumerei Bindschädlers und nicht etwa um die Wiedergabe einer Passage aus »Krieg und Frieden«. Soviel ich weiß, sind Fürst Andrej und Natascha nie auf dem Onegasee rudern gegangen, gondeln gegangen, sondern das träumt sich eben Bindschädler angesichts des Bildes mit der Christi-Verklärungs-Kirche und dem Onegasee und beim Anhören der vierten Sinfonie von Schostakowitsch, und aus all dem ergibt sich das, was du so schön beschrieben hast. Meine französische Übersetzerin erzählte mir am Telefon, sie habe lange in »Krieg und Frieden« herumgestochert, um auf diese Stelle zu stoßen, und sie habe keine solche gefunden. Nein, das hat sich eben so ergeben. Aus der Musik, aus diesem Bild und aus dem Moment heraus hat sich dieser Traum vom Paradies eingestellt.

17. September 1993

Eiche im Schnee

Die Ballade vom Schneien

Als ich vor Jahren im »Kleinen Bund« auf Robert Walsers »Winter« stieß, war ich erschüttert – geradezu. Ich weiß nicht, ob es Herbst war oder Frühling. Winter jedenfalls nicht.
Wenn ich später dann in einem Bücherzimmer stand, griff ich ein Buch heraus, las zwei, drei Sätze, stellte es hin, tat dasselbe mit einem anderen Buch, mit einem dritten, vierten, fünften, langte nach einem von Robert Walser, eilte nach zwei, drei Sätzen zu meinen Leuten, um ihnen diese vorzutragen – voller Überschwang.
Wo mag Robert Walser gestanden haben, wenn er die Welt abbildete? Etwas daneben, vermutlich. Leicht erhöht. An einem Abgrund gar. Wobei über seiner Welt jener Nebel gelegen haben muß, der beim Hervortreten der Sonne vergeht, zerfließt, das Licht durchläßt, und allem, was man durch ihn

sieht, zauberhafte Formen und Umrisse gibt, und in dem überall der Widerschein des Morgenlichts aufblitzt, hier auf dem Wasser, da im Tau, dort auf den Bajonetten der Truppen, und der dahingeht, so daß sich alles zu bewegen scheint.

Von Robert Walser sind mir auch »Brentano I« und »Brentano II« vertraut, »Kleist in Thun«, »Watteau«, »Jakob von Gunten« und der »Räuber«-Roman.

»Der Gehülfe« ist meinem Leben zu nahe. Im Kreis der »Geschwister Tanner« war ich nicht genehm.

»Jakob von Gunten« las ich in einem Zuge, was schwere Träume absetzte, über drei Nächte hin. Und wenn ich an ihn zurückdachte, begann es zu schneien, nicht etwa in Schleiern, die sich über Landstriche legen (aus einer Schräglage heraus) und auf dem Trottoir, vor dem Haus mit der Sandsteinaffiche »Daheim«, in Staub zerfallen, woraus der Wind Voluten gestaltet, Gardinen aus dem Fin de siècle – sondern in großen Flocken, Kohlweißlingen gleich, die herunterzuschweben geruhn, um ihre toten Genossen zu beschnuppern.

Nachdem ich »Krieg und Frieden«, den »Nachsommer« und »Mrs. Dalloway« hinter mir hatte, trat erneut »Jakob von Gunten« auf. Diesmal stellte sich kein Schneefall ein. Dafür fand ich mich auf dem Weg in die Wüste vor, zusammen mit Herrn Benjamenta eben, um zu sehen, ob sich dort nicht auch leben, atmen, sein, aufrichtig Gutes wollen und tun und nachts träumen ließe; mit dem Hintergedanken freilich, auf dem Heimweg, im Turm zu Langenthal, am gleichen Tisch womöglich, noch einmal »Winter« zu lesen, Robert Walsers Ballade vom Schneien.

Werner Morlang: So beginnt beinahe der dritte Teil der Tetralogie »Baur und Bindschädler«, dein 1985 erschienener Roman »Die Ballade vom Schneien«. In Wirklichkeit handelt es sich dabei um eine Auftragsarbeit, die du anderthalb Jahre zuvor für das Pro Helvetia-Dossier Robert Walser verfaßt und mit geringfügigen Änderungen an den Anfang deines neuen Romans gestellt hast. Dort ist dieser Text deinem Alter ego Baur in den Mund gelegt, Baur, der todkrank im Spital von Amrain liegt. Zunächst die Frage: Hast du schon immer daran gedacht, den Pro Helvetia-Text als Keimzelle für ein späteres Buch zu verwenden?

Gerhard Meier: Nein, aber im Instinkt wahrscheinlich hab ich gespürt, daß ich diese Arbeit, die mir übrigens von Elsbeth Pulver angetragen wurde, annehmen sollte. So hab ich dann nach einigem Zögern versucht, mein Erlebnis, mein Leseerlebnis mit Robert Walsers Prosastück »Winter« festzuhalten, und das hat seltsamerweise den dritten Teil des Romans »Baur und Bindschädler« ausgelöst. Darüber bin ich im nachhinein froh, und ich bin glücklich, daß ich konkret auf Robert Walser eingehen und auf sein Prosastück hinweisen konnte, das mich all diese Jahre begleitet hat, unterschwellig natürlich. Gelegentlich hab ich es hervorgeholt und wiedergelesen, wobei der Eindruck unterschiedlich ausfiel. Manchmal kam er fast an die erste Begegnung heran, um dann wieder etwas abzuflauen, wie's so geht, wie's mir zum Beispiel ergeht, wenn ich mir die Klavierstücke von Skrjabin anhöre, interpretiert von Horowitz. Die empfinde ich auch immer wieder anders.

Das Prosastück »Winter« hat dich – laut deinen eigenen Worten – »erschüttert«. Was genau berührt dich so stark an diesem doch eher unbekannten Walser-Text?

Es war wirklich so, obschon es schwer zu verbalisieren ist, daß mich da eine Erschütterung erwischte. Ich weiß nicht, sie hat wohl zu tun mit dieser unglaublichen Leichtfüßigkeit, dieser tänzerischen, clownesken, karnevalesken Bewegung des Textes, die vor allem am Anfang stattfindet und ausmündet in das verrückte Bild, in dem der Erzähler über einen gefrorenen Teich schwebt, dessen Oberfläche, dessen Eis sich bewegt wie Wellen und dünn ist wie eine Glasscheibe. Und als er dann abstürzt und eintaucht, freuen sich die Blumen im Wasser unten, daß er zu ihnen stößt. Das ist für mich schon ein großer Text, wobei natürlich die erste Begegnung unwiederholbar ist. Aus meiner Begegnung mit Walsers Prosastück ist schließlich der Titel meines Romans entstanden, gewissermaßen als eine Reverenz an Robert Walser.

Von diesem Titel her würde man annehmen, das Schneien in Walsers »Winter«-Text hätte es dir besonders angetan. Das Schneien macht bei Walser aber nur zwei kurze Abschnitte aus, und auch du selber beziehst dich hauptsächlich auf die Teich-Szene.

Obschon man glauben könnte, der Traum, dieses Schweben über das Eis und das Einbrechen im Eis, würde die Substanz des Textes bilden, ist mir im nachhinein das Schneien doch noch wichtiger geworden. Beim »Jakob von Gunten« hab ich's ähnlich erlebt, daß sich die Sache auflöste oder zusammentat in einen ruhigen, fast pathetischen Schneefall, wo nicht viele Flocken fallen, dafür um so größere. Im Bild des Schneiens hat sich mir dann dieser große Roman »Jakob von Gunten« präsentiert, und so ist mir das Schneien, obschon ich nicht unbedingt ein Winterfreund bin, als eine nicht wegzudenkende Metapher geblieben, die sich seltsam mit dem Bild des Schmetterlings berührt. Wenn sich einige Kohlweißlinge in der Luft aufhalten und sozusagen tanzen, hat das eine Ähnlichkeit mit Schneien, besonders wenn es in großen, vereinzelten Flocken geschieht.

Du erwähnst zwei Emotionen, die von der Lektüre Walsers ausgehen. Neben der »Erschütterung« ist vom »Überschwang« die Rede, mit dem du anderen gegenüber einzelne Walser-Sätze vorträgst. Zwischen diesen beiden Polen mag sich somit dein Walser-Erlebnis abspielen. Könntest du deine Lektüreerfahrungen ein bißchen erläutern? Was ist dir an diesem Autor wichtig?

Mir hat sich, nicht an allen, aber an vielen Texten von Walser immer wieder gezeigt, was eigentlich Literatur ist oder sein könnte. Ich reagiere sehr auf Sätze, auf den Rhythmus, auf die Wortfolgen, auf den Tonfall, auf den Klang, auf den Geruch, auf das Licht eines Satzes, wobei ich das nicht näher erklären kann. Nach zwei, drei Sätzen steht für mich fest: das möchte ich lesen, oder es stellt sich heraus, daß mich die ersten zwei, drei Sätze davon abhalten. In letzterem Fall hab ich dann Mühe, mich jemals dazu zu bewegen, andere Sätze des gleichen Autors zu lesen. Das tönt etwas stur und etwas unleidlich, aber es ist so. Es gibt selten eine Prosa, deren Sätze mich dermaßen anfallen, dermaßen in Bewegung bringen können wie diejenige Robert Walsers. Ich glaube, das hängt mit diesem Clownesken zusammen, diesem Karnevalesken, diesem Kindlichen, diesem Tänzerischen, und zwar einem Tänzerischen quasi dem Abgrund entlang oder auf dem Seil ohne Netz. Auch Kostüme sind mit dabei. Man denkt an das Bild auf dem Umschlag des »Räuber«-Romans, wo sein Bruder ihn, den Robert, als Räuber kostümiert darstellt, wenn ich mich recht erinnere. Es geht stark in die Zirkuswelt, in den Karneval, in den Jahrmarkt hinein, aber in meinem Sinn, nicht in dem Sinn, wie diese drei Dinge gelegentlich aufgefaßt werden. Um Gottes Willen, sie haben verschiedene Seiten, aber für mich sind es Bilder unseres Seins. Es ist für mich schon eine wichtige Welt, und darum hab ich vielleicht als kleines Kind den Wunsch gehabt, einmal in diese Artistenwelt einzusteigen. Dazu hat es mir nicht gereicht, aber der Karneval, die Jahrmärkte, die Zirkusse, die Clownerie haben mich begleitet, und da gehört Robert Walser mit hinein.

Gibt es ein spezifisch schweizerisches Element bei Walser, das dich anzieht? Wir können ja wenig Autoren dieser Größe vorweisen.

Ja, Robert Walser vertritt wohl ein wenig die Schweiz oder den Schweizer. Eben ist Federico Fellini gestorben, der so eindrücklich den italienischen Menschen darzustellen vermocht und ihn präsent gemacht hat. Bei Robert Walser verhält es sich ähnlich. Er ist nicht nur ein bedeutender Schriftsteller, er ist auch einer, der seine Region hinausgetragen hat.

Robert Walser in Bern. Zeichnung von Emil Stumpp (1928)

Wobei ihm Fellinis Popularität abgeht.

Natürlich, das ist dann wieder diese unerklärliche Geschichte mit der Rezeption. Er wird vermutlich immer einer der großen, aber wenig genannten Autoren sein. Es passiert mir selber, daß ich eine Rangliste aufsage, und dann merk ich mit Schrecken, daß ich den lieben Robert Walser ausgelassen habe, und das passiert anderen auch. Er ist einer der Großen – das tönt zwar etwas kurios, immer wieder diese superlativischen Wendungen, aber man kann nicht ohne weiteres auf sie verzichten – er ist einer der Großen, der sich nicht nur selber im Hintergrund aufhielt, sondern auch nach seinem Tod im Hintergrund geblieben ist. Man hat das quasi von ihm übernommen. Dieses Zurücktreten, dieses Am-Rande-Bleiben, fast außer Sichtweite, hat sich in der Rezeption erhalten. Ich kenne keinen ähnlichen Fall sonst, daß ein Schreiber von dieser Qualität so schlecht präsent ist.

Für viele Schriftsteller in der Schweiz war er indessen eine wichtige Identifikationsfigur. Wie siehst du ihn als Vorbild für zeitgenössische Autoren? Wie beurteilst du deine eigene Nähe oder Ferne zu ihm?

Ich traue dieser Sache nicht ganz. Natürlich mag ich jedem den Robert Walser gönnen, ich bin da nicht eifersüchtig, aber bei einigen Autoren hat man doch das Gefühl, sie hätten sich darum bemüht, in seine Nähe zu kommen, geradezu familiär, als Sohn. Da bin ich etwas mißtrauisch. Er ist wohl schon vor allem ein Schriftsteller für Schriftsteller, doch einige haben versucht, ein paar bunte Federn aus ihm herauszuzupfen, um ihr eigenes Federkleid ein wenig anzureichern. Ich habe es nicht gern, wenn man sich so anhängt. Man hat einfach Autoren, die einem nahe sind und die man verehrt, aber nicht im Sinn von Vorbildern, das kann nicht gut herauskommen. Man strebt ja kein Epigonentum an. Wie man im Film einen Fellini schätzen kann, ohne ihm nachfolgen zu wollen, kann man als Schreiber gewisse Autoren sehr lieb haben, ohne die verrückte Absicht zu hegen, ihnen nachzueifern oder von ihnen zu profitieren. Das ist auch gar nicht möglich. Eine Nähe entsteht wahrscheinlich durch eine innere Verwandtschaft, und das ist schön. Es gibt ein paar Schriftsteller, die ich besonders mag, und dazu gehört eben Robert Walser.

Mit dem späten Walser verbindet dich der äußere Umstand, daß die Arbeitsphasen von Entwurf und Reinschrift strikt voneinander getrennt sind und spezielle Gesetzmäßigkeiten und Eigenarten besitzen. Darf ich ein wenig in deine Werkstatt hineinschauen und dich fragen, wie es bei deinen Entwürfen jeweils zu- und hergeht?

Ich habe die Literatur mitbekommen, ich glaube, das muß ich einfach so sagen. Schon als kleines Kind habe ich mich als Literat gefühlt, obwohl ich es nicht verbalisierte und eigentlich nie der Literatur nachgerannt bin. Vordergründig wollte ich nie ein Schriftsteller werden, ich hatte immer einen fast unheimlichen Respekt davor. Bis zwanzig hatte ich so kleine Sachen geschrieben, und von zwanzig bis vierzig keinen einzigen Satz mehr. In dieser Zeit spürte ich aber, daß es ein Rumoren in mir gab, das in diesem Zusammenhang zu verstehen war, ein Rumoren auf die Weigerung hin, eben nicht mehr zu schreiben. Mit vierzig wurde ich lungenkrank und versuchte dann, mich wieder ins Schreiben einzuüben. Es entstanden Gedichte, später Prosaskizzen, und schon damals war es so, daß ich mich nicht einfach hinsetzte und dachte: Jetzt hast du Zeit, Papier steht zur Verfügung, der Bleistift ist gespitzt, jetzt solltest du etwas tun. Nein, ich habe immer erst geschrieben, wenn sich etwas äußern wollte, wenn sich etwas zusammengebraut hatte, das aufs Papier gelangen wollte. Bei den längeren Texten war es noch viel extremer. Manchmal hab ich mich über Jahre hin gewehrt, mich widerborstig verhalten der Literatur gegenüber, bis der Moment kam, wo ich spürte: Deine Balance, dein Gleichgewicht steht auf dem Spiel. Ich spürte, daß sich da eine Gefahr anbahnte, und da mußte ich klein beigeben. Ich war auch froh, klein beigeben zu dürfen.

Eben, auch Lust war mitbeteiligt?

Natürlich. Wenn ich den Sudel innert kurzer Zeit hinbringen durfte, war ich tiefbeglückt. Das Arbeiten-Dürfen, das Schreiben-Dürfen gehört zu den schönsten Erfahrungen meines Lebens, mit berauschenden, beinahe orgastischen Momenten. Aber ich habe mich immer vor dem Schreiben gefürchtet und erst geschrieben, wenn mein geistig-seelischer Haushalt dermaßen in Bewegung geraten war, daß irgend etwas geschehen mußte.

Sind deine Entwürfe jeweils in einem Schub aufs Papier gelangt, oder hast du in dieser frühen Phase gelegentlich Schwierigkeiten, Störungen erlebt?

In den meisten Fällen ist es ohne Störungen abgelaufen. Natürlich gab es einzelne Partien, die vom Formulieren her Schwierigkeiten machten, und die wurden dann während der Reinschrift – im Verlauf von drei, vier Arbeitsgängen – in Ordnung gebracht, häufig ohne daß ich bewußt darüber nachdachte. In vielen Fällen durfte ich die Erfahrung machen, daß das Unterbewußtsein diese Stellen praktisch ins reine schrieb. So wie ich die Welt erlebe, habe ich auch meine Sudel-Geschichten erlebt. Das ist wahrscheinlich ein Stoff, aus dem das Leben ist, nicht nur die Träume, ein Stoff, der noch nicht verbalisiert wurde: ein Gebilde aus Gerüchen, Tönen, Farben und Klangbildern. Ich habe ja nie mit Konzepten gearbeitet. Ich konnte mich nie auf Stichworte beschränken und dann die Zwischenräume ausfüllen, sondern ich mußte die Texte sprachlich als Ganzes hinkriegen. Es geht bei meinen Sachen weniger um die Substanz als um das, was in den Sprachbildern an Klängen, an Rhythmen, an Farben enthalten ist. Darum bin ich vielleicht mit meiner Schreibe in unserem Raum etwas daneben, und darum war und ist vielleicht auch Robert Walser etwas daneben. Es sind Produkte, die woanders herkommen. Sie kommen weniger aus dem Intellekt heraus, als aus jener Gegend, wo eben Gerüche, Farben, Klänge und Rhythmen dominieren und noch nicht das Verbalisierte. Auch beim Wiederlesen der »Ballade vom Schneien« hab ich's gespürt: Diese Übereinkunft der Gerüche, der Töne, der Bilder, der Strukturen steht im Vordergrund, und nicht die sogenannte Story, die handfeste Substanz, all das, was man sich in die Hosentasche stecken kann. Es geht um eine andere Substanz, eine, die wahrscheinlich unser Sein ausmacht und deren man beinahe nicht habhaft wird.

Hat dich das Gemisch, das Zusammenspiel der verschiedenen Konstituentien nie in die Irre geführt? Ist es je vorgekommen, daß du eine Sache mehrmals angehen oder eine Weile zur Seite legen oder überhaupt aufgeben mußtest?

Ein paar Gedichte habe ich durch zu starkes Überarbeiten kaputtgemacht, weißt du, aber bei den längeren Texten sperrte ich mich ja so lange gegen das Einsteigen, das Umsetzen, das Festhalten, daß währenddessen ein Läuterungsprozess stattfinden konnte. Wenn es dann zum Sudel kam, war alles einfach da, konnte nichts mehr schiefgehen. Ein wenig schwitzen muß man gelegentlich schon dabei. Auch schlaflose Nächte kann es absetzen, und viele, viele Spaziergänge, wo man sich um das Formulieren einer Stelle bemüht, auch im Unterbewußtsein, und plötzlich hat man's. Ganz geschenkt bekommt man's nicht, aber du kennst ja meine Herkunft, mein Weltbild, mein Lebensgefühl. Ich bin kein Technokrat, ich bin »ein Wesen, das aus der Müdigkeit kommt«, heißt es später im »Land der Winde«, wobei Baur diesen Satz spricht, und erst noch aus dem Grab heraus. In den letzten Tagen habe ich wieder einmal in den »Jakob von Gunten« hineingeschaut, und dort ist mir dieselbe Welt begegnet. Bei den ersten Sätzen erschrak ich beinahe über die »Substanzlosigkeit« dieser Substanz, die das Leben ausmacht. Sie ist eben fast nicht zu greifen, doch es ist eine wunderbare Möglichkeit oder Aufgabe der Kunst, von dieser Substanz etwas zu uns herüberzubringen, nicht von jener, die ein Fahrplan, ein Kochbuch oder ein Physikbuch herüberbringt. Von dieser anderen Substanz will man häufig nichts wissen. Die Literatur sollte gefälligst eine gewisse Nähe zum Kochbuch, zum Physikbuch und zum Fahrplan haben. Das soll sie auch haben, das begreif ich sehr wohl, aber noch etwas darüber hinaus.

Die eigentümliche Dichte der Walserschen Romane verdankt sich wohl einem schöpferischen Impuls, der jeweils binnen kurzer Zeit seinen Ausdruck gefunden hat. In welchen Zeitspannen sind deine Roman-Entwürfe entstanden?

Beim »Land der Winde« ging es folgendermaßen zu. Ich hatte nach dem Erscheinen der Werkausgabe letzter Hand das Gefühl, meine Karriere sei erfüllt und am Ende, und ich freute mich über die schönen drei Bände. Dann lebte ich einfach, wie die Katzen leben, die Fische schwimmen und die Schwalben fliegen, so, wie ich's mehr oder weniger immer getan habe. Dabei spürte ich schon, daß meine Augen immer noch die Augen eines Literaten waren, und das gleiche galt für meine Ohren und Fingerspitzen. Aber ich nahm das nicht weiter ernst, ich dachte: Du kannst ja die Augen, Ohren und Fingerspitzen nicht auswechseln. Und wenn ich am Morgen in meinem Sessel saß mit Blick aus dem Fenster, wenn ich etwas las und das Bukett vor mir auf der Truhe stand, taten sich etwa Bilder zusammen, schwebten vorüber oder gingen mitten durch mich hindurch, mit der Zeit immer häufiger und kompakter. Es entstand das Gefühl: Eigentlich ist es schade, am Ende solltest du das vielleicht doch festhalten. Das genügte noch nicht, bis wieder dieser Moment kam, wo ich spürte: Jetzt solltest du dich schon bequemen, sonst könntest du straucheln. Das sind Erfahrungen am Rande, weißt du, und zwar am Rande des Abgrunds. So hab ich mich dann in aller Heimlichkeit daran versucht, möglichst wenn ich allein zu Hause war, wenn alles um mich herum still war und die Nachbarn nicht gerade in Rockmusik machten, am Abend vor allem. Vielleicht über drei Wochen hin hab ich mich also ganz heimlich in gegebenen Momenten hingesetzt, und dann war der Sudel da. Nun konnte ich damit anfangen, die Sache in Ordnung zu bringen, und das geschah innert einem Jahr. Sonst dauert es meistens zwei, drei Jahre, bis die Reinschrift vorliegt. Das ist dann doch ein wunderbares Gefühl, wahrscheinlich wie es eine Mutter erlebt, wenn sie geboren hat. Manchmal wirken, wie im Fall der »Ballade vom Schneien«, äußerliche Ereignisse als Auslöser mit, und darüber bin ich glücklich. Neben der Aufforderung, einen Text über Walser zu schreiben, hab ich Elsbeth Pulver auch noch anderes zu verdanken. Sie hat eine längere Arbeit über meine Romane verfaßt, und dieser große, schöne Essay »Dialogisches Erzählen« wurde als Nachwort in die Werkausgabe aufgenommen. Dorli und ich haben Elsbeth Pulver viel zu verdanken, auch in Bezug auf finanzielles Überleben.

Da wir so ausführlich die Entwurfsphase deiner Texte erörtert haben, möchte ich nun auf die Phase der Reinschriften eingehen. Bei der endgültigen Fixierung dessen, was so ungestüm entstanden ist, handelt es sich wohl auch darum, Füllmaterial zu eliminieren? Ich stelle mir vor, daß diese zweite Phase etwas langweiliger ist und öfter handwerkliche Probleme bietet.

Wenn der Sudel einmal mit Bleistift geschrieben vorliegt, schreibe ich im allgemeinen das Manuskript mit großem Zeilenabstand in die Maschine. Dann korrigiere ich diese erste maschinenschriftliche Fassung, wobei ich den Text laut dazu lese. Beides, der Sudel und das Korrigieren, geschieht über die gesprochene Sprache. Ich glaube ja an die gesprochene Sprache, weil sie den Rhythmus, den Sprachfluß schon in sich hat. Den Sprachfluß kann man nicht künstlich erzeugen beim Schreiben, – man spricht auch nicht von Schreibfluß, sondern von Sprachfluß. Die Sprache muß fließen können, das gehört zu meiner Art, vegetativ arbeiten zu dürfen. Auch der Klang spielt bei dieser Art Literatur eine wichtige Rolle. Der Text muß sowohl dem Lesen wie dem Gesprochenwerden standhalten. So arbeite ich das Manuskript kapitelchenweise durch und gewinne dabei einen gewissen Abstand.

Bist du während der Reinschrift immer noch auf Stille und Verschwiegenheit angewiesen, oder ist es dir dann ohne weiteres möglich, mit jemandem über deinen Text zu sprechen?

Über meine Texte konnte ich nie reden, auch nicht mit Dorli, aber wenn der Sudel einmal vorlag, war der Bann gebrochen, und das Bedürfnis, im Verborgenen zu bleiben, hatte sich gelegt. Dann konnte ich dazu stehen, daß wieder ein Manuskript unterwegs war, aber über den Text konnte und durfte ich nie sprechen, über kein Komma, über keinen Punkt.

Aber das Arbeiten ließ sich entspannt an?

Wobei ich mich dennoch einschloß. Dorli wußte: Jetzt arbeitet er wieder an einem Text. Hingegen beim Sudel war es mir am liebsten, wenn überhaupt niemand wußte, daß sich da etwas tat. Ich hatte eine ungeheure Furcht, herauszufallen.

Wie bist du mit der zweiten Arbeitsphase zurechtgekommen? Hast du sie im allgemeinen geschätzt, oder hat sie dich manchmal ungeduldig gemacht?

Zunächst ging es einfach darum, den Bleistiftentwurf in die Maschinenschrift zu übertragen und zwischen den Zeilen die Korrekturen anzubringen. Auch diese Fassung wurde überarbeitet, und häufig klappte es erst im vierten

»Sudel«-Blatt aus dem Manuskript »Land der Winde«

—70—

habe ihn beeindruckt, das er im alkoholfreien Restaurant <u>Turm</u> zu
Langenthal gelesen und gleich zur Ballade vom Schneien erhoben
habe. Und das Meretlein habe ihn wirklich begleitet, denn auch er,
Kaspar, sei nicht unbedingt zum Leben geschaffen gewesen, habe
nicht einmal die Leute zu faszinieren, geschweige denn Forellen
zu zähmen vermocht.

Soviel sie wisse, sagte Katharina, habe Kaspar von Keller nur den
<u>Grünen Heinrich</u> gelesen, diesen dann aber in die ersten Ränge ver-
wiesen. So habe er auch Claude Simon zum grössten lebenden Autor
erkoren, wobei, das müsse man zugeben, ~~xxxx~~ dessen <u>Gras</u> die Zeit und das
Licht gewissermassen materialisiert habe. Dann und wann habe sie
Kaspar am Büchergestell angetroffen, mit Simons <u>Gras</u> in den Händen,
wobei er vermutlich versucht habe, die Zeit in die Nase, das Licht
ins Gespür, den grossen Klang ins Gehör zu bekommen. Uebrigens
habe sie, Katharina, gar nicht gewusst, dass es ein Sternbild der
Jagdhunde gebe. So habe also Kaspar nicht nur das Gezirpe im Getriebe des Kosmos gehört, zeitweilig zumindest und erstmalig in
der Kirche zu Raron, sondern er habe es auch geschafft, den grossen Klang zu vernehmen, denn er habe ja geglaubt, dass die Welt
letztlich ~~ein~~ Klang sei.

Katharina goss Kaffee nach, auf unsere Abgespanntheit hinweisend;
und dass sie bewusst Winterastern auf das Grab plaziert habe,
porzellanfarbene, Rosa angehaucht, denn es dünke sie, diese Blume
in genau dieser Tönung passe zu Kaspar, jetzt, im Martinisömmerchen, der Zeit auch der Chrysanthemen, die ihm, Kaspar, zu nobel
gewesen seien, diese hochgezüchteten Chrysanthemen, welche Odette
in ihren Salon zu stellen beliebt habe, um damit die Farbtöne der
untergehenden Sonne zu imitieren, wenn über Paris der Abendhimmel
längst verblüht gewesen sei. Seltsamerweise habe er Winterastern

Entsprechendes Blatt aus dem Typoskript »Land der Winde«
(Buchausgabe S. 90 / 91)

Arbeitsgang mit der Reinschrift. Das war jeweils eine Knochenarbeit, ähnlich wie in der Fabrik. Von neun bis zwölf und dann wieder von zwei bis ungefähr fünf hab ich mich an die Maschine gesetzt und ganz stur, fast mechanistisch gearbeitet, wobei ich mit jedem Arbeitsgang feststellte, daß mir das Abstandnehmen besser gelang. Zuletzt schien mir der Text beinahe fremd zu sein. Ich konnte dann rigoros mit ihm umgehen, ohne mich selber dabei zu verletzen. Beim »Land der Winde« durfte ich die Sache etwas raffen. Da korrigierte ich direkt in den Sudel hinein und konnte diese Fassung gleich mit der Schreibmaschine in die Reinschrift übertragen. Warum es so schnell ging, weiß ich nicht genau. Während vier Jahren hatte ich keinen Text mehr geschrieben, und in dieser Zeit hatte sich eine Staulage entwickelt, die wahrscheinlich einiges von selber in Ordnung brachte: Der Gärungsprozeß hatte in aller Ruhe stattgefunden, so daß das Abzapfen verhältnismäßig rasch ablief.

Nach diesem präliminarischen Abstecher in deine Werkstatt ist es höchste Zeit, daß wir uns dem Roman »Die Ballade vom Schneien« zuwenden. Für die Inhaltsangabe verlasse ich mich wiederum auf die unnachahmliche Bündigkeit deines Klappentextes. Da heißt es: »Jahre später liegt Baur krank im Spital zu Amrain. Bindschädler begleitet ihn durch seine letzte Nacht. Baur, euphorisiert durch Morphium, erzählt aus seinem Leben. Am Morgen hört es auf zu schneien. Über Amrain treibt Nebel hin, der sich verfärbt in der aufgehenden Sonne.« Die beiden vorangegangenen Romane zeichneten sich durch Dynamik und räumliche Fortbewegung aus, während hier naturgemäß eine Statik und Geschlossenheit vorherrschen, die an den »Schnurgeraden Kanal« erinnern.

Mir ist beim Wiederlesen die Geschlossenheit besonders deutlich aufgefallen. Vermutlich hat unser Sein, die Schöpfung schlechthin mit diesem Kreisförmigen – ich hab das früher schon gesagt –, mit Geschlossenheit zu tun. Es ist mir auch aufgefallen, wie sich so ein Leben, in diesem Fall das Leben Baurs, in einem fast sichtbar abgegrenzten Kosmos drin abspielt, der etwas Kreis- oder sogar Kugelförmiges aufweist. Das entspricht schlichtweg der Form der Sterne, der Gestirne, die Erde miteingeschloßen: Die Kugelform dominiert das Weltall. Ich war eigentlich froh, daß doch das Baursche Leben an ein Ende gelangen konnte, daß sich das Ende und zudem auch wieder das Licht einstellte, und zwar aus dem Leben heraus, so daß sich wieder diese Geschlossenheit ergab. Der Text der »Ballade vom Schneien« beginnt mit einem Nebel, der von der Sonne durchstrahlt wird, und endet mit einem solchen Nebel. Damals wußte ich nicht, daß mich später noch einmal das verrückte Verlangen quälen würde, zu erfahren, wie es weitergeht, wenn ein Leben sein Ende gefunden hat. Es geht ja weiter, aber der, der ans Ende gekommen ist, bekommt gar nicht mehr mit, wie's weitergeht. Vielleicht ist aus diesem Grund später ein vierter Teil unter dem Titel »Land der Winde« entstanden.

Die Geschlossenheit bleibt zwar den ganzen Roman hindurch erhalten, aber die Unbeweglichkeit, welche die räumlichen Verhältnisse den beiden Freunden auferlegen, wird doch ein wenig aufgehoben. Bindschädler beweist in dem ihm zur Verfügung stehenden Raum einige Mobilität, geht, wie es wörtlich heißt, »auf und ab«, während Baur wenigstens am Knauf seines Bettes manipulieren darf. Soll dabei ein bißchen kompensiert werden, was ihnen hier, gegenüber den früheren Büchern, versagt ist?

Caspar David Friedrichs Bild »Eiche im Schnee«

Es ist gut möglich, daß da eine Reduktion stattfindet, daß die Bewegung auf ein Minimum zurückgenommen wird, ohne ganz zu verschwinden.

An Stelle der Natur in der Außenwelt gibt es immerhin einen Strauß Winterastern, der auf einem Tisch steht und von Baur öfter betrachtet wird. Natürlich denkt man sogleich an das schwesterliche Trio der »Toteninsel«, das später als Bild »Drei Frauen mit Winterastern« die Ostwand von Baurs Seele schmückt. Sind Winterastern für dich Repräsentanten der Natur, wenn es draußen unwirtlich ausschaut, eben zur Winterszeit?

Es sind schon Grenzgängerblumen, die Winterastern. Sie treten auf der Scheidelinie zwischen Herbst und Winter auf, und als Grenzgänger haben sie mich immer sehr bewegt. Und wenn man ihre Blätter zwischen Daumen und Zeigefinger zerquetscht, zerreibt, glaubt man mehr oder weniger den Tod zu riechen. Das hat mich schon beeindruckt, und so gehen die Winterastern durch den »Baur und Bindschädler«-Roman hindurch, ähnlich wie der November, manchmal sogar der Martinstag, der 11. November, erstaunlicherweise hindurchgeht. Häufig ist der November etwas feucht und neblig, etwas unangenehm, aber für mich ist er doch eine Grenzzeit mit viel Licht drin.

Die Natur wird nicht nur real von Winterastern vertreten, sie scheint überdies in einem Stück Kunst auf, nämlich im Bild der Eiche von Caspar David Friedrich, das Baur von seinem Krankenbett aus an der Wand mustert. Nun ist die Eiche ein symbolisch reichbefrachteter Baum, und du selber bezeichnest ihn im Verlauf des Romans als »Totenbaum«

und »Wächter einer großen Vergangenheit«. Man denkt wiederum an die »Toteninsel«, wo Eichen beziehungsvoll das Aareufer säumen, oder an die »dreihundertjährige Eiche aus dem Walenboden«, der insbesondere im »Land der Winde« gehuldigt wird. Kommt es dir auf die Symbolik der Eiche wesentlich an?

Nein, eigentlich nicht. Die Symbolik hat sich quasi selber hineingedrängt, ich bin nicht von ihr ausgegangen. Die Eiche hat mich schon als Kind bewegt. Sie ist unter allen Baumarten herausgestochen, und wenn ich etwa dem Eichengestrüpp an Waldrändern begegnete, empfand ich sozusagen eine heftige Wiedersehensfreude und wurde daran erinnert, wie wunderschön es sein müßte, wenn man einmal als Turner einen Eichenkranz herausturnen könnte, einen Eichenkranz mit Schlaufen daran und Eicheln auf den Blättern, weißt du. So stand die Eiche für mich immer wieder in einem Zusammenhang mit der Artistenwelt, mit Jahrmarkt, mit Clownerie. Ich hab übrigens öfter erlebt, daß ich, wie bei der Eiche, etwas als symbolträchtig empfand, ohne um die überlieferte Symbolik zu wissen. So ist es mir beim Klang der Welt ergangen: Ich empfand die Welt als Klang und habe dann erst viele Jahre später erfahren, daß bereits die alten Griechen dieser Überzeugung waren. Bei mir hat gerade eine gegenläufige Entwicklung stattgefunden. Aus dem Instinkt, aus dem Gespür heraus habe ich auf Erscheinungen reagiert, die schon vor Jahrhunderten als Symbole empfunden oder zu Symbolen umfunktioniert worden waren. Ich bin ja als Naivling, als kindliches Geschöpf in der Welt herumgetappt, wie es der Clown oder der Jahrmarktkünstler tut. Also die Eiche hat für mich in erster Linie einen Zusammenhang mit Zirkus, mit Jahrmarkt.

Zur gegenständlichen Anlage, mithin Geschlossenheit des Romans gehören vier Bücher, die auf Baurs Nachttischchen liegen. Man macht sich manchmal Gedanken über die paar wenigen Bücher, die man notfalls auf eine Insel mitnehmen würde. Könnte man sagen: Hier handelt es sich um jene unverzichtbare Leseration, die du zu solchem Behuf auswählen würdest?

Das könnte man sagen, ja. Die Wahl ist nicht von ungefähr, der Reihe nach: Zuunterst liegt die Bibel, dann folgen »Jakob von Gunten«, dann »Das Gras« und zuletzt der Proust-Band »Im Schatten junger Mädchenblüte«.

Könntest du zu jedem der vier Bücher kurz erläutern, was ihre Bedeutung für dich im besonderen ausmacht?

Die Bibel ist – um den Stapel von unten nach oben anzugehen – die Bibel ist, etwas klischeehaft gesagt, das Wort Gottes, und dort drin heißt es: »Im Anfang war das Wort, und das Wort war bei Gott, und Gott war das Wort.« Daraus geht hervor, welche Bedeutung das Wort, die Sprache für uns besitzt, und nicht nur für Baur – auch ich habe einige meiner größten Leseerlebnisse mit der Bibel gehabt. Da gibt es Texte, die nicht zu überbieten sind. Da trifft man die Poesie als Urkraft wirklich am Werk, Poesie als Urkraft, und nicht als Zuckerguß. Dann folgt »Jakob von Gunten«, ein seltsames Produkt, das mir häufig als sakraler Raum vorkommt, wo schon Geräusche drin sind, aber sozusagen unhörbar, und wo schon Licht drin ist, aber kein grelles Mittagslicht, und wo schon Bewegung drin ist, aber eine sehr gedämpfte Bewegung, und wo es nach Naphthalin riecht, aber auch nach Veilchen: ein ganz seltsames Gebilde. Und wo viel Clownerie, viel Jahrmarkt, viel Zirkus drinsteckt, auch wenn dies vordergründig gar nicht in Erscheinung tritt. So ist dieser Roman – ich möchte ihn immer wieder lesen, vielleicht hab ich noch Zeit dazu – für mich wirklich eines der Insel-Bücher geworden. Dann folgt »Das Gras« von Claude Simon. Obschon ich es bereits gesagt habe, wiederhole ich's hier: Claude Simon halte ich für den größten zeitgenössischen lebenden Autor. »Das Gras« liebe ich unter seinen Büchern ganz besonders, weil es eine gewisse Altertümlichkeit besitzt. Es ist noch nicht so gewagt in der Form, aber voller Birnenduft, und zwar voller Duft von faulenden Birnen, und von einem Klang erfüllt, der aus der Lunge einer alten Jungfrau kommt, die über lange Zeit in der Agonie liegt, wobei die Lunge nur noch als Blasebalg arbeitet, weitherum hörbar. Ein unvergleichliches Herbstlicht ist drin! Gegen das Ende des Romans schneidet Sabine, eine der Hauptfiguren, Dahlien im Garten und übergibt sie dann ihrer Schwiegertochter Louise. Dabei spricht Claude Simon von der schmerzlichen Schönheit dieser Dahlien, dieser Dahlienzeit, und wie er das beschreibt, das Dahlienschneiden der Sabine und das Dahlienweiterreichen an die Schwiegertochter Louise, das muß man erlebt haben. Das Buch beginnt mit der Ankunft der alten Marie an einem Juninachmittag. Auf der Flucht vor dem Krieg war sie über Tage hin in einem Viehwaggon eingepfercht gewesen, kam aber ohne ein Stäubchen an den Kleidern oder auf den Schuhen daher. Bevor sie den Garten betrat, hatte sie sich mit einer Handvoll Stroh gereinigt. Nachdem sie die Hunde beschnuppert haben, setzt sie sich hin und entschuldigt sich dafür, daß sie überhaupt gekommen sei, sie habe sich dummerweise vor dem Krieg geängstigt. Zehn Jahre später geht sie Feldblumen pflücken, kommt mit einem

Strauß zurück, setzt sich in ihren Korbsessel unter dem Kastanienbaum, der Blumenstrauß entgleitet ihr, sie fällt in sich zusammen und ihr langes Sterben nimmt seinen Anfang. Sie wird dann ins Bett getragen, und vom Sterbensbett aus vermacht sie der Louise, der Frau ihres Neffen, ihre Habseligkeiten, ihren Schmuck, der in eine Blechdose eingepackt ist. Wie all das geschieht, samt den Gerüchen, samt den Geräuschen, samt dem Licht: Das hab ich in der Weltliteratur, soweit ich sie kenne, noch nie angetroffen. Das Buch ist mir sehr, sehr lieb geworden, ich glaube, ich habe kein anderes Buch fünfmal gelesen wie eben »Das Gras«. Zuletzt folgt der Band »Im Schatten junger Mädchenblüte« meines großen Autors Marcel Proust, der zweite Teil der »Suche nach der verlorenen Zeit«. Er enthält Partien, die fast unwirklich zu sein scheinen, indem es Marcel Proust – wie ich früher schon gesagt habe – in Abständen immer wieder gelingt, sogenannt Unsagbares in die Verbalität, also ins Sagbare hinüberzubringen, was in der Literatur viel schwieriger ist als in der Musik oder in der Bildnerei, weil es über die Sprache doch an den Intellekt gebunden bleibt. Es ist erstaunlich, was dieser Mann herüber- oder hinüberbringt. Aus allen vier Büchern gelangen im Laufe des nächtlichen Gespräches, dieses letzten Gespräches von Baur und Bindschädler, einzelne Textbeispiele in den Text der »Ballade vom Schneien« hinein.

Bei der Situation im Spitalzimmer gilt es auch die äußere Kulisse zu berücksichtigen, den während der Nacht einsetzenden Schneefall, der von Bindschädler auf dem Balkon eingehend betrachtet, geradezu studiert wird. In deinen früheren Büchern wurde dieses Naturphänomen wenig in Anspruch genommen. Nun schneit es hier bezeichnenderwei-

se durchaus nuanciert. In der Eingangspassage des Romans unterscheidest du ein schleierähnliches Schneien in der Schräglage von einem großflockigen Schneien. Die scheinbar einheitliche Schneekulisse ist somit strukturiert, bei mehr oder weniger merklichen Übergängen von der einen Spezies in die andere. Das würde wiederum auf jene Monochromie verweisen, wie sie dir in der Malerei von Rothko aufgegangen ist. Kommt dieser Aspekt hier auch zum Tragen?

Ich glaube schon, daß das Schneien mit dem Monochromen oder vielleicht mit der Stille zu tun hat. Der Flug des Schmetterlings macht ja die Stille sichtbar, und auch große Schneeflocken, wenn sie vereinzelt, in einer clownesken Pathetik herunterfallen, können die Stille sichtbar machen. Das ist für mich beinah der Inbegriff der Stille vor einem Ende, vor der großen Stille: wenn es schneit in großen, vereinzelten Flocken, so daß man die Flocken fast zählen kann, die quasi als Kohlweißinge erscheinen. Dieses großflockige Schneien, die Nacht schlechthin scheinen zu den paar letzten Stunden Baurs zu passen. Außerdem beginnt es am Ende der »Toteninsel« zu schneien, und am Ende der »Ballade vom Schneien« hört es auf zu schneien. So schließt sich da wieder ein Kreis.

Könnte man sagen, all diese Objekte, die wir erwähnt haben: der Bücherstapel, die Winterastern, das Eichenbild von Friedrich, dienen gewissermaßen als Wegmarken, als Orientierungspunkte, die den erzählerischen Gang des Romans bestimmen? An Stelle der früheren Spaziergänge durch Olten und Amrain würde nunmehr die Bewegung vom einen zum anderen Objekt einen reichen Schatz von Assoziationen und Verknüpfungen freisetzen?

Dieser Baursche Kosmos scheint doch wieder aufzublühen, aufzuriechen, aufzuleuchten in diesen paar Gegenständen, und auch Erlebnisse stellen sich noch einmal ein. Sogar die Welt kommt herein. Baurs Kosmos bäumt sich gewissermaßen auf, indem sich Baur an seine Reisen erinnert. So breitet sich dieser Kosmos, der scheinbar provinziell sein müßte, doch in einem beachtlichen Ausmaß aus.

Die Substanz des Buches wird natürlich ganz und gar getragen vom Sterben, das Baur an sich erfährt und Bindschädler als teilnehmender Freund begleitet. Stand Baurs Tod gleich zu Beginn deiner Arbeit an der »Ballade vom Schneien« fest?

Ja, ich war eigentlich froh, Baur zum Tod hin führen zu dürfen. Das war aber gar nicht so folgenlos. Als etwa drei Viertel des Textes in der Reinschrift vorlagen, mußte ich wegen einer Durchblutungsstörung mit der Ambulanz ins Spital eingeliefert werden, und ich wäre damals beinahe mit Baur zusammen gestorben. Ich schaute dann vom Spital aus auf dieselben Eschen und auf dasselbe ehemalige Leichenhaus hinunter, auf welche ich Baur und Bindschädler hinunterschauen ließ. Das war ein ganz verrücktes Gefühl, ein absurdes Erlebnis, und niemand, nicht einmal Dorli wußte Bescheid, wo ich mit meinem Manuskript steckengeblieben war. Da war ich wirklich mit hineingenommen in den Kosmos, den ich hatte aufbauen dürfen, und fiel zuletzt selber hinein. Als ich dies seinerzeit Urs Widmer mitteilte, schrieb er mir zurück: »Da mußt du aufpassen, du darfst nie eine Hauptfigur sterben lassen! Das ist viel zu gefährlich.« Da scheint etwas dran zu sein.

Spital von Niederbipp. Am linken Rand in mittlerer Höhe das alte Totenhaus

Ich habe mich schon gewundert, als du eben davon sprachst, du seist froh gewesen, dein Alter ego Baur in den Tod zu entlassen. Ich würde mir das eher als eine beklemmende Erfahrung vorstellen.

Es gehört einfach dazu, daß es ein Ende nimmt. Auf der Welt hat ja alles ein Ende, wobei es immer auch weitergeht: Die Anfänge und die Enden reichen sich die Hände. Daher hat es für mich als Autor doch etwas Beglückendes gehabt, diesen Baur ins Ende entlassen zu dürfen. Das war für mich eine Abrundung, eine Vollendung des Textes.

Der Leser des Romans wird wohl schon nach wenigen Seiten mit Baurs Tod rechnen. Dennoch wird der anrückende Tod weder von Baur noch von Bindschädler während dieser Nacht thematisiert. Spielt dabei die euphorisierende Wirkung des Morphiums eine Rolle oder die Überzeugung, daß auch das Sterben immer noch dem Diesseits zugewandt bleibt und daß sich die Erfahrung des Todes ohnehin der Verbalisierung entzieht?

Ich glaube, es entspricht einer anständigen Übereinkunft zwischen den beiden, darüber nicht zu sprechen, obschon sie natürlich von Anbeginn um den Sachverhalt wissen. Mich hat beim Wiederlesen des Romans vor allem gefreut, daß Baur als letztes Bild Friedrichs »Eiche im Schnee« aufnehmen konnte und daß er noch ein paar Worte über sein Lieblingsfoto verlieren durfte, jenes Foto, auf dem sich die Amrainer Kirche im Überschwemmungstümpel spiegelt und dadurch an eine Tempel-Insel erinnert, wie sie in Walsers Prosastück »Winter« erscheint, und daß auf dem vergilbten Foto der Südhang des Juras an den Berg der Seligpreisungen gemahnt. So kommt Amrain, der Kern seines Kosmos, noch einmal zum Zug, wie auch jene ominöse Scheidelinie, der Weg, der sich von Amrain dem Teich entlang ins Nachbardorf erstreckt und die Welt des Bildes in eine gespiegelte und in eine ungespiegelte Welt aufteilt. Da ergibt sich also noch einmal ein Anklang an diese zwei Welten, an die sogenannt unwirkliche und an die sogenannt wirkliche Welt. Ich finde es schön, daß Baur das zum Schluß hin noch erleben und sogar weitergeben durfte. Außerdem stellt sich für Bindschädler, als er auf dem Balkon steht, der durchlichtete Nebel ein, und in seinem Innern läuft der Schluß von Schostakowitschs vierter Sinfonie ab, der gleichsam in einen Schneefall ausmündet, in einen Schneefall, wo nur vereinzelte Flocken fallen, groß und beinahe zählbar.

Die am häufigsten registrierte Gesichtsregung im Roman ist Baurs Lächeln. Was drückt dieses Lächeln aus?

Vielleicht den Schneefall in seiner Seele. Da ist noch einmal eine ungeheure Stille, eine Ergebenheit, ein Hingehen auf das Ende zu, weißt du, wo auch Licht drin steckt, jenes Licht, das sich am Morgen, als es aufgehört hat zu schneien, wirklich durch den Nebel seine Bahn bricht bis an die Fassade des Spitals, wo dieses Ende stattgefunden hat.

Genau in der Mitte des Buches entkorkt Bindschädler eine Champagner-Flasche, und die beiden Männer stoßen miteinander an. Wolltest du auf diese Weise dem Sterben zu einem letzten festlichen Glanz verhelfen?

Baurs »Lieblingsfoto«: die sich in einem Überschwemmungstümpel spiegelnde Dorfkirche

Es bedeutet wohl schon eine Art Feier, aber nicht *gewollt*. Ich wollte ja nie etwas in meiner Schreibe. Wollen hat mit Planen zu tun, und ich habe nie geplant. Ich habe mich immer den Strukturen, Zwängen, Abläufen und Flüssen überlassen, die viel besser stimmen als mein Wollen und mein Machen. Das sind Gesetzmäßigkeiten, Gegebenheiten, die durch und durch plausibel sind, durch und durch stimmen. Über dem ganzen Abend liegt ein mildes Licht, so ein Novemberlicht, so ein Winterasternlicht, ein Licht, das sich im Tümpel vor der Eiche im Schnee auch kundtut. Es ist ein Totenfest, wie man es sich wünschte, im eigenen Fall auch einmal begehen zu können. Und ich mag dem Baur und auch dem Bindschädler eigentlich gönnen, daß sie das haben feiern dürfen, sogar mit einem Glas Champagner.

Wenn das Bewußtsein des Sterbenden weniger vom nahenden Tod bedrängt wird, ist es dafür um so mehr auf die Vergangenheit ausgerichtet. Beide, Baur und Bindschädler, ergehen sich ein letztes Mal gemeinsam in Erinnerungen, und an einer oft zitierten Stelle deines Romans wird sogar das Erinnern als Lebenszweck erwogen:

> Und ich fragte mich, ob man am Ende lebe, um sich eben erinnern zu können, was jenes Verlangen erklären würde, von dem Baur in Olten geredet hatte, jenes verrückte Bedürfnis, zurückzuschauen oder mit dem Gestern zu leben oder immer wieder die Fäden in den Griff zu bekommen, die einen verbänden mit dem Verflossenen, Dahingegangenen, Unwiederbringlichen, das sich irgendwo aufgelöst haben müßte und

das doch präsent, nicht wegzuschaffen sei, das dann irgendwie mit uns in die Erde gelegt werde, wo es sich auflöse, verflüchtigen oder miteingehen müßte ins Mineralische, Stoffliche, um dann in den Blumen, den Lilien zum Beispiel, den Astern, Märzenglöckchen, Vergißmeinnicht über uns wiederum präsent zu werden, als deren Duft zu verströmen.

Entsprechen diese Gedanken deiner eigenen Erfahrung bei vorgerücktem Alter?

Ich glaube schon, aber diese Haltung, diese Gestimmtheit bleibt nicht auf mich oder meine Figuren beschränkt. Das ist ja das Wunderbare an der Welt, daß wir einerseits den großen Kosmos haben und andererseits den Kosmos der einzelnen Individuen, und daß diese Kosmen doch ständig erinnert und durcheinandergebracht werden, woraus dann quasi ein kosmischer Jahrmarkt entsteht, wo der billige Jakob schreit, die Orgel des Rösslispiels jault, Mädchen Plastikposaunen blasen, Knaben auf Blechtrommeln hämmern, an der Jakobsleiter der Bajazzo turnt, was an Strawinskys »Petruschka« gemahnt, wo's noch den Bären gibt, nicht bloß jenen am Himmel, den Großen, sondern jenen, der tanzt (*lacht*).

Ist dabei auch ein Mißtrauensvotum gegenüber dem Erleben des Augenblicks impliziert? Die gegenwärtige Erfahrung ist doch immer mit Schlacken behaftet, die erst in der Erinnerung allmählich abfallen. Die Kindheit etwa geht einem erst viel später in ihrer anrührenden Schönheit auf.

Ich bin in meinem Leben und in meinem Arbeiten nie auf die frühe Zeit, auf die Kindheit fixiert gewesen, aber es ist wie beim Wein: Es muß eine Gärung stattfinden. Das gegenwärtige Leben, das, was man im Augenblick erlebt, gibt den Rohstoff ab, der dann durch die Kelter gepreßt wird und den Gärungsprozeß durchlaufen muß. Die Erinnerung liefert vielleicht den fertigen Wein.

Von da aus ist man versucht, das Proust-Motto des Buches heranzuziehen, welches eben lautet: »Die wahren Paradiese sind Paradiese, die man verloren hat.« Ich möchte gern ein zweites Zitat beifügen, das in dieses Umfeld gehört und von Jean Paul stammt: »Die Erinnerung ist das einzige Paradies, aus dem wir nicht vertrieben werden können.«

Wunderbar! Diese zwei, Marcel Proust und Jean Paul, passen gut zusammen. Allerdings darf man die Sache nicht stilisieren. Unser Leben darf nicht nach Flucht, nicht nach Illusion, nicht nach Verbrämung, nicht nach Idylle riechen. Man muß sich auf die Gegebenheiten, auf die Roheiten, auf die Grausamkeiten einlassen. Wir müssen's ohnehin, denn wir sind nicht in der Lage, Unabänderliches entgegennehmen zu wollen oder nicht entgegennehmen zu wollen. Aber das Ganze hat zuletzt in der Erinnerung, wenn der Gärungsprozeß durchgestanden ist, doch etwas dran, was einen guten Burgunder auszeichnet, diese wunderbare Farbe und Transparenz, diesen wunderbaren Geschmack und Geruch. Da besteht schon ein Zusammenhang, und die Entwicklung ist keineswegs harmlos. Die Traube wächst, der Sommer geht darüber hin, samt Wind und Regen, die Traube reift, wird braun, wird süß, wird geschnitten, wird gekeltert, und der Saft kommt in Gärung. Wenn man nur vom fertigen Wein, seiner Güte und von der Möglichkeit redet, sich daran zu berauschen, ohne dabei auch den Rebstock, den Sommer, das Hagelwetter, die Kälte und die Gärung im Auge zu behalten, vergeht man sich.

Daß sich die menschliche Existenz nach dem Tod »ins Mineralische, Stoffliche« auflöst, um schließlich in den Blumen und deren Duft »wiederum präsent zu werden«, diese Vorstellung erinnert an pantheistisches und östliches Gedankengut, auch an Reinkarnationslehren. Liegen dir solche Glaubensrichtungen nahe?

Eigentlich nicht. Auch die Sache mit dem Schmetterling nicht unbedingt. Ich sehe das als Erscheinung, und zwar sehr real, und möchte dieses Bild nicht überhöhen. Oder das, was nach dem Tod geschieht, das wissen wir einfach nicht. Auch die Bibel gibt uns nicht im einzelnen Bescheid. Wie im ganzen Leben stecken wir auch da im Ungewissen. Wir vernehmen höchstens – ich hab's schon früher gesagt – über eine Klangfolge von Skrjabin oder Mahler oder Bartók gelegentlich etwas aus jener Welt, das in uns gewisse Ahnungen aufkommen läßt. Darüber hinaus geht es nicht, aber das soll uns nicht betrüben. Wir wissen im Grunde genommen ungeheuer wenig, obschon wir wissenschaftlich ungeheuer viel wissen. Über dem Ganzen schwebt doch ein seltsamer, herrlicher Septemberduft, der alles verschleiert: die Blumen, die Schmetterlinge, die Leute, die Jahrmärkte, Zirkusse und den Karneval. Man kann rational an die Sache herangehen, aber wo führt es hin?

Jedenfalls kennzeichnet es deine Bücher, daß darin alle Wesen, auch die angeblich unbelebten, als beseelte verstanden werden, die es ernst zu nehmen gilt.

Seit meiner Knabenzeit bin ich davon überzeugt, daß wir mindestens mit zwei Hälften zu tun haben, mit Geist und Materie, die sich ungefähr die Waage halten. Diese zwei Hälften muß man als Ganzes nehmen. Ich hab immer allergisch, etwas ungebührlich reagiert, wenn die eine Hälfte zu stark betont wurde, sei es die spirituelle oder sei es die materielle.

Nicht nur Baur stirbt, auch die Häuser Amrains – namentlich jene des Kavalleriemajors und des Schuhmachers, sowie das alte Spital – werden von einer wahrhaften »Furie des Verschwindens« erfaßt. Kann man diese Bauten gewissermaßen als Schicksalsgefährten von Baur verstehen?

Vermutlich schon, denn Baur hat, wie ich selber auch, Häuser oft als Individuen empfunden, als Kameraden des Menschen, die ihm Obdach gewähren, wobei die Mauern, der Verputz der Häuser das in ihnen ausgehauchte oder pulsierende Leben quasi aufnehmen, über Jahrzehnte hin bewahren und gelegentlich wieder über Gerüche, Töne an nachfolgende Generationen abgeben. Für mich sind Wohnhäuser, Villen und Schlösser Kühltruhen des Lebens. Häuser können mich sehr, sehr beeindrucken, und wenn das geschieht, stellen sich unwillkürlich Lebensbilder und -geschichten ihrer imaginären Bewohner ein. Es tut mir immer weh, wenn eines der mir lieben Häuser verschwindet.

Der literarische Flügel des »Baur und Bindschädler«-Gebäudes wird einmal mehr in einem wesentlichen Ausmaß von Claude Simon besetzt. Auf den Roman »Das Gras« bist du bereits zu sprechen gekommen. Worauf beruht, abgesehen von diesem Buch, die hohe Wertschätzung, die du Claude Simon entgegenbringst?

Als ich vor ein paar Wochen in der »Neuen Zürcher Zeitung« einen huldigenden Aufsatz von Gerda Zeltner zum 80. Geburtstag von Claude Simon las, spürte ich während des Lesens immer deutlicher den gleichen befreienden Wind, der mir beim Lesen von Claude Simons Texten in die Nüstern kommt. Seine Literatur hat mich durchatmen lassen, hat mich mit einem Licht erfüllt, hat mich befreien können vom Gewicht dieser Welt, wie Septemberlicht oder manchmal auch Novemberlicht die Berge federleicht, flaumleicht machen kann. Ich hab das in der Literatur noch nie in dem Maß erlebt. Als ich seinerzeit »Die Akazie« gelesen hatte, fuhren wir ein paar Tage später mit einem Amerikaschweizer nach Ferrenberg, einem Weiler in Richtung Emmental, und aßen dort in einem alten Gasthaus ein Röstifrühstück. Ich glaubte, noch nie eine so gute Bernerrösti gegessen zu haben, und als die Küchentüre aufging, stellte sich heraus, daß die Rösti von einer Schwarzen gebacken worden war. Auf dem Fenstersims hatte sich an diesem kühlen Aprilmorgen eine Katze zum Schlafen hingelegt, und die Art, wie sich dort das Licht im Fell der Katze brach, und das selige Schlafen, die kreatürliche Losgelöstheit im Schlaf und in der Frühsonne hab ich mit einer Frische gesehen und erlebt, wie es nicht möglich gewesen wäre ohne die Lektüre von Claude Simons »Akazie« ein paar Tage zuvor. Er hat mir die Augen und die Seele gewaschen und die Nüstern geöffnet. Das ist das Großartige an diesem Autor: Er reinigt uns, so daß die Gerüche, das Licht, die Tonfolgen wieder in uns eindringen können. Daß er das kann, hat mit Gnade zu tun, aber es muß wohl mit einem extremen Ausgeliefertsein bezahlt werden. Er ist wahrscheinlich vom Leben gebeutelt worden und hat diese Beutelung empfunden wie selten einer, um dann durch seine Texte so befreiend wirken zu können. Und es finden sich bei ihm wunderbare Sätze. Ein Satz bewegt sich manchmal über zwei, drei Seiten, was nicht unbedingt heißt, so etwas sei nötig – um Gottes Willen, wir wollen das nicht stilisieren – aber bei ihm ist es eine vegetative Sache und gehört einfach dazu. Der Sprachfluß ist da, der Rhythmus ist da, der Klang ist da, und man spürt: Was dieser Mann herausbringt, hat den Gärungsprozeß durchlaufen, wie sein ganzes Leben den Prozeß vom Werden über die Kelterung bis zum Gären und Vergären durchgemacht hat. Ich glaube, besser kann ich ihn nicht charakterisieren, und ich habe im Laufe der Zeit immer wieder diese seltsame Reinigung durch seine Texte erlebt.

Hat er auch als Vorbild gewirkt? Hat er dich dazu ermutigt, deine eigene Welt aus dir herauszuheben?

Nein, nein, nein. Das Wort *Vorbild* erzeugt immer ein merkwürdiges Geräusch in meinem Magen. Ich bin ja ein Hysteriker in Sachen Freiheit, das muß man mir wirklich abkaufen. Natürlich ist mir seine Art, die Welt mitzubekommen und umzusetzen, sehr vertraut, und vielleicht schätze ich ihn deswegen auch. Man nimmt sich oft selber unbewußt als Maßstab, nur sollte man sich dessen gelegentlich bewußt werden, um es korrigieren zu können. Sein Raum ist mir ähnlich vertraut wie Robert Walsers Raum. Claude Simon empfinde ich vielleicht aus zeitlichen Gründen etwas intensiver, weil seine Texte noch jünger, frischer sind. Das sind Übereinstimmungen vom Lebensgefühl her, aber mit dem Wort *Vorbild* kann ich nichts anfangen. Mir zu sagen: Jetzt mußt du schreiben wie Claude Simon oder wie Robert Walser, das wäre mir ein Ekel. Aber mich mit ihnen gelegentlich in ihren Räumen, in ihrem Kosmos drin zu ergehen, das ist für mich, wie wenn ich durch die Parks von Schönbrunn und Versailles, im alten Bauerngarten vom »Kreuz« in Wolfwil oder auch in unserem eigenen Garten spaziere.

Nur eben diese Affinität ist offenbar schon früh einem anderen aufgefallen. Du hast mir einmal erzählt, Jean Améry habe dich anläßlich des »Anderen Tags« in einem Brief auf eine gewisse Verwandtschaft mit Claude Simon hingewiesen. Würdest du eine solche Nähe akzeptieren?

Ja, um Gottes Willen, aber nie im Sinn von Nachahmung. Jean Améry habe ich als Essayisten sehr geschätzt und bewundert. Das Lebensgefühl, das ich bei ihm angetroffen habe, war weitgehend auch mein Lebensgefühl. Mit Intelligenz hat er die damalige Szenerie erfaßt und aufgehellt, und er ist der erste gewesen, der mir deutlich zu verstehen gab, ich sei in unserem Sprachraum etwas daneben, – die Art, wie ich schreibe, sei im germanischen Raum unüblich und so nicht vorhanden. Da ist mir fast schreckhaft aufgegangen, daß ich ein Kindskopf war. Ich hatte aus Naivität geglaubt: Du bist ein kleiner Mann, und der kleine Mann wird dich verstehen, er muß dich verstehen. Du hast ein kleines Leben gelebt, und die Leute mit kleinen Leben werden dich verstehen. Allerdings habe ich nie heftig mit Kundschaft gerechnet, aber seit Jean Amérys Brief, einem sehr liebenswürdigen Brief, habe ich mich zwischendurch daran erinnern dürfen, daß meine Schreibe mit allen Vor- und Nachteilen etwas unüblich ist. Ich konnte es nicht ändern, und wenn ich es gekonnt hätte, hätte ich es trotzdem nicht gemacht. Das ist ja meine Art, die Welt zu erleben, mitzubekommen und umsetzen zu dürfen. Daran gibt es nichts zu ändern, Kundschaft hin oder her. Natürlich hätte man gern eine große Kundschaft, wer schon nicht. Der Bauer verkauft auch lieber seine Kartoffeln, als daß er sie im Keller verfaulen läßt, aber das ist nicht meine Sache, darüber verfüge ich nicht.

Im Falle von Claude Simon denke ich jetzt gerade an eine punktuelle Gemeinsamkeit. Du zitierst in der »Ballade vom Schneien« das Ende des Romans »Das Gras«, wo es unter anderem heißt: »... und dann schien, obgleich nicht der leiseste Wind wehte, wahrscheinlich ein ganzer Baum zu erschauern«. Auch in deinen Texten »erschauert« bisweilen ein Baum bei Windlosigkeit, und ich vermute, daß dir diese Gemeinsamkeit nicht entgangen ist.

Natürlich nicht. Aber meine Bäume erschauerten windlos, lange bevor ich Claude Simon kennenlernte. Ich las ihn erst, nachdem mir Jean Améry berichtet hatte, »Der andere Tag« habe ihn an den Roman »Die Leitkörper« von Claude Simon erinnert. In dem viele Jahre früher erschienenen Skizzenband »Kübelpalmen träumen von Oasen« gibt es ein Stück, ah ja, da steht es:

Der Mann mit dem Storchengang

Er kam von einer Fabrik in die andere Fabrik, floh ein Tri-Bad und kam ins andere Tri-Bad: Das war nun so. Und seine Zähne faulten, und seine Art zu gehn glich immer mehr der Störche Art zu gehn. Stereotyp wurde die Art, sich zu bewegen. Dann war er übrig. Es wurde Frühling, es fröstelte das Land, es streute

Apfelblüten, sentimentalerweise über seinen Abgang Apfelblüten: Das war nun so. Erschauern sommers die Akazien windlos, ist er auf seine Art merkwürdig gegenwärtig.

Zwei Jahrzehnte später erschauert am Ende von Claude Simons Roman »Die Akazie« auch eine Akazie. Das zeigt doch, daß in unserem Lebensgefühl, in der Optik und in der Akustik gewisse Übereinstimmungen bestehen, und die freuen mich natürlich. Als Kind hab ich die Akazien bei der Brauerei erlebt. In den verstaubten Kronen dieser zwei schäbigen, die Landstraße säumenden Akazien hat sich jeweils das große Gelächter des Wirts verfangen, weißt du. Wenn er die Gaststube leer hatte, ließ er dieses Gelächter in die Akazienkronen hinaus, und dann gab es manchmal Kundschaft, weil diese glaubte, dort müsse es lustig zugehen. Man traf aber nur Schmeißfliegen an, und mit der Zeit stellten sich vielleicht zwei, drei Gäste ein.

Das erwähnte Claude Simon-Zitat hast du – mindestens für mein Gefühl – auch noch auf andere Weise deiner eigenen Welt anverwandelt, und zwar über den Umweg von Schostakowitsch. Ich könnte mir kein überzeugenderes literarisches Äquivalent des von dir vielfach beschworenen Endes der vierten Sinfonie von Schostakowitsch vorstellen als die Art, wie Claude Simon seinen Roman, zuletzt durch einzelne Regentropfen, in die Stille versickern läßt.

Ja, da gibt es Übereinstimmung.

Zum Ausgleich des statischen Verharrens im Krankenzimmer darf der Leser Baur auf drei Reisen begleiten, die ins

Alte Brauerei mit Akazien und Kastanienbäumen

Ausland führen: nach Paris, nach Venedig und nach Israel. So verschieden die aufgesuchten Örtlichkeiten sind, werden alle drei Reisen in einem Pilgergeist unternommen, und sie führen sämtliche zu Gräbern: Wurden sie von dir seinerzeit auch in diesem Geist unternommen?

Da hast du recht, vor allem die Reise nach Jerusalem und die Reise zu Marcel Prousts Grab, die haben schon so etwas an sich. Venedig wiederum ist für mich ein Ort, wo Karneval stattfindet, und zwar in gehobener Art. Dazu gesellt sich die Architektur und Vivaldis Musik. So kam es auch da im Grunde genommen zu einer Pilgerreise, wobei wir bewußt eigentlich nur die Reise nach Israel als Pilgerreise angetreten und erlebt haben, zusammen mit den Pfarrleuten aus Niederbipp. Reisen kann mit Pilgern zusammenfallen.

Beginnen wir mit der ersten Reise. Paris ist für dich durch Proust besetzt, aber nicht minder, so scheint es, durch die schillernde Figur Napoleons, die sich schon öfter in unsere Gespräche hineingeschlichen hat. Was zieht dich, der du ein ganz unmartialischer Mensch bist, an Napoleon an, den du einige Male wörtlich einen »Heldentenor« nennst?

Er hat auch etwas Zirkushaftes, Karnevaleskes, Jahrmarkthaftes an sich, und das zieht mich wahrscheinlich an. Und er hat diese riesigen Soldatenzüge organisiert und durch die Länder geführt, diese ungeheuren Umzüge, wobei seine Männer alle auch verkleidet waren. Sie haben farbige Uniformen getragen, rote Hosen, wenn ich mich recht erinnere, Tschakos, zum Teil mit Federschmuck. In dem Sinn ist er für mich schon eine Jahrmarktfigur der Weltgeschichte, und solche Figuren haben mich immer fasziniert. Mir ist natürlich bewußt, daß Napoleon auch Unheil, Elend und Tod gesät hat. Ein Verherrlicher von Generälen bin ich nie gewesen, weißt du, aber es hat sie gegeben, ob es uns paßt oder nicht, und es wird sie wahrscheinlich immer geben. Etwas anderes zu glauben oder zu erhoffen, ist blauäugig. Auch Napoleons verrückte Liebe zu Maria Walewska hat es mir angetan. Vor fünfundfünfzig Jahren, vielleicht, haben Dorli und ich den Film gesehen, und dort haben wir sie dann, den Napoleon Bonaparte und die Maria Walewska, leibhaftig vor Augen gehabt. Er hat auch einiges gebüßt in seinem Leben, der Napoleon. Und zuletzt wurde er mit einem Gespann von sechzehn Pferden unter dem Triumphbogen hindurch in den Invalidendom gebracht, als Leiche natürlich. Komischerweise hat es dazu geschneit.

Fällt dabei auch ein Stück ironischer Weltbetrachtung ins Gewicht, daß ein geschichtlicher Übermensch, der soviel Unglück über sein Volk und andere Völker gebracht hat, durchaus clowneske Züge aufweist?

Ja, und daß eine gewisse Gerechtigkeit spielt. Ich habe vielleicht ein Gespür für diese Clownerien (die übrigens die Würde der agierenden Personen in meinem Kosmos nicht schmälern), ein Gespür für das Jahrmarkthafte, Zirkushafte. Es gibt ja die Wendung vom »Jahrmarkt des Lebens«. Von diesem Abklatschbild bin ich nicht ausgegangen, aber es zeigt doch, daß ich nicht der erste bin, der so empfindet.

Die zweite Reise führt nach Venedig, einem, wie du wörtlich verlauten läßt, von Viscontis Film geprägten Venedig, das aber auch seine Glasbläser besitzt und eben die Gräber von Ezra Pound und Igor Strawinsky. Traditionellerweise gilt Venedig als eine todgeweihte Stadt und fügt sich somit stimmig in die Welt der »Ballade vom Schneien« ein. Indessen gewahrst du in Venedig auch die »Schönheit auf schwankem Grund«, und das wäre eigentlich eine treffliche Metapher für das Leben.

Genau so ist es. Venedig habe ich auch als Exempel meines Lebensgefühls, meines Weltbildes empfunden und empfinde es heute noch so. Ich erlebe die Welt als etwas Wunderschönes, Erstaunliches, aber unterschwellig als etwas, das auf schwankem Grunde ruht. Der Moder spielt hinein, die Vergänglichkeit ist absurd präsent. Diese Schönheit im Vergehen hat mir wahrscheinlich auch den Jugendstil so nahe gebracht, die Fin de siècle- und die Novembergestimmtheiten oder -atmosphären. Das hat mit ordinärer Sentimentalität nichts zu tun, das ist vielleicht eine etwas gehobene Sentimentalität (*lacht*). Ich habe diese Zustände ja nicht geschaffen, die sind meiner Meinung nach einfach so, und ich finde es schön, daß Strawinsky und Ezra Pound dort ruhen können und daß Venedig nebst anderen großen Leuten den Vivaldi hat hervorbringen dürfen. Für mich ist Venedig eine wunderbare Versinnbildlichung meines Lebensgefühls. Darum hat vermutlich auch Richard Wagner so daran gehangen, und darum schauen sie, Richard Wagner und Verdi, jetzt gemeinsam als Büsten auf das Meer hinaus, und zwar nicht parallel, sondern leicht gegeneinandergekehrt, so daß sich weit draußen auf dem Meer ihre Blicke kreuzen müssen (*lacht*).

Die dritte Reise führt nach Israel, eine Reise, die du meines Wissens ungefähr ein Jahr vor ihrer literarischen Verarbeitung in diesem Roman unternommen hast. War damit ei-

ne besondere Schwierigkeit verbunden? Sonst bist du dir doch eher gewohnt, dich auf weiter zurückliegende Dinge und Ereignisse zu beziehen.

Darüber hab ich mir beim Wiederlesen auch Gedanken gemacht. Es steckt eine gewisse Hektik, eine gewisse Unruhe drin, aber ich glaube, das hängt eher mit dem nahen Ende von Baur zusammen. Er hat nicht mehr genügend Zeit, um in aller Ruhe und möglichst breit auf diese Reise einzugehen, in diesen Erinnerungen zu leben und zu wühlen. Von daher könnte man erklären, daß eine gewisse Hast beteiligt ist, obschon andererseits die Reise nach Israel für Dorli und mich selber *die* Reise unseres Lebens war. Es war eine Pilgerfahrt, und ich erinnere mich, wie wir durch die Galiläischen Berge plötzlich auf den See Genezareth hinunterschauen konnten. Das war einer der großen Ausblicke meines Lebens. Und vom Berg der Seligpreisungen sind wir wahrscheinlich auf dem gleichen Feldweg, auf dem schon Jesus geschritten ist, außer die Topographie hätte sich durch Erdbeben verändert, nach Kapernaum hinuntergeflaniert. Der Weg war stellenweise mit mannshohen Disteln gesäumt, von beiger Farbe und mit spitzen, aggressiven Formen, und durch die hindurch hab ich jeweils auf den See hinuntergeschaut. Auf der Rückfahrt mit dem Schiff nach Tiberias haben wir uns, Dorli und ich, so hingesetzt, daß wir ständig den Berg der Seligpreisungen vor Augen hatten.

Von deinem Bericht her zu schließen, hat sich euch offenbar der Sternenhimmel überwältigend dargeboten, fast in der Art, wie er Andrej Bolkonskij als Verwundetem bei der Schlacht von Austerlitz zum ersten Mal in seiner Großartigkeit aufgegangen ist.

Wunderbar, wie du das zusammenbringst. Tiberias und der See Genezareth liegen etwa dreihundert Meter unter dem Meeresspiegel, und dadurch, glaube ich, bekommt man den Himmel intensiver vor Augen, ungefähr so, wie wenn man aus einem Loch, aus einem Schacht heraus in den Himmel schaut. Das waren die größten und hellsten Sterne, die ich jemals sah, und man durfte ja annehmen, daß Jesus dieselben Sterne betrachtet hatte, einzig, daß es vielleicht zu Jesu Zeiten an den Hängen des Sees Genezareth etwas mehr Bäume gegeben hat. Wir sind auch durch die Judäische Wüste nach Elath gefahren und dort herumgepilgert, wie es der König Salomo tat, als er die Königin von Saaba traf. Natürlich haben wir die Stadt Jerusalem erlebt und sind einmal auf ihrer Stadtmauer herummarschiert, als plötzlich um drei Uhr nachmittags die Minarette zu klingen begannen, so daß man fürchtete, mit Jerusalem zusammen in den Himmel zu steigen und nicht mehr zurückzukehren. Als wir von der Stadtmauer hinunterstiegen, stießen wir auf eine Gruppe, die sich zu einer Prozession anschickte, und obwohl wir uns mit niemandem verständigen konnten, schlossen wir uns an. Wir sind also die Via Dolorosa bis zur Grabeskirche mitgepilgert, und dort haben wir in einer Vase halbverdorrte Winterastern angetroffen und den Geruch der Welt – durchsetzt von alten Gesängen.

Vielleicht sollten wir uns noch einmal in Baurs Sterbezimmer einfinden, und ich möchte erneut auf den Schnee zu sprechen kommen, der ja auch unser Gespräch gleichsam leitmotivisch begleitet hat. Du selber hast am Anfang des Buches die vereinzelten, großen Schneeflocken mit Schmetterlingen, Kohlweißlingen, verglichen. Davon ist noch einige Male die Rede, und gegen Ende des Romans werden die Schmetterlinge ausdrücklich als exzellente Verwandlungskünstler gewürdigt. Nun wird gemeinhin – nicht zuletzt von Robert Walser – das Schneien mit dem Sterben in Zusammenhang gebracht, doch mir scheint, es käme dir darauf an, inmitten der traditionellen Chiffre des Schneiens diese großen, an Schmetterlinge gemahnenden Schneeflocken einzusetzen, die als Vorboten eines Anderen, einer über den Tod hinausweisenden Metamorphose figurieren würden.

Es ist wunderbar, dir zuzuhören. Du machst mir aber einmal mehr bewußt, daß ich solche Sachen naiv erfahren, erahnen und umsetzen durfte.

Das Ende unseres Gesprächs möge mit dem Ende deines Romans zusammenfallen, das zunächst jenes bereits erwähnte Foto anführt, worauf ein Teich einerseits die Welt in einen gespiegelten und einen ungespiegelten Teil scheidet, andererseits an Walsers Prosastück »Winter« erinnert und worauf der ebenfalls abgebildete Jura den Berg der Seligpreisungen durchscheinen läßt. Die Passage ist geradezu auf Wiederkunft eingeschworen. Man könnte gut ein Dutzend Elemente zusammenstellen, die hier wiederkehren, bis zu jenem Licht, das den sterbenden Baur zu blenden scheint und zuletzt als aufgehende Sonne den Tolstoischen Nebel verfärbt, da nach deiner in der »Toteninsel« geäußerten Überzeugung beim Tod stets »viel Licht mit dabei« ist.

>»Bindschädler, und da gab's noch das Foto mit dem Teich darauf, in welchem sich die Kirche spiegelte und der Jurasüdhang. Solche Teiche konnten auftreten bei Regenfällen oder Schneeschmelze. Gelegentlich legte sich

eine Eisschicht darüber, dünn und durchsichtig wie Fensterscheiben. Bindschädler, die Kirche entpuppte sich mir als Tempel aus Walsers Ballade vom Schneien und der vergilbte Jura als Hang mit dem Berg der Seligpreisungen. – Unter besagter Eisschicht übrigens blühten die Maßliebchen. – Und der Weg zum Nachbardorf bildete die Scheidelinie zwischen Gespiegeltem und Ungespiegeltem«, sagte Baur, lächelte, ließ das Kopfende der Matratze hinuntergleiten, schob die Hände unter den Kopf und schaute zur Eiche.
Danach schloß er die Augen. –
Ich knöpfte den Mantel zu, stellte mich an die Balkontür, öffnete sie ein wenig, zählte die Flocken und überließ mich dem Gefühl der Losgelöstheit von allen Dingen der Erde.
Wieder im Sessel, schlief ich ein.
Im Traum ging ich mit Baur der Aare entlang, empfand deren Grau-, Orange- und Gelbtöne als indianische Töne, halluzinierte ein Kanu darauf, mit dem letzten Mohikaner darin, gekrönt mit zwei, drei bunten Federn. –
Ich wachte auf.
Baur saß im Bett, die rechte Hand vorgestreckt, als blendete ihn Licht.
Dann fiel er zurück.

Ich beugte mich vor. Läutete. Die Krankenschwester eilte heran. Läutete. Rannte davon. Brachte den Arzt. –
Ich betrat den Balkon.
Nun hatte es aufgehört zu schneien.

In mir drin schwang Schostakowitschs Vierte aus.
Über Amrain trieb Nebel hin, der sich verfärbte in der aufgehenden Sonne.

> 5. November 1993

Martinisommer

Werner Morlang: Mit jedem Tod, pflegt man zu sagen, geht eine Welt unter. Im Hinblick auf deinen Roman-Zyklus »Baur und Bindschädler« müßte man annehmen, mit dem Tod Kaspar Baurs, des Urhebers und Zentrums deines literarischen Kosmos, geht mindestens unwiderruflich eine Trilogie zu Ende. Dem ist aber nicht so. Zur Verblüffung deiner Leserschaft erschien 1990 ein vierter Teil unter dem Titel »Land der Winde«, in welchem Baurs Amrain eine gloriose Wiederauferstehung feiert. Offenbar bist du selber, wie du bereits früher angedeutet hast, von dieser Wiederkunft überrascht worden?

Gerhard Meier: Ich glaubte auch, daß mit dem Tod Baurs die Amrainer Welt an ihr Ende gekommen sei, hatte mich aber im Laufe meines Lebens immer wieder damit beschäftigt, ohne daß ich es wollte, wie es wohl sein möge, wenn man einmal nicht mehr da sei. Und so läppisch diese Überlegung klingt – es geht ja weiter, es wird Morgen-Mittag-Abend-Nacht, Frühling-Sommer-Herbst-Winter, auch ohne unser Zutun, ohne, daß wir mit dabei sind –, entspricht die Vorstellung, nach dem Tod noch einmal über die Erde gehen und den Wind spüren zu können und das

Licht mitzubekommen, doch einem geheimen Wunsch, wenn auch einem abseitigen. Über die Rede aus dem Grab hat sich mir dann die Möglichkeit geboten, Baur wieder in die diesseitige Welt hereinzukriegen und mitspielen zu lassen, und das hat mich schon fasziniert. Ich konnte auf diese Weise den Bindschädler stellvertretend für Baur noch einmal auf den Weg durch Amrain schicken, auf den Spuren Baurs, und die Welt, vor allem die Baursche, die Amrainer Welt und was dazu gehört bis nach Rußland und nach Amerika, zum Wilden Westen hin, noch einmal erstehen lassen, und zwar im Martinisommer, in dieser ominösen Zeit, mit der Baur doch verhaftet gewesen ist. So wurde dieses letzte Buch »Land der Winde« gewissermaßen zu einem Buch über den Martinisommer.

Hast du dabei nie befürchtet, der Amrainer Stoff wäre zu ausgelaugt, um in einem vierten Roman erneut behandelt zu werden?

Nein, der Stoff wurde immer durchsichtiger, schöner gesagt: transparenter. Er wurde noch leichter und noch altweibersömmerlicher. Ich hab es jetzt beim neuerlichen Lesen wieder gemerkt – obschon ich nicht ganz durchkam, als Rentner hat man weniger Zeit –, wie über die Amrainer Welt hin dieses Spinnweb fliegt, wie die Spinnen zu fliegen anheben durch eine Welt, die sich eben durchsichtig und leicht ausnimmt und wo die Birken das Licht dazu abgeben.

Du hast in unserem letzten Gespräch ein bißchen erläutert, wie dieses Buch entstanden ist. Dabei blieb allerdings unerwähnt, daß hier ähnlich wie bei der »Ballade vom Schneien« ein Ausgangstext bereits vorlag, nämlich deine schriftlich formulierten Antworten, die du seinerzeit – ungefähr zwei Jahre zuvor – dem Luxemburger Germanisten Fernand Hoffmann auf einzelne Fragen gegeben hast und die in der Zeitschrift »Manuskripte« veröffentlicht wurden.

Professor Fernand Hoffmann hatte mich angefragt, ob er mit mir ein Interview machen dürfe für eine Zeitschrift, deren Namen mir entfallen ist. Da Fernand Hoffmann für meine Sachen einiges getan, sogar ein kleines Buch über meine Texte und über mein Leben geschrieben hatte, sagte ich ihm zu. Daraufhin berichtete er mir, er könne leider aus zeitlichen Gründen nicht persönlich nach Niederbipp kommen. Er würde mir schriftliche Fragen schicken, und ich möge sie auch schriftlich beantworten. Das erschreckte mich ein wenig. Für mich ist ein Interview eine Sache des Miteinander-Redens, und ein schriftliches Interview ist für mich eigentlich kein Interview. Aber ich hab mich dahintergesetzt, und als es dann in jener Zeitschrift und später in den »Manuskripten« veröffentlicht vorlag, hab ich gefunden, ich könne es als Anfang des vierten und abschließenden Teils der Amrainer Tetralogie verwenden. Vermutlich hatte ich schon aus dem Instinkt heraus dieses schriftliche Interview, diese Auftragsarbeit angenommen, wie seinerzeit die Bachthaler Predigt, und das hat mir wunderbar ermöglicht, abschließend eben das Altweibersommerlicht über die Baursche Welt auszugießen.

Der Interviewtext weist einen einheitlichen Duktus auf, der sich durch sämtliche Antworten zieht. Man gewinnt den Eindruck, du habest in einem konfessionellen Sinn noch einmal darlegen wollen, worauf es dir in der Literatur und im Leben ankommt.

Ja, da offenbart sich vieles von dem, was mir in meinem Leben wesentlich war und ist, was mich beschäftigt hat, und das hab ich dann eben auf Baur übertragen.

Ist dieser bekenntnishafte Zug oder Impetus auch in den Roman eingegangen? Prägt er das ganze Buch?

Ich glaube, weniger. Heute morgen hab ich's fast unheimlich empfunden, wie spinnwebleicht diese Welt wirkt, erhellt von Birkenlicht, wie sich da die Klänge und Anklänge noch einmal finden, und wie sich da eine Unangestrengtheit manifestieren kann, fast eine Turnersche Welt. Zuletzt ergibt sich fast so etwas wie ein Turnersches Aquarell, um Gottes Willen, das ist ein sehr gewagter Vergleich, aber es ist ein Merkmal dieses letzten Textes, daß er wirklich aus Martinisommergespinsten gewoben ist. Das tönt etwas weich, ich weiß, man sollte sich etwas härter, etwas gewitzter, etwas forscher und etwas gläubiger an sich selber geben, aber es sind nun einmal das Licht und der Ton, die mich weitgehend bestimmen.

Mir scheint, da hat sich eine Entwicklung von Buch zu Buch vollzogen, und du hast es ja auch bereits angedeutet: Infolge der Wiederholungen und nach Baurs Tod ist dieser Stoff wahrscheinlich noch freier verfügbar, noch schwebender geworden als in den vorangegangenen Büchern.

Ich bin natürlich glücklich, daß es in die Richtung hat gehen dürfen, in die Unangestrengtheit, in die Martinisommerleichtigkeit oder -durchsichtigkeit hinein, weil ich dieses fast nicht mehr Stoffliche, dieses fast Ätherische im Grunde genommen liebe, wie ich ja auch die Musik liebe, und die Musik besteht doch hauptsächlich aus diesem Stoff.

Auch diesmal komme ich nicht umhin, den Anfang deines Romans in einem längeren Textstück zu präsentieren. Aus dem hier vorliegenden Fundus scheint der ganze Roman hervorzugehen, zumindest einige seiner tragenden Motive. Zur Situation: Nachdem Bindschädler zuvor in Solothurn den ihm aus Erzählungen geläufigen »Wildwechsel« seines Freundes abgeschritten hat, besucht er nunmehr Baurs Grab in Amrain. Aus einem Strauß »porzellanfarbener« Winterastern, die das Grab schmücken, vernimmt er die folgende Rede Baurs:

»Viele meiner Kollegen waren Macher. Und Gemachtes ist leichter nachzuvollziehen. Ich war ein Wesen, das aus der Müdigkeit kam. Vielleicht kommt auch das Maßliebchen von dort?

Während viele meiner Kollegen Flüsse ausmaßen, Seen, Tiefebenen, Historienbilder, Häuser und Herzen, zu schweigen von den Wegen, die zurückzuführen hätten (ins Paradies), schwang ich mich auf den schwarzen Schimmel, um hinter die sieben Berge zu entkommen, ins Sneewittchenland sozusagen; denn auf dem schwarzen Schimmel zu reiten – sei Kunst, sagte unsere Enkelin, als sie fünf, sechs Jahre alt war.

Ich hatte Pferden oft zugeschaut, den gewöhnlichen, vor allem wenn ich die Grippe hatte. Es waren die Pferde unseres Nachbarn, der sich erhängte, als er mit ihnen nicht mehr zu Rande kam. Vier Wochen später wurde auf der großen Matte des Eierhändlers ein Fest veranstaltet, nicht ihm, sondern den

Verwandten seiner Schwägerin zu Ehren. Wobei der Vollmond über der von innen erleuchteten, rot-weiß gestreiften Festhütte stand, was dem Ganzen etwas Zirkushaftes gab, untermalt von Trachten- und Volksliedern.
Manchmal stellte ich auf den Bäuchen besagter Pferde Drehbewegungen fest, worauf die Pferde emporsprangen, an der großen Matte des Eierhändlers entlanggaloppierten, die Köpfe herumwarfen, so daß anzunehmen war, die Pferde könnten Glück produzieren in ihren Bäuchen, und für den Eigenbedarf.
Ich ertappte sie auch beim Meditieren, ausgerichtet nach Osten hin, nach dem Reich Kaiser Franz Josephs also, wo es die Reiterheere gab, wie es im Himmel ein Heer auf weißen Pferden gibt.
Kunst ist – auf einem schwarzen Schimmel zu reiten. Das glaubte ich meiner Enkelin. Ich habe Kindern immer geglaubt.
Beim Reiten auf dem schwarzen Schimmel wurden die Flüsse ausgelöscht, die Seen, Tiefebenen, Historienbilder, Häuser und Herzen, auch die Inseln mit den Liebespaaren darauf und den Seerosen darum herum, auch der Nebel über den Tiefebenen, der zuweilen aufstieg und als duftiger Schleier dahinzog, über Skabiosen mit Kohlweißlingen darauf.
Hinter den sieben Bergen dann lag einem eine Welt zu Füßen, die etwas von Caspar David Friedrichs *Böhmischer Landschaft* an sich

hatte, mit einem Klang darüber, der von Weingläsern herzurühren schien, deren Ränder mit feuchten Fingern bestrichen wurden, von Witwen beim Leichenmahl ihrer Männer.

Reglos, als Häuptling Seattle gleichsam, mit dem Weltenwind im Gesicht, ging einem auf, daß die große Matte des Eierhändlers mit dem Festzelt darauf, dem rot-weißen, und dem Mond darüber, dem vollen, und dem Reich dahinter, in das die Pferde des Nachbarn zu starren beliebten, nur ein Abguß sein konnte der großen Matte des Eierhändlers, die einem hier, im Sneewittchenland, zu Füßen lag, mit dem Festzelt darauf und dem Reich Kaiser Franz Josephs dahinter, welches den Kafka hervorgebracht hatte, den Anton Bruckner, Joseph Roth, der seinerzeit den Untergang dieses Reiches mit Noblesse festgehalten hatte, im *Radetzkymarsch*, einem Werk von kristallenem Klang, gewissermaßen.

Mit einer Skabiose im Maul und im Galopp brachte er einen wieder heim, an den Rand der großen Matte des Eierhändlers, die eine Zeitlang nur noch Hahnenfuß hervorgebracht, was ihr aber einen fernöstlichen Einschlag zu geben vermocht hatte.

Und man hatte dann wirklich den Eindruck, die Welt hier rieche nach Gips ...

Die Welt existiert erst, wenn sie formuliert, in Sprache gefaßt vorliegt. Darum wurde ihr wohl auch gleich die Bibel nachgeliefert, worin sogar geschrieben steht: »Im Anfang war das Wort.« Und weil die Welt sich laufend verändert, muß sie laufend neu formuliert werden, was den Überhang an Formuliertem erklären mag, der nicht eitel Freude bereitet, denn wer möchte schon alles nachgetragen haben? Zum Beispiel das von der großen Matte des Eierhändlers, mit rot-weiß gestreifter Festhütte darauf und dem Vollmond darüber und den Pferden daneben und dem Reich Kaiser Franz Josephs dahinter, wobei die Festhütte, wie gesagt, erleuchtet und von Volksgesängen durchdrungen war ...«

»Ich war ein Wesen, das aus der Müdigkeit kam«: Das bezieht sich nicht auf eine abgeklärte, abgehobene Befindlichkeit, sondern auf Baurs irdisches Lebensgefühl. Mir scheint diese »Müdigkeit«, die dem »Machen« gegenübersteht, erklärungsbedürftig. Müde pflegt man zu sein nach einer Anstrengung, einer vollbrachten Leistung, einem langen, mehr oder weniger erfüllten Leben. Was hat es mit einer Müdigkeit auf sich, die a priori all dem vorausgeht?

Das hat einen Zusammenhang mit Schwäche. Ich liebe die Schwäche. Ich möchte sie nicht stilisieren, nicht hätscheln und herbeizerren, aber ich möchte mich doch mit ihr einrichten. Und ich liebe eben die Müdigkeit. Es gibt auch eine spirituelle Müdigkeit, eine Müdigkeit des Geistes, wie sie zum Beispiel Europa an sich hat. Müdigkeit hat zudem etwas mit dem Martinisommer zu tun und den Übergangszeiten, jenen Zeiten, auf welche so etwas wie Winter folgt, wobei der Winter erfahrungsgemäß nicht das Ende bedeutet, sondern da bereitet sich das Leben wieder auf einen Frühling vor. »Müdigkeit« und »Schwäche« – ich weiß, das sind unpopuläre Wörter oder unpopuläre Haltungen. Sie lassen beide auf ein Lebensgefühl schließen, das nicht mit Durchsetzungs- und Überlebenswillen, mit Glauben an sich selber durchtränkt ist. Gerade in unserem Kulturraum, wo Stärke, Gewitztheit und Gerissenheit zählen, finde ich mein Lebensgefühl und meine Produkte, die weitgehend mit ihm zusammenhängen, doch etwas daneben. Ich habe mich in unserem Raum nie so ganz heimisch gefühlt und empfinde das gelegentlich extrem, wenn ich etwa in der »Zeit« einen Artikel über Walter Kempowskis Riesenwerk »Echolot« lese. Dieser Kempowski hat, wenn ich's richtig verstanden habe, Dokumente, Briefe, Tagebücher, Reden, Medien-Meldungen aus dem Frühjahr 1943 zusammengeschnitten und daraus vier dicke Bände hergestellt. Dann kommen Leute, die Gewicht zu haben scheinen, und preisen das als geniale Leistung. Solches kann mich nur erschrecken. Man spürt, wie sich der Rezensent, gelinde gesagt, herablassend diesen Lebenszeugnissen gegenüber verhält, wenn zum Beispiel Soldatenbriefe grammatikalische und orthographische Fehler aufweisen. Das kann man alles tun, in der Geschichte unseres Raumes, insbesondere in der Geschichte des deutschen Volkes, steckt ja soviel unbegreifliche Dummheit und Unmenschlichkeit drin, daß man sich schon ein wenig hämisch darüber lustig machen könnte, aber es widerstrebt mir, weißt du. Es widerstrebt mir, weil ich das menschliche Versagen, das vielleicht mit Dummheit oder sogar mit Unmenschlichkeit zu tun hat, diese Hinfälligkeit, diese verrückte Zerbrechlichkeit dennoch hinnehme als etwas, vor dem ich Respekt habe, denn – wir haben die Sache nicht in der Hand. Ich finde es dumm, wenn man sich über die scheinbare Dummheit seiner Mitgeschöpfe lustig macht. So einfach ist es nicht. Wir sind mit drin, die Geschichte und die Dummheit und die Unmenschlichkeit erwischt auch jene, die glauben, sie stünden darüber. Darum sind mir diese Kreatürlichkeiten, Hinfälligkeiten, Müdigkeiten und Schwächen, die in den Schwalben und in den Maßliebchen stecken – um wieder auf meine alten Geschöpfe zurückzugreifen – so lieb, denn diese Sachen empfinde ich als real. Ich bin aber der letzte, der Müdigkeit und Schwachheit predigt und verhätschelt, sondern ich nehme sie hin als etwas Gegebenes und versuche, mich mit diesen Gegebenheiten einzurichten. Und Müdigkeit, durchleuchtete Müdigkeit manifestiert sich wunderbar im Martinisommer.

Könnte man diese Müdigkeit nicht auf unsere gegenwärtige Lage beziehen im Sinne eines Endzeitgefühles, das heißt in einer Welt, wo so viel gemacht und eben auch kaputt gemacht worden ist, wäre Müdigkeit ein durchaus angemessenes Verhalten?

Was sich heute in den Industriestaaten bemerkbar macht, ist, glaube ich, keine echte Müdigkeit, keine geistige Müdigkeit und keine wahrhaftige Schwäche, sondern eher ein Versagen aus Instinktlosigkeit oder aus dem Unvermögen des einzelnen, selber denken zu können. Im Laufe unseres Jahrhunderts ist man vor allem in den industriellen und durchpolitisierten Staaten so weit gekommen, daß man nicht nur in den Fabriken, sondern auch im geistigen Bereich die Arbeitsteilung praktiziert hat. Man hat einfach gewissen Leuten in den einzelnen Sparten das Denken überlassen und hat dann ihre Ergebnisse übernommen, wie man das fertige Essen aus der Küche holt, auf daß man es nicht selber kochen muß. Der einzelne ist nicht mehr gewillt und vielleicht nicht mehr fähig, ganz wild eigenständig, gewagt, riskant zu denken und danach zu handeln und zu leben. Das ist also keine echte Müdigkeit, die uns im Moment befällt. Meine Müdigkeit und meine Schwäche haben mit Resignation nichts zu tun.

Ich habe Müdigkeit auch nicht in einem resignativen Sinn verstanden, sondern als einen aktiven Verzicht auf Machen.

Ja, meine Müdigkeit würde uns auch weniger machen lassen. Mich schaudert es immer zu hören, wie man sich bemüht, die Wirtschaft, die Produktion anzukurbeln, die Löhne zu steigern, den Verbrauch und die Ansprüche anzuheben. Wo führt das hin? Wir sollten doch das Gegenteil tun, wir sollten in Richtung Verzicht gehen, aber das wollen wir um des Teufels Willen nicht. Organisatorische Bemühungen sind gut und recht, aber wenn sie nicht ein wenig philosophisch fundiert sind, um das große Wort zu gebrauchen, bleibt es eine Schaumschlägerei. Mit der Wirtschaft, mit der Organisation, mit dem Wohlstand schaffen wir's einfach nicht, und da ich von Haus aus schon für die Müdigkeit und für die Schwäche bin, bin ich's aus Reaktion auf unsere Zustände nur um so mehr.

Gegen das Ende der »Ballade vom Schneien« wird an Hand einer Fotografie beziehungsreich an das Bestehen einer realen und einer gespiegelten, einer wirklichen und einer unwirklichen Welt erinnert. Auch in Baurs Rede wird davon gesprochen, wobei allerdings die reale Welt abgewer-

tet wird zu einer bloßen Kopie, einem Gipsabguß der verinnerlichten anderen Welt. Man könnte pointiert sagen, der innerlichen, eigentlichen, unvergänglichen Welt steht eine veräußerlichte, scheinhafte, dem Untergang geweihte gegenüber. So radikal hast du das meines Wissens nie zuvor formuliert.

Es entspricht aber schon meiner Überzeugung. Damit befindet man sich natürlich heute nicht ganz auf dem rechten Zug, doch das ändert an der Wirklichkeit nichts. Ich glaube – das hat auch mit dem Älterwerden und mit dem Martinisommer zu tun – die Sache wird transparenter und trotzdem nicht deutlicher, weißt du. Das Erkennen nimmt nicht zu, im Gegenteil: Man begreift je länger je weniger, und das sollte man sich gelegentlich eingestehen. Wir machen uns selber und wir machen uns gegenseitig einfach zu viel vor. Dabei sind wir ja Vertriebene – ich habe das früher schon gesagt –, wir sind nicht mehr in Eden, wir sind jenseits von Eden. Das wollen wir aber nicht einsehen, und das ist natürlich ganz fatal, wenn man irgendwo steht oder ist und es nicht wahrhaben will. Das ist eine Verkennung von Realität. Das Realste ist wahrscheinlich – darum bin ich so allergisch auf diese Realismen welcher Farbe auch immer – das Unreale, das quasi Unsichtbare, das Innerliche. Dort braut sich ja unser Denken und aus diesem Denken wiederum unser Handeln zusammen. Die sogenannte innere Welt, diese unsichtbare, ungreifbare Welt hat darum eine solche Bedeutung, weil die sogenannte reale Welt, unser Handeln, unser Praktizieren von dort her kommen. Wir fixieren uns wie hypnotisiert auf das, was unsere innere Welt hervorbringt, auf das Endprodukt, statt daß wir uns ein wenig um seinen Herkunftsort kümmern würden.

Das innere Reich trägt bei dir einen Namen: »Sneewittchenland«. Handelt es sich dabei um ein mütterliches Reich, also geht die ungewöhnliche Schreibweise auf die norddeutsche Aussprache deiner Mutter zurück?

In Grimms »Kinder- und Hausmärchen« wird es so geschrieben, das hab ich absichtlich so übernommen. Als Kind lebte ich ja ohne Bücher und ohne Märchen. Ein paar Märchen kriegte ich später in der Schule mit, aber die haben mich eigentlich nicht begleitet. Als ich dann an jenem Interview arbeitete, das in der Folge Baurs Rede aus dem Grabe wurde, befand ich mich plötzlich in einer Welt, die vom Stoff, von der Konsistenz und vom Licht her etwas von Glas, von Kristall an sich hatte. Das hat mich eine Zeitlang ungeheuer beschäftigt, und dann ist mir in den Sinn gekommen, daß in einem Märchen drin eine solche Welt existiert. So nahm ich mir Grimms Märchen vor, stieß auf das »Sneewittchen«, las es und war nahezu erschüttert, in diese Welt hineingefunden zu haben, ohne daß es mir bewußt gewesen war. Darauf hab ich fröhlich jenes Land »Sneewittchenland« benannt und dabei wieder gemerkt, wie unheimlich real gewisse Märchen sein können, wie unheimlich nahe sie der eigentlichen Welt sind. Und so hab ich auf eine bewegende Art heimgefunden ins Märchen.

Als Gegenbereich zum »Sneewittchenland«, der freilich hinübergeholt wird und dort erst in seiner unwandelbaren Identität erscheint, figuriert die »große Matte des Eierhändlers« mit dem darauf montierten Festzelt und den weidenden Pferden. War das ein Gelände deiner Kindheit, oder wird das Bild der Matte hauptsächlich geprägt durch jene festliche Veranstaltung, die so zirkushaft gewirkt hat?

Ich bin an einer solchen Matte aufgewachsen – groß geworden kann ich nicht sagen, denn das bin ich nicht –, und dieses Stück Land ist in meinem Leben etwas Mystisches geworden. Über Jahrzehnte hin blieb die Matte Grasland, wurde nie beackert, sondern eben bloß gejaucht von Joachim Schwarz, dem Viehhändler und Schlächtereibesitzer. So ist mir diese Matte über die vielen Frühlinge, Sommer, Herbste und Winter eingegangen und wurde mir zu einem Bild. Und wie Baur erlebte ich seltsamerweise auf ihr Vergißmeinnicht von einer Größe, wie es sie nicht gibt. Vermutlich war ich als Kind so nahe an den Blumen dran, daß ich sie eben als groß empfand; vielleicht hab ich sie selber größer gemacht, als sie in Wirklichkeit waren. Später hab ich dann buchstäblich erlebt, wie sich auf der Matte des Eierhändlers in einem Festzelt drin ein Fest abspielte, das sich tief in die Nacht hineinzog, und darüber stand der Vollmond. Dieses Bild wurde mir zum Bild des Lebens als ein dunkles Fest, weißt du, als ein nächtliches Fest. Auch der Tod dieses Bauern spielte noch hinein. So begegnet man manchmal realen Ereignissen, die sich zu einem mystischen Sinnbild entwickeln, das man nicht mehr abhängen kann, das man dann in seiner Seelengalerie bis ans Ende wahrscheinlich mitträgt.

Du hast gerade den Freitod des Besitzers dieser Matte und der Pferde erwähnt. Kommt es dir bei diesem Bild auch auf die Nahtstelle, auf das Zusammentreffen von festlicher Lebensbezeugung und Tod an?

Wahrscheinlich schon, ja. Manchmal staune ich, wie die Leute den Tod als etwas Außerordentliches und beinah Unanständiges behandeln und sich daran stoßen, wenn sie mit ihm in Berührung kommen. Um Gottes

Matte des Eierhändlers

Willen, es steckt so viel Dunkles, Unbegreifliches, unheimlich Schmerzliches darin, und der Tod erwischt uns ja selber, aber ich finde schon, daß Leben und Tod zusammengehören. Man darf ihn nicht stilisieren, den Tod, aber man darf ihn auch nicht verdrängen.

Bei alledem sollten wir das Mittel nicht vergessen, das von »hüben« nach »drüben« befördert, nämlich den schwarzen Schimmel. Diesen zu finden und sich seiner zu bedienen, dazu bedarf es laut deiner Enkelin einiger Kunst. Baur hat ihn jeweils bestiegen, um dem banalen »Hüben« zu »entkommen« – ein je nachdem vielsagendes, verfängliches Verb. Verstehst du Kunst oder Literatur im besonderen als Eskapismus, als Flucht vor beengenden, trüben Verhältnissen?

Vielleicht ist die Kunst darum besorgt, daß wir uns der sogenannten Realitäten, die keine sind, entledigen. Es läuft eben gerade umgekehrt: Kunst hat nicht mit Flucht und mit Weltfremdheit zu tun, sondern damit, uns aus dieser weltfremden Realität in die eigentliche hinüberzuführen.

Auf der Heimreise trägt der Schimmel eine Skabiose im Maul. Welche Bewandtnis hat es damit?

Blumen haben zumindest etwas Erheiterndes und Beglückendes, vielleicht sogar einen Hauch von Paradiesischem an sich, und damit mag die Skabiose im Maul des schwarzen Schimmels zusammenhängen. Und wie es einen solchen Schimmel nicht gibt, sollte es die Kunst nicht geben, und trotzdem gibt es sie eben. Dadurch sind wir gezwungen, uns doch ein wenig um diese scheinhaften und echten Realitäten zu kümmern. Meistens – ich sag's noch einmal – läuft es falsch herum: Die Kunst gilt als Flucht in die Ästhetik, als Weltflucht schlechthin, und dabei ist Kunst ein Mittel, das uns den Scheinwelten entrücken kann.

Was das »Sneewittchenland« auratisch besetzt, ist zum einen die Stimmung von Caspar David Friedrichs »Böhmischer Landschaft«, zum anderen natürlich die Musikalität, die überhaupt den ganzen Roman erfüllt. Mit deiner Überzeugung, die Welt bestehe aus Klang, wird hier sowohl inhaltlich wie formal ernst gemacht. In diesem Zusammenhang ist wiederholt von zwei Klängen die Rede, denen du auch zwei ungemein suggestive Bilder zuordnest. Zunächst einmal führst du den Klang des »Sneewittchenlandes« auf Weingläser zurück, die von den feuchten Fingern der Witwen beim Leichenmahl ihrer Männer bestrichen werden. Das Bild ist so ungewöhnlich, daß ich dich gerne nach seiner Herkunft befragen möchte.

Im engeren Kreis unserer Bekannten und befreundeten Leute habe ich erlebt, daß die Witwen am Leichenmahl ihrer Männer mit feuchten Fingern über ein Burgunderglas gestrichen haben, und das hat mich unauslöschlich mit diesem Ton durchtränkt. Dieser Ton hat außerdem etwas mit der Glaswelt, mit der Kristallwelt zu tun, die wiederum etwas zu tun hat mit dem »Sneewittchenland«. Im Märchen vom Schneewittchen kommt ja auch jener kuriose Glassarg vor. Das ist etwas Seltsames, ich glaube, man kann Märchen nicht ganz begreiflich machen, nicht ganz verbalisieren. Mit Caspar David Friedrichs »Böhmischer Landschaft« verhält es sich so: Es hat in meinem Leben wenige Bilder gegeben, die mich bei der ersten Begegnung dermaßen in Wallung gebracht, dermaßen

Caspar David Friedrichs Bild »Böhmische Landschaft«

beeindruckt haben wie eben dieses Bild. So hat sich dann der Glasklang mit dem Glasland zu einem Böhmischen Land, zu einer Böhmischen Landschaft zusammengetan, die sich vermutlich hinter den sieben Bergen befindet.

Dieser Glasklang wiederum wird von einem anderen Klang dominiert, der das Weltall erfüllt und aus dem Spiralnebel im Sternbild der Jagdhunde hallt, also vom Schöpfungsklang, könnte man sagen. Auch dahinter steckt wohl eine reale Erscheinung, nehme ich an.

Ich hatte mir die Aufgabe gestellt, jenem Klang, der erzeugt wird von feuchten Fingern auf einem Weinglas, den großen Klang gegenüberzustellen, und bin dann – ich weiß selber nicht mehr, wie das geschehen ist – zu diesem verrückten Bild gekommen, daß Gott mit trockenem Finger dem Spiralnebel entlangstreicht, daß es widerhallt, bis an die Ränder der Welten. Beim Nachschauen in einem Lexikon bin ich darauf gestoßen, daß dieser Spiralnebel sich im Sternbild der Jagdhunde befindet, und das hat mich unglaublich bewegt, daß gerade von dorther der kosmische, der große Klang kommen konnte.

Eine letzte Frage zu Baurs Rede aus den Winterastern. Gegen Ende der angeführten Passage steht der apodiktische Satz: »Die Welt existiert erst, wenn sie formuliert, in Sprache gefaßt vorliegt.« Nun ist Baur einer, der sich des Formulierens zwar nicht mündlich, aber doch insofern enthalten hat, als er seine Werke in den Wind geschrieben hat. Und du selber hast im Verlauf unserer Gespräche öfter deiner Skepsis gegenüber der Sprache Ausdruck gegeben, indem du etwa das wortlose Glück deiner Urenkelin bestaunt hast. Wie hat man somit den obigen Satz zu verstehen?

Astronomie 11
Der Spiralnebel NGC 5194 = M51 in den Jagdhunden (Typ Sc). Der große, helle Nebel rechts unten hängt nicht mit dem Arm zusammen, sondern steht hinter ihm und ist ein kleiner »Begleiter« von M 51.

Spiralnebel im Sternbild der Jagdhunde. Bild und Eintragung aus dem von Gerhard Meier konsultierten Duden-Lexikon

Das war anfänglich ein nicht verbalisiertes Vorhaben oder Verlangen, und später wurde mir bewußt, daß meine Schreiberei damit zusammenhängt, und zwar existentiell. Das hab ich so empfunden und empfinde es heute noch so. Sogar wenn ich die Welt von einem Bus aus anschaue – ich habe es neulich wieder gemerkt, als wir bei meiner Schwester im Altersheim in Kirchberg bei Wil einen Besuch machten –, bin ich laufend versucht, Landschaften, die mich beeindrucken, zu formulieren, statt sie nur anzuschauen, wohl wieder aus dem alten verrückten Bedürfnis, aus dem Wissen oder aus der Meinung heraus, sie existierten erst, wenn sie formuliert vorliegen. Das ist vielleicht das Los des Künstlers. Er kann nicht nur schauen, nicht nur hören, nicht nur leben, sondern im Grunde genommen, wenn er ein geborener Schreiber oder Musiker oder Maler ist, muß er all das in seinem Medium umsetzen, weil es erst dann für ihn existiert. Vielleicht ist das ein Tick oder ein sanfter Wahnsinn, aber es ist eine Realität. Das hab ich über viele Jahre niemandem verraten, niemandem offenbart, darüber hab ich nie geredet. Fernand Hoffmann hat es übrigens einmal zum Ausdruck gebracht, und dann hab ich gedacht: Jetzt mußt du es nicht mehr so geheim halten. Ich beobachte es immer wieder, und wenn ich mir sage: Jetzt könntest du eigentlich der Ruhe pflegen, jetzt könntest du noch ein wenig schauen, hören, leben, noch ein wenig sogenannt genießen, stelle ich fest, daß das Unformulierte für mich fast keine Bedeutung hat.

Aber es gibt doch gerade bei dir einige Wirklichkeitsbereiche, ganz wesentliche Dinge, die sich gegen das Verbalisieren sträuben und die daher ausgespart bleiben. Ich denke etwa an die Sexualität.

Dafür ist dann eben zum Beispiel die Musik da. Ich glaube, ich hab's auch in Baurs Rede erwähnt: Was die Sprache nicht zu schaffen vermag, das schafft die Musik oder die Bildnerei. Der Schreiber oder der Mensch schlechthin kann nicht alles verbalisieren, und darum messen wir einen Autor daran, wie viel er imstande ist, von dem scheinbar Unaussprechbaren, Unbenennbaren zu verbalisieren. Sehr viel bringen wir nicht ins Bild und nicht in den Klang und nicht in die Sprache, und das ist natürlich auch wieder wunderbar: So bleibt das Eigentliche wie von einem Kleid bedeckt. Unter dem Kleid erscheint uns das Unbekannte um so begehrenswerter. Wenn es nackt vorhanden wäre, würde es uns nicht mehr dermaßen animieren, dermaßen gelüsten, weißt du. Ich halte das für eine wunderbare Einrichtung, daß das Letzte doch gewandet ist.

Nun möchte ich aber mit Bindschädler ins »Sneewittchenland« deines Romans aufbrechen und vorerst dessen Verlauf kurz skizzieren. Bindschädler hält sich noch eine Weile auf dem Amrainer Friedhof auf, erinnert sich dabei einzelner Amrainer Existenzen, die ihm von seinem Freund her geläufig sind, und flaniert anschließend durchs Dorf, wiederum an vielen vertrauten Örtlichkeiten vorbei. Bevor er Baurs Witwe Katharina aufsucht, begibt er sich auf einen Kaffee in die »Drei Linden«, mit der Absicht, die ehemalige Bäckerei, das Haus von Linda, eingehender zu betrachten, das sich freilich als Ruine herausstellt. Mit Katharina verbringt er in der Folge den Abend, wobei ihm Eierpilze vorgesetzt werden. Beide ergehen sich in verschiedenen Erinnerungen. Er erzählt ihr von Baurs jüngster Rede, sie berichtet ihm von einer Aufführung von Tschechows »Onkel Wanja«, die sie am Fernsehen mitgekriegt hat. Nach zehn Uhr besteigt Bind-

schädler den Zug, und zu Hause angekommen, liest er einen Brief Baurs, worin ihm dieser seine damaligen Reiseimpressionen aus der mütterlichen Heimat Rügen mitgeteilt hatte. Erwähnen muß man vielleicht auch noch, daß Bindschädler während des ganzen Tages den Zeitungsartikel eines Rußlandkorrespondenten memoriert, der die Zustände unter Gorbatschows Perestroika schildert. Soweit ungefähr die Handlung des Romans. Man kann Baurs Rede die Anweisung entnehmen, die innere, mithin die erinnerte Welt für wichtiger zu halten als die jetzt gerade erfahrene äußere. Danach scheint sich Bindschädler zu richten, und es kommt mir vor, der nachfolgende Text sei fast eine Art Probe aufs Exempel von Baurs Rede. Könnte man das so sagen?

Ich finde es schön, daß du das so siehst. Mir ist es vordergründig nicht bewußt gewesen.

Bindschädler erlebt wiederholt ein Gefühl, das ihn schon früher gelegentlich überkommen hat, aber hier die Erfahrung des Tages dominiert: ein »Gefühl der Losgelöstheit von den Dingen der Erde«.

Wir haben ja mit dieser großen Paradoxie zu leben: Einerseits müssen wir in der Gegenwart unseren Mann stellen, in jeder Minute, in der wir tätig sind. Wir müssen planen, müssen Perspektiven haben, sogar Utopien. Andererseits fällt mir immer wieder brutal die Nichtigkeit dieses Unterfangens auf, gerade auch, wenn ich die aktuelle und die verflossene Geschichte Rußlands etwas verfolge oder die Äußerungen und Bemühungen der Politiker weltweit, wenn ich beobachte, wie da aus vollen Backen und mit entwickelter Muskulatur versucht wird, die Gegenwart zu bewältigen, und vor allem, wie da trotzig, in einer fast napoleonischen Haltung in den morgigen und übermorgigen Tag hinausgeschaut und –geplant wird. Gelegentlich würde es uns wohl anstehen, durchblicken zu lassen, daß wir zwar einerseits so tun müssen, als ob wir das schaffen würden, daß aber andererseits alles offen ist. Heute gilt das, und über Nacht kann sich die Welt total verändern. Die Verhältnisse sind so unbegreiflich, so unbeherrschbar, und dennoch müssen wir Perspektiven haben, sanfte oder humane, vielleicht sogar Utopien, die einen Abglanz von Müdigkeit in sich tragen. Damit müssen wir uns einfach abfinden. Wir können also nicht Daumen drehen, wir können weder das Daumendrehen noch das Spiel mit den Muskeln propagieren. Es bleibt uns nichts anderes übrig als zu lavieren. Nicht umsonst habe ich eine riesige Achtung vor den Handwerkern, und als ich kürzlich an einer Ausstellung unter ihnen weilte, hab ich wieder festgestellt, mit welcher Bodenhaltung diese Handwerker ihren Tag, ihre Nächte wahrscheinlich auch, und ihre sogenannte Zukunft bestehen. Sie tun das aus einem Wissen heraus, daß nicht grad alles Gold ist, was glänzt, daß man sich mühen muß, aber daß es manchmal auch nicht so herauskommt, wie man's geplant hat. Ich glaube, eine redlichere, eine anständigere, eine weniger verlogene Haltung würde uns ganz gut tun.

Eine erste Probe aufs Exempel von Baurs Rede findet auf dem Friedhof selber statt, durch den Bindschädler flaniert, also auf einem Gelände, das aus der in der Erde verwesenden menschlichen Materialität, den von den Hinterbliebenen errichteten Erinnerungsmälern sowie den flottierenden Erinnerungen an die Toten besteht. Empfindest du den Friedhof von Niederbipp oder Friedhöfe überhaupt sehr stark als Ge-

genbezirk zur Welt der Lebenden, als einen Bezirk, der von Spiritualität umwittert ist und dich leicht in Zustände versetzt, die zum Schreiben animieren?

Wenn wir ins Ausland gegangen sind, Dorli und ich, war immer etwas vom ersten, was wir taten: Wir besuchten den Markt, womöglich einen Fischmarkt, und dann den Friedhof des jeweiligen Ortes, der jeweiligen Stadt. Eine Zeitlang hat mich das Buch »Die Toten von Spoon River« begleitet. Dort geht es um den Friedhof von Spoon River, dieser Ortschaft, und so wurde mir der Amrainer Friedhof zu einem Spoon River-Friedhof, und überhaupt alle Friedhöfe, die wir besuchten, wurden mit der Zeit zu Friedhöfen von Spoon River. Um Gottes Willen, man darf es auch nicht zu stark in den Vordergrund stellen, aber was sich da tut, was da an Fremdsprachen, an Berufskenntnissen, an Erfahrungen, an Leben verscharrt wird und sich der Umwandlung in das Mineralische unterziehen lassen muß, ist doch erstaunlich. Das hat mich immer fasziniert, und darum war ich glücklich, als ich dem toten Baur dieses Interview in den Mund legen konnte, so daß es dann zu den Winterastern heraus in den Martinisommer gelangte.

Auf den amerikanischen Dichter Edgar Lee Masters wollte ich dich gerade ansprechen, der genau das, was mit Baur passiert, ein ganzes Werk lang durchgespielt hat und eben seine »Toten von Spoon River« aus ihren Gräbern heraus monologisieren läßt. Hat dich dieses Buch maßgeblich geprägt in deiner Erfahrung von Friedhöfen?

Es hat mir wohl die Sache bewußt gemacht. Das war immer in mir drin, aber es wurde mir doch gegenwärtig,

Friedhof von Niederbipp mit Ulme

als ich das Buch in die Hände bekam und die Texte las. Das Buch hat mich über längere Zeit begleitet, und ich denke gern daran zurück. Es ist schon eines dieser Bücher, die einen seltsamen Stellenwert, wenn man so sagen will, im eigenen Leben erhalten können. So ist es mir mit der »Grasharfe« von Truman Capote ergangen, und zwar nur mit dem Titel. Ich hab das Buch nie gelesen, aber der Titel »Grasharfe« hat mich sehr, sehr lange begleitet.

Für Bindschädler gibt es an diesem Tag ein ganz spezifisches »Hüben und Drüben«, wenn auch mit umgekehrten Vorzeichen. »Hüben« ist das von Reminiszenzen allenthalben umgebene, spiritualisierte Amrain, »drüben« befindet sich ein aktuelles Rußland, das Bindschädler nur aus der Zeitung kennt und das mit realsten, einschneidendsten Schwierigkeiten zu kämpfen hat. Ich zitiere im folgenden die erste Stelle, wo vom Amrainer Friedhof aus in die russischen Verhältnisse hinübergeblendet wird:

> Es war ein Tag von geradezu entsetzlicher Schönheit, ein Tag, wo die Dinge, die Hügel, Berge, Bäume, Häuser, die Leute sich leicht gaben, so daß man den Eindruck hatte, der liebe Gott habe sie für einmal, zumindest für einen Tag, dem Joseph Mallord William Turner überlassen, dem Magier, der die Welt in Duft und Klang zu verwandeln vermochte.
> Am liebsten wäre man Birken zählen gegangen, die Birken um einen herum und weit darüber hinaus, bis nach Rußland hin, dem Birkenland, das in solchen Zeiten ein Licht abgibt, das die Erde zu umspannen scheint.

Angebiedert hätte man sich auch gerne, den Birken, wenn man zum Beispiel müde angelangt wäre am Rande jener Matten, wo diese Kesselschlachten stattgefunden hatten, und wo noch Totenschädel herumliegen und Beckenknochen. Dort hätte man sich dann einlassen mögen mit einer bestandenen Birke, hätte in ihr sogar so etwas wie aufgehen mögen, um mit ihr die Nacht zu bestehen, den kommenden Martinisömmerchentag, soweit er diese Bezeichnung noch verdienen würde. Und aufgegangen in dieser Birke hätte man das Bedürfnis, den Wind entgegenzunehmen, und mit der Zeit dann den Schnee, die Kälte, um im Frühling, wenn die Erde blubbert, in einem neuen Grün zu beginnen, den Frühlingswind entgegenzunehmen, dann den grossen Sommerwind.

So ein Tag war es, als ich in Amrain auf dem Friedhof stand, der jenem von Spoon River ähnlich sein mußte, am Grabe Kaspar Baurs, mit dem ich, wie gesagt, den Rundgang in Olten gemacht hatte, fast auf den Tag genau vor elf Jahren, und wo jener Papagei anzutreffen war, der sich gerade hinter dem rechten Ohr kratzte, das rechte Auge genüßlich geschlossen. Also, ein Tag war's, wo die Dinge sich leicht gaben, wo man gerne bis nach Rußland die Birken zählen gegangen wäre, um dann am Rande des Geländes einer der großen Kesselschlachten sich mit einer Birke, einer bestandenen, einzulassen, in ihr aufzugehen und als Birke zu überleben.

Und ich dachte an das große, riesige, an dieses schwermütige Land, von dem man kurz zuvor in der Zeitung gelesen hatte, daß dort alles Schwere sei, ohne jeden Anflug von Leichtigkeit oder gar Heiterkeit. Das System und seine Bürokratie seien schwerfällig. Seit Jahrzehnten, seit Stalin, gebe es darin nichts Revolutionäres mehr. Moskau und die russische Landschaft seien schwermütig, wenn nicht gerade Sonne, Schnee und goldene Kuppeln sie verzauberten. Und schwermütig seien die Akkordeonweisen, zu denen im proletarischen Fili-Park am späten Sonntagmittag ältere Frauen in gespielter Fröhlichkeit ein paar Tanzschritte machten. Selbst die pastellfarbenen Moskauer Häuser seien nicht heiter. Die russische Seele sei reine Schwere, wenn auch in Tschechows Dramen scheinbar schwerelos gemacht.
Der Wetterhahn, der goldene, auf der Kirche zu Amrain, krähte nun Richtung Südwest, was bestimmt dazu beigetragen hatte, daß die Dinge so licht, so leicht sich zu geben vermochten.

»Licht« und »leicht« geht es an diesem Martinisommertag in Amrain zu, und dabei herrscht eine »entsetzliche Schönheit«. Was macht das »Entsetzliche« dieser Schönheit aus?

Schönheit kann so schön sein, daß sie entsetzlich wirkt, buchstäblich.

Spielt hier nicht sogar eine Lektüreerinnerung mit? Walser hat gegenüber Carl Seelig einmal die »entsetzliche Schönheit« des »Grünen Heinrichs« gepriesen?

Ja, das schwingt mit. Da besteht ein Zusammenhang, ein Zusammenklang.

Warum versiehst du eigentlich den Martinisommer mit einem Diminutiv?

In der Mundart sprechen wir immer vom Martinisömmerchen. Und die Verkleinerungsform erklärt sich wohl daraus, daß es nur ein kurzer Sommer ist. Dieser Altweibersommer erwischt uns nur ein paar Tage lang.

Mir scheint, insbesondere in dieser Passage, aber eigentlich durch das ganze Buch hindurch, geht es um schwebende Verhältnisse, um den Ausgleich von Gegensätzen. Hier etwa bedarf offenbar die Leichtigkeit des Martinisömmerchens in Amrain eines Gegensatzes, und das wären eben die bedrückenden russischen Zustände.

Für mich ist Rußland quasi eine vergrößerte große Matte des Eierhändlers, weißt du. Für mich hat Rußland vor allem etwas mit einem Klang zu tun, und zwar mit einem dunklen Klang, einem Celloklang. Auch die Tönung, obschon, nach Bindschädler, im Herbst von dorther das Birkenlicht ausstrahlt über die ganze Welt hin, hat etwas Dunkles an sich, aber es ist kein dunkles Dunkel, sondern ein Rembrandt-Dunkel, in welchem die hellen Seiten um so heller erstrahlen. Für mich ist Rußland, obschon ich es real nie betreten habe – vielleicht kommt es noch einmal dazu –, *das* Heimwehland gewesen und ist es immer noch. Darum hab ich ein Leben lang ohne eigenes Zutun meine Ohrmuscheln nach dorthin ausgerichtet, meine Augen gelegentlich auch, und wenn der Wind aus dem Osten kam, hab ich versucht, etwas slawische Düfte mitzubekommen. Ich glaube, der slawische Mensch übertrifft uns in dem Sinn, daß er noch schlechter ist als wir und daß er noch besser ist als wir. Seine Fächerung ist größer. Er ist noch glücklicher als wir und er ist noch unglücklicher als wir. Darum hat wahrscheinlich das russische Volk, Rußland schlechthin, auch diese noch größere Geschichte, diese noch größeren Gegensätze, diese noch größere Zerrissenheit, und genau das hat mich fasziniert. Dort in diesem Raum, in diesem Riesenland und in diesem Riesenvolk drin steckt etwas von der Müdigkeit und von der Schwäche, die mir beide lieb sind.

Der Martinisommer – du hast es gerade erwähnt – ist eine äußerst kurzfristige Angelegenheit, eine Ausnahmezeit. Könnte man sagen, die russische Schwermut und Schwere sei für unser Dasein bezeichnender als jene Schwerelosigkeit, die alles »licht« und »leicht« erscheinen läßt?

Eine gewisse Balance ist da, und ich würde sagen, das ergibt eigentlich ein gutes Gemisch. Aber weißt du: In Rußland gibt es ähnliche Erscheinungen wie in der sogenannten Dritten Welt bei den Naturvölkern. Sie haben Regionen, die nach unseren Begriffen rückständig sind. Die sind nicht rückständig, weil sie zu dumm waren, sich zu entwickeln in Bezug auf Zivilisation, sondern weil sie zu gescheit waren und daher den Blödsinn der falsch verstandenen Weiterentwicklung gar nicht erst versucht haben. Andererseits muß sich ein solch riesiges Volk, ein solch riesiges Land gegenüber den anderen Völkern und

Gerhard und Dora Meier in Jasnaja Poljana, Frühsommer 1994

Ländern behaupten, und daraus entstehen dann diese verrückten Spannungen, diese, ich möchte fast sagen, spezifisch russische Geschichte, diese Geschichte des russischen Erdteils. Rußland hat mich instinktiv immer bewegt, und ich hab's früher schon gesagt: Meine Mutter kommt von der Insel Rügen, und daher hat mich vielleicht auch ein wenig russisches Blut erreicht. Ich bin also von Haus aus, von meiner Mutter her vielleicht etwas verhängt mit dieser riesigen Region. Dazu kamen die Literatur mit Tolstoi, Tschechow, Pasternak, vom Rande her Nabokov, die Musik, die Bildnerei, und dann die angrenzenden Regionen Galizien, Polen, Böhmen, diese Übergangsregionen, die mich auch wieder fasziniert haben. So ist das schon ein bedeutender Bezirk geworden in meinem Leben. Darum habe ich oft meine Sinne ausgerichtet auf dieses riesige Reich.

Während Bindschädlers Besuch bedauert Katharina, daß Baur nicht mehr erlebte, was sich in den letzten Jahren in Rußland vollzog, vom damaligen Zeitpunkt aus gesehen, den Aufbruch unter Gorbatschow. Wie hast du selber die neueren Entwicklungen in Rußland erlebt?

Einerseits hat mir Gorbatschow Bewunderung abgenötigt, und andererseits hat man ja gespürt, daß er im Grunde genommen das Gängelungssystem nur reformieren, nur salonfähiger machen wollte, und das war unmöglich. Was in Rußland in Bezug auf das Totalitäre passiert ist, hat mit seiner alten, großen Geschichte zu tun. Dieses Volk hat das Totalitäre immer wieder erlebt, zumindest in den Zentren. In den Weiten draußen haben die Leute zum Teil gelebt, wie's ihnen gepaßt hat, mit Recht natürlich. So haben die russischen Menschen immer diese Gegensätze, diese Spannungen gekannt, und ich glaube schon, daß ihr Wesen und ihre Geschichte eng zusammengehören. Natürlich darf man den russischen Menschen nicht stilisieren. Er ist ein Mensch aus Fleisch und Blut wie wir auch, und etwas Schleim gehört auch noch dazu, aber ich glaube: Einerseits hat er ein Freiheitsbedürfnis, das unser Freiheitsbedürfnis bei weitem übersteigt, andererseits mißtraut er der Freiheit bedeutend mehr, als wir der Freiheit mißtrauen. So ist die Spannung zwischen Anpassung und Freiheit, zwischen dem Totalitären und dem Demokratischen einfach in diesem Volk drin verankert, wie in uns allen, aber bei ihm, beim russischen Volk, noch extremer, und darum ist seine Geschichte extremer bis auf den heutigen Tag. Die Palette ist reicher, die Fächerung ist größer, und das macht auch seine Literatur, seine Bildnerei, seine Musik so faszinierend. Ich weiß nicht, ob sich das ändern wird. Ich glaube, wir müssen uns weiterhin auf eine bewegte Geschichte einstellen. Es ist ein wunderbares Volk, aber es wird hin und her gerissen wie kein anderes Volk, und das wird wahrscheinlich so bleiben.

Auf der einen Seite das Amrainer Martinisömmerchen mit seiner Leichtigkeit, auf der anderen Seite die Schwere von Rußland...

Ich möchte die Schwere von Rußland nicht so dezidiert betont haben, weißt du. Das System hat ja diese Schwere künstlich darübergelegt. Dabei ist das Land von einer Weite, von einer Offenheit, von einem Himmel ohnegleichen. Seine Flüsse sind groß und weit und frei, und sein Grasland ist größer und schöner und beschwingter als alle übrigen Grasländer. Natürlich ist in ihren Gesängen – die orthodoxen Gesänge gehören zu den großartigsten Gesängen, die ich kenne – Schwerblütigkeit enthalten, aber nicht Schwere an sich, sondern eben Schwerblütigkeit, und das ist etwas anderes. Die Schwere, die ich meine, die über Rußland, über der ganzen Welt, über jedem Leben hängt, hat mit diesem Celloton zu tun, der auch durch die Kunst geht. Das ist eine beschwingte Schwere, eine, die nach Cello tönt, und nicht eine hanebüchene, eine gewichtige, eine Schwere, wie sie Steine bedeuten, wenn sie einem um die Knöchel gebunden werden, auf daß man versinkt.

Könnte man diese Celloton-Schwere nicht auch auf eine Landschaftsformation in der Gegend von Amrain beziehen: auf den Jura? Zum einen wird der Jura unter dem Einfluß des Martinisömmerchens zu etwas Leichtgewichtigem, zum anderen wird er von dir als Grabsteinlieferant hervorgehoben. Dem Jura-Grabstein wiederum scheint eine gewisse Leichtigkeit zu eignen, da er aus Kalkstein besteht, und nicht etwa aus hartem Granit.

Aus einem Stein, der Sonnenlicht aufsaugt, es behält und dann wieder abgeben kann, das ist schon so. Aber noch etwas zu dieser Schwere. Die Volksmusik, wenn es sich wirklich um solche handelt, wird von ihr durchtränkt. Kunst schlechthin hat mit diesem Schwerblütigen zu tun, und ich glaube, es ist ein Gütezeichen. Mit Witzelei, Spaß und Hallaudria allein ist es nicht gemacht. Darum trifft uns wahrscheinlich die Cellomusik oder die spanische Gitarre oder die Balalaika dermaßen, und das sind ja alles Instrumente mit Hohlräumen. Ich glaube schon, daß der dunkle Klang und die Schwere, nicht die ordinäre, dazu gehören. Das ist eine existentielle Sache, ohne das Dunkle geht es nicht.

Auch beim Hüben und Drüben von Amrain und Rußland tritt ein vermittelndes Wesen auf den Plan. Diesmal ist es kein schwarzer Schimmel, sondern ein Baum, die Birke. Ist für dich die Birke vor allem durch Rußland geprägt, oder spielt bei der Erfahrung des Baumes auch ein bißchen mit, daß sich ein wichtiges Stelldichein Baurs mit Linda unter einer Birke zugetragen hat?

Beide Sachen spielen mit, aber die Birke ist für mich schon ein russischer Baum, ein Baum aus den Weiten der Taiga oder ein Baum, der die großen Matten, die Grasländer umschließt. Darum hab ich in unserem Obstgarten drei Birken gepflanzt, quasi als Reverenz an Tschechow und sein Land.

In der obigen Passage macht sich einmal mehr die allgegenwärtige, mächtigste Instanz des Romans, der Wind, geltend, hier in einer geradezu erotischen Weise gegenüber den Bäumen. Generell kommt ihm wohl eine belebende und reinigende Funktion in deinen Werken zu. Wie würdest du sein Wirken in diesem Roman charakterisieren, dessen Titel ja bereits dem Wind seinen Tribut zollt?

Als Dorli und ich zu Besuch auf der Insel Rügen weilten, stießen wir auf eine Region, die Wittow heißt. Vermutlich ist es ein slawisches Wort und heißt zu deutsch »Land der Winde«, wie sich beim Nachschauen herausstellte. Diese Entdeckung berührte mich ungefähr wie damals, als ich dem Wort »Arakanga« begegnet war. Von dorther stammt der Titel, und Wittow ist ja auch das Mutterland, wenn man dem so sagen will. Der Wind hat für mich seit jeher erotische Qualitäten, aber in erster Linie hat er doch mit unserem Hauch, mit unserem Atem zu tun. Ein paar Minuten ohne Wind, und sämtliche Lebewesen aus Fleisch und Blut sind nicht mehr teilhaftig des Geschehens hier auf Erden! In dem Sinn ist er ein Lebensspender wie die Sonne. Und er bringt uns die Wolken, er bewegt die Bäume, und er macht aus den Bäumen manchmal sogar Dirigenten, die quasi die Weltenmelodie dirigieren, das Weltenlied oder das Lied von der Erde. Er kräuselt die Meere, die Seen, die Flüsse. Er macht aus dem Grasland einen Ozean, mit Wellen darauf, stellt eine Grasbrandung her, bringt die Wälder zum Singen, und er greift auch in die Blusen der Mädchen. So ist der Wind etwas Lebensspendendes, etwas Erotisches ohnegleichen.

Aber steht dem nicht, gerade in diesem Buch, etwas völlig anderes gegenüber? Ich denke etwa an die Stelle, wo Bindschädler die ehemalige Bäckerei vor sich hat, die sich »hohläugig wie die Totenschädel« ausnimmt und eben »den Winden preisgegeben ist«. Oder es ist davon die Rede, daß der Wind die letzten menschlichen Spuren aus den Mauerritzen tilgt, daß er das wenige, was an menschliches Leben erinnert, hinwegfegt. Er kann sich somit auch gewalttätig aufführen.

Ja, er bringt uns nicht nur die Düfte, sondern er nimmt sie uns auch weg. »Vom Winde verweht«, lautet der Titel eines Romans. Er verweht buchstäblich ganze Generationen, ganze Reiche, und andererseits spendet er Leben. Da haben wir wieder diese Paradoxie, diese zwei Seiten, wahrscheinlich sogar noch mehr, aber das ist einfach so. Für mich ist der Wind etwas Grandioses: Was er an Bewegungen erzeugt in den Gräsern und in den Zweigen, in den Haartrachten oder Kleidertrachten, das ist für mich immer sehr bewegend.

Die »hohläugige« Ruine der Bäckerei von Lillys (»Lindas«) Vater

Auch scheint er – deinem Roman zufolge – mit der Zeit verschwistert zu sein, die sich in ihm fühlbar manifestiert.

Ja, da gibt es die Stelle *(liest auf der Rückseite des Buchumschlags)*: »So geht die Zeit dahin! Und es ist, als würde sie von Winden verweht, über die Meere hin, die sich ihrer bemächtigten, so daß die Brandung eigentlich hörbar gewordene Zeit wäre, von Menschen abgestotterte Zeit ...« Und das geht noch weiter.

»... *abgestottert auch von Maßliebchen und Schwalben, wobei letztere ebenfalls Meere überqueren, was der Brandung einen Unterton mitzugeben hätte: das Rauschen der Flügel der Schwalben.*«

So verschwistern sich die Erscheinungen.

Gegen solch naturmächtiges, ungestümes Wegfegen tritt die menschliche Erinnerungsfähigkeit an, die sich bei Bindschädler bisweilen halluzinativ betätigt. Sein »Losgelöstsein« ermöglicht ihm, Dinge wahrzunehmen, die längst nicht mehr real vorhanden sind. Er vermag etwa die alte Brauerei samt ihren flankierenden Kastanienbäumen und Akazien zu sehen, obwohl die Bäume inzwischen verschwunden sind und das Gebäude gerade im Umbau begriffen ist. Baurs Vision jenes »Defilees der Amrainer Selbstmörder« bekommt auch er »vor Augen«, und ebenso gelingt es ihm, in dem ihm von Baur geschilderten achtzigjährigen Sohn des Schuhmachers den jugendlichen Turner von einst zu entdecken. Schließlich vernimmt er das Klavierspiel des Bäckers, das in Baurs Kindheit jeweils den Frühling präludierend verhieß. Du und Bindschädler, ihr pflegt eine Kunst des Eingedenkens, somit eine bewahrende, konservierende Kunst. Würdest du die künstlerische Praxis insgesamt auf eine – hemdsärmlig gesprochen – konservative Funktion vereidigen wollen?

Für mich ist das eigentlich die Realität. Realismus heißt nicht, den achtzigjährigen ehemaligen Kunstturner, Sohn des Schuhmachers und Oberturners, vor mir zu sehen und zu sagen: »Das ist jetzt ein achtzigjähriger Mann, der bald sterben wird. Er hat aber noch eine guterhaltene Haartracht, einen ziemlich aufrechten Gang, und mit dem Kopf zuckt er noch wie früher. Das ist die Realität!« In jedem Mensch, auch im Nicht-Schreiber oder im Nicht-Maler oder im Nicht-Musikanten, steigen automatisch Erinnerungen hoch. Dieser achtzigjährige Schuhmacherssohn, qualifizierter Turner wie schon sein Vater, der es sogar zum Oberturner brachte, ist für die Vertrauten um ihn herum von seinem Leben umgeben. Darum ist es so schön, Heimat haben zu dürfen, Vertrauter sein zu dürfen. Das mögen konservative Begriffe sein, aber sie haben mit Leben zu tun. Wahrscheinlich ist das Leben auch sehr konservativ, aber man kann es nicht einfach abschaffen und etwas Neues hinstellen: Leben ist Leben. Das Konservative geht da hindurch, wenn man's politisch oder ideologisch benennen will – ich finde solche Begriffe immer ein wenig ungehörig. So plakativ kann man die Sache nicht behaften, nicht einteilen. Wenn wir Vertraute sind, wenn wir heimisch sind, wenn wir ein Amrain oder ein Spoon River haben, dann stellen sich die Erinnerungen ein, wie sich die Schmetterlinge eingestellt haben bei jenem Jüngling, der sich umgebracht hatte und der immer wieder von seinen Schmetterlingen umgeben war, von unsichtbaren natürlich. Erinnerungen sind wahrscheinlich »Schmetterlinge«, die immer wieder Menschen oder Gegenstände, Dinge um-

Turnerbild vor der Brauerei um 1920. Sitzend, dritter von rechts: der Schuhmacher und langjährige Oberturner; vierter von rechts: Lillys (»Lindas«) Vater, der Bäcker. Mittlere Reihe, fünfter von rechts: Bruno (»Benno«); siebter von rechts: Gerhard Meiers Cousin, der später im Dorfbach ertrinkt

kreisen, umgaukeln, und das ist eine Realität. Das heißt für mich Realismus, und nicht die blanke, brutale, schwerfällige, ungeschickte oder sogar dumme, vordergründige, frontale Erscheinung, die ich vor mir habe. Die Erscheinungen sind viel, viel reichhaltiger. Für Vertraute sind sie umschwärmt von »Kohlweißlingen«, schreibe Erinnerungen. Wenn man unvertraut ist, wenn man im eigentlichen Sinne heimatlos ist, hat man das alles nicht. Diese Vertrautheit erleben wir nur, wenn wir Teilhabende sind und möglichst Eingeborene haben spielen dürfen, man kann auch sagen Provinzler. Das sind Gegebenheiten, und wenn man die mit ideologischen Begriffen untertitelt, kann es schief herauskommen. Ich hab's früher schon gesagt: Je älter wir werden, um so herrlicher geht uns die Welt auf, aber um so weniger versteht man von dieser Herrlichkeit, paradoxerweise. Man wird nicht routinierter und nicht erfahrener im vordergründigen Sinn, sondern man wird buchstäblich weltfremder, bis man dann wirklich die Welt verläßt. Ich finde das aber einen wunderbaren Zustand, und das hat auch wieder mit Martinisommer zu tun (*lacht*).

Hast du das Bedürfnis, Dinge aufzuzeichnen, festzuhalten, die sonst der Vergessenheit anheimfallen – und sei es nur eine Geste oder das Gelächter jenes Wirts, der auf diese Weise Gäste in sein Lokal hineinlocken wollte –, nie als Widerspruch empfunden zu deiner Überzeugung, daß sich alles im Fluß, in Bewegung befindet?

Das gehört ja zusammen. Dieses Gelächter kann ich nicht mehr abtun. Es hat einmal stattgefunden und gehört jetzt in meinen Kosmos hinein, auch wenn es niemand mehr hört. Wenn ich aber davon rede, hören es andere auch noch, und ihr Kosmos ist dann wenigstens um ein Gelächter reicher. Darum bin ich ja so allergisch auf diese einfältigen Realismusbemühungen und Wortetikettierungen. Die Sache ist unendlich viel verfilzter und verwobener. Von diesem Gespinst etwas aufzuzeigen, finde ich wichtig, und das läuft dann auch, ganz nebenbei wahrscheinlich, gegen das Vergessen und gegen das Verwehen. Die Zusammenhänge sind zarter, transparenter, zerbrechlicher, herrlicher als man zu glauben wagt.

Wenn einer stirbt, ist er nicht einfach weg, sondern er überdauert in vielfältigster Weise, zunächst natürlich in den Erinnerungen seiner Angehörigen. Als Bindschädler Baurs Witwe Katharina besucht, gemahnt sie in manchen Zügen an ihren Mann. Sie häkelt an einer Decke, die gewissermaßen Baurs Roman-Teppich entspricht, und an einer Stelle nimmt sie exakt die Baursche Pose ein, indem sie mit am Rücken verschränkten Händen im Zimmer auf und ab geht. Haben sich diese Eigenarten von Baur auf sie vererbt?

Ich glaube schon, daß man gegenseitig etwas voneinander annimmt und daß sich Gestimmtheiten übertragen können. Man kann sich sogar in einer Person, die einem nahe stand, verlieren, fast in ihr aufgehen, man kann sich quasi spalten. Die Sache ist nicht so ganz stubenrein, so ganz gesund, wie die Leute meinen. Ich bin der Überzeugung, daß wir eher an unserer Gesundheit kranken.

Die längste Rede, die Katharina in den Mund gelegt wird, ist jedenfalls ganz in Baurs Manier gehalten. Sie erzählt von einer Fernsehübertragung von Tschechows »Onkel Wanja«, die sie sehr berührt hat. Bisher ist Tschechow in deinen Büchern kaum vorgekommen. Hast du ihn erst in den letzten Jahren entdeckt?

Nein, aber Tschechow ist vielleicht schon ein besonderer Fall. Zu seiner Prosa habe ich keine Beziehung, während ich nach seinen Theaterstücken immer Heimweh hatte, obwohl ich sie in der Provinz draußen lange nicht sehen konnte. Erst später durfte ich vier seiner Dramen auf der Bühne erleben. Für mich ist Tschechow beinah ein Heiliger. Die Welt, die er in seinen Dramen umgesetzt hat, ist auch meine Welt, empfinde ich als die reale Welt. Und dann hat er ein Leben praktiziert, das einen staunen läßt. Er war Schriftsteller und Arzt, war selber schwer krank, kümmerte sich um die Gefangenen auf der Insel Sachalin, schrieb verhältnismäßig viel und mußte mit dem Verdienst aus dem Schreiben seine Angehörigen erhalten. Im allgemeinen bin ich auf Dramatiker nicht so eingeschworen. Je nachdem widern mich Gesten, Betonungen oder Dialoge, die ich auf dem Theater höre, sofort an, da bin ich sehr empfindlich. Hingegen Tschechows Stücke könnte ich tagtäglich sehen und hören. Übrigens vertrat sein Kollege Tolstoi – beide haben sich gegenseitig besucht und gut gemocht – gerade die umgekehrte Auffassung von Tschechows Werk. Er fand Tschechows Dramen abscheulich und seine Prosa großartig (*lacht*). So verschieden kann es eben laufen. Für mich ist Tolstoi die Respektsperson in meinem Leben, aber Tschechow ist noch mehr: der Inbegriff einer menschlichen Figur.

Und offenbar die »Verkörperung des Künstlers schlechthin«, wie du ihn im Roman nennst.

Tschechow zu Besuch bei Tolstoi

Ganz genau, die »Verkörperung des Künstlers schlechthin«, und mit einem Wissen um das Leben, wie ich es selten angetroffen habe, und durch und durch unverlogen – ein unglaublich redlicher Mann.

Du bringst das, was die Essenz seiner Dramen ausmacht, auf den Begriff einer »durchstrahlten Schwermut«. Wäre das auch ein Kunstideal für dich?

Ich glaube schon. Dieser Celloton, dieser Mollton geht durch alles Große hindurch, und den hat eben Tschechow. Dieser Mann schafft, was Turner in der Malerei schaffte: Er macht aus dem riesigen, großen, schweren Land und Volk ein leichtes Land und Volk. Und er ist von einer Liebe, von einer Intelligenz, schlichtweg von einer Menschlichkeit durchtränkt, die kaum zu übertreffen sind. Das sind alles Superlative, aber bei Tschechow muß ich sie einfach anbringen.

In deinem Mutterland der Winde haben sich dir die wehenden und verwehenden Mächte von einer gnädigen Seite gezeigt. Du hast auf Rügen manches so angetroffen, wie es deiner Vorstellung entsprach und wie es sich vermutlich schon deiner Mutter präsentierte. Davon handelt Baurs Brief am Ende des Buches, und davon hast du selber in unserem ersten Gespräch erzählt. »Land der Winde« ist ein Roman der Vergegenwärtigung und Evokation und dabei so sehr dem Wind verpflichtet, wie es der Text eines Autors überhaupt sein kann, der seine Werke nicht wie Baur in den Wind geschrieben, sondern zu Papier gebracht hat. Daher möchte ich abschließend meine Lieblingsstelle zitieren, die das vielfältige Überleben jener »Eiche aus dem Walenboden« schildert. Ihr ist nicht nur eine materielle Wiederaufserste-

hung in einer Grabesplastik und eine spirituelle Anwesenheit in der Erinnerung einzelner Amrainer Bewohner vergönnt. Am anrührendsten überlebt sie dort, wo Evokation und Verwehen in eins gehen: im musikalischen Hauch, der aus Blasinstrumenten erklingt:

> Ich entschloß mich, diesen Flecken Erde zu verlassen, und zwar nicht ohne zuvor noch einen Blick auf die Plastik zu werfen, die das Grab der Einsamen – oder wie man es auch immer benenne – schmückt, wobei die drei hölzernen Teile dieser Grabplastik, von beachtlichen Ausmaßen übrigens, von der grossen, dreihundertjährigen Eiche aus dem Walenboden stamme, nach Baur, auf die jener ehemalige Dirigent der Amrainer Blechmusik ein Lied geschrieben habe, für Bläser natürlich. Und dieses Lied auf die Eiche habe vermutlich seine Uraufführung im roten Hotel erlebt, denn das rote Hotel sei ja das Stammlokal, quasi die Heimstätte der Blechmusikanten von Amrain gewesen, über Jahrzehnte hin. Und dieses Lied auf die Eiche sei dann anläßlich eines Kirchensonntages in der Kirche gespielt worden, damals als jener freisinnige Großrat über die Umwelt geredet habe, im Zusammenhang mit der »Bewahrung der Schöpfung«. Ich erinnerte mich, daß man, nach Baur, bei diesem Lied, das aus den Blechinstrumenten herausgequollen sei, in die Kirche, und zwar machtvoll, berauschend, wobei die Intensität auch geschwankt habe, vor allem die Lautstärke, daß man bei diesem Lied

»Grab der Einsamen«, dessen Holzteile aus der Eiche vom Walenboden stammen

die Frühlinge, den Winterwind gespürt habe. Auch die Blütenstaubwolken, die im Mai jeweils über den Längwald zu ziehen geruht hätten, auch diese schwefelgelben Wolken habe man vor Augen bekommen, während das Lied von der Eiche aus dem Walenboden, das Lied von der dreihundertjährigen Eiche, das Lied vom ältesten Baum der Amrainer Gemarkung aus den Blechkelchen herausgequollen sei, um die Kirche beinahe erzittern zu lassen, zumindest deren Fensterscheiben. Und so habe dann diese Eiche, die dreihundertjährige Eiche aus dem Walenboden, noch einmal Auferstehung gefeiert, habe sich noch einmal dem Wind hingegeben, dem Frühlingswind, dem Sommerwind, habe sich dem Herbst überlassen, dem Winter, um dann, nachdem die Blechkelche versiegt gewesen seien, wieder ins Vergessen zurückzusinken, wobei dieses Vergessen gelegentlich doch durchbrochen werde, indem ein *Eingeborener* im Anblick dieser drei Plastikteile aus Eichenholz eben an die alte, an das stolzeste Baumgeschöpf der Amrainer Wälder, an die dreihundertjährige Eiche vom Walenboden zurückdenke.

Bindschädlers Gefühl der »Losgelöstheit« überträgt sich auf das ganze Buch und nicht zuletzt auf den Leser, jedenfalls nach meiner eigenen Lektüreerfahrung. Wie ist es dir dabei ergangen?

Jetzt beim Lesen hab ich auch diesen Eindruck gehabt. Der Martinisommer mit seinem Blätterfall, um dieses Klischeewort zu verwenden, und mit dem Dahintreiben der Spinnwebfäden, sogar der Spinnen selber, wenn sie mit den Fäden in der Luft herumfliegen, ist ein Inbegriff des Loslassens, des sich Lösens von allem. Daher werden dann die Dinge und das Leben so zutraulich, wenn sie spüren, daß man sie nicht überwältigen oder beschlagnahmen will. Das Glück, die Liebe, die Habseligkeiten, die Dinge lassen sich nicht einfach erzwingen, doch wenn sie spüren, daß man sich von ihnen löst, werden sie uns um so geneigter.

Da wir uns in diese Vogelperspektive oder Spinnenperspektive hinaufgeschwungen haben, können wir vielleicht von hier aus ein bißchen Rückschau halten auf dein bisheriges Werk. Wie erscheint dir nun, am Ende unserer Gespräche, deine Entwicklung von Buch zu Buch?

In eigener Sache zu reden ist immer etwas Ungeheuerliches, aber als Christ darf ich sagen, ich bin wohlgemut und dankbar, daß eine Konsistenz, eine Entwicklung drin steckt und all das Geschriebene doch zusammengehört, daß von den Gedichten bis zum »Land der Winde« alle Schreiberei mitgeholfen hat, diesen meinen Kosmos, den Amrainer Kosmos einzufangen.

Du hast einige Male geäußert, du würdest deine Texte innerhalb der zeitgenössischen Literaturlandschaft, insbesondere im deutschen Sprachbereich, als fremd empfinden. Gilt dies für dein ganzes Werk?

Ja, und zwar als gehörig fremd. Das Lebensgefühl, das meinem Schreiben zugrunde liegt, ist nicht sehr populär und wird wenig praktiziert. Wer glaubt heute an Müdigkeit oder Schwäche? Und wer läßt sich noch auf das Spirituelle, auf das Geistig-Religiöse in dem Masse ein? In diesem Sinn finde ich schon etwas Befremdliches in meinem Schreiben drin, worüber ich aber gar nicht unglücklich bin. Ich bin sehr dankbar, daß das so hat passieren dürfen – ich habe ja die Sache nicht bewußt angesteuert. Zuletzt habe ich im »Land der Winde« ankommen dürfen, dort, wo meine Mutter herstammt. Das ist doch gewissermaßen ein Heimfinden, und was kann uns Besseres passieren? (*lacht*)

Bist du zufrieden mit der Aufnahme, die dein Werk gefunden hat, oder fühlst du dich manchmal mißverstanden von deinen Lesern oder einzelnen Literaturkritikern?

Ich habe immer eine kleine, aber eine gute Kundschaft gehabt und mich von Anfang an verstanden gefühlt. Daß ich keine hohen Auflagen erzielen würde, ist mir immer klar gewesen. Das spricht weder für noch gegen mich und meine Texte, es ist einfach so. Die sogenannte Rezeption ist undurchdringlich, wie man bei Robert Walser, bei Fernando Pessoa und vielen anderen sieht. Handkehrum gibt es Leichtgewichte, die sofort stark gewichtet werden. Das hat wohl mit dem momentanen Lebensgefühl der Gesellschaft zu tun, mit geschichtlichen Um- und Zuständen, oder ich weiß nicht, woran es liegt. Ich kann eigentlich nur zufrieden sein, auch mit den Preisen, die ich erhielt. Jetzt beim Wiederlesen der Bücher im Zusammenhang unserer Gespräche war das Schöne für mich, daß es mich eigentlich nie gekratzt hat, daß ich mich ganz gut durchlesen konnte, ohne rot anzulaufen (*lacht*).

Wie würdest du dich unter deinen Kollegen situieren? Gibt es darunter einige, die dir besonders nahestehen?

Es gibt ein paar Autoren, die ich begreifen kann und die auch mich begreifen können, in erster Linie vielleicht Peter Handke. Unter den deutschsprachigen zeitgenössischen Autoren ist er derjenige, der dem Bild, das ich von einem Autor in mir trage, ziemlich nahe kommt. Er ist ein gewachsener, ein geborener Autor. Man spürt's vor allem in den kleinen Stücken »Noch einmal für Thukydides«, und da wiederum in »Der Schuhputzer von Split« und in »Epopöe vom Beladen eines Schiffs«: sorgfältig gearbeitete kleine Epen von einer Intensität und Strahlkraft, die in der gegenwärtigen deutschsprachigen Literatur Seltenheitswert aufweisen. Dieser Mann ist von einer Empfindlichkeit, von einer Zerbrechlichkeit, von einer Müdigkeit, von einem extrem Ausgeliefertsein dem Leben gegenüber, die ich eben zu schätzen weiß. Ich bin glücklich, daß wir uns haben begegnen dürfen, und ich bin ihm auch, um mich auf Papierdeutsch auszudrücken, zu einigem Dank verpflichtet, denn er hat einiges für mich getan, und nicht nur für mich, auch für Hermann Lenz und andere. Er ist also für ein paar seiner Kollegen eingestanden, und das ist etwas ganz Seltenes im Kulturbetrieb.

Ist dabei auch künstlerische Solidarität im Spiel, ein Bewußtsein, daß es im deutschen Raum einen wesensverwandten Autor gibt?

Er gibt mir schon ein Gefühl des nicht ganz Ausgestoßenseins. Und weißt du, seine Vita hat ihn geprägt, er hat auch das untere Leben zu schmecken bekommen, und was mir an ihm besonders gefällt, ist seine Courage, seine beinahe störrische Eigenständigkeit. Der schaut und schielt nicht herum: Er tut, was er für richtig hält und was ihm zusteht, und das ist schon einiges. – Tho-

Gerhard Meier mit Peter Handke in Pisa

mas Bernhard hab ich nur am Rande mitbekommen, aber ich habe »Das Kalkwerk«, »Gehen« und ein paar kürzere Texte gelesen, und die haben mir einen großen Eindruck gemacht. Wolfgang Koeppens »Jugend« hab ich sehr gern gelesen, und vor vielen Jahren »Nachdenken über Christa T.« von Christa Wolf. Da hab ich gestaunt, daß ein solches Buch, das doch etwas Romanisches an sich hat, im germanischen Sprachraum überhaupt entstehen konnte.

Von seiner Erwähnung im »Land der Winde« ausgehend, müßte ich annehmen, daß dir auch Uwe Johnson viel bedeutet.

Um Gottes Willen, ja. Das ist für mich eine Respektsperson, quasi der Tolstoi von heute (*lacht*) in Bezug auf das Respekteinflößen. Gerade heute habe ich ein paar Sätze aus dem ersten Band der »Jahrestage« gelesen. Ich kenne das Werk nur passagenweise, aber Uwe Johnson hat eine solche Nähe und doch wieder einen anständigen Abstand zu seinen Figuren, wie man es selten in der Literatur antrifft. Der ist dermaßen redlich verbunden mit seinen Geschöpfen, mit seiner Region, mit seiner Epoche, das ist großartig. Dem hätte ich den Nobelpreis gegeben, wenn ich im Komitee gesessen wäre (*lacht*).

Zu einer Rückschau auf dein literarisches Schaffen gehört eigentlich auch eine Rückschau auf dein Leben, zumal in seiner dörflichen Umgebung. Hat sich da im Verlauf der Jahrzehnte viel verändert?

Nein, und ich bin glücklich damit, wie es hat gehen dürfen. Ich würde mir nichts anderes wünschen. Das Leben war kein Zuckerlecken, aber das ist es in keinem Fall, bei niemandem. Manchmal hat man uns einreden wollen, es sei eines, man müsse nur den Zucker herbeischaffen und das Lecken etwas trainieren, doch es geht einfach nicht: Leben ist kein Zuckerlecken. Aber alles, was passiert ist, empfinde ich im nachhinein als Weg, als konsequente Angelegenheit: das verrückte Ausgesetztsein den Dingen, dem Leben schlechthin gegenüber; das sich nicht Zurechtfinden in der Bürgerlichkeit; das Fremdsein und trotzdem dabei sein Müssen, sogar das dreiunddreißig Jahre in der Fabrik arbeiten Müssen; das Soldatenleben im Aktivdienst, obschon man nicht als Soldat geboren wurde; die zwanzigjährige Abstinenz in Sachen Literatur; und dann dieses zum Teil dürftige und harte Leben, das wir durchzuspielen hatten, ich möchte es jetzt, im nachhinein, gar nicht weghaben. Das alles hat wahrscheinlich meine Hirnwindungen geformt, den Rhythmus meiner Sätze beeinflußt und mein Weltbild mitgestaltet, so daß ich ganz, ganz zufrieden bin. Ja.

Du bist – vermutlich ohne daß du das selber bemerkt hast – zum Doyen der schweizerischen Gegenwartsliteratur geworden. Daher möchte ich dich zum Schluß unserer Gespräche fragen: Welchen Rat würdest du aus deiner Erfahrung heraus einem künftigen Autor geben, der sich eben anschickt, sich literarisch zu betätigen?

Er soll der Literatur um Gottes Willen nicht nachrennen, wie man der Liebe nicht nachrennen soll. Wenn man ihrer habhaft werden will, ist es wie bei der Liebe, dann verliert man sie. Man soll Abstand nehmen können davon, und man soll wirklich nur schreiben, wenn es nötig ist, wenn man sonst Gefahr läuft, das Gleichgewicht zu verlieren. Ich habe es immer so gehalten, aber natürlich ist das in jedem Fall wieder etwas anders, jeder muß seinen eigenen Weg finden. Es ist etwas Wunderbares, wenn man Welt umsetzen darf in Sprache, wenn man Welt formulieren darf, aber es fordert seinen Preis. Man ist als geborener Schreiber kein geborener *Leber*, das heißt, man verpaßt dabei, das Leben zu praktizieren, weil man es eben beschreibt. Als Schreiber bleibt man mehr oder weniger Zuschauer, was auch seine Vorteile hat. Wer möchte nicht gern zuschauen oder Zuschauer sein? Aber dabei verpaßt man, selber als Reiter bei einem Turnier mitzumachen oder als Schwinger ein Schwingfest zu bestehen oder als Bankdirektor zu brillieren und Geld zu verdienen. Man gibt schon ein Stück Leben an diese Schreibe. Wenn man so geboren ist, hat man keine andere Wahl, aber wenn man nicht so geboren ist, sollte man es nicht erzwingen. Dann sollte man etwas Redliches tun und nicht schreiben. Ich bin froh, daß ich doch dreiunddreißig Jahre meines Lebens sogenannt redlich gearbeitet habe, unter gewissen Schwierigkeiten natürlich, doch immerhin: So konnte ich etwas ruhiger dieser scheinbar unnützen Tätigkeit obliegen, die man Schreiben nennt.

17. Dezember 1993

Gerhard Meier, Dezember 1994

Nachwort

Bei den Büchern von Gerhard Meier hat es der Leser stets – und es gehört zu seinen beglückendsten Erfahrungen – mit einem literarisch Einzigen und seinem Eigentum zu tun. Die Welt, die ihm hier begegnet, ist in sämtlichen Bestandteilen von ihrem Urheber geprägt, imprägniert geradezu, und von daher versteht es sich beinahe von selber, daß dieser poetische Bezirk auch einen eigenen Namen, »Amrain«, trägt. Doch so beharrlich und ausschließlich Gerhard Meier auf die eigene Erlebniswelt bezogen bleibt, findet alles andere als ein Selbstgespräch statt. Indem er jeglichen Erscheinungen seiner Umgebung, den lebenden ebenso wie den unbelebten und toten, seine Aufmerksamkeit schenkt und ihnen ein literarisches Daseinsrecht einräumt, sieht er gleichsam von sich ab. Dieser Autor, der sich in der Wortwahl, im syntaktischen Gefüge, im Rhythmus und in der Melodik seiner Sätze markant zum Ausdruck bringt, ist zugleich ein Meister der Diskretion und Tarnung. Wer ein Auge dafür hat, staunt über die Ingeniosität, mit der es ihm gelingt, seine Präsenz in Aussageformen des Ungefähren, Beiläufigen, Indirekten und vor allem in den Konjunktiv zu überführen. Das gilt auch für die ihm am nächsten stehende Figur, Kaspar Baur. In den vier Bänden der Tetralogie läßt das Alter ego seinem Mitteilungsbedürfnis die Zügel schießen, doch es bedarf der Kooperation des Freundes Bindschädler, der Baurs Äußerungen veranlaßt und – darf man annehmen – aufschreibt. Und wenn Bindschädler neben Baurs Reden schier jede seiner Gebärden geflißentlich registriert, hütet er sich davor, Mutmaßungen über Baurs Gefühle anzustellen.

Tatsächlich ist in den Texten Gerhard Meiers die Figur des Anderen nicht wegzudenken. Schon im Prosastück »Der andere Tag« (1974) tritt an der Seite Kaspars dessen Ehefrau Katharina als heimliche Chronistin auf, die jeweils bezeugt, was ihr Gatte »gesagt haben soll«. Im ersten Roman »Der Besuch« (1976) tröstet sich der »Mann auf Zimmer 212« über seine Einsamkeit während eines Besuchstages hinweg, indem er gesellige Ereignisse aus der Vergangenheit memoriert. Aus dem Erlebnismosaik der letzten sieben Tage Isidors im Roman »Der schnurgerade Kanal« (1977) scheint, mannigfach zersplittert und verspiegelt, die Geschichte einer unerfüllten Liebe auf. Kurzum, es finden sich zuhauf Indizien, die auf die allmähliche Herausbildung eines »dialogischen Erzählens« hinweisen, wie Elsbeth Pulver dieses Verfahren in einem behutsamen Essay genannt hat.

Ein Autor, der ungeachtet seines künstlerischen Eigen-Sinns auf den Anderen zugeht, ihn gar, im Falle Bindschädlers, als mitwirkende Instanz seiner Einbildungskraft beansprucht, mochte sich auch – so hoffte ich an einem Herbstabend 1992 – der geneigten Neugier eines Lesers öffnen, der mit ihm und seinen Büchern seit rund zehn Jahren freundschaftlichen Umgang pflegte. Die schönsten

Texte, sagt Gerhard Meier hin und wieder, habe er in den Wind geschrieben, und etwas Windgebürtiges, jäh evoziert und dem Verschwinden anheimgegeben, haftet auch seinen gedruckten Texten an. Natürlich hätte ich mir nie angemaßt, ihm nachträglich mit einem Tonbandgerät jene Dinge zu entlocken, deren Schönheit an ihr flüchtiges Erscheinen gebunden war, aber ich durfte annehmen, daß der »vegetative« Dichter der spontanen Rede nicht durchaus abgeneigt sein würde. Gerhard Meier liebt das Gespräch, zu zweit oder in einem größeren Kreis. Seine Frau Dorli und er führen ein sehr gastliches Haus, das kaum ein Besucher verläßt ohne nachschmeckende Erinnerung an ein reichhaltiges, mit reger Unterhaltung gewürztes Mittag- oder Abendessen. Andererseits wußte ich um seine Scheu, in eigener Sache öffentlich aufzutreten, die ihn schon vor vielen Jahren dazu bewog, auf Lesungen zu verzichten. Und obwohl das Interesse der Literaturkritik von Buch zu Buch zugenommen und sich sein dichterischer Rang als eine feste Größe etabliert hatte, lagen keine Interviews von nennenswertem Umfang vor. Daher war ich mir keineswegs sicher, wie er auf das Ansinnen eines im Verlauf einer längeren Periode zu realisierenden Gesprächsbuches reagieren würde, und um so mehr erfreut, daß seine Zusage sekundenschnell erfolgte. Offenbar wohlgemut, doch nicht ohne Bedenken über den Ausgang des Unternehmens.

In der Schweizer Literatur dieses Jahrhunderts gibt es kein zweites Werk, das sich so konsequent aus den ihm zugrundeliegenden Voraussetzungen entwickelt hätte. Allein gattungsmässig folgt es einer symmetrischen Linie und zeugt vom Bedürfnis des Autors, nie bei einer erreichten formalen Könnerschaft zu verweilen, sondern stets die vorwärtstreibenden Impulse einem neuen Genre zuzuführen.

Auch thematisch kommt es zu einer stetigen Anreicherung, und wer die Bauprinzipien dieser Architektur ergründen möchte, tut gut daran, auf die erstmalige Verwendung bestimmter Wörter zu achten, die später als trauliche Tupfer oder Haltepunkte die Texte durchziehen. Geläufige Themen und Sätze verschlingen sich mit unbekannten, und wenn die gleiche Wendung ähnlich einem musikalischen Motiv wiederkehrt, hallen die früher »erklungenen« Stellen mit. So folgerichtig, organisch gewachsen nimmt sich das Œuvre freilich erst im nachhinein aus. Kein Leser dürfte nach der Lektüre der »Ballade vom Schneien«, dem vermeintlichen Abschluß einer Trilogie, das fortgesetzt-verfeinerte Destillat des »Land der Winde« für möglich gehalten haben, auf das, scheint es uns heute, alles Vorangegangene zwingend hingedeutet hat und das wir zuletzt missen möchten.

Solchen Vorgaben galt es in den Gesprächen Rechnung zu tragen. Ausgehend von einem biographischen Prolog, sollten in weiteren acht Gesprächen Gerhard Meiers Bücher gewissermaßen durchwandert werden. Die Nähe zur spaziergängerischen Gedankenmotorik der »Baur und Bindschädler«-Romane, die innerhalb eines umrissenen Terrains die unterschiedlichsten Themen, Tempi und Abschweifungen erlaubte, war höchst erwünscht. Ohne ein paar Konstanten ging es allerdings nicht ab. Wenn die Bücher von einem lebensgeschichtlichen Substrat zehren, durfte dieses jederzeit auch in die Gespräche einfließen. Da der (je nachdem unkundige) Leser einen zureichenden Eindruck der erörterten Bücher gewinnen sollte, mußten die einzelnen Kapitel zwei oder drei charakteristische Zitate enthalten. Die chronologische Methode empfahl sich überdies aus spannungsdramaturgischen Gründen, indem auf diese Weise noch einmal jener Frisson des Literaturliebhabers entstehen mochte, der das aktuelle Werk *seines* Autors begierig liest und ungeduldig der kommenden Dinge harrt. Endlich legte ich mir meine Rolle als Gesprächspartner nach dem Bindschädlerschen Modell zurecht. Wohl erachtete ich es als meine Aufgabe, die Richtung des Weges zu bestimmen, dafür zu sorgen, daß der Gesprächsmäander das ins Auge gefaßte Gelände nach möglichst vielen Richtungen durchzog und ja nicht versiegte. Doch so lange der Redefluß anhalten würde, fand ich es nicht geboten, zu intervenieren, außer in jenen Fällen, wo Widersprüche auftraten oder eine kursorische Bemerkung, ein abgebrochener Gedanke der neuerlichen Erörterung bedürfen würde.

So feinsinnig ausgeheckt und manierlich bedacht, wie manches rückblickend erscheinen mag, nahm sich die Durchführung des Redeabenteuers für die beiden Akteure nicht unbedingt aus. Während ich mich mit intensiver Lektüre der Werke und mit ausgedehnten Fragekatalogen, die notfalls konsultiert werden konnten, zu wappnen suchte, wäre für Gerhard Meier die geringste vorherige Absprache – man erinnere sich der von ihm mehrmals im Buch angeprangerten »Pläne« – ein Greuel gewesen. Er las sich aber stets zuvor in das zur Debatte stehende Werk wieder ein, und während dieser Neubegegnung pflegte sich der Leseeindruck zu einem Bild zu verdichten, das er jeweils mitteilte und auf das er im Laufe des Gesprächs öfter zurückkam. Ein gewisses äußeres Dekorum ließen wir uns indessen beide angelegen sein, ja, unsere Zusammenkünfte wiesen Züge eines festlichen Rituals auf, das etwaige Anwandlungen von Nervosität in einen förderlich-angeregten Gemütszustand aufzulösen vermochte. An den vereinbarten Freitagen holte mich Gerhard von dem um 11.13 in

Niederbipp eintreffenden Zug ab. Dann ging's in bemerkenswert flottem Tempo zu dem an der Peripherie des Dorfes gelegenen Meierschen Bauernhäuschen, wo uns bereits die von Dorli zubereiteten kulinarischen Köstlichkeiten entgegendampften. Daraus ergab sich eine wahrlich zungenlösende Übung zu dritt, über mehrere Speiseetappen hinweg, bis sich dann Gerhard zu einem halbstündigen Mittagsschlaf zurückzog und ich mich in der unteren Stube installierte oder im hinteren Garten zu jenem Kirschbaum pilgerte, der zwar weniger auf Schwager Ferdinands Geheiß als altershalber nicht mehr in den Himmel wachsen darf, dafür als dicht von Schmarotzerpflanzen umwucherter Stumpf eine unverwüstliche Baumplastik bildet. Nach zwei Uhr stieg Gerhard seinerseits in die »unteren Regionen«, und wir machten uns ohne viel Federlesens ans Werk. Wir setzten uns um einen kleinen, mit einer gehäkelten Decke ausgestatteten und zuverlässig mit einem Blumensträußchen verzierten runden Tisch, labten uns an einer Tasse Kaffee und ergingen uns dann in einem von höchstens zwei Pausen unterbrochenen, etwa zweieinhalbstündigen Gespräch. Dabei amtierte Dorli als unschätzbare Schutzgöttin, die uns vor Störungen bewahrte, zur Stimulierung unserer Beredsamkeit eine unablässig sprudelnde Kaffee-Pipeline betrieb und nach getätigtem Geschehen nochmals mit einem Abendimbiß aufwartete. Soviel steht fest: Die Probe aufs Exempel von Gerhards Erwägungen über den Konnex von Essen, Trinken und Plauderei haben wir redlich bestanden.

Die Bearbeitung dessen, was ich zunächst als Tonkonserve getrost nach Hause trug, schloß neben dem erheblichen Gewinn der Lesbarkeit mitunter einen Tribut ein, den ich nicht leichthin in Kauf nahm. Für das »Klima« unserer Sitzungen, insbesondere Gerhard Meiers wechselvolle, bald bedächtig langsame, bald impulsiv beschleunigte Sprechweise, bisweilen innerhalb eines einzigen Satzes, kann das gedruckte Wort nur beschränkt einstehen. Nichts aber vermisse ich stärker in der Lesefassung als die Manifestationen der Heiterkeit, zumal Gerhards herzhaftes Lachen, das mit den Klammerangaben nur behelfsmäßig signalisiert wird. Ich bedaure diesen Wegfall um so mehr, als den dichterischen Texten diese Dimension zwar keineswegs abgeht, aber dort eher verhalten und punktuell aufscheint, während sie die mündliche Kommunikationsart des Autors wesentlich mitbestimmt. Gerhard Meiers Lachen ist die Gegenmacht, vielleicht sogar die Kehrseite seines Pathos. Es konnte plötzlich und unbändig erschallen, wenn eine vorangegangene Äußerung etwas feierlich geklungen hatte, oder dann, wenn eine längere, durchwegs ernst gehaltene Periode eine abschließend-befreiende Pointe erheischte. Insgesamt lockerte es das Gespräch auf, gewissermaßen als pünktlich einfallendes Mahnzeichen, daß wir unserem Tun nicht mit allzu sturer Beflissenheit huldigen sollten.

Auch wenn wir uns beide einig waren, daß die Wiedergabe der Gespräche einer gründlichen Redaktion bedurfte, galt mir Authentizität als oberstes Gebot bei der Einrichtung der Lesefassung. Vor jeglichen redaktionellen Eingriffen fertigte ich eine getreue Eins-zu-eins-Transkription an, die ich in der Folge um einen Fünftel ihres ursprünglichen Umfangs beschnitt. Das Gros der Streichungen betraf Redeautomatismen, Füllselwörter und -wendungen, rhetorische Gebärden wie »eigentlich«, »weißt du« oder »um Gottes willen«, die einem Gespräch unvermeidlich anhaften. Ebenso wurden die abundante Verwendung der Lieblingsvokabel »vegetativ«, iterative Konstruktionen wie »hat zu tun mit« oder das exzessive Auftreten von präpositionalen Verbbildungen mit »kommen« auf ein zuträgliches Maß reduziert. Gelegentlich mußte eine längere Passage geopfert werden, etwa dort, wo die Rede leerzulaufen drohte, auf unersprießliche Abwege geriet, einem Mißverständnis unterlag oder wo eine Mitteilung versehentlich ein zweites Mal vorgebracht wurde. Indessen wurden jene motivischen Wiederholungen, die Gerhard Meiers Sprechen allgemein charakterisieren und die Musikalität seiner Texte wie seines Lebensgefühls mitbegründen, nicht angetastet. Ohnehin wird der Leser in den Gesprächen manche stilistische Eigenheit wiederfinden, die ihm aus den Büchern des Autors vertraut ist.

Sobald ich ein Gespräch redigiert hatte, schickte ich es an Gerhard Meier, der es unverzüglich einer sorgfältigen, oft mehrmaligen Revision unterzog. Erfreulicherweise war er stets angetan vom Ergebnis unserer Bemühungen und selber erstaunt darüber, wie ein fruchtbarer Augenblick Dinge zu Tage beförderte, die sonst unartikuliert geblieben wären. Dabei ersuchte ich ihn immer wieder, ja nicht wegen der provisorischen Reinschrift davon abzusehen, die Textgestalt nach seinen Bedürfnissen zu verändern, und weder sich noch mir einen inakzeptablen Passus durchgehen zu lassen. Sowohl die Aussagen wie deren sprachliche Form möge er unnachsichtig überprüfen. Dennoch machte er von dieser Möglichkeit wenig Gebrauch. Nicht, daß er uns ein zusätzliches Quantum Arbeit ersparen wollte. Seine kritische Enthaltsamkeit beruhte vielmehr auf dem Respekt vor dem, was zu einem gegebenen Zeitpunkt Laut und Sprache geworden war, mithin auf der Abneigung, an den spontan erzeugten Sätzen nachträglich herumzudoktern.

Anders verhielt es sich bei den Streichungen, die in der überwiegenden Mehrzahl von ihm angeregt wurden. Er duldete in seinen Äußerungen nichts Vages, angeblich Behäbiges oder Selbstgefälliges, und wenn er einmal hart mit sich ins Gericht ging, konnten sich um eine anstößige Stelle herum die schwarzen Balken beängstigend rasch im Typoskript ausbreiten. So sah ich mich ein paar Mal genötigt, den Anwalt des Autors zu spielen, in der Hoffnung, einige mir lieb gewordene und unverzichtbar scheinende Sätze vor seinem Vernichtungsfuror zu schützen. Ich wies dann auf die Gefahr hin, den Bereich der Mündlichkeit mit allzu hohen Ansprüchen zu belasten, sowie auf die rhythmischen Brüche und Disproportionen im Wechselspiel von Frage und Antwort, indem nun plötzlich mir der schwarze Peter der Redseligkeit zugeschoben und er sich in die für sein Gesprächsverhalten keineswegs typischen Lakonismen hüllen würde. Da Gerhard Meier sich zu einem gelegentlichen Hang zur Unduldsamkeit gegenüber sich selber bekannte, fanden wir meistens schnell einen Konsens und konnten den drohenden Kahlschlag auf die gnädigere Variante vereinzelter Streichungen und Retouchen herabmildern. In einigen Fällen beharrte er freilich auf seinem Verdikt. Seine Ausführungen über christliche Religiosität im Kapitel »Haschen nach Wind« wollte er nicht in der ursprünglichen, beziehungsweise von mir etwas großzügiger bemessenen Länge bestehen lassen. Und da er in jenem Gespräch sein literarisches Credo in den Zusammenhang des wortlosen Glücks gerückt hatte, das seine kleine Urenkelin bei der Betrachtung eines Necessaires ausstrahlte, meinte er, er müsse sich sonst mit seiner Geschwätzigkeit vor dem Mädchen schämen. Dafür erscheint sein politisches Credo in «Strandlilien», das er ungemein vehement vortrug, in vollständiger Ausdehnung und fast ohne Korrekturen.

Während Gerhard Meier für Streichungen jederzeit empfänglich war, bekundete er nie das Bedürfnis, ein Gespräch um einzelne Sätze, geschweige denn längere Passagen zu ergänzen. Tatsächlich waren wir beide am Ende unseres Unternehmens verblüfft, daß uns kein Traktandum einfallen wollte, das wir versäumt hätten zu berücksichtigen, mit einer Ausnahme: James Joyce. Wohl wird der irische Romancier in den Büchern kaum erwähnt, aber ich wußte, daß Gerhard Meier zweimal den «Ulysses» gelesen und einst mit Peter Bichsel einen Pilgergang zu Joyces Grab auf dem Friedhof Fluntern absolviert hatte. Darum schlug ich – reichlich spät – einen Joyce-Exkurs vor, auf den er sich dann auch nach einigem Zögern einließ.

Eine Stelle unseres Gesprächs, S. 237/238, ist inzwischen von der Wirklichkeit in damals ungeahnter Weise überholt worden. Im Zusammenhang der Dreharbeiten zu einem Filmporträt über ihn hat Gerhard Meier doch noch seine Sehnsuchtsreise nach Rußland unternehmen können. Mit Dorli und Friedrich Kappelers Filmteam reiste er im Mai/Juni 1994 für zehn Tage nach Jasnaja Poljana, Moskau und St. Petersburg. Die von mir befürchtete Enttäuschung bei der Konfrontation mit den realen Verhältnissen hat sich nicht eingestellt. Zwar haben ihn Armut und Leid der Bevölkerung nachhaltig bewegt, doch die Besichtigung von Tolstois Landgut und insbesondere ein Ausflug auf der Newa sind ihm zum großen Erlebnis geworden.

Im übrigen waren sämtliche Arbeitsphasen von Ungezwungenheit, wechselseitig reger Anteilnahme und freundschaftlichem Geist erfüllt. Selbst der Zufall spielte hilfreich hinein. So konnte ich etwa jene, wie Gerhard Meier versicherte, einem ihm nicht mehr geläufigen Trivialroman entnommene Namensstifterin seiner Heldin aus dem

»Schnurgeraden Kanal« eruieren, als ich in einer amerikanischen Bibliographie auf das ehemalige Skandalbuch »stud. chem. Helene Willfüer« von Vicki Baum stieß. Ein Irrtum, der uns eine Weile beschäftigt hatte, wurde ohne unser Zutun auf postalischem Weg berichtigt. Im Gespräch über die »Toteninsel« erzählte Gerhard Meier, bei der Konzeption des Gespanns Baur und Bindschädler habe als früher Keim ein Höhlenbewohner-Roman von F. H. Achermann mitgewirkt, den ein Lehrer seinerzeit in der Schule vorgelesen habe. Lange suchte ich vergeblich im Achermannschen Œuvre nach einer solchen Knabenfreundschaft, bis ich eines Tages die Aufklärung des Problems aus dem Briefkasten ziehen durfte. Nach der Vorpublikation dieses Gespräches in den »Manuskripten« schrieb mir nämlich ein Lehrer aus dem St. Galler Rheintal, der fragliche Roman stamme mitnichten von Achermann, sondern sei vom süddeutschen Autor David Friedrich Weinland verfaßt und 1878 erstmals unter dem Titel »Rulaman, Erzählung aus der Zeit des Höhlenmenschen« erschienen. Bei so viel Gunst der unwillkürlichen Abrundung zu einem Ganzen fügt es sich, daß die vorliegenden Gespräche bis auf den Tag genau den Zeitraum eines Jahres umfassen.

Werner Morlang

ZEITTAFEL

Eltern

Gottfried Meier, geboren am 30.12.1871 in Niederbipp. Aufseher (»Oberschweizer«) auf verschiedenen Bauerngütern in Norddeutschland und Böhmen. Nach seiner Rückkehr nach Niederbipp um 1906 kauft er einige Jahre später das Bauernhaus am Lehnweg 17 und arbeitet während drei Jahrzehnten als Psychiatriepfleger im Burghölzli, Zürich. Am 20.12.1946 stirbt er in Niederbipp.

Karoline Auguste Johanna Kasten, geboren am 10.10.1875 in Güstin, Insel Rügen, Preußen. Schäferstochter. Heirat mit Gottfried Meier am 21.9.1895 in Bergen, Kreis Rügen. Gestorben am 19.5.1951 in Niederbipp.

Geschwister

Erna (»Gisela«), geboren am 25.1.1896 in Rulsleben, Preußen. Psychiatrieschwester im Burghölzli. Hausfrau. Verheiratet mit Jakob Jost (»Ferdinand«), Zellulose-Kocher in Attisholz und Kleinbauer. Gestorben am 19.12.1989 in Turgi.

Bruno (»Benno«), geboren am 27.7.1898 in Butzendorf, Preußen. Kleinbauer. Fabrikarbeiter. Verheiratet in erster Ehe mit Frieda Stampfler, in zweiter Ehe mit Berta Hafner. Gestorben am 29.6.1974 in Stäfa.

Gertrud (»Julia«), geboren am 1.1.1900 in Wilmersdorf, Preußen. Psychiatrieschwester im Burghölzli. Hausfrau. Verheiratet mit Ernst Kaser, Zimmermann. Gestorben am 13.2.1979 in Niederbipp.

Irmgard (»Johanna«), geboren am 26.8.1904 in Holtschitz, Böhmen. Verkäuferin. Saaltochter. Hausfrau. Verheiratet mit Heinrich Labhart, Architekt.

Willy (»Philipp«), geboren am 10.4.1914 in Niederbipp. Mechaniker und andere Berufe. Verheiratet in erster Ehe mit Mina Beyeler, die ein Jahr nach der Hochzeit starb, in zweiter Ehe mit Lucie Meylan. Gestorben am 12.1.1980 in Neuenburg.

Gerhard Meier

1917	20. Juni: Gerhard Meier in Niederbipp geboren. Da sein Vater in Zürich arbeitet, wächst der Junge fast ausschließlich unter der sanften Protektion seiner Mutter auf.
1924-1929	Besuch der Primarschule in Niederbipp. Ab 1927 erste dichterische Versuche.
1929-1933	Besuch der Sekundarschule in Niederbipp. Anschließend Volontariat in einem Baugeschäft.
1933-1935	Im Herbst Beginn des Hochbaustudiums am Technikum in Burgdorf, wo er an der Alpenstraße 7 ein Zimmer bewohnt. Arbeitet im Sommer 1934 in einem Architekturbüro. Intensive Beschäftigung mit Literatur, insbesondere mit Kleist, Lenau und Nietzsche, über die er auch Gedenkartikel verfaßt.
1935	Fühlt sich zwischen der Architektur und Literatur hin und her gerissen und macht diesem labilen Zustand ein Ende, indem er nach dem Wintersemester 1934/35 sein Studium abbricht. Bekanntschaft mit der Gärtnerstochter Dora Vogel (geboren am 26.7.1917 in Wangen an der Aare), während eines Ausflugs auf den Weißenstein. Heimarbeit für die Lampenfabrik AKA in Niederbipp.
1937	Heirat mit Dora Vogel in der Kirche zu Bollingen. Zieht mit seiner Frau nach Wangen an der Aare, in die Gärtnerei von Doras Eltern, wo die Familie bis 1942 wohnt. Am 31.5.1937 Geburt der Tochter

Ruth, der späteren Buchhändlerin und Puppenmacherin. Während der folgenden zwanzig Jahre enthält er sich jeglicher schreibenden und lesenden literarischen Tätigkeit.

1938 Eintritt als Arbeiter in die Lampenfabrik AKA in Niederbipp, in der er während dreiunddreißig Jahren angestellt bleibt. Dort verrichtet er anfänglich Spritz- und Schweißarbeiten. Später entwirft er neue Lampenmodelle und beteiligt sich an der Leitung des Betriebs.

1939-1945 Leistet während rund tausend Tagen Aktivdienst als Soldat, später Gefreiter der Gebirgsfüsiliere in Fräschels (FR), Wolfwil (SO), Tschingel (BE), Giubiasco (TI) und Jungfraujoch (BE). Am 20.9.1940 Geburt der Tochter Susanne, der späteren Kindergärtnerin und Autorin von Kinderbüchern. Am 20.12.1941 Geburt des Sohnes Peter, des späteren Buchhändlers, Antiquars und Kunstmalers. 1942 zieht die Familie um nach Scharnageln (Niederbipp), wo sie die folgenden fünf Jahre verbringt. In dieser Zeit und noch bis 1958 findet sie einen Nebenerwerb aus dem Anbau von Gemüse und Beeren und der Zucht von Angorakaninchen.

1947 Umzug der Familie an den Lehnweg 17, Gerhard Meiers Geburtshaus, wo er seitdem mit seiner Frau wohnt.

1956-1957 Halbjähriger Aufenthalt im Sanatorium Heiligenschwendi (BE), wo er eine Lungenkrankheit auskuriert. Angeregt durch eine Radiosendung über Silja Walter, fängt er erneut an, Gedichte zu schreiben.

1959 In dem von Max Rychner geleiteten Feuilleton der Schweizer Tageszeitung »Die Tat« erscheinen in diesem und den folgenden Jahren Gedichte von Gerhard Meier.

1964	Publikation des lyrischen Erstlings »Das Gras grünt«, für den er im selben Jahr einen Literaturpreis des Kantons Bern erhält.
1967	Publikation des zweiten Gedichtbandes »Im Schatten der Sonnenblumen«.
1969	Publikation der »Sechzig Skizzen« von »Kübelpalmen träumen von Oasen«.
1971	Publikation des zweiten Skizzenbandes »Es regnet in meinem Dorf«. Nach einer Auseinandersetzung mit seinem Arbeitgeber kündigt er seine Stelle in der Lampenfabrik und lebt fortan als freiberuflicher Schriftsteller. Seine Frau sorgt während acht Jahren als Kioskangestellte für den gemeinsamen Lebensunterhalt.
1973	Im kleinen Berner Zytglogge Verlag erscheint als erstes Buch von Gerhard Meier eine Sammelausgabe der früheren Lyrikbände unter dem Titel »Einige Häuser nebenan«.
1974	Publikation des »Prosastücks« »Der andere Tag«.
1976	Gesammelte Skizzen erscheinen unter dem Titel »Papierrosen«. Publikation des Romans »Der Besuch«.
1977	Auftritt an den Klagenfurter Literaturtagen mit einer Lesung aus dem Manuskript »Der schnurgerade Kanal«. Hier lernt er den österreichischen Autor Alfred Kolleritsch kennen. Dieser gewinnt ihn als Mitarbeiter seiner Zeitschrift »Manuskripte«, lädt ihn in der Folge wiederholt zum Grazer »Forum Stadtpark« ein und weist Peter Handke auf Gerhard Meier hin. In Graz macht er die Bekanntschaft mit den Schriftstellern Klaus Hoffer, Gerhard Roth und Gert Jonke. Publikation des Romans »Der schnurgerade Kanal«.
1979	Publikation des Romans »Toteninsel«. Peter Handke gibt die Hälfte des ihm zugesprochenen niederösterreichischen Kafka-Preises an Gerhard Meier weiter.

1981	November: Reise nach Venedig.
1982	Publikation des Romans »Borodino«. Herbst: Reise nach Paris.
1983	Im Juni wird in Vézelay der Petrarca-Preis an Gerhard Meier verliehen. Anläßlich der Preisübergabe lernt er Peter Handke persönlich kennen. Oktober: Reise nach Israel.
1985	April: Reise nach Rügen. Publikation des Romans »Die Ballade vom Schneien«.
1987	Zum siebzigsten Geburtstag erscheint eine dreibändige Werkausgabe, deren dritter Band die zuletzt geschriebenen Romane zur Trilogie »Baur und Bindschädler« vereinigt.
1990	Publikation des Romans »Land der Winde«, der die Trilogie »Baur und Bindschädler« zu einer Tetralogie erweitert.
1991	März: Entgegennahme des Berliner Theodor Fontane-Preises.
1994	Mai/Juni: Rußlandreise nach Jasnaja Poljana, Moskau und St. Petersburg. November: Entgegennahme des Zürcher Gottfried Keller-Preises.
1995	Januar: Uraufführung von Friedrich Kappelers Dokumentarfilm »Gerhard Meier - Die Ballade vom Schreiben« an den Solothurner Filmtagen.

BIBLIOGRAPHIE DER WERKE

1 Das Gras grünt. Gedichte. Bern: Benteli 1964

2 Im Schatten der Sonnenblumen. Gedichte. Bern: Kandelaber 1967

3 Kübelpalmen träumen von Oasen. Sechzig Skizzen. Bern: Kandelaber 1969

4 Es regnet in meinem Dorf. Prosa. Olten: Walter 1971

5 Einige Häuser nebenan. Gedichte. Bern: Zytglogge 1973 (Auszug aus Nr. 1 und Nr. 2)

6 Der andere Tag. Ein Prosastück. Bern: Zytglogge 1974

7 Papierrosen. Prosaskizzen. Bern: Zytglogge 1976 (Auszug aus Nr. 3 und Nr. 4)

8 Der Besuch. Roman. Bern: Zytglogge 1976

9 Der schnurgerade Kanal. Roman. Bern: Zytglogge 1977

10 Toteninsel. Roman. Bern: Zytglogge 1979

11 Borodino. Roman. Bern: Zytglogge 1982

12 Die Ballade vom Schneien. Roman. Bern: Zytglogge 1985

13 Werke in drei Bänden. Bern: Zytglogge 1987
Band 1: Einige Häuser nebenan; Papierrosen; Der andere Tag.
Band 2: Der Besuch; Der schnurgerade Kanal.
Band 3: Baur und Bindschädler; Roman in drei Teilen. (Enthält Nr. 10, 11 und 12)

14 Land der Winde. Roman. Frankfurt am Main: Suhrkamp 1990

Die Nummern 9, 10, 11 und 12 sind als Suhrkamp-Taschenbücher erschienen. Hingewiesen sei auch auf das Reclam-Bändchen: Gerhard Meier, Signale und Windstösse. Gedichte und Prosa. Auswahl und Nachwort von Heinz F. Schafroth. Stuttgart: Philipp Reclam jun. 1989.

NACHWEIS DER BILDER

Privatbesitz der Familie Meier
Seiten: 15 oben, 18 oben u. unten, 20, 30, 38 oben u. unten, 51, 53, 56 oben u. unten, 59, 65, 84 oben, 185 oben, 225, 235, 304, 326, 336, 345, 352, 398, 399, 413, 424, 454, 475

Heini Stucki
Seiten: 5, 40, 84 unten, 124, 165, 181, 185, unten, 192, 242, 256, 260, 294, 302, 317, 410, 449, 460, 472, 482, 491

Friedrich Kappeler
Seiten:15 unten, 128 unten, 221, 466

Privatbesitz von Pedro Meier
Seiten: 46, 63 oben, 128 oben

Museum Burgdorf (Beat Gugger)
Seite: 218 oben u. unten

Inge Morath: »In Rußland« (1969)
Seiten: 249, 252

Franz Hohler
Seite: 159

Christoph Keller
Seite: 311 oben u. unten

H. Faensen ,W. Iwanov: »Altrußische Baukunst« (1972)
Seite: 375

Danksagung

Für die finanzielle Unterstützung der Arbeit an diesem Buch danke ich herzlich der Stiftung Pro Helvetia, dem Solothurner Kuratorium für Kulturförderung und der Zürcher Clariden Bank namentlich Othmar Locher. In erster Linie Heini Stucki, aber auch Beat Gugger, Friedrich Kappeler, Christoph Keller, Pedro Meier und Daniel Weber kommt ein wesentliches Verdienst bei der Bildbeschaffung und -herstellung zu. Erwähnt sei hier auch Rainer Stöckli, der mir beim Mysterium »Rulaman« auf die Sprünge geholfen hat. Vor allem möchte ich den beiden unermüdlichen Gönnerinnen unseres Unternehmens danken: Dorli Meier, die nicht nur jederzeit für unser leibliches und seelisches Wohl aufkam, sondern auch als Fotografin den Bildteil bereicherte, und meiner Freundin Ruth Känel, die als geneigte erste Leserin der Gespräche meine Redaktionsarbeit geradezu beflügelte.

Werner Morlang

Der Verlag dankt für die großzügig gewährte Unterstützung:
Erziehungsdirektion des Kantons Bern, Amt für Kultur
Ernst Göhner Stiftung
Migros-Genossenschafts-Bund
Präsidialabteilung der Stadt Zürich
Pro Helvetia, Schweizer Kulturstiftung

2. Auflage Juni 1995
Copyright © by Bruckner & Thünker Verlag AG Köln, Basel
Alle Rechte vorbehalten
Buchgestaltung und Satz: Miriam Dalla Libera
Gesetzt aus der A Garamond
Druck und Bindung: Offizin Andersen Nexö, Leipzig GmbH
Printed in Germany
ISBN 3-905208-14-8